Autismus und Schule

Sabrina Haider · Elisabeth Jencio-Stricker
Angelika Schwanda

Autismus und Schule

Inklusive Rahmenbedingungen für Lehren, Lernen und Teilhabe

Springer

Sabrina Haider
Wien, Österreich

Angelika Schwanda
Wien, Österreich

Elisabeth Jencio-Stricker
Münchendorf, Österreich

ISBN 978-3-662-67953-1   ISBN 978-3-662-67954-8   (eBook)
https://doi.org/10.1007/978-3-662-67954-8

Die Deutsche Nationalbibliothek verzeichnet diese Publikation in der Deutschen Nationalbibliografie;
detaillierte bibliografische Daten sind im Internet über https://portal.dnb.de abrufbar.

Einbandabbildung: © DRasa / stock.adobe.com

Planung/Lektorat: Wiebke Wuerdemann
Springer ist ein Imprint der eingetragenen Gesellschaft Springer-Verlag GmbH, DE und ist ein Teil von
Springer Nature.
Die Anschrift der Gesellschaft ist: Heidelberger Platz 3, 14197 Berlin, Germany

Das Papier dieses Produkts ist recyclebar.

Vorwort

Mit all der vorherrschenden Bereitschaft in den letzten Jahren sich mit dem Thema Autismus theoretisch und praktisch auseinanderzusetzen und autistischen Schülerinnen und Schülern die Zugänge und Möglichkeiten zum gemeinsamen Lernen und Handeln zu schaffen, die ihnen rechtmäßig zustehen, sind bereits einige Fortschritte gelungen, die in unserer täglichen Arbeit deutlich zu sehen sind. Auf der Ebene der Bildungsinstitutionen hat zudem eine große Wissenserweiterung stattgefunden, wenn es um das Bereitstellen grundlegender Rahmenbedingungen, ein Angebot von Fort- und Weiterbildungen und das Einbeziehen pädagogischer zielführender Elemente im Allgemeinen geht. Das hat dazu geführt, dass besonders im Bereich der Teilhabe am gemeinsamen Lernen die Inklusion im Hinblick auf autistische Schüler*innen bereits an vielen Orten stattfindet.

Zum derzeitigen Zeitpunkt scheint für uns vor allem eine ausführliche und praktische Auseinandersetzung mit Thema Autismus und Schule mit dem Fokus auf dem neurodiversen Lernen und Kompetenzerwerb im inklusiven Bildungsprozess dringend erforderlich, um den Bildungsbedürfnissen, die autistische Kinder und Jugendliche an die Bildungsinstitution Schule stellen, adäquat zu begegnen. Die Komplexität autistischer Merkmale und Symptomatik zeigt uns in der pädagogischen Praxis auch in vielen Fällen deutlich die noch unzureichenden Basisbedingungen in Form von hinderlichen Umgebungsbedingungen sowie fehlender systemischer Flexibilität und fehlendem konkretem Handlungswissen im täglichen Unterrichtsalltag für das Lernen in der Wissensdimension auf. Nicht selten führt das zu Schwierigkeiten und regelrechten Hindernissen beim Lernen und im Wissenserwerb dieser Schüler*innen und verhindert damit die Erweiterung ihrer kognitiven Fähigkeiten und den umfangreichen Aufbau von Kompetenzen. Einen bisher eher vernachlässigten Bereich stellt dabei die neurodiverse Ausrichtung des Unterrichtsangebots für das zielgleiche Lernen und den Wissens- und Kompetenzerwerb in der Handlungspädagogik dar, sodass trotz guter kognitiver Veranlagung eines Kindes dadurch bereits in der Grundstufe Lernziele des Lehrplans nicht erreicht werden können und durch die, daraus folgenden schulsystemischen Maßnahmen, mögliche Lebenswege eingeschränkt werden.

Durch dieses fehlendes Handlungswissen dürfen Bildungschancen für autistische Schüler*innen nicht verhindert werden. Damit erfordert der Bereich der Handlungspädagogik eine besondere Beachtung der autismustypischen Denk- und Lernweisen, um auf methodisch-didaktischer Ebene förderlich wirken zu können. Relevante Basisbedingungen für das Lehren, neurodiverse Lernangebote zum Wissenserwerb und spezifischer Nachteilsausgleich müssen bereits von Beginn an in die Planung und Umsetzung des Unterrichts eingebunden sein, damit Hindernisse beim Lernen gar nicht erst entstehen. Nur so können autistische Schüler*innen ihr Potenzial ausnutzen und den Anschluss an das zielgleiche Lernen nicht verlieren.

Wir sehen die Pädagogik als ein komplexes Handlungsfeld gerade durch diese Schüler*innen mehr denn je aufgefordert, sich weiterzuentwickeln. Für diese Auseinandersetzung darf der Unterricht nicht als normierte Größe verstanden werden – das allein stellt schon einen Nachteil dar –, sondern als veränderbare Dimension hinsichtlich seiner Strukturen und Lernangebote für alle Schüler*innen. Vor allem aber muss ein Wissen und Verständnis dafür vorliegen, dass sich das Unterrichtsangebot nach den Bedürfnissen der Schüler*innen richtet. Das mag bei schulstufenfestgelegten Lehrplanzielen, standardisierten Überprüfungen und klassischen Noten als Beurteilungsform eine Herausforderung darstellen und steht dem auch teilweise konträr gegenüber. Trotzdem bietet die Autonomie von Schule und Unterrichtsgestaltung ein breites Feld von Möglichkeiten, um für Schüler*innen Chancengleichheit für das schulische Lernen und Handeln herzustellen und praktisch umzusetzen.

Es ist uns ein Anliegen, dass unser Buch „Autismus und Schule" für diese Thematik ein theoriebasiertes und praxisnahes Werk zur methodisch-didaktischen Auseinandersetzung mit der chancengleichen Beschulung von autistischen Kindern und Jugendlichen im Hinblick auf das Erreichen von Bildungszielen und das Lebenslange Lernen darstellt. Der Schwerpunkt der Auseinandersetzung wurde von uns auf Kinder und Jugendliche im „hochfunktionalen" Bereich im Lehrplan der Regelschulen und der methodisch-didaktischen Handlungsmöglichkeiten von Lehrpersonen im konkreten Unterricht gelegt, bildet aber ebenso Ansätze für Schüler*innen mit unterschiedlichen Bedürfnissen ab. Unser gemeinsames Ziel liegt im Erreichen einer möglichst hohen Aktivität und Teilhabe autistischer Schüler*innen in und an Bildungsprozessen durch inklusiv-pädagogische Ansätze. Die Anpassung des Umweltfaktors „Schule" stellen wir in den Vordergrund des pädagogischen Handelns aller Beteiligten Daher basieren pädagogischen Konzepte auf einem gemeinsamen Verständnis von allgemeiner Pädagogik und Sonderpädagogik, welche die Sichtweise von Neurodiversität in Bezug auf die Merkmale des Denkens, Lernens und Handelns autistischer Schüler*innen und ihren individuellen Ausprägungen miteinbeziehen.

Die Kapitel im Band 1 „Autismus und Schule – Inklusive Rahmenbedingungen für das Lehren, Lernen und den Wissenserwerb" stellen eine qualitätsvolle, sowohl theoretische als auch praktische Auseinandersetzung mit den verschiedenen Dimensionen von Schule und Unterricht dar, die durch unsere langjährigen Erfahrungen im pädagogischen Feld in Form dieses Buches mit den Leserinnen und Lesern geteilt werden. Dieses Buch soll über methodische Ansätze und praktische Anschauungsbeispiele für die Planung von Lernumgebungen und Unterricht im komplexen Handlungsfeld Autismus im Rahmen einer inklusiven Pädagogik die Erweiterung der eigenen pädagogischen Professionalisierung unterstützen. Aufgezeigte Methoden und Mittel sind stehts als Vorschläge und Empfehlungen zu betrachten und wurden auf Grundlage, der autismusspezifischen Merkmale und Besonderheiten in den Funktionsbereichen entwickelt und sind langjährig praxiserprobt Ein angeleiteter Perspektivenwechsel für die Leser*innen trägt dazu bei, hinderliche Bedingungen im Unterricht und beim Wissens- und Kompetenzerwerb aus einem anderen Blickwinkel heraus besser erkennen zu können, um daraus Möglichkeiten für chancengleiche Bedingungen abzuleiten. Ebenso sollen Weiterentwicklungen im gesamten Schulsystem angeregt werden, um grundlegende Barrieren abzubauen und notwendige Veränderungen in der Bildungsinstitution Schule im Sinne der Inklusion zu initiieren und voranzubringen.

Den unterschiedlichen Sichtweisen und Ansätzen der verschiedenen Disziplinen im Hinblick auf Autismus und Schule wird, durch einen sich abwechselnden Blick sowohl auf die institutionelle Seite der Anforderungen als auch auf die der autistischen

Schüler*innen Rechnung getragen. Im Buch wird bevorzugt die Bezeichnung Schüler*innen aus dem Autismus Spektrum oder autistische Schüler*innen gewählt, um keine Wertung mit der Bezeichnung einhergehen zu lassen und nicht den Anschein zu erwecken, dass Autismus per se eine Beeinträchtigung darstellt.

Defizitorientierte Begrifflichkeiten wie „Störung" oder solche, die den Unterschied zu „neurotypischen" Merkmalen und Formen des Denkens und Lernen aufzeigen, sind von uns absichtsvoll und mit Bedacht gewählt und sollen damit zu einer besseren Verständlichkeit für die Leser*innen beitragen. Unser Bestreben ist es, über den Perspektivenwechsel zu einem deutlich stärkenbezogenen Blick hinzuführen und die vielseitigen Möglichkeiten neurodiverser Lehr- und Lernaspekte als Chance für die Übernahme von Verantwortung seitens der Bildungsinstitution Schule hinsichtlich des Schaffens von inklusiven und neurodiversen Voraussetzungen auf der Ebene des praktischen Unterrichts zu erkennen. Wir freuen uns über alle, die diesen Weg mit uns gehen.

Sabrina Haider
Wien, Österreich

Elisabeth Jencio-Stricker
Münchendorf, Österreich

Angelika Schwanda
Wien, Österreich

Danksagung

Unser Dank gilt allen Kindern und Jugendlichen, Kolleginnen und Kollegen, Erziehungsberechtigten und Fachleuten, die uns auf dem professionellen Weg begleiten, unterstützen und auch herausfordern; von denen wir lernen und unsere Perspektive erweitern dürfen.

Inhaltsverzeichnis

Über die Autorinnen

Sabrina Haider
arbeitet als Hochschullehrerin an der Pädagogischen Hochschule Wien und war bis vor kurzem als Pädagogische Expertin des Kompetenzzentrums für Schüler*innen im Autismus Spektrum im schulischen Bildungssystem Wien tätig. Als Sonderschullehrerin in einer Integrativen Kooperativen Mittelschule und durch ihre langjährige Arbeit als Mentorin und Expertin hat sie eine vielseitige, mehr als 20-jährige Erfahrung in der Unterrichtspraxis, der pädagogischen Begleitung von Schüler*innen im Autismus Spektrum und deren Lehrer*innen-Teams sowie in der pädagnostischen Begutachtung und Vernetzungsarbeit mit Erziehungsberechtigten und außerschulischen Stellen. Sie ist ausgebildete Praxislehrerin für die pädagogisch-praktischen Studien, war Lehrende im Lehrgang Freizeitpädagogik der Pädagogischen Hochschule Wien und ist in der in der Lehrer*innen-Fortbildung der Pädagogischen Hochschulen Wien und Wien/Krems in den Bereichen Diversität, Inklusion und Autismus tätig. Sie ist Mutter einer Tochter und lebt mit ihrem Ehepartner in Wien.

Elisabeth Jencio-Stricker
arbeitet als Diversitätsmanagerin im Fachbereich für Inklusion, Diversität und Sonderpädagogik (FIDS) der Bildungsdirektion Wien und ist verantwortlich für das Kompetenzzentrum für Schüler*innen im Autismus Spektrum und die Koordination inklusiv-pädagogischer Maßnahmen für autistische Schüler*innen im gesamten Pflichtschulbereich Wien. Sie ist in der Beratung inner- und außerschulischer Stellen bezüglich der pädagogischen und schulorganisatorischen Möglichkeiten und Maßnahmen für Kinder und Jugendliche im Autismus Spektrum tätig und hat als Sonderpädagogin und ehemalige Schulleiterin eines Zentrums für Inklusion und Sonderpädagogik seit mehr als 30 Jahren Erfahrungen in der Vernetzungsarbeit mit Erziehungsberechtigten und außerschulischen Stellen für Diagnostik und Therapie. Zusätzlich ist sie in der Lehrer*innen-Fortbildung der Pädagogischen Hochschulen Wien und Wien/Krems in den Bereichen Diversität, Inklusion und Autismus tätig und hat eine Ausbildung zur Mediatorin. Sie ist Mutter von vier Kindern und lebt mit ihrem Ehepartner in der Nähe von Wien.

Angelika Schwanda
arbeitet als Pädagogische Expertin des Kompetenzzentrums für Schüler*innen im Autismus Spektrum im schulischen Bildungssystem Wien und blickt auf 30 Jahre Berufserfahrung im Elementar- und Sonderpädagogischen Bereich zurück. Sie war als Sonderschullehrerin in einer integrativen Volksschule tätig und hat durch ihre langjährige Arbeit als Mentorin und Expertin vielseitige Erfahrung in der pädagogischen Unterrichtspraxis, der pädagogischen Begleitung von Schüler*innen im Autismus Spektrum sowie deren Lehrer*innen-Teams und der pädagnostischen Begutachtung und Vernetzungsarbeit mit Erziehungsberechtigten und außerschulischen Stellen. Sie ist spezialisiert im Bereich der Unterstützten Kommunikation für Kinder und Jugendliche im Autismus Spektrum und tätig in der Fortbildung der Pädagogischen Hochschulen Wien und Wien/Krems in den Bereichen Diversität, Inklusion und Autismus. Sie ist Mutter eines Sohnes und einer Tochter und lebt mit ihrem Ehepartner in Wien.

Das Autismus Spektrum im Spannungsfeld schulischer Anforderungen

Inhaltsverzeichnis

1

1.1   Autismus und Schule im Perspektivenwandel

Der Begriff Autismus steht zunehmend im Mittelpunkt einer kontroversen interdisziplinären Diskussion, die in zunehmendem Maße auch die Schule betrifft. Zentraler Bestandteil dieser Debatte ist die deutlich zunehmende Kritik an der Pathologisierung autistischen Verhaltens und der daraus entstehenden defizitären Sichtweise auf die Symptomatik vor allem in Bezug auf gesellschaftliche und institutionelle Anforderungen. Schulisch-normierte Orientierungsgrößen für das Lernen und dessen Beurteilung stehen immer mehr im Widerspruch zu den derzeitigen Anforderungen an die Inklusion und den chancengleichen Wissenserwerb und betreffen damit ebenso das Feld Autismus in Bezug auf die Teilhabe, das Lernen und den Nachteilsausgleich für diese Schüler*innengruppe. Als Konsequenz dieser Entwicklung sind eine Vielzahl neuer Fach- und Schlüsselbegriffe entstanden; bestehende Begriffe wurden neu interpretiert und Definitionen erweitert. Inklusive Aspekte sowie wissenschaftlich neue Erkenntnisse, u. a. Ansätze der neurologischen Diversität beeinflussen die Sichtweisen.

Eine klinisch-psychologische Diagnose im Autismus Spektrum benennt derzeit ein „quantitativ oder qualitativ von der Norm abweichendes Verhalten, welches auch bedeutende Beeinträchtigungen in der aktuellen Situation der selbstständigen Lebensführung zur Folge hat" (Bölte 2015, S. 31). Die Prävalenzzahlen steigen und internationale Studien (z. B. Baird et al. 2006; Fombonne et al. 2011) unterstützen die Annahme, dass auch in Mitteleuropa rund 1 % der Bevölkerung nach Durchlaufen eines standarisierten Diagnoseverfahrens auch eine Diagnose im Autismus Spektrum erhalten. Dieses wird u. a. durch die stetige Erweiterung der Kriterien zur Diagnostizierung, verfeinerten Diagnoseverfahren zur Erfassung autistischer Verhaltensweisen und deren Abgrenzung von anderen Störungsbildern, einen höheren Wissensstand bei Experten und Expertinnen sowie eine Sensibilisierung in der Bevölkerung erklärt (Kamp-Becker und Bölte 2021, S. 26). Auf Österreich umgelegt bedeutet dies, dass mehr als 80.000 Menschen eine Diagnose im Autismus Spektrum erhalten (würden). Da mittlerweile die Möglichkeit gegeben ist, Autismus schon in frühkindlichem Alter zwischen 18 und 24 Monaten zu diagnostizieren (Ozonoff et al. 2015, S. 56), haben Kinder zunehmend frühere Diagnosen, die bereits zu Schulbeginn bekannt sind. Jedoch treten bei Kindern mit weniger ausgeprägter Symptomatik diese besonderen Auffälligkeiten erst während der Schulzeit auf und gehen damit mit dem Anstieg von Anforderungen einher (Thurm et al. 2018, S. 11). Die Wahrscheinlichkeit, dass in jeder Bildungseinrichtung ein*e oder mehrere Schüler*innen mit einer solchen Diagnose beschult werden, ist daher sehr groß und unterstreicht die Relevanz des pädagogischen Fokus auf das Thema Autismus und Schule.

Im Jahr 2001 wurde von der WHO die Internationale Klassifikation der Funktionsfähigkeit, Behinderung und Gesundheit (ICF)[1] herausgegeben. In dieser wird Behinderung nicht mehr als Eigenschaft oder Defizit einer Person definiert, son-

---

1   Die Internationale Klassifikation der Funktionsfähigkeit, Behinderung und Gesundheit (ICF) ist ein Klassifikationssystem der WHO, das im Jahr 2001 veröffentlicht wurde. Sie stellt ein mehrperspektivisches biopsychosoziales Modell dar, basiert auf dem Konzept der funktionalen Gesundheit und berücksichtigt Kontextfaktoren, die die Funktionsfähigkeit unterstützen oder behindern können.

dern öffnet den Blick für ein bio-psycho-soziales Modell und differenziert zwischen einer Person mit einem Gesundheitsproblem und ihren Kontextfaktoren. Behinderung liegt also nicht allein in der Person mit physischen oder psychischen Beeinträchtigungen, sondern entsteht durch Hindernisse für die Aktivität und Teilhabe aus der Wechselwirkung der personenbezogenen Bedingung und den derzeit gegebenen Umweltbedingungen. Unter diesem Oberbegriff der Funktionsfähigkeit werden die Körperfunktionen (b) und Körperstrukturen (s) einer Person verstanden sowie ihre Aktivitäten und ihre Partizipation (d). Personenbezogene Faktoren und Umweltfaktoren (e) sind sogenannte Kontextfaktoren, die sich als Förderfaktor oder Barriere auf die Funktionsfähigkeit der Personen auswirken können. Die Schule stellt im Kontext der ICF ebenso einen Umweltfaktor dar und ist demnach Mitverursacher von Hindernissen oder Mitbereiter förderlicher Umgebungsbedingungen für das Lernen und die Entwicklung der Kinder und Jugendlichen.

Gemäß dem, im angloamerikanischen Sprachraum entstandenen Ansatz der Neurodiversität, handelt es sich beim Autismus nicht um eine Störung, die begrifflich vor allem ein Defizit vermittelt, sondern um eine neurobiologische, also ganz natürliche „neurologische Variante" (ASAN 2012) des Menschseins, aus deren Unterschiedlichkeit in den neuronalen Prozessen andere Wahrnehmungs-, Denk-, Lern- und Handlungsmerkmale und -muster hervorgehen (Theunissen 2020, S. 55). Damit stehen die Theorien der Neurodiversität, die defizitorientierte Begriffe wie Autismusspektrumstörung oder Symptomatik deutlich ablehnen im Spannungsfeld der klinischen Diagnosen, die sich auf eine Basis-Symptomatik beziehen, welche sich durch Abweichungen von einer Normgröße definieren. Hinsichtlich dieses Ansatzes müssen Bildungsinstitutionen den Autismus ebenso von mehreren Perspektiven betrachten und dürfen dessen Merkmale (Symptomatik) nicht mehr über die Orientierung an standardisierten Normen bewerten und dahingehend „behandeln".

Die derzeitigen gesellschaftlichen und vor allem aber institutionellen Anforderungen stehen noch in einer deutlichen Diskrepanz zu den Entwicklungen der vorhergehenden neuen Sichtweisen und Ansätze zum Autismus und dem inklusiven Gedanken. Sie orientieren sich stark an bestehenden Werten und Normen und erwarten, vermitteln, messen und bewerten mehr oder weniger normierte Faktoren, Fähigkeiten und Kompetenzen über Institutionen wie Bildungseinrichtungen und deren Curricula. Trotz einer Veränderung hinsichtlich einer stärkeren Kompetenzorientierung bestimmen normierte Leistungsziele weiterhin vielerorts den Schulverlauf. Dadurch zeigen schulische Institutionen auch häufig eher die Schwierigkeiten und Defizite in Bezug auf ihre Anforderungen auf und geben für Potenziale, Stärken und Herangehensweisen, die außerhalb des Normgedankens liegen oft zu wenig Raum. Das hat sich in den letzten Jahren durch die standardisierten Messungen von Kompetenzen und Wissen, mit denen Schule beauftragt wird, noch verstärkt und engt damit auch den Raum für pädagogisch-praktische Umsetzung inklusiver und neurodiverser Schul- und Unterrichtsprozesse ein.

Auch in der Anwendung der ICF der WHO wird zunächst eine Beeinträchtigung der individuellen Funktionsfähigkeit in Abhängigkeit der gegebenen äußeren Bedingungen festgestellt, die defizitär ist. Sie definiert die Wechselwirkung der Person mit ihren körperlichen und psychischen Voraussetzungen und den derzeit gegebenen Umweltbedingungen zunächst in einer Leistungsminderung der Aktivität und Teilhabe und benennt eine Funktionsbeeinträchtigung. Den Unterschied zur derzeit gültigen schulischen, anderen institutionellen oder gesellschaftlichen Orientierungs-

1

norm anhand von vordefinierten, altersbezogenen Lern- und Kompetenzzielen stellt in der ICF hierbei aber die individuelle Orientierungsnorm dar. Diese richtet sich in ihrer Zielsetzung vor allem nach den Bedürfnissen der betroffenen Person, um dadurch ihre persönliche Lebenssituation zu verbessern (DIMDI/WHO 2005, S. 4). In einer Übertragung des ICF-Ansatzes auf die Schule setzt der Grad der Funktionsfähigkeit bzw. einer ggf. vorliegenden Funktionsbeeinträchtigung damit den eigentlichen Ausgangspunkt für den Beginn eines förderlichen Prozesses fest. So zeigt eine Analyse, anhand der ICF, spezifische Bereiche von Schule und Unterricht auf, in denen Hindernisse beseitigt und geeignete Mittel und Unterstützungsmöglichkeiten zur Erhöhung der Funktionsfähigkeit geschaffen werden können. Die individuelle klinisch-psychologische Diagnostik und die ICF können dafür die Grundlage der Auseinandersetzung mit der Aktivität und Teilhabe in Bezug auf das Lernen und das Leistungsvermögen autistischer Schüler*innen darstellen.

Diese Ansätze sind für alle Kinder und Jugendlichen maßgeblich relevant. Hierbei geht es nicht nur um eine Förderung der Kinder und Jugendlichen, sondern ebenso um eine Veränderung des Kontextfaktors Schule. Wege und Ziele des Lernens sowie geeignete Unterstützungsmaßnahmen können durch das „In-Bezug-Setzen" von individuellen Merkmalen, Besonderheiten und inhomogenen Entwicklungsvoraussetzungen auf die derzeitigen institutionellen Anforderungen besser entwickelt werden. Viel zu häufig führt ein bereits zu Schulbeginn unangepasstes Umgebungs- und Lernangebot noch zu unnötigem Ausschluss und zu Segregation, Schuljahresverlusten oder Lehrplanänderungen im Sinne eines geringeren Anspruchsniveaus durch einen anderen Lehrplan, welche dem eigentlichen Potenzial der autistischen und anders neurodiversen Kinder und Jugendlichen nicht entsprechen. Laut einer Untersuchung von Estes et al. (2017) weisen bis zu 90 % der Kinder und Jugendlichen im Autismus-Spektrum schulische Fertigkeiten auf, die unter ihrem Intelligenzquotienten (IQ) liegen. Daher sind auch bereits kleine Hindernisse in der Aktivität und Teilhabe bei Schülerinnen und Schülern im Autismus Spektrum unter dem Blickwinkel von möglichen Anpassungen für die Teilhabe und einen neurodiversen und entwicklungsorientierten Zugang zum Lernen und dem Aufbau von Wissen und Kompetenzen zu sehen.

Vor allem Lehr-Lern-Konzepte in Bezug auf den Wissens- und Kompetenzerwerb müssen im inklusiven Unterricht aufgrund ihrer unterschiedlichen Anforderungen von Lehrpersonen vielschichtig, differenziert und klar strukturiert gedacht, geplant und umgesetzt werden (Brühwiler 2014, S. 79). Die Gestaltung von inklusiven Rahmenbedingen für eine, nach der ICF formulierten Aktivität und Teilhabe, stellen hier die Voraussetzung für die Teilhabe dar, bleibt aber erfahrungsgemäß häufig nur auf der Ebene einer Kompensation fehlender Fähigkeiten und Fertigkeiten für die derzeitig gegebenen Bedingungen. Ebenso wirken Förderkonzepte zwar an dem Nachreifen entwicklungsbedingter Rückstände, decken aber nicht den konkreten Wissenserwerb im laufenden Unterricht ab. Hier ist also ein breites Spektrum an pädagogisch-praktischen Umsetzungskonzepten gefordert, die auf allen Ebenen wirksam werden. Schulalltag, Unterrichtsorganisation, sowie Unterrichtsinhalte und deren methodisch-didaktischer Aufbau benötigen strukturierte und systematisierte Konzepte, welche erfolgreiches und potenzialausschöpfendes Lernen ermöglichen und sich durch passende Möglichkeiten zur Leistungserbringung auszeichnen.

1.2 Das Autismus Spektrum

Bei einer Diagnose aus dem Autismus Spektrum handelt es sich nach aktuellem Stand der wissenschaftlichen Forschung, um eine frühe anders verlaufende Art der Hirnentwicklung, die als Hauptursache multigenetisch bedingte Faktoren, Umweltfaktoren sowie körperliche Erkrankungen und Hirnschädigungen heranzieht (Kamp-Becker und Bölte 2021, S. 31). Postnatale Umweltfaktoren werden untergeordnet gesehen und beeinflussen eher die Ausprägung der Symptomatik. Neuropsychologische Ansätze untersuchen in verschiedenen Bereichen der Hirnentwicklung Veränderungen z. B. die neuronale Übertragung an den Synapsen (Nervenverknüpfung) und die Entwicklung neuronaler Schaltkreise (Verbindungen).

Auch erhöhte Wahrnehmungsverarbeitung von Reizen konnte festgestellt werden (Rogers und Dawson 2014, S. 28). Tang et al. fanden heraus, dass bei Kindern mit Autismus ein viel geringeres „synaptic pruning" auftrat im Vergleich zu Kindern ohne Autismus (2014). Das „synaptic pruning" beschreibt den entwicklungspsychologischen Rückgang der ungenutzten Nervenvernetzung, sodass bei autistischen Kindern demnach mehr einzelne Nervenvernetzungen vorhanden bleiben. Ein umfassendes Erklärungsmodel für die ursächlichen Faktoren liegt bisher nicht vor.

Die logische Konsequenz aus den wissenschaftlichen Erkenntnissen und gesellschaftlichen Entwicklungen der letzten Jahre ist, dass in der 2022 neu erschienenen ICD-11, der Internationalen statistischen Klassifikation der Krankheiten und verwandter Gesundheitsprobleme der WHO, die Definition des Autismus Spektrums nicht mehr über die allgemein bekannten Subtypen – Asperger-Syndrom, Frühkindlicher Autismus und Atypischer Autismus – erfolgt. Wie im DSM-5 „Diagnostic and Statistical Manual of Mental Disorders" (o. J.), dem diagnostischen und statistischen Leitfaden psychischer Störungen der USA, gibt es die Benennung der Subtypen nicht mehr, da eine klare Abgrenzung voneinander über die Ausprägungen von Symptomen nicht möglich ist und Autismus somit ein sehr heterogenes Störungsbild darstellt (Kamp-Becker und Bölte 2021, S. 8). Der Übergang zwischen milden und stärkeren Formen des Autismus und die Intensität der Ausprägung der Symptomatik(en) ist fließend und in einem nicht-linearen Spektrum zu sehen, in dem das Ausmaß der Funktionalität in den verschiedenen Bereichen unterschiedlich ist und sich die Symptomatik abhängig von den jeweiligen Umweltbedingungen zeigt (Slotta 2020, S. 140). In einer Erweiterung der diagnostischen Einschlusskriterien werden sie unter der Diagnose Autismus-Spektrum-Störung zusammengefasst.

> **Nach derzeitigen diagnostischen Kriterien können sich Abweichungen der Funktionsfähigkeit bei einer Diagnose im Autismus Spektrum in unterschiedlicher Qualität und Quantität in folgenden Bereichen zeigen**
> - Sozial-kommunikativ – in der Kontaktaufnahme, in der verbalen und nonverbalen Kommunikation, im wechselseitigen Umgang und Austausch, im Aufbau und Halten von Beziehungen sowie in der Entwicklung und Anwendung von Sprache und nonverbaler Kommunikation

1

- Restriktive und repetitive Verhaltensweisen – stereotype oder respektive Sprache, stereotype Verhaltensweisen in der Verwendung von Gegenständen oder in der Motorik (Tics und Manierismen), Neigung zu und Festhalten an Ritualen, eingeschränkte Interessen von ungewöhnlicher oder hoher Intensität, Reaktionen auf sensorische Reize

Zusätzliche Spezifizierungen und der Schweregrad der Symptomatik sind individuell nach ICD-11:
- Ohne Störung der intellektuellen Entwicklung und mit leichter oder keiner Beeinträchtigung der funktionalen Sprache
- Mit Störung der intellektuellen Entwicklung und mit leichter oder keiner Beeinträchtigung der funktionalen Sprache
- Ohne Störung der intellektuellen Entwicklung und mit Beeinträchtigung der funktionalen Sprache
- Mit Störung der intellektuellen Entwicklung und beeinträchtigter funktionaler Sprache
- Mit Störung der intellektuellen Entwicklung und fehlender Sprache (ICD 11 2022)

Die genetisch-psychologische Vulnerabilität für Autismus beeinflusst die neuronale Hirnentwicklung und -funktion und damit das Lernen, das Denken und auch das Verhalten, was besonders im sozialen oder institutionellen Kontext zum Tragen kommt (Dziobek und Stoll 2019, S. 29). Somit wirkt sie ein Leben lang und ihre Auswirkungen können alle Lebensbereiche in unterschiedlichem Ausmaß und in unterschiedlichen Lebensabschnitten sowohl positiv als auch negativ betreffen. In ihrer Zusammensetzung und ihrem Ausprägungsgrad sind sie von Person zu Person unterschiedlich und individuell geprägt (Autismus Deutschland e.V. 2021). Erste Anzeichen werden oftmals schon früh in der kindlichen Entwicklung sichtbar. Derzeit wird eine mittlere Prävalenz von 0,62 % – 0,70 % angenommen mit einem enormen Anstieg der Prävalenzzahlen (Kamp-Becker und Bölte 2021, S. 25). Eine groß angelegte Studie der CDC – Centers for Disease Control and Prevention nennt im „Communitiy report on autism" (2023), dass 1 von 36 8-jährigen Kindern im Jahr 2020 mit ASD diagnostiziert wurde, was eine noch höhere Prävalenz bestätigen würde. Es liegt eine erhöhte Diagnoserate bei Jungen von 4–5:1 gegenüber diagnostizierten Mädchen vor. Es wird aber eine höhere Dunkelziffer nicht diagnostizierter Mädchen und Frauen angenommen. Bei Jungen und Mädchen im Autismus Spektrum liegen tlw. geschlechterspezifische Unterschiede in den Merkmalen aber nicht in der Intensität der Autismus-Symptomatik vor (Kamp-Becker und Bölte 2021, S. 27). In der, im Fachmagazin „Autism" veröffentlichen Studie von Dean, Harwood und Kasari (2016) wurde herausgefunden, dass das Verhalten von sich normal entwickelnden Jungen stärker von dem autistischen Jungen abweicht als das Verhalten von sich normal entwickelnden Mädchen von dem ihrer autistischen Mitschülerinnen. Es fanden sich mehrheitlich weniger externalisierende Verhaltensweisen und ein ruhiges, zurückgezogenes Verhalten wurde aufgrund von vorherrschenden geschlechtsspezifischen Zuschreibungen eher als „normal" eingestuft. Bei Jungen traten im Gegensatz dazu die typischen Symptome, die zur Diagnose führen, offensichtlicher zu Tage wie z. B. Verhaltensauffälligkeiten, Schwierigkeiten in der non-verbalen

Kommunikation und im Sozialverhalten. Stereotypien und Sprachprobleme seien bei Mädchen häufig nicht so ausgeprägt wie bei Jungen. Symptome und Sonderinteressen erscheinen sozial kompatibler, da sie oftmals nicht ungewöhnlich in Hinsicht auf den Inhalt, sondern vielmehr in Bezug auf deren Intensität sind, und erst bei genauerer Betrachtung z. B. stereotype Spielverhaltensweisen auffallen. Zudem würden Mädchen bessere Eigenschaften im Erkennen sozialer Normen mit einer größeren Fähigkeit zur Anpassung an soziale Situationen und dem Nachahmen von Verhaltensweisen zeigen, welches mit „Camouflaging" oder „Masking" bezeichnet wird (Lawson 2020, S. 523).

Zum Autismus treten zusätzlich Begleiterkrankungen sogenannte Komorbiditäten auf, die nicht Bestandteil desselben sind.

Häufige Komorbiditäten bei einer Diagnose im Autismus Spektrum
- Aufmerksamkeitsstörungen
- Dyspraxie
- Epilepsie
- Intelligenzminderungen
- Tourette-Syndrom
- Sensorisch Intergrationsstörung
- Legasthenie und/oder Dyskalkulie
- Schlafstörungen

Zusätzliche psychiatrische Diagnosen
- Affektive Störungen, emotionale Störungen (Ängste, Depressionen) und Zwangsstörungen
- Persönlichkeitsstörungen (paranoid, schizoid, Borderline, narzisstische Persönlichkeitsstörung)
- Selbstverletzende, impulsive Verhaltensweisen
- Oppositionelle Störungen
- Zwangserkrankungen (Kamp-Becker und Bölte 2021; S. 21, 22; Dziobek und Stoll 2019; S. 31; Baranek 2002, S. 398)

„Neuere Untersuchungen weisen darauf hin, dass ca. zwei Drittel der von Autismus betroffenen Personen komorbide Störungen aufweisen" (Kamp-Becker und Bölte 2021, S. 22). Besonders im Jugendalter kommt bei ca. 70 % der autistischen Jugendlichen häufig mindestens noch eine psychiatrische Diagnose hinzu (Simonoff et al. 2008, S. 1). Häufig werden gerade bei Mädchen Fehldiagnosen aufgrund der Sekundärprobleme durch die mannigfaltigen Stresssituationen gestellt.

Nach dem Ansatz des bio-psycho-sozialen Modells liegen individuelle Unterschiede in der Funktionsfähigkeit und den Merkmalen in unterschiedlichen Situationen und Lebensaltern durch personenbezogene Faktoren, das Alter, das Geschlecht und die Persönlichkeit sowie die geistigen und körperliche Voraussetzungen. Weitere Einflussfaktoren stellen die sozialen und häuslichen Umweltbedingungen, die Herkunft, die Sprache, die Kultur und Religion sowie die Erziehung und Sozialisation dar. Umweltbedingungen schulischer Umgebung und die bisherigen Erfahrungen haben ebenfalls ihren Anteil an der Funktionsfähigkeit. Alle diese Faktoren haben

1

zwangsläufig einen Einfluss auf die Qualität, Quantität und die Art und Weise des Lernens im Bildungssystem Schule. Dabei sind bei weitem nicht in allen physiologischen und psychologischen Funktionen (ICF, b-Faktoren der Körperfunktionen), qualitative und quantitative Merkmale und im Zuge dessen Beeinträchtigungen in der Entwicklung zu finden oder zeigen sich hinderlich im Kontextfeld Schule. Die Intensität und Ausprägung der autistischen Merkmale sind daher immer in ihrem individuellen Bezug zu den derzeitigen Umweltfaktoren, hier konkret bezogen auf das Bildungssystem Schule (ICF, e-Faktoren), zu sehen.

> ❶ Durch ihre Komplexität kann die Funktionsfähigkeit im Autismus Spektrum im vielschichtigen Anforderungsfeld Schule einen erheblichen Einfluss auf das individuelle Erlangen und Zeigen von theoretischem Weltwissen und praktischem Handlungswissen darstellen. Ebenso kann es Einfluss auf die Entwicklung sozialer und emotionaler Fähigkeiten nehmen und somit ein Hindernis für die Aktivität und Teilhabe in der Schule darstellen.

1.3 Autistische Schüler*innen und ihre Funktionsfähigkeit in der Schule

Dass sowohl die diagnostischen Leitfäden ICD-11 und DSM V Autismus nicht mehr in einer Aufteilung zu verschiedenen Formen der Ausprägung mit einer zugeschriebenen Symptomatik sehen als auch die ICF den Fokus nicht auf ein Gesundheitsproblem allein richtet, bedeutet für die Institution Schule ebenso eine Veränderung der Perspektive und Herangehensweise. Das Wissen, dass eine Funktionsbeeinträchtigung aus dem Autismus in seiner deutlichen Wechselwirkung mit den schulischen Umweltfaktoren entsteht und sich unterschiedlich und vielseitig auf das Lernen und das Leistungsvermögen auswirken kann, lässt den Blick auf die förderlichen und hinderlichen Umgebungsbedingungen von Schule und Unterricht für die Funktionsfähigkeit von Kindern und Jugendlichen richten.

Der Weg, der sich in diesem Zusammenhang für die Institution Schule erschließt, muss zum Abbau von Barrieren und Vorurteilen und hin zum proaktiven Bereitstellen von förderlichen Bedingungen als Leitfaden des pädagogischen Denkens, Planens und Handelns führen. Daraus stellt sich für die Pädagogik die Frage, in welcher Art und Weise Umgebungsvoraussetzungen und schulische Maßnahmen notwendig sind, damit autistische Schüler*innen befähigt werden, so selbstverständlich am Unterricht teilzuhaben und erfolgreich Leistung zu zeigen, wie es auch für alle anderen Schüler*innen möglich ist. Diese „neue" Sichtweise erfordert eine erhöhte Sensibilität und Professionalität seitens der Pädagogik, da bereits kleinste Hindernisse zu großen Irritationen und Überforderungssituationen für die betroffenen Schüler*innen führen können und damit negative Einflüsse auf die Entwicklung, das Lernen und den Schulverlauf haben können.

Häufig werden bei den aufkommenden Situationen der Irritation und Überforderung starke Gegenstrategien zur Stressreduktion seitens der autistischen Kinder und Jugendlichen hervorgerufen. Diese Problemlösungsversuche sind subjektiv bedeutsam und dienen der Kompensation von stressigen Situationen (Theunissen 2020, S. 28). Sie zeigen sich angefangen von Rückzugsverhalten über Verweigerung und emotionalen Überreaktionen bis hin zu Aggressionen und Autoaggressionen. Damit führen sie mitunter zu persönlichen, familiären und auch institutionellen Krisensituationen, die den Lernfortschritt über lange Zeit stark beeinflussen können. Mit zunehmendem Alter und Förderung können zwar kompensierende Methoden zum Umgang mit Überforderungssituationen und zur sozialen Anpassung erworben werden, trotzdem bleibt die Gefahr der Begünstigung einer, nach außen hin nicht immer erkennbaren übermäßigen Belastung bestehen, die zu eventuellen schwerwiegenden Folgen für die psychische Gesundheit führen kann.

Damit negative Erfahrungen im schulischen Entwicklungsverlauf von Schülerinnen und Schülern im Autismus Spektrum vermieden werden können und nicht zu Auswirkungen wie sekundären Begleiterscheinungen in Form von psychischen Belastungen beitragen, bedarf es einer regelmäßigen Lern-Lehr-Analyse in gemeinsamer Interaktion mit den Kindern und Jugendlichen. Nur so können institutionelle Hindernisse und förderliche Faktoren erkannt werden und neuronal passenden Rahmenbedingungen von Schulalltag und Unterricht für die Teilhabe, das Lernen und Handeln bereitgestellt und angepasst werden.

Funktionsweisen, die häufig einen Einfluss auf die Qualität, Art und Weise des Lernens und die Leistung bei Schülerinnen und Schülern im Autismus Spektrum unter den derzeitig vorherrschenden schulischen Umweltbedingungen haben und sich damit auf die Aktivität und Teilhabe (ICF, d-Faktoren) auswirken, sollen hier exemplarisch auf einer wissenschaftlichen Basis erläutert werden. Dabei wird versucht, ihre symptomatische Erscheinung durch die Wechselwirkung mit den Umweltbedingungen der Schule und des Unterrichts vielfältig darzustellen. Beschreibungen zu den (besonderen) Merkmalen, Denk- und Lernweisen basieren auf wissenschaftliche Forschungen und Forschungsansätzen, der langjährigen interdisziplinären Zusammenarbeit der Autorinnen mit klinischen und therapeutischen Bereichen und letztlich auf der professionellen Weiterbildung, pädagogischen Erfahrung und persönlichen Interaktion mit den vielzähligen autistischen Schülerinnen und Schülern im schulischen Feld. Dabei können beschriebene Lern-, Denk-, Sprach- und Verhaltensweisen in unterschiedlicher Art, Ausmaß und Zusammenstellung Teil der Symptomatik einer autistischen Schülerin oder eines autistischen Schülers sein und individuell voneinander abweichen.

1.3.1 Sinnesfunktionen und Funktionen der Wahrnehmung- und Wahrnehmungsverarbeitung

» Die Sinnesfunktionen und Funktionen der Wahrnehmung umfassen alle körperfernen Sinne (olfaktorisch, gustatorisch, visuell, räumlich-visuell und auditiv) sowie die körpernahen Sinne (taktil, kinästhetisch und vestibulär) (Junge 2014, S. 10). Sie schließen in der Wahrnehmungsverarbeitung den gesamten Prozess der Reizaufnahme über die Reizweiterleitung, -unterscheidung, -bewertung, -speicherung und -modulation hin zur Verknüpfung mit kognitiv-emotionalen oder kognitiv-motorischen Schemata im Gehirn ein (Junge 2014, S. 12–13). Da das Sehen und das Hören als primäre Sinne für die Informationsaufnahme in der Schule gefordert sind, kann die dargestellte Art und Weise der Wahrnehmung bereits vor der Informationsaufnahme eine Anforderung darstellen, die häufig durch die Schülerin oder den Schüler kompensiert werden muss und ggf. massiven Stress durch notwendige Verarbeitungskapazitäten auslöst.

In der Wahrnehmung kann eine veränderte Reizaufnahme (Rezeption) in Bezug auf die Qualität, Intensität oder Menge der einströmenden Reize vorliegen. Bereits in der Reizaufnahme und in der weiteren Verarbeitung und Interpretation von Reizen im sensorischen Gedächtnis könnten die dargebrachten Informationen unklar, fehlerhaft oder zum Teil auch gar nicht wahrgenommen und verarbeitet werden. In der Folge sind dadurch erwartete Handlungen ggf. beeinträchtigt (Miller 2020, S. 25–26, 28). Laut einer Studie von Marco et al. (2011) sind über 96 % aller autistischen Kinder von Wahrnehmungsbesonderheiten betroffen.

Eine Besonderheit der Perzeption ist die eher primäre Ausrichtung auf die Erfassung und Verarbeitung lokaler Reize, d. h. meist auf Details eines Objekts, und in weiterer Folge auf die gegenständlichen konkret vorhandenen Dinge (lokalorientierte Wahrnehmung). Diese Wahrnehmungsausrichtung auf einzelheitliche und isolierte Reize führt zu einer lokal orientierten Informationsverarbeitung mit Detailaufmerksamkeit, die Inhaltliche Aspekte zunächst vernachlässigen kann (Bölte 2015, S. 143). Dieser extrem gute Blick für Einzelaspekte bringt besonders gute Fähigkeiten in der Erkennung von Mustern und möglicher Fehler hervor, kann aber den Blick auf wichtige Reiz- und Informationsquellen zunächst verhindern, wenn diese nicht eindeutig genug tituliert sind (Kamp-Becker und Bölte 2021, S. 41).

Teilweise werden andere Reize als üblich als Hinweisreize (Signalreiz) wahrgenommen, was Auswirkungen auf die Aufmerksamkeitsausrichtung sowie die Aktivierung bereits gespeicherter Gedächtnisinhalte hat. Teilaspekte und Merkmale werden dabei auch häufig überselektiv wahrgenommen. Dabei liegt die Ausrichtung der Wahrnehmung lange auf den sensorisch-perzeptuellen Reizen und häufig vermehrt auf visuellen Einzelaspekten. Das zeigt sich auch dadurch, dass der Wissensstand häufig über längere Zeit als üblich die konkrete meist visuell erfahrene Wahrnehmung abbildet.

Eine häufig beschriebene visuelle oder auditive (sonst.) Filter- und Verarbeitungsschwäche kann bewirken, dass keine oder nur wenig Selektion von Reizen geschieht und alle Reize, auch unauffälligere, als gleich intensiv wahrgenommen werden (Strasser 2015, S. 26). Der Empfang dieser Reize kann besonders aufdringlich sein, zu „Dauerstress" (Schuster 2007, S. 20) führen und nicht gut selbstständig reguliert bzw. abgeschaltet werden. Dadurch werden auf der anderen Seite Dinge wahrgenommen, die anderen Menschen entgehen können. Eine intermodale Wahrnehmungsstörung liegt vor, wenn Informationen aus verschiedenen Sinneskanälen nicht gleichzeitig miteinander verknüpft und verarbeitet werden können (Theunissen 2020, S. 31). Die simultane Verarbeitung von Sehen und Hören wird am häufigsten in der Schule gefordert und ist anforderungsspezifisch auch mit der Erwartung einer Sprach- oder Handlungsreaktion gekoppelt, was wiederum bewegungsplanende und -steuernde Funktionen fordert.

Die gleichzeitige Reizaufnahme kann auch zu einer Gleichwertigkeit im Sinne der Relevanz für die Informationsaufnahme führen, sodass eine Differenzierung von relevanten und irrelevanten Reizen erschwert ist (Matzies 2010, S. 19). Da das Erkennen der Relevanz von Reizen im steigenden Entwicklungsverlauf zunehmend ein Zusammenspiel von Vorwissen und den Umgebungsstrukturen ist, könnten auch Schwierigkeiten im vorhandenen Vorwissen oder dessen Aktivierung die Ausrichtung auf die relevanten Reizquellen beeinträchtigen. Ebenso kann hieraus eine Möglichkeit zur Weiterentwicklung im Sinne einer Verbesserung des Erkennens relevanter Reize abgeleitet werden.

┌─ Perspektivenwechsel ─────────────────────────

Niklas ist schon am Sonntagabend vor der nächsten Schulwoche sehr aufgeregt. Er weiß, dass die Unterrichtsstunden wieder besonders herausfordernd für ihn werden, da das Zuhören und Zuschauen ihn immer sehr anstrengen. Er hört viele andere Geräusche oft lauter als die Stimme des Lehrers und kann so häufig nicht erkennen, wann ein Arbeitsauftrag zu erledigen ist. Oft muss der Lehrer ihn nochmals persönlich auffordern mit der Arbeit zu beginnen und den Arbeitsauftrag manchmal sogar noch einmal erklären. Das ist immer unangenehm für Niklas. Während des Arbeitens bekommt er manchmal überhaupt nicht mit, dass jemand zu sprechen begonnen hat oder dass er seinen Blick auf etwas Wichtiges richten soll. Stattdessen bemerkt er, dass das Licht an der Decke flackert und ein Fleck auf der Lampe ist, der gestern noch nicht da war.

Bei visuellen Reizen bzw. visuellen Informationen spielen verschiedene Faktoren, wie z. B. die Art der Darstellung in Form, Farbe, Größe und die Fähigkeit ihrer Bewegungsverfolgung eine Rolle für die Wahrnehmung und die Erkenntnis. Sie sind immer im Verhältnis ihrer räumlichen Anordnung, in Bezug auf Merkmale der Ähnlichkeit, Symmetrie und Entfernung zu anderen Objekten zu betrachten und erfordern einen Abgleich und eine Verknüpfung für die Verarbeitung. Dabei gibt es große Unterschiede in der Wahrnehmung von Objekten und der sozialen Wahrnehmungsleistung des Erkennens von Gesichtern (Kamp-Becker und Bölte 2021, S. 42–43). Zudem kommen Informationen, wie die situative Einbettung der Reizobjekte dazu, die erfordern, dass sie im Zusammenhang mit sozialen und emotionalen Aspekten mitverarbeitet werden müssen.

Visuelle Reize gelten im Allgemeinen aufgrund ihrer Informationsstabilität als länger wahrnehmbar und stehen damit über einen längeren Zeitraum für die weitere Verarbeitung zur Verfügung. Viele autistische Menschen haben gute visuelle Fähigkeiten über konkrete Bilder Informationen besser aufnehmen zu können, „die im deutlichen Gegensatz zu ihren Schwierigkeiten in der Kommunikation und im Sozialverhalten stehen" (Minshew et al. 1997, zitiert nach Bernard-Opitz 2014, S. 16). Hier liegt eine eindeutige Stärke autistische Schüler*innen, die bereits in vielen Interventions-Programmen z. B. TEACCH und PECS, Berücksichtigung findet und pädagogisch als ebenso relevant in die Unterrichtsüberlegungen einfließen muss.

Akustische Reize können ebenso diesen Besonderheiten in der Wahrnehmung unterliegen. Sie werden aufgrund ihrer flüchtigen Form und der meist zusätzlichen Anforderung an die sprachliche Verarbeitung im Unterricht häufig nicht richtig oder erst verspätet auditiv wahrgenommen. Studien mit jüngeren Kindern (z. B. Ference und Curtin 2013) zeigten eine weniger differenzierte Aufnahme von modulierten Wörtern und weniger Aufmerksamkeitsreaktion auf auditive Reize. Da Sprachinformationen in der Schule einen hohen Stellenwert einnehmen, benötigt die besondere Reizaufnahme in diesem Bereich eine Berücksichtigung im Unterricht.

1

Die Besonderheiten der Filterschwäche, Intermodalität und Gleichwertigkeit von Reizen können auch für die anderen Bereiche der Sinneswahrnehmungen (taktil, olfaktorisch, gustatorisch, etc.) gelten.

Sensorische Wahrnehmungen beeinflussen häufig unbemerkt die Aktivität im Unterricht, denn teilweise werden Reize in einzelnen Sinnesbereichen in Form einer sogenannten Hypersensitivität verstärkt wahrgenommen. Diese Überempfindlichkeiten (Hypersensibilitäten) können in allen Wahrnehmungsbereichen auftreten (Theunissen 2021, S. 88–89). Zum Beispiel in Form von Blendungsempfindlichkeiten bei hellen oder reflektierenden Oberflächen oder flackernden Lichtquellen. Im auditiven Bereich können etwa Umweltgeräusche oder Stimmen als unerträglich laut empfunden werden und auch körpereigene Geräusche einen „Lärmschmerz" auslösen. Taktile Hypersensitivtäten, zum Beispiel bei Etikettierungen in der Kleidung, können die Unterrichtsaufmerksamkeit ablenken. Die Oberflächenbeschaffenheit von Materialien beeinflusst u. U. die Handhabung von Gegenständen unterschiedlichster Materialien und so mitunter massiv die Aktivität und Teilhabe in Fächern mit hohem Materialeinsatz z. B. in Sachunterricht und Realienfächern, Technik und Design, Ernährung und Haushalt und Bewegung und Sport. Auch Berührungsempfindlichkeiten sowie veränderte oder hypersensitive Geruchs- oder Geschmackswahrnehmung können vorliegen, welche in Situationen mit Nahrungsmitteln oder ungewöhnlichen Raumgerüchen z. B. in der Schulküche, im Turnsaal oder Chemiesaal bereits die Teilhabe an der Unterrichtssituation erschweren können.

Alle diese Empfindlichkeiten können zu unterschiedlichen Kompensationsstrategien führen wie zum Beispiel das Entwickeln von Stereotypien zur Selbstregulierung durch rhythmisches Schaukeln oder Sprachstereotypien. Andere Formen des „Stimmings" (selbst-stimulierendes Verhalten), um Stress abzubauen, sich zu isolieren und ein weiteres Einströmen von Reizen zu verhindern, können auch eine bewusste oder unbewusste Überselektion auf andere Reize und Interessengebiete sein (Vero 2020, S. 92–95). Auch selbstverletzendes Verhalten kommt in diesem Zusammenhang vor.

Bei einem Zuviel an Reizen kann es zu einem Dauerzustand der Übererregung und damit zu einer Reizüberflutung (Overload) kommen (Attwood 2012, S. 322). Das kann die Aufnahme neuer Reize und Informationen stark beeinträchtigen und einen Rückzug zur Entlastung von sensorischen Anforderungen notwendig machen (Miller 2020, S. 45–46, 32). Hier sind oft massive Reaktionen seitens der autistische Schüler*innen vordergründig, da sich der gesamte Körper in einem hohen Stresszustand befindet. Nach dessen Beendigung herrscht meist ein hoher Erschöpfungszustand. Die „Intense World Theory", die auf Ergebnissen aus der Hirnforschung und experimentellen Untersuchen nach Markram et al. (2007) basiert, geht von einer grundsätzlichen Hyperreaktion des Gehirns auf Reize aus. Die dauerhafte Intensität der Reize und ihrer Verarbeitung führe zu einem „emotionalen Overload" durch eine intensive Aktivität an den Synapsen, vor dem sich autistische Personen durch unterschiedliche Kompensationsmethoden zu schützen versuchen (Markram et al. 2007). Die schulische Förderung von „Coping"-Strategien zur sozial verträglichen Stress-Bewältigung stellt hier einen bedeutsamen Blick dar (Theunissen 2020, S. 29).

Perspektivenwechsel

Sarah muss heute die ganze Zeit an ihre neue Hose denken, die Mama ihr gekauft hat, weil sie ihre geliebte weiche Jogginghose in der Schule jetzt nicht mehr tragen darf. Die neue kratzt fürchterlich und ist eng. Und sie denkt auch noch ängstlich an die nächste Unterrichtsstunde, in der sie wieder mit dem Kleister arbeitet, den sie so ungern an den Fingern spürt und der auch so unangenehm riecht. Das kostet sie heute viel mehr Energie und sie schafft es gar nicht richtig aufzupassen, obwohl sie das Thema sehr interessiert und sie gut sein möchte.

Gleichzeitig zu Hypersensibilitäten können aber auch Hyposensitivitäten (Unterempfindlichkeiten) in Form von verringerter oder ausbleibender Wahrnehmung und fehlenden Reaktionen vorliegen (Miller 2020, S. 30–31). Diese Unterempfindlichkeiten können zu einem verminderten Schmerzempfinden oder auch zu einer allgemeinen taktilen Schwäche führen, die sich auch auf den Bereich der Bewegungsplanung und der Handhabung von Unterrichtsmitteln, wie zum Beispiel dem Umgang mit dem Stift auswirken.

Perspektivenwechsel

Kenan sitzt auf seinem Platz und versucht Wortgruppen von der Tafel abzuschreiben. Die Tafel blendet ihn und er kann die weiße Schrift auf den Tafelschlieren nicht gut erkennen. Er steht auf, um näher heranzugehen, doch die Lehrerin fordert ihn sofort auf, sich wieder niederzusetzen und weiterzuschreiben. Er möchte nicht sagen, dass er die Wörter nicht erkennen kann.

Besonderheiten in der vestibulären und kinästhetischen Wahrnehmung wirken sich in Bereichen räumlicher Organisationsanforderungen bereits im kleinen Rahmen des eigenen Arbeitsplatzes aus und umfassen ebenso die Orientierung im Großraum. So können zum Beispiel Wege der Materialorganisation im Klassenraum oder auch die Raumgröße im Turnsaal zu erhöhter Verunsicherung aufgrund der veränderten Raumwahrnehmung und sensorischen Überempfindlichkeiten führen und die Handlungsplanung bei Bewegungsabläufen erschweren. Häufige Veränderungen der räumlichen Umgebungsfaktoren wie etwa ein Sitzplatzwechsel erschweren die Orientierung (Strasser 2015, S. 41–42).

1

Grundsätzlich können in allen Sinnesfunktionen und Wahrnehmungsbereichen auch Teilleistungsschwächen und -stärken sowie besonders intensives Interesse oder Abneigungen bestehen, die sowohl förderlich als auch hinderlich auf die weitere Verarbeitung einwirken können. Vor allem im visuellen Bereich führen sie schnell zu Schwierigkeiten mit unterschiedlichen Aufgabenformaten.

Methoden-Tipp

Nachteilsausgleich und Anpassungen für Sinnesfunktionen und Funktionen der Wahrnehmung und Wahrnehmungsverarbeitung: Reizaufnahme
    Wahrnehmung der Qualität relevanter Hinweis- und Informationsreize (Aufmerksamkeitsausrichtung)

- Sensorische Abdeckung vor konzentrierter Reizaufnahme durch sensorisches Material
- Arbeitsplatz in der Nähe zur relevanten Reiz-/Informationsquelle einrichten
- Deutliche Hinweisreize z. B. zum Stundenbeginn oder bei Wechseln geben
- Einsatz bevorzugter Reize, Einsatz bekannter Reize
- Visualisierung als Basisparameter in die Unterrichtsorganisation einplanen und einbauen vor allem zur Unterstützung von auditiven Informationen
- Relevante Merkmale unbekannter Objekte sichtbar machen bzw. hervorheben
- Reaktionszeiten auf Reize beachten

Reizaufnahme durch personelle Unterstützung
- Ankündigen von bevorstehenden und Verbalisieren von stattfindenden Sinnesreizen
- Dirigieren des Blicks durch deutliche Zeigegesten; gestisch auf relevante Merkmale hinweisen
- Verbal auf relevante Merkmale hinweisen, direkte Ansprache mit Namen, im Besonderen auf Mimik und Gestiken (Emotionen), ganze Handlungen von Personen (auch: Aufmerksamkeitsausrichtung)

Dosieren der Intensität und Menge der einströmenden Reize durch reizarme Lernumgebung zur Vorbeugung von Übererregung
- Ausschalten von Störreizen durch bewusstes Wahrnehmen, um diese dann als irrelevant auszublenden
- Gezielte Reizreduzierung des Raumes, z. B. strukturierte Raumaufteilung, reduzierte bzw. strukturierte Dekoration, geschlossene Schränke, Sichtschutz, strukturierter und reizreduzierter Arbeitsplatz etc.
- Geräusch- und Bewegungsminimierung sowie Schallreduzierung, Nutzen von Noise-Cancelling-Kopfhörern oder extra reizreduzierten Arbeitsplätzen während der Einzelarbeit
- Schaffen einer klaren Reizstruktur, z. B. Nacheinander-Geben von Reizen
- Klare verbale Struktur in Sprache, v. a. in Gesprächen, ggf. auf Blickkontakt verzichten, ggf. verringerter Einsatz von Mimik und Gestik
- Rechtzeitige Entlastung und Pausen einplanen

Methoden-Tipp

Nachteilsausgleich und Anpassungen für Sinnesfunktionen und Funktionen der Wahrnehmung und Wahrnehmungsverarbeitung: Überempfindlichkeiten
   Auditiv
- äußere Geräuschbedingungen regulieren, z. B. Türen und Fenster schließen, leises Schuhwerk, Stoßdämpfer unter den Sesseln
- Geräuscharme Kreide für die Tafel verwenden
- Arbeitsplatz für bestimmte Konzentrationsphasen ggf. an ruhigen Ort verlegen
- Gesprächslautstärken anpassen, z. B. Lärmampel verwenden
- Geräusche von Lichtquellen, Beamer, Overhead beachten und sofort ausschalten, wenn nicht mehr benötigt
- Orte mit Hall vermeiden bzw. verkürzte Dauer und/oder Entspannung danach anbieten
- Vorankündigen von lauten Geräuschen, z. B. vor Einschalten von Audio oder Film
- Plötzliche Geräusche und lautes Schreien vermeiden bzw. wenn möglich vorankündigen, um Kompensationsmaßnahme zu ermöglichen

Kompensationsmaßnahmen
- Bei plötzlichen, ungeplanten auditiven Reizen Ohren zuhalten
- Bei geplanten akustischen Reizen Kopfhörer/Ohrenstöpsel anbieten, eigene Musik hören
- Örtlichkeit verlassen

Visuell
- Auf neue Lichtreize vorbereiten, z. B. beim Abschalten/Anschalten des Lichts (Beamer, Theater, Kino)
- Lichtbedingungen anpassen, indirekte Beleuchtung, Reflexionen beachten, Vermeiden von fluoreszierendem oder flackerndem Licht, von grellen und kontrastreichen Farben oder starken Mustern
- Visuell abgeschirmter Arbeitsplatz, z. B. Sichtblenden, Raumteiler
- Klar strukturierte Umgebung: gleichbleibende Anordnung, Verbergen von Materialien
- Helligkeit am Bildschirm regulieren, Farbe des Papiers anpassen, Kontraste ggf. reduzieren

Kompensationsmaßnahmen
- Sonnenbrille aufsetzen, Schirmmütze tragen lassen
- Raum abdunkeln
- Blickkontakt vermeiden

Taktil
- Berührungen ankündigen, nach vorherigem Einvernehmen
- Texturen von Materialien beachten
- Individuell: sanfte Berührung oder Berührung mit starkem Druck einsetzen

Kompensationsmaßnahmen
- Beschäftigung und sensorische Sättigung vor der konzentrierten Leistungsanforderung

Eigenwahrnehmung des Körpers
- Fester Fußstand am Boden durch passende Sitzmöbel und Fußkisten
- Verwendung von Gewichtsdecken
- Beschwerungselemente an Armen und Beinen

Methoden-Tipp

Nachteilsausgleich und Anpassungen für Sinnesfunktionen und Funktionen der Wahrnehmung und Wahrnehmungsverarbeitung: Unterempfindlichkeiten
   Allgemein
- Betontes Setzen von relevanten Reizen in geringem Abstand zur Person
- Interessante Materialien auswählen, die dem Wahrnehmungsinteresse entsprechen

Auditiv
- Verwendung von visuellen Hilfen zur Unterstützung von sprachlichen Informationen
- Auditiv interessante und ritualisierte Signale in wiederkehrenden Situationen verwenden, z. B. Glockenspiel, Klangschale, Erkennungsmusik
- Auditive Anregungen schaffen durch sensorisches Material mit Klang- und Geräuscheffekten, z. B. rasseln, klackern, klingeln etc.

Visuell
- Verstärkte Verwendung von visuellen Hilfen, Bildmaterial
- Hervorheben mit besonders auffälligen Farben, bevorzugt Primärfarben oder leuchtende Farben, deutliche Formen, Umrisse und Strukturen verwenden
- Schaffen visueller Aufmerksamkeit durch in-den-Fokus-Rücken des Zielreizes
- Visuelle Anregungen schaffen durch sensorisches Material mit visuellen Effekten, z. B. glitzern, kreiseln, blinken, leuchten etc.

Taktil
- Verwendung von Gewichtsdecken, Beschwerungselementen
- Einsatz von festen Gegenständen mit starken Widerständen

Reduzierte Eigenwahrnehmung des Körpers
- Möbel mit genügend Abstand anordnen bzw. wichtige Wege freihalten und Platz gut positionieren
- Farbiges Klebeband auf dem Boden als Markierungshilfe oder Leitlinie
- „Armlänge-Regel" einführen (eine Armlänge Abstand zu anderen definierten Personen)
- Auf evtl. nicht bemerkte Verletzungen nach starker Bewegung (Hofpause, Turnen) achten

> **Methoden-Tipp**
>
> **Nachteilsausgleich und Anpassungen für Sinnesfunktionen und Funktionen der Wahrnehmung und Wahrnehmungsverarbeitung: Aufkommende oder bereits bestehende Reizüberflutung**
>
> **Reduzieren der Reizflut und Abschalten der übermäßigen Reize**
> - Verringerung der zeitlichen Dauer in reizanfordernden Situationen
> - Darbietungs- und Sozialformen auf das Wesentliche komprimieren, ggf. Verzicht mit Alternative
> - Rückzugsmöglichkeit mit entspannender Beschäftigung, z. B. Pausenortregelung, Interessensbox
> - Separater Arbeitsort oder Raum für spezifische Phasen, z. B. Jause oder Mittagessen einnehmen
> - Einfluss neuer Reize minimieren, keine neuen Anforderungen stellen, Wahlfreiheit reduzieren
> - Notwendige Erwartungen an das Verhalten klar und konkret formulieren
> - Verbalisieren von Situation und Gefühl sowie kontrollierten der eigenen Körpersprache
> - Stereotypien zur Beruhigung zulassen, solange sie nicht auto-/aggressiv sind
> - Wegbringen aus Überforderungssituation (Isolation) im vorherigen Einvernehmen und klar strukturierter Ablauf; zu Rückzugsmöglichkeit begleiten, um soziale Unterstützung leisten
> - Bereitstellen individueller physische Hilfsmittel zum Abbau von Spannungen oder beruhigender Beschäftigung, z. B. Sensorik-Kiste, Interessenbox

1.3.2 Funktionen der Aufmerksamkeit

> » Die Wahrnehmungsbesonderheiten haben Einfluss auf die Aufmerksamkeitsausrichtung und Fokussierung der Aufmerksamkeit autistischer Schüler*innen. Funktionsbeeinträchtigungen und Besonderheiten in den Bereichen der Aufmerksamkeit können sowohl die Informationsaufnahme über das Zuschauen, Zuhören und andere sinnliche Wahrnehmungen als auch sämtliche Formen der Wissensanwendung z. B. das Üben und Durchführen von Aufgaben behindern. Eine erhöhte Anforderung an die Aufmerksamkeitsleistungen ist häufig in Lehr- und Lernformen mit vermehrten verbal-sprachlichen Aspekten zu beobachten. Auch mehrdimensionale Unterrichtsformen oder Gruppensituationen sowie steigende Komplexität der Inhalte und deren Handhabung können eine Überforderung an die Aufmerksamkeitsleistung darstellen.

Mit einer spontanen Aufmerksamkeitsausrichtung auf Details wird der Fokus der Aufmerksamkeit zunächst nicht auf den Gesamtkontext gerichtet (Kamp-Becker und Bölte 2021, S. 40–41). Der primäre Fokus der Aufmerksamkeit liegt bei autistischen Menschen häufig eher auf der gegenständlichen Umwelt und zunächst nicht auf sozialen Aspekten von Menschen, Beziehungen oder ihrer Interaktion. „Statt

1

sich an … der Bedeutung des Objektes zu orientieren, richten autistische Personen ihre Aufmerksamkeit stärker auf Teilinformationen …, vor allem auf visuelle oder äußere Merkmale wie zum Beispiel Farben, Master und Umrisse" (Theunissen 2020, S. 42). Die intuitive (spontane) Fähigkeit der zentralen Kohärenz (Erfassung des Gesamtzusammenhangs) ist damit zunächst verhindert (Kamp-Becker und Bölte 2021, S. 40–41). Dieser Aufmerksamkeitsfokus schafft aber auch die besondere Fähigkeit für die Wahrnehmung von kleinsten Details in Form einer Hyperselektivität, die kleineste Veränderungen oder Fehler sowohl in der gegenständlichen Umwelt als auch z. B. in der Sprache schnell bemerken kann. Autistische Personen zeigen eine „ungewöhnlich akkurate Systematisierung" besonders in mathematischen und technischen Bereichen (Gormot et al. zitiert nach Theunissen 2020, S. 77). Teilweise führt dieser Aufmerksamkeitsfokus besonders beim Bemerken von Veränderungen zu einer erhöhten Auseinandersetzung und entsprechender Verarbeitungszeit, um Klärung über den neuen Zustand zu erhalten oder ihn zu ergründen oder zu berichtigen.

Perspektivenwechsel

Adrijan hat eine besonders gute Beobachtungsgabe. Er bemerkt einzelne Details und speichert viele Informationen schnell und langfristig ab. Auch wenn er mit anderen Dingen beschäftigt ist, fallen ihm Vorgänge in der Klasse auf, die er genau beobachtet, meist ohne dass es jemand anderer bemerkt. So hat er auch mitbekommen, wo sein Lehrer seinen Schlüssel abgelegt hat. Als der Lehrer „Jetzt ist der Schlüssel schon wieder verschwunden!" ruft, steht Adrijan schnell auf und bringt dem Lehrer den Schlüssel, der noch im Schloss des Materialkastens steckt. Erleichtert bedankt sich der Lehrer: „Wenn ich dich nicht hätte, würde ich nichts wiederfinden!"

Die Aufmerksamkeitsausrichtung kann bei Schülerinnen und Schülern im Autismus Spektrum durch Orientierung an irrelevanten Hinweisreizen auf thematisch nicht geforderte Informationen gerichtet sein. G. Vero berichtete aus ihrer Schulzeit, dass sie anfangs oft „falsch aufmerksam" war und nicht wusste welche Aspekte wichtig oder unwichtig waren (2014, S. 48). Diese richtige Aufmerksamkeitsausrichtung benötigte Orientierungspunkte und Wissen über die Situationen. Daher ist davon auszugehen, dass autistische Schüler*innen solche Situationen vor allem in neuen Kontexten vorfinden und demnach Klärung der relevanten Aspekte benötigen. Auch bei einer passenderen Auswahl kann eine verzögerte Zuweisung erfolgen. Zum Teil wird die Aufmerksamkeit auch gar nicht gerichtet und benötigt einen Impuls von außen zur Aktivierung. Zudem kann die Verarbeitung anderer Reize und Informationen die rechtzeitige Ausrichtung der Aufmerksamkeit beeinträchtigen.

┌─ **Perspektivenwechsel** ─────────────────────────

Clara bemerkt oft erst zu spät, dass der Lehrer bereits mit dem Unterricht begonnen hat. Jetzt hat sie einen Teil nicht mitbekommen, weil sie noch mit der Ordnung auf ihrem Tisch und dem richtigen Anordnen der Materialien für den Unterricht beschäftigt war. Sie traut sich nicht nachzufragen, was der Lehrer gesagt hat, dann würden alle wissen, dass sie nicht aufgepasst hat.

Die Fähigkeit zur Triangulation, der referenzielle Blick zur gleichzeitigen Richtung der Aufmerksamkeit auf eine Bezugsperson und auf einen weiteren Gegenstand, sind aus entwicklungsbedingten oder auch sensorischen Gründen häufig erschwert (Kamp-Becker und Bölte 2021, S. 43). Wenn die gemeinsame Aufmerksamkeit zweier oder mehrerer Personen auf denselben Reiz fokussiert werden soll, können Schwierigkeiten beim konkreten Bezug auf das entfernt liegende Objekt oder eine Situation entstehen. Vor allem mimische oder auch gestische Zeichen, z. B. eine unterstützende Zeigegeste, werden tlw. nicht als relevanter Hinweisreiz wahrgenommen. Diese Fähigkeiten sind wesentlich, um demonstrierten Unterrichtsinhalten zu folgen, die direkt gezeigt werden oder um hinweisenden Gesten zu folgen, welche auf relevante Objekte in einer Entfernung hinweisen.

┌─ **Perspektivenwechsel** ─────────────────────────

Mariam ist mit dem Arbeitsblatt nach vorne zum Pult gekommen, um sich eine Aufgabe noch mal erklären zu lassen, die sie nicht verstanden hat. Die Lehrerin zeigt auf die Stelle auf dem Arbeitsblatt, wo etwas eingetragen werden muss, und dann weist sie mit dem Finger Richtung Tafel, da dort das Beispiel steht. Dabei erklärt sie ihr, wie die Aufgabe geht. Mariam schaut zuerst auf das Arbeitsblatt und dann die Lehrerin an, um ihr bei ihren Erklärungen besser zuhören zu können. Danach versucht sie an der Tafel das Beispiel zu finden und liest es noch einmal. Währenddessen hat die Lehrerin weiter erklärt und noch etwas auf dem Arbeitsblatt gezeigt. Aber das hat Mariam nicht mehr gehört und gesehen, weil sie sich so auf den Blickwechsel konzentriert hat. Die Lehrerin ist bereits fertig mit ihren Erklärungen und fragt Mariam, ob sie jetzt alles verstanden hat. Mariam traut sich nicht zu sagen, dass sie nicht mehr zugehört hat und nicht gesehen hat, wohin die Lehrerin auf dem Arbeitsblatt noch gezeigt hat, und sagt „Ja". Jetzt sitzt sie an ihrem Platz und weiß noch immer nicht, wie sie die Aufgabe richtig lösen soll.

1

Das gilt auch für die Aufnahme und das Halten von Blickkontakt während der Interaktion, welches eine wichtige Grundlage für eine Wechselseitigkeit in der Kommunikation darstellt, u. a. um mimische Ausdrücke des Gesprächspartners für Gedankengänge und Stimmungen zu bemerken und darauf reagieren zu können (Funke 2020, S. 65–66). Im Zusammenhang mit inhaltlich komplexen Erklärungen oder einer geforderten geteilten Aufmerksamkeit auf einen anderen Inhalt, wie z. B. ein Arbeitsblatt, kann die Einforderung des Blickkontakts eine große Erschwernis für die Informationsaufnahme bedeuten und zum Hindernis werden (Kamp-Becker und Bölte 2021, S. 12–13).

┌─ **Perspektivenwechsel** ──────────────────────────────────────

Patryk hat heute einen kleinen Vortrag vorbereitet. Er soll dem Lehrer den Stand seiner Projektarbeit erläutern und hatte sich dafür zu Hause alles aufgeschrieben und es gut auswendig gelernt. Er darf das in einer Einzelsituation mit dem Lehrer machen, da ihm das Sprechen vor der gesamten Klasse schwerfällt. Patryk steht vor dem Lehrer und beginnt mit seinen Erklärungen. Plötzlich unterbricht ihn der Lehrer und sagt: „Ich möchte, dass du mich anschaust, wenn du mir etwas erklärst, Patryk!" „Oje!", denkt sich Patryk, denn er weiß, dass ihm das schwerfällt und ihn von seinem Text ablenken wird. Er richtet seinen Blick auf die Stirn des Lehrers, das hat er in der Therapie gelernt und erzählt weiter. Aber er wollte dem Lehrer auch mit den Händen etwas in der Luft über die Form seines Projektes erklären und dazu muss er seine eigenen Hände beobachten, um sie gut zu koordinieren. Das gelingt ihm nun gar nicht mehr. Der Lehrer bemerkt seine Unsicherheit und sagt ihm, er dürfe ruhig auch auf die Hände schauen und er ist sehr zufrieden, dass Patryk versucht hat den Blickkontakt zu halten. Da ist Patryk erleichtert.

Besonders die Fähigkeit des Verfolgens von Blicken der Interaktionspartner ist relevant für das Erlernen sozialer Kompetenzen. Dabei muss ein direkter Blick bei autistischen Schülerinnen und Schülern nicht immer notwendig sein, um visuelle Inhalte aufzunehmen. Gerade in Situationen mit Nebenanforderungen an die Aufmerksamkeitsleistung oder überfordernden sensorischen Einflüssen wird häufig ein peripherer Blick zur Aufnahme von visuellen Informationen bevorzugt.

Der Aufmerksamkeitsfokus kann stark interessenbezogen sein, was zu einer hohen Konzentrationsfähigkeit und Ausdauer bei vorliegender intrinsischer Motivation führt (Noterdaeme et al. 2017, S. 65). Teilweise kann auch eine Hyperfokussierung auf die eigenen Interessen, auf einen ausgewählten Reiz oder eine Information vorliegen, die eine massiv erhöhte Intensität der Konzentration und Themenfokussierung darstellt. Dieser „Tunnelblick" kann eine intensive Auseinandersetzung über einen langen Zeitraum ermöglichen. In relevanten Situationen wirkt es mitunter stark ablenkend vom eigentlich erforderlichen Fokus (Funke 2020, S. 56). Zudem verhindert es das Multitasking also die gleichzeitige Verarbeitung mehrerer Informationsquellen oder Handlungsmodalitäten.

Die Hyperfokussierung auf ein Interessenthema oder eine Tätigkeit wird auch als Kompensationsmaßnahme bewusst oder unbewusst eingesetzt und kann dabei von kurzen Phasen bis hin zu einem alltagsbeeinträchtigten Ausmaß vorhanden sein. Das

1

Beschäftigen mit bekannten Themenfeldern entspringt einem Sicherheitsbedürfnis und wirkt in dieser Situation entspannend (Attwood 2012, S. 220). Die Interessenslagen der Schüler*innen stellen demnach eine Ressource für sie dar und eine Einbindung für sie allein, zur Arbeitsmotivation oder für eine Interaktion, kann ein guter pädagogischer Ansatzpunkt sein. Die Hyperfokussierung dient auch dazu, sich vor einströmenden Reizen zu schützen (Theunissen 2020, S. 41). Dabei können störende Einflüsse wie z. B. Umgebungsgeräusche und -handlungen oder auch eine Ansprache durch andere Personen vollkommen ausgeblendet und nicht mehr wahrgenommen werden (Strasser 2015, S. 95, 97). Ein Unterbrechen dieser Hyperfokussierung oder Abbringen von bereits zwanghafter Beschäftigung kann mitunter als bedrohlich und als Kontrollverlust empfunden werden und krisenhafte Situationen auslösen.

Perspektivenwechsel
---

*Frida ist ganz vernarrt in Waschmaschinen. Sie liebt es zuzuschauen, wenn sie sich drehen und die Wäsche im Inneren so herumwirbelt. Sie weiß auch viel über deren Technik und Funktionsweise, kennt alle Marken und die neusten Modelle. Am liebsten geht sie mit ihrem Vater ins Elektrogeschäft, um sich mit den Verkäufern über das neuste Modell zu unterhalten und einen neuen Katalog zu bekommen. Am Wochenende steht ein Ausflug in den Waschsalon fix auf ihrem Programmplan. In der Schule möchte Frida am liebsten allen immer und zu jeder Zeit etwas über die Waschmaschinen erzählen. Aber sie darf nicht. Sie hat einen Plan bekommen, auf dem Sprechzeit für das Waschmaschinen-Thema eingetragen ist. Dann nimmt sich die Lehrerin Zeit, um ihr zuzuhören. Manchmal sind auch Mitschüler*innen dabei und stellen Fragen dazu. Das liebt Frida am meisten. Am Ende der Woche darf sie sich ein kurzes Video von einem neuen Waschmaschinen-Review anschauen, wenn sie alle wichtigen Aufgaben erledigt hat.*

In vielen Situationen liegt eine gute Aufmerksamkeitsdauer vor, besonders bei Routineaufgaben oder bei Inhalten, die die eigenen Stärken fordern und im eigenen Interessenbereich liegen. Eine verringerte Dauer der Aufmerksamkeit muss nicht immer mit einer grundsätzlichen Konzentrationsschwäche einhergehen, sondern zeigt sich verstärkt abhängig von den vorherigen Anforderungen, den sensorischen Umgebungseinflüssen und dem eigenen Interesse an der Tätigkeit oder dem Inhalt. Dabei ist der Energieaufwand für Inhalte, die nicht im Interessenbereich liegen, augenscheinlich meist erhöht und kann somit die Aufmerksamkeitsdauer verkürzen. Eine schnelle und hohe Ablenkbarkeit durch äußere Reize oder Ablenkung durch gedankliche Beschäftigung mit verschiedenen Themengebieten kann zusätzlich bestehen. Ablenkende Reize können dabei häufig nicht gefiltert oder automatisch ausgeblendet werden. Teilweise ist das eigenständige Herstellen der Fokussierung auf eine Aufgabe nach dem Verlust der Aufmerksamkeitsausrichtung nicht mehr möglich.

> **Perspektivenwechsel**
>
> *Szymon muss sich heute besonders anstrengen, um zuzuhören, denn das Thema interessiert ihn gar nicht. Aber er weiß, er muss trotzdem zuhören. Das kostet viel Kraft und jetzt soll er auch noch die Sätze an der Tafel gleich mitschreiben, während die Lehrerin erklärt, worum es geht. Dass er das nicht schafft, weiß er sowieso schon und deshalb denkt er lieber über den nächsten Level im Computerspiel nach. Dabei merkt er gar nicht, wie ihn die Lehrerin mehrfach auffordert zu schreiben, sondern erst, als sie direkt vor ihm steht und schon alle anderen Mitschüler*innen laut lachen. Er sieht schnell auf sein Heft und überlegt, wo er aufgehört hat, da zeigt die Lehrerin schon mit dem Finger auf die Stelle und sagt: „Weiterschreiben!"*

Beim zusätzlichen Wechsel des Fokus oder der Teilung der Aufmerksamkeit zwischen zwei Information, z. B. Interaktionspartner und Objekt oder zwei verschiedenen Objekten, besteht eine besondere Herausforderung. Die Teilung der Aufmerksamkeit auf zwei oder mehrere unterschiedliche Reizquellen, die parallel oder kurz nacheinander wahrgenommen, verfolgt und dann verarbeitet werden müssen, ist häufig erschwert (Kamp-Becker und Bölte 2021, S. 12). Das Referenzieren z. B. zwischen Tafel und Heft oder auch bereits zwischen dem auf dem Tisch liegenden Buch und dem Schreibheft erfordert einen ständig wechselnden Blick und eine erneute Fokussierung. Studien z. B. von Jones und Klin (2013) und Messinger et al. (2013) zeigen bereits bei Säuglingen, die später eine Diagnose im Autismus Spektrum bekommen haben, „eine reduzierte Fähigkeit, ihre Aufmerksamkeit von einmal betrachteten Stimuli abzuwenden und diese auf neue visuelle Reize zu richten" (Teufel et al. 2017, S. 25).

> **Perspektivenwechsel**
>
> *Tabea fällt es heute sehr schwer, die Rechenaufgaben im Heft zu lösen. Die Aufgaben sollen selbstständig gerechnet werden. Die Lehrerin schreibt die Rechnungen zeitgleich an der Tafel mit. Nach jedem Zwischenschritt beim Anschreiben an der Tafel unterbricht die Lehrerin, stellt Zwischenfragen oder gibt Zusatzinformationen. Tabea ist doch mit dem vorigen Beispiel noch gar nicht fertig! Wie schaffen die anderen das bloß immer? Sie kennt sich jetzt nicht mehr aus und überlegt: Was hat sie gesagt, worauf ich jetzt achten soll? Sie beschließt sich auf das Abschreiben zu konzentrieren. Papa erklärt ihr dann am Nachmittag einfach noch einmal alles, wie so häufig.*

1

Wechsel des Aufmerksamkeitsfokus, wie eine Verlagerung des Zuhörens oder Zuschauens mit neuer Ausrichtung auf andere Personen oder Orte, stellen häufig eine erhöhte Anforderung dar (Noterdaeme et al. 2017, S. 135). Bei anderen Bedingungen, die einen Wechsel fordern, wie zum Beispiel dem Sprecherwechsel zwischen zwei Lehrpersonen oder einer Verlagerung von der Tafel zu einem Demonstrationsobjekt, können wichtige Informationen auch verloren gehen oder häufig erst zeitverzögert bemerkt werden. Ebenso kann auch das Verfolgen eines bewegten Reizes im Raum erschwert sein.

┌─ **Perspektivenwechsel** ──┐

Martin ist verwirrt, weil beide Lehrer der Klasse im Wechsel etwas zu einem Thema erklären. Der eine steht hinten und der andere vorne an der Tafel, wo er etwas anzeichnet – gehört das dazu? Die Frage, die von seiner Mitschülerin kam, hat er gar nicht gehört. Worum geht es denn jetzt?

└──┘

Methoden-Tipp

Nachteilsausgleich und Anpassungen für Aufmerksamkeitsfunktionen: Aufmerksamkeitsausrichtung, Zuweisung von Aufmerksamkeit und Fokussierung, Wechsel und Teilung der Aufmerksamkeit

Unterstützung in der Selbststeuerung der Aufmerksamkeit

- Deutliche visuelle und akustische Hinweisreize setzen, z. B. deutliches Setzen von ritualisierten auditiven Signalen, Ansprache mit Namen, Objekte deutlich ins nähere Blickfeld stellen
- Relevante Merkmale unbekannter Objekte hervorheben, z. B. durch Zeigen oder Markieren
- Aufmerksamkeit durch taktilen Reiz aktivieren, z. B. Berühren an der Schulter, Gegenstand in die Hand geben – im vorherigen Einvernehmen mit der Schülerin, dem Schüler
- Strukturierung und Reizreduzierung des Arbeitsplatzes durch Sichtschutz
- Persönliche Unterstützung bei der Aufmerksamkeitsfokussierung auf relevante Merkmale, im Besonderen auf Mimik (Emotionen in Gesichtern), Gestiken, ganze Handlungen von Personen
- Vorankündigen von Themen und Objekten, auf die die Aufmerksamkeit gerichtet werden soll
- Verbale und gestische Außensteuerung der Fokussierung besonders bei Wechseln, z. B. Blick lenken, Blick einfordern bei Relevanz bzw. verbales Lenken oder deutliche Zeigegesten zur Orientierung des Blickes zum Zuschauen, Hörsinn auf die Quelle bzw. bestimmte Inhalte des Zuhörens lenken
- Ggf. situativ vom Blickkontakt entlasten, um Energie zu sparen und für das Wesentliche einzusetzen

Visualisierungsmethoden zur Fokussierung bei der Anpassung von Arbeitsmitteln in der äußeren Form
- Klare Anordnungen auf Tafel, bei Texten, Aufgaben auf Arbeitsblättern
- Verwendung geeigneter Lineaturen, Vergrößerungen von Schrift, Text, Zeilen- oder Wortabständen
- Reizreduzierung von irrelevanten Informationen durch Weglöschen, Wegknicken, Abdecken
- Einsatz von Signalfarben, räumlichen Begrenzungen, Farb- und Nummernleitsystemen

Verzögerung der Zuweisung/Fokussierung
- Bereitstellen der Informationen für eine verlängerte Reizaufnahme durch z. B. Tonaufnahmen
- Bereitstellen der Informationen durch visuelle Informationen

Aufmerksamkeitswechsel
- Eindeutiges Setzen der neuen Informationsreize
- Klare Struktur in der Reihenfolge von Gesprächen, Anwendungen im Heft/auf Arbeitsblatt oder im Umgang mit Material
- Ansprache mit Namen statt z. B. „Schaut jetzt hierher!", „Hört jetzt … zu!"
- Geforderten Aufmerksamkeitswechsel bei schriftlichen Aufgaben visuell markieren
- Zeit geben für den Aufmerksamkeitswechsel, abwarten der Reaktion
- Entlastung von Informationsaufnahme in sozial-anfordernden Situationen wie z. B. aktives Lehrer-Schüler*innen-Gespräch, Sitzkreis, Diskussionen etc.; stattdessen Information zur Selbsterarbeitung

Teilung der Aufmerksamkeit, gemeinsame Aufmerksamkeit
- Möglichkeiten schaffen Informationen nacheinander aufzunehmen
- Ganzheitliche Erfahrungen in Schritte nach Reizen geordnet aufteilen
- Fokussierung aktiv von außen auf einen einzigen Reiz lenken, z. B. nur zuschauen, fehlende Information im 1:1-Kontakt geben und aktiv verknüpfen
- Verbale Lenkung des Blicks auf gemeinsames Objekt/auf relevanten Gegenstand, Ort, relevante Situation, z. B. „Schau zum Fenster/Lehrertisch/zur Tafel/zur Tür!" etc.
- Zeigegesten verwenden, Elemente zeigend berühren
- Objekt in geringe Distanz zur Person bringen, Schüler*in in die Nähe des Ereignisses bringen

Methoden-Tipp

Nachteilsausgleich und Anpassungen für Aufmerksamkeitsfunktionen: Daueraufmerksamkeit und Reduzierung von Ablenkbarkeit
  Reizreduzierung zur Entlastung der Fokussierungsleistung
- Informationen deutlich strukturiert und nacheinander geben
- Mehrdimensionale Anforderungen reduzieren, bevorzugten Verarbeitungskanal ansprechen

1

- Reduzierung auf die wesentlichen Elemente auf Arbeitsblättern, in Heften und Büchern; Reduzieren der Anzahl der Aufgaben
- Reduzierung der Teilelemente von Übungen mit Material
- Lehr-, Darbietungs- und Sozialformen zugunsten der Komplexität von Inhalten oder Handhabungen auf das Wesentliche komprimieren, ggf. verzichten
- Entlastung von sozial-kommunikativen Anforderungen bei erhöhter Komplexität der Inhalte
- Visuelle Alternative zur verbal-auditiven Informationsgewinnung anbieten
- Reduzierte Kommunikation und Interaktion auf das Wesentliche, z. B. durch direktive Anleitungen oder klar strukturierte Erklärungen in ritualisierter Wortwahl oder Satzform, die innerlich als Abläufe übernommen werden können.
- Interessen einbauen oder Beschäftigung mit eigenen Interessen oder Gedanken nach Beendigung der Aufgabe in Aussicht stellen

Schaffen von reizreduzierter Lernumgebung für Anforderungen mit erhöhter Konzentration
- Strukturierter und reizreduzierter Arbeitsplatz, ggf. Sichtschutz, dislozierter Arbeitsplatz
- Verwendung und Anpassung von strukturierten und ritualisiert gebrauchten Arbeitsmitteln und Einsatz von Arbeitsroutinen
- Temporärer Einsatz von Kopfhörern
- Anpassung der Umweltbedingungen durch Einsatz von Hilfen zur Geräuschminimierung, z. B. Teppiche, Vorhänge, und Hilfen zur visuellen Reizreduzierung, z. B. Trennwände, Bereichsabteilungen des Klassenraumes
- Anpassen von Klassenregeln für das Arbeitsverhalten in Konzentrationsphasen, z. B. Lärmampel zur Geräuschminimierung, Bewegungen in der Klasse minimieren
- Regelmäßige Fokussierungsunterstützung, ggf. 1:1-Begleitung
- Entlastung von Leistungsanforderungen bei tagesverfassungsmäßiger Überforderung
- Interessen und Kompetenzbereiche einbeziehen

1.3.3 Funktionen der Informationsaufnahme, -verarbeitung und -speicherung, des Denkens und komplexer zielgerichteter Verhaltensweisen

» Informationswahrnehmungs- und -verareitungsprozesse vollziehen sich, laut dem Modell der „erweiterten wahrnehmungsbezogenen Funktionsfähigkeit" (Enhanced perceptional functioning) von Mottron et al. (2006) ausgehend von einer niederschwelligen Ebene der Aufnahme von einzelnen Informationsreizen bis hin zu höheren kognitiven Funktionen der Verarbeitung umfangreicher und kontextualisierter Informationen. Hierzu gehören auch sprachliche Oberbegriffe.

Die besonderen kognitiven Merkmale des Informationsverarbeitungsprozesses, die bei Schülerinnen und Schülern im Autismus Spektrum in milder oder starker Ausprägung vorhanden sein können, führen zu einem anders organisierten Denken und Lernen und beeinflussen zudem die höheren kognitiven Funktionen. Diese andere Struktur des Gehirns zeigt sich in veränderten Herangehensweisen an Situationen und von der Erwartungsnorm abweichenden Handlungen. Die Art und Weise der Aufnahme von Informationen sowie die Vernetzung und Integration von neuem Wissen steht noch häufig im Gegensatz zur schulischen Präsentation und den Formen der Auseinandersetzungsmöglichkeiten. Unpassende Bedingungen im Unterricht können somit das Leistungsvermögen hinsichtlich des gesamten Informationsverarbeitungsprozesses stark beeinträchtigen.

1.3.3.1 Informationsverarbeitungsprozesse

Wie in den Bereichen der Wahrnehmung und Aufmerksamkeit bereits ausführlich geschildert, liegt die spontane Präferenz in der detailorientierten Herangehensweise an Informationen, also einer lokal orientierten Informationsverarbeitung. Dadurch werden, im Verhältnis zur schulischen Anforderung, Informationen eher nicht in ihrem Gesamtzusammenhang, sondern meist mehr Einzelinformationen als notwendig aufgenommen und ggf. auch nicht entsprechend zu einem ganzheitlichen kohärenten Bild zusammengefügt. Die Informationen können sehr fragmentiert und faktenorientiert stehen bleiben, was die weitere Verarbeitung und den späteren Zugriff in Kontexten erschweren kann. „Verschiedene Studien konnten zeigen, dass Menschen mit ASS in der Lage sind, ganzheitlich und global zu verarbeiten, wenn sie explizit dazu aufgefordert werden" (Bölte 2015, S. 144). Diese Ergebnisse revidierten das Konzept der grundsätzlich „schwachen zentralen Kohärenz" nach Frith (1989) und stellt eine relevante Erkenntnis für den Schulbereich dar, da es sensibel macht für das aktive Herstellen von Zusammenhängen und Aufmerksam-Machen von autistischen Schülerinnen und Schülern auf diesen anderen „zentral kohärenten" Blick.

Die Input-, Verarbeitungs- und Output-Systeme können bei autistischen Schüler*innen Schwierigkeiten haben miteinander so zu interagieren, dass sowohl die gleichzeitige Verarbeitung auf verschiedenen Sinneskanälen gelingt als auch deren sinnvolle Verbindung. Diese Störung des intermodalen Transfers kann auch dazu führen, dass „das Gehirn Informationen aus verschiedenen Kanälen nicht angemessen miteinander verbinden kann" (Matzies 2010, S. 20). Gleichzeitig eintreffende Informationen werden nicht zwangsläufig miteinander in Beziehung gesetzt, können unverbunden nebeneinander stehen bleiben.

Unterrichtsprinzipien des multidimensionalen und ganzheitlichen Lernens sind hier eine besondere Herausforderung an die vernetzte Informationsaufnahme, da offensichtlich zusammengehörige Faktoren und Elemente nicht immer im Bezug zueinander erkannt, als Gesamtinformation gespeichert und das Wissen somit kontextual erweitert werden können. Ein vordringliches Unterrichtsangebot des Lernens mit allen Sinnen, ohne ein besonderes Augenmerk auf die Besonderheiten der Aufnahme und Verarbeitung zu legen, kann somit Lernerkenntnisse verhindern.

┌─ **Perspektivenwechsel** ─────────────────────────────────

Moira freut sich schon sehr auf ihren ersten Buchstabentag. In ihrer Vorstellung darf sie sich den ganzen Tag mit ihren geliebten Buchstaben beschäftigen. Die Lehrerin hat alle Stationen des heutigen Buchstabentages erklärt, jetzt darf sie endlich mit der ersten Station beginnen. Doch irgendwas ist seltsam für Moira. Sie bleibt lieber erst einmal auf ihrem Platz sitzen und überlegt: Warum soll sie mit Plastilin solche Schlangen drehen und auf das Papier legen und warum sollen diese Linien am Boden abgegangen werden? Sie kann es nicht verstehen. Das hat doch nichts mit ihren geliebten Buchstaben zu tun!

Ein Zuviel an gleichzeitiger Information kann zudem den Verarbeitungsprozess stören, sodass ggf. eine Verarbeitung nicht mehr parallel stattfindet, sondern von den autistischen Schülerinnen und Schülern seriell durchgeführt werden muss, um alle relevanten Einzelinformationen aufzunehmen und schrittweise zu integrieren. Dabei können Informationen, die währenddessen gegeben werden, nicht immer alle mitbekommen werden. Die Verarbeitung benötigt zudem mehr Zeit und dafür stehen vor allem die gegebenen verbalen Informationen meist nicht lange genug zur Verfügung. Dadurch kann die erwartete Reaktionsgeschwindigkeit verlangsamt und die Reaktion in Form von Sprache oder Handlungen (Output) erschwert werden oder auch ausbleiben, was in der Schule von Außenstehenden oft als „Unwissenheit" oder „Unaufmerksamkeit" wahrgenommen wird.

┌─ **Perspektivenwechsel** ─────────────────────────────────

Mayari hat mitbekommen, worum es heute geht. Sie hat auch gesehen, was die Lehrerin dazu vorgezeigt und an die Tafel geschrieben hat. Aber auch heute ist es wieder schwierig für sie, alle Informationsstücke als zusammengehörig zu erkennen und in ihrem Kopf zu ordnen. Es geht ihr zu schnell, weil es so viele unterschiedliche Informationen sind, die nur mündlich gegeben werden. Mayari muss sie erst zu den Bildern in ihrem Kopf zuordnen. Bei einigen Informationen ist sie sich nicht sicher, was genau gemeint ist. Wenn sie im Heft nachschaut, bekommt sie aber die Ausführungen der Lehrerin nicht mehr mit.

Aufgrund der Faktenorientiertheit in der Informationsaufnahme besteht häufig ein tiefes Detailwissen sowie ein herausragendes analytisch-logisches Denken im funktionalen Bereich, mit einer „herausragenden interessensbezogene Gedächtnisleistung" (Theunissen 2020, S. 33) Ebenso betrifft dies die Fähigkeit zu systematisieren, was bei logischen Ursache-Wirkungs-Vorgängen oft als Stärke im Unterricht hervortritt. Das bietet vor allem im Sachwissensbereich einen Vorteil, wenn dazu auch noch ein hohes Interesse an den Inhalten besteht. Auch ein besonders gutes Erinnerungsvermögen an Details von Erlebnissen liegt häufig vor. Hier müssen von pädagogischer Sichtweise die Verknüpfung mit einem Anwendungswissen und der Transfer in andere Themengebiete besonders beachtet werden.

Ein Fokus auf die vielen Einzelinformationen kann dazu führen, dass autistische Schüler*innen besonders viel Wert auf ein Übermaß an Vollständigkeit mit einem Bestehen auf Überkorrektheit legen, sowohl im sprachlichen Bereich als auch im Bereich der eigenen Handlungen sowie Handlungen anderer. Die Beharrlichkeit in der Auseinandersetzung auf die Vollständigkeit und Korrektheit von Dingen und Themen, die als wichtig erachtet werden, können möglicherweise eine hohe Spezialisierung in Interessensbereichen bewirken. Solche Spezialinteressen liegen in vielfältigen Themenbereichen vor und erreichen zum Teil einen hohen Level durch autodidaktisches Lernen (Demes 2011, S. 91).

Gleichzeitig erleichterten der klare Fokus und die gute Auffassungsgabe für logische Zusammenhänge das Lernen von fachlichen Inhalten und das Anwenden von schematischen Methoden. „Dieses Potenzial hängt allerdings vom Interesse ab" (Theunissen 2020, S. 35). Für die Interaktion und das Handeln im schulischen Alltag kann die Sach- und Faktenbezogenheit und eine damit einhergehende mögliche Themeneinschränkung allerdings die Kooperation und das Kennenlernen neuer Themengebiete erschweren.

┌─ **Perspektivenwechsel** ─────────────────────────────────

Volkan interessiert sich schon lange für Schlüssel. Er findet es vor allem interessant, wenn die Lehrerin ihren großen Schlüsselbund dabeihat und er sie alle anschauen darf. Dabei merkt er sich alle Schlüssel und ihre zugehörigen Funktionsorte. Manchmal bringt die Lehrerin einen neuen Schlüssel mit oder ändert die Reihenfolge der Schlüssel. Dann darf er „Detektiv spielen" und herausfinden welcher Schlüssel am falschen Ort ist. Auch die Schlüssel der anderen Lehrpersonen kann er zuordnen. Aber nicht alle scheinen so begeistert von seinem Interesse für sie zu sein. Volkan findet es aber eine nette Art mit den Personen zu sprechen und auch den anderen Kindern möchte er „seine" Schlüssel gerne zeigen. Meist wird ihm gesagt, dass für dieses „wichtige Thema" keine Zeit ist. Aber über das Rechnen und die Zahlen darf er häufiger reden. „Das macht doch keinen Unterschied!", denkt Vukan und kann das „Schlüssel-Rede-Verbot" nicht nachvollziehen.

1

Zurückgeführt auf die Theorie einer lokal orientierten (Sprach-)Wahrnehmung liegen bei Schüler*innen im Autismus Spektrum teilweise weniger umfangreiche sprachliche Bedeutungkategorien vor, sondern mehr einzelne Begriffsklassen. „Worte [werden] spontan … weniger bedeutungsgeleitet gespeichert und abgerufen …. (Eberhardt und Müller 2020, S. 6). Die Wortinformationen können nicht flexibel mehreren Kategorien unter verschiedenen Gesichtspunkten zugeordnet werden. „Klinische Beobachtungen zeigen, dass Menschen mit Autismus häufig erhebliche Schwierigkeiten haben, sprachliche Äußerungen kontextangemessen zu verstehen. … Bei zusätzlichen Hinweisreizen zur Unterstützung eines Abrufs bzw. zur Voraktivierung … gelingt es Menschen mit Autismus aber durchaus, semantische Kontextinformationen zu nutzen" (Eberhardt und Müller 2020, S. 6). N. Schuster beschreibt, dass für sie „ein Bericht oder ein Text nicht aus zusammenhängenden Gedanken, sondern aus einer Ansammlung von Einzelinformationen besteht. Das gleiche gilt für Geschichten" (2007, S. 174). Dadurch kann eine selbstständige, bereichsübergreifende Anwendung im Unterricht erschwert werden. Für die Speicherung und Kategorisierung von neuen Informationen kann das pädagogisch bedeuten, dass das Zuordnen von Informationen zum Teil bewusst hergestellt werden muss. Viele Einzelinformationen, besonders abstrakte sprachliche Begriffe, benötigen aktive Verknüpfung, um eine generalisierte Bedeutung zugeschrieben zu bekommen.

___

Perspektivenwechsel

*Marc hat das Rechnen im ZR 20 erlernt und das Rechnen macht ihm große Freude. Besonders das Addieren geht immer ruck-zuck! Der Lehrer bereitet jetzt mit großer Begeisterung die Schüler*innen auf den nächsten Lerninhalt vor und sagt: „Jetzt kommt das Rechnen mit den GROßEN Zahlen!" Marc ist plötzlich sehr verunsichert. Ist das was Neues? Mit „großen" Zahlen hat er doch noch nie gerechnet! Plötzlich weiß er nicht mehr, wie das Addieren geht. Er sagt, dass er mit großen Zahlen nicht rechnen kann, da das Rechnen mit großen Zahlen auch sehr schwer sein muss.*

___

Tlw. können andere oder sehr festgefahrene, konkrete Bedeutungszuschreibungen der Informationen vorliegen, da Aspekte von Informationen von autistischen Schüler*innen als relevant erachtet werden, welche das kontextuale Verständnis von Informationen zusätzlich erschweren kann. „Diese detailorientierte Herangehensweise führt möglicherweise sekundär zu Schwierigkeiten bei der bedeutungsvollen Verarbeitung, da verschiedene Informationen spontan nicht im Kontext wahrgenommen werden" (Eberhardt und Müller 2020, S. 9). Nicht-sichtbare Merkmale, die sich z. B. über sprachliche Kategorien ergeben, stellen oft noch eine zusätzliche Anforderung an die Unterscheidung in wichtige und unwichtige Informationen dar, wie zum Beispiel bei inhaltlichen Bezügen in Texten über den Satz hinaus, die im Unterricht sehr oft mehr Anleitung benötigen.

Perspektivenwechsel

Stefanie darf ein Referat vorbereiten. Die Lehrerin hat einen genauen Plan zur Erarbeitung des Themas erstellt. „Das Thema ist super, da kenn ich mich aus!", denkt sich Stefanie. Der erste Schritt ist das Lesen eines Textes, im nächsten Schritt soll Stefanie die wichtigsten Informationen im Text unterstreichen. Stefanie beginnt und findet viele wichtige Wörter, aber schon bald sieht sie, dass sie alle Wörter in den ersten drei Absätzen vollständig unterstrichen hat. Stefanie ist verzweifelt, da sie weiß, dass das zu viele sind. Aber welche soll sie denn jetzt weglassen? – Es ist doch alles wichtig!

Die Aufnahme und die Verarbeitung von visuellen Informationen sind eine präferierte Möglichkeit, um Informationen zu erhalten und zu verstehen. Das „Bilderdenken" ist bei vielen Schüler*innen im Autismus Spektrum besonders ausgeprägt (z. B. Seng 2020, S. 46, 47). Visuelle Informationen gelten als schneller verarbeitbar als auditive und stehen auch meist personenunabhängig über einen längeren Zeitraum für die Verarbeitung zur Verfügung. Sie sind leichter verständlich aufgrund der fehlenden sprachbegleitenden Merkmale und können so auch Schwierigkeiten im Sprachverständnis kompensieren. Häufig liegen gute visuelle Fähigkeiten vor, um die damit verbundene Systematik zu erkennen und sie können genutzt werden, um andere schwächere Bereiche zu kompensieren. Sofern hier keine Teilleistungsstörung vorliegt, können sie pädagogisch in vielen Situationen als visuelle Hilfen nach dem TEACCH-Ansatz[2] genutzt werden, um Lernsituationen durch Bilder, Symbole oder Schrift zu veranschaulichen und Informationen zu konkretisieren.

---

2   Der TEACCH-Ansatz bezeichnet eine pädagogisch-therapeutische Methode zur Förderung von Menschen mit Autismus-Spektrum-Störungen. TEACCH steht für „Treatment and Education of Autistic and related Communication Handicapped Children" (Behandlung und Bildung von autistischen und damit verbundenen kommunikationsbeeinträchtigten Kindern) und wurde in den 1970er-Jahren entwickelt. Dieser ganzheitliche Ansatz betont die Individualisierung von Lernumgebungen und die Strukturierung des Alltags, um die Unabhängigkeit und soziale Integration von Personen mit Autismus zu verbessern (Mesibov et al. 2004).

1

┌─ **Perspektivenwechsel** ─────────────────────────────

Silan soll heute nach einem Plan eine Brücke bauen. Er hat sich den Plan ganz genau angeschaut und weiß in seiner Vorstellung, welche Steine benötigt werden und an welcher Stelle sie ihren Platz im Bauwerk haben. Er beginnt, legt die ersten Steine auf und steckt sie zusammen. Doch schon bald sitzt er verzweifelt vor seiner Arbeit. Das Bauen der Brücke will einfach nicht gelingen. Seine Stärke, anhand von Bildern ganz schnell die Zusammenhänge und im Fall des Brückenbaus die Materialien und Anordnungen zu erkennen und es auch anderen zu erklären, kann er einfach nicht schrittweise in die richtigen Handlungen umsetzen.

Laut einer Studie von Pérez Velázquez und Galán (2013) aus dem Jahr 2013 verarbeitet das autistische Gehirn in Ruhe 42 % mehr Information als ein neurotypisches. Unter dem Aspekt sind auditiv-verbale Informationen im Schulalltag besonders relevant, wenn Informationen von Lehrpersonen oder unter Schüler*innengruppen vermittelt werden. Sie führen im Gegensatz zu den visuellen Reizen häufiger beobachtbar zu verzögerten oder ausbleibenden Reaktionen. Zusätzlich zur geforderten Sprachverarbeitung werden im Unterricht auch andere gleichzeitige Anforderungen gestellt. Erst wenige Studien haben eine mögliche verlängerte Zeit bei der Sprachverarbeitung untersucht und kamen auf unterschiedliche Ergebnisse. Kognitive Verarbeitungszeiten sind in der Schule von außen nicht ersichtlich. Aber auf der Grundlage des Wissens über die Schwierigkeiten, die sich über die Wahrnehmung ergeben können, muss die Möglichkeit einer längeren Verarbeitungszeit für verbal-auditive Informationen im Zusammenhang mit komplexen sprachlichen, sozialen oder Handlungsaspekten Beachtung finden.

┌─ **Perspektivenwechsel** ─────────────────────────────

Christopher muss sich heute sehr anstrengen. Das ist bereits die dritte Stunde, in der nur fast nur gesprochen wird. Erst wird ein neues Thema erklärt und jetzt gibt es Quizfragen dazu. Die neuen Wörter schwirren ihm alle im Kopf herum und er hat Angst, dass er gleich drankommt. Das schnelle Antworten liegt ihm gar nicht, obwohl er viel weiß. Die zwei Antworten, der Kinder, die vor ihm dranwaren, hat er gewusst. Jetzt denkt er gerade über die letzte gestellte Frage nach. „Oh!" Da hört er seinen Namen und gibt die Antwort. „Leider ist das falsch, Tobias!", sagt der Lehrer. das hat Thomas doch schon vor dir beantwortet!

Die Verarbeitung einer Vielzahl von Einzelinformationen kann einen Einfluss auf die Generalisierungsfähigkeit haben, d. h. die Fähigkeit des Übertragens und Anwendens von Wissen auf andere Situationen aufgrund von ähnlichen Merkmalen (Freitag 2010). „Diese Kompetenz ist in der Regel bei Personen mit einer ASS erheblich eingeschränkt" (Teufel et al. 2017, S. 80). Wenn sowohl einzelne Merkmale als auch zusammengehörige Aspekte eines Themas oder einer Situation nicht immer auf Anhieb als dieselben wiedererkannt werden, fällt das Erinnern als spontaner Abgleich mit bereits vorhandenen Gedächtnisinhalten und dem vorliegenden Situationskontext schwer. Nicht-autistische Menschen greifen auf ihr „intuitives Vorverständnis" (Klicpera und Innerhofer 2002, S. 210), also ihr globales gespeichertes Wissen, ein Verständnis des übergeordneten Zusammenhangs im Langzeitgedächtnis zurück, während autistische Menschen eher mit den lokalen Details arbeiten (Theunissen 2020, S. 76).

Dadurch werden auch weniger intuitive kontextbezogene Handlungen ausgelöst bzw. eher Handlungen, die logischen Vorgängen, sogenannten Bottom-up-Prozessen[3] folgen. Diese kann in jedem schulischen Bereich geschehen werden. Wenn Unterrichtsmittel stark unterschiedlich gestaltet sind und wenig Gleichförmigkeit in den Methoden herrscht, wird die Generalisierungsfähigkeit zudem erschwert. So bleiben Fähigkeiten und Fertigkeiten oft auf die spezifische Situation begrenzt, in der sie eingeübt wurden, wie z. B. die Rechenmethode anhand der spezifischen Buchseite und eine fehlende Anwendung auf dem Arbeitsblatt. Auch der Lerntransfer auf ähnliche oder neue Aufgaben ist erschwert, wenn die Übertragung von Gelerntem nicht anhand von Merkmalen der neuen Inhalte zugeordnet werden kann. In Routinesituationen kann dieser spontane Zugriff bei manchen Schüler*innen durch kleinste Abweichungen verhindert werden. Daraus kann ein verringertes Erfahrungs- und Handlungswissens entstehen, dass schrittweise durch einzelnes Verknüpfen der Fähigkeiten mit der neuen Situation erweitert werden muss. Das Prinzip der Generalisierung stellt ein wesentliches Grundprinzip im Lernen autistischer Menschen dar.

┌─ **Perspektivenwechsel** ─────────────────────────────

Oskar geht heute ausnahmsweise in den Nebenraum arbeiten, denn in der Klasse ist heute ein fremder Besuch, was ihn ziemlich durcheinandergebracht hat. Die Lehrerin hat noch schnell sein Mathebuch mitgenommen und legt es schon auf den Tisch. Oskar muss sich erst einmal umschauen, er war schon lange nicht mehr hier und es sieht auch nicht mehr so aus, wie beim letzten Mal. Er weiß nicht, wo er sich hinsetzten soll, denn sein Platz ist ja in der Klasse und deshalb bleibt er vorerst stehen. Die Lehrerin zeigt auf den Platz, wo sie das Mathebuch hingelegt hat, und sagt, er solle sich dort hinsetzten. Sie arbeiten im Buch weiter, wo er letztes Mal aufgehört hat, aber sie haben seinen Stift und sein Rechenheft vergessen. Die Lehrerin sagt: „Das macht nichts, dann nehmen wir einen Zettel und du kannst meinen Stift benutzen", und legt beides vor ihn hin. Aber Oskar kann nicht. Er grübelt, ob und wie er mit diesem Stift wohl schreiben kann, und auf dem Zettel kann er auch nicht anfangen. Im Heft wäre er jetzt auf der rechten Seite in der Mitte, aber der Zettel hat nur eine Seite und oben steht noch nichts drauf. Oskar beginnt zu weinen, weil er seine Matheaufgaben nun nicht machen kann.

───

3   Bottom-up-Prozesse bezeichnen den mentalen Vorgang der reizgesteuerten Verarbeitung. Ausgehend von physikalischen Reizmerkmalen z. B. visuelle Signalen und logisch-funktionellen Wirkungsvorgängen und nicht durch kognitive Erfragungen, bestimmen diese die nachfolgenden Überlegungen und Handlungen. Die gegensätzliche Determinante bilden die Top-down-Prozesse (Hogrefe 2022b).

1

Im Gegensatz zu den Schwierigkeiten bei der Generalisierung kann an anderer Stelle auch eine Übergeneralisierung stattfinden. Das passiert z. B., wenn Gelerntes aufgrund seiner Merkmalsgleichheit oder starken Ähnlichkeit in jeder Situation angewendet wird. T. Grandin benennt dieses eine Gefahr, wenn Merkmale sich „vom ursprünglichen Auslöser auf andere Gegenstände oder Situationen ausweiten, die eigentlich harmlos sind" (Gradin und Johnson 2008, S. 248). Das zeigt sich in Schulsituationen zum Beispiel im Umgang mit sozialen Regeln, wenn diese übergeneralisierend auf andere Situationen übertragen werden, z. B. das höfliche Begrüßen von Erwachsenen, welches dann auch bei jeder fremden Person angewendet werden würde. Übergeneralisierung kann aber auch das Anwenden von Fachmethoden betreffen und somit aufgrund von ähnlich wahrgenommenen Merkmalen in Aufgabenstellungen die falsche Herangehensweise begünstigen.

Alle diese Prozesse des Abgleichens mit vorhandenem Wissen und Erfahrungen benötigen mit erhöht geforderter sprachlichen und abstrakten Verarbeitung meist auch einen erhöhten Verarbeitungszeitraum für die bewussten Prozesse und damit sowohl mehr Zeit als auch ein höheres Maß an Energie, die an anderer Stelle dann nicht mehr zur Verfügung steht. Dadurch kann kurzfristig eine kognitive Inflexibilität oder auch eine Ablehnung der Integration neuer Informationen entstehen.

Eine Folge der besonderen Verarbeitung und Speicherung kann tendenziell das 2-Kategorien-Denken, auch „Schwarz-Weiß-Denken" oder Entweder-oder-Denken darstellen (Preißmann 2009). Das weniger differenzierte Bewerten und Einordnen von Ereignissen und Emotionen kann, dadurch dass die Zwischenstufen und flexible Zuordnungen entfallen, eine kognitiv (starke) Inflexibilität und starre Denkweise bewirken. Die Zustände und auch Handlungen werden eher in richtig und falsch eingeteilt. Es stellt eine persönliche kategoriale Bewertung von Situationen dar und kann Auswirkungen auf die damit einhergehenden Emotionen und Reaktionen haben.

> **Perspektivenwechsel**
>
> *Milan rechnet sehr gerne, denn im Kopfrechnen ist er sehr gut. Im Rechenbuch wird ein Bild besprochen und die Kinder sollen selbst Rechnungen dazu überlegen. Auch Milan kann viele Rechnungen erkennen. Als der Lehrer die Kinder aber auffordert, eine Rechengeschichte selbst zu erfinden und ins Heft zu schreiben, weigert er sich dies zu tun. Der Lehrer fragt nach, warum er nichts aufschreiben will. Da erklärt Milan ihm, dass alle jetzt gerade etwas Falsches machen, da doch jetzt Rechnen ist und Geschichten in Deutsch geschrieben werden. Er wartet bis zur Deutschstunde. Ist doch klar!*

Diese digitale Denkweise begünstigt auch eine Übergeneralisierung, welche auch übersteigerte Erwartungen in Form eines hohen Perfektionismus in Bezug auf das eigene Können bewirken kann. Selbst bei kleinen „Unperfektheiten" kann das starke emotionale und verhaltensbezogene Folgen haben und sich, aus der Befürchtung heraus zu scheitern, auch durch Vermeidungsverhalten oder andere übersteigerte Reaktionen zeigen. Im schulischen Kontext stellt es sich oft als sehr herausfordernd für alle Beteiligten dar, wenn dadurch bereits kleinste Fehler, wie z. B. ein Verschreiben bei Wörtern für autistische Schüler*innen aus ihrer Perspektive als „hochdramatisch" angesehen werden. Dadurch wird auch die eigene Leistung in vielen Situationen als ungenügend erlebt, da sie nicht absolut fehlerfrei ist. Ein Zurechtweisen durch Lehrpersonen oder ein Hinweisen auf kleinste Fehler können hier schon Auslöser für persönliche Krisen sein. Primär aufkommende Stressfaktoren durch übersteigerte und unrealistische Erwartungen können trotz des Vorliegens eines Sowohl-als-Auch-Denkens den Zugriff auf die Möglichkeiten einer Graduierung in manchen Situationen verhindern, da die Kapazität für diesen Denkprozess überlagert wird. Die Wahrnehmung der wirklichen Betroffenheit der Schüler*innen und Trainings zur besseren Skalierung solcher Situationen sind ein wichtiger Förderbereich.

Perspektivenwechsel

Mathilda liebt es zu schreiben. Sie konnte schon früh alle Buchstaben und vor dem Schulbeginn sogar auch schon kleine Geschichten schreiben. Dabei ist ihr das Aussehen der Schrift besonders wichtig. Sie „malt" die Buchstaben in Druckschrift und benötigt viel Zeit dafür. Wenn sie einen Fehler macht, ist das ganz furchtbar schlimm für sie. Sie kann ihn auch nicht ausradieren, sondern beginnt immer wieder von vorne, denn dass Radierte würde ja jeder sehen. Jetzt ist Mathilda in der 2. Klasse und soll die Schreibschrift lernen. Aber diese Buchstaben gelingen ihr gar nicht gut und sie verweigert das Schreiben der Schreibschrift in der Schule. Da sie genau weiß, dass sie es eigentlich machen müsste, geht es ihr besonders in den Schreibsituationen gar nicht gut. Sie fühlt sich jedes Mal ganz krank, wenn alle etwas schreiben sollen. Heimlich übt sie zu Hause, wo sie keiner beobachtet, und schmeißt jedes Blatt, auf dem sie geübt hat, in den Papierkorb, damit keiner sieht, wie „schlecht" sie es macht. „Hoffentlich kann ich die Schreibschrift bald!", wünscht sie sich.

Der Schwerpunkt in der Informationsaufnahme auf einem wahrnehmungsgebundenen und anschaulichen Denken und nicht auf einem abstrakt-sprachbezogenen Denken beeinflusst in Folge das konkrete Handeln. Dieses ist entwicklungspsychologisch bei jüngeren Kindern so und konnte im schulischen Kontext häufig über einen verlängerten Entwicklungszeitraum beobachtet werden. Die, aus der konkreten Wahrnehmung heraus entstehenden Handlungskonzepte der autistischen Schüler*innen, sind weniger beeinflusst durch die sogenannten Top-down-Prozesse[4] wie z. B. die Intentionen sozio-emotionaler Kontexte und sozial-gesellschaftlicher Ziele. Sie folgen

---

4   Top-down-Prozesse bezeichne die konzeptgesteuerte Wahrnehmung und Beeinflussung der Verarbeitung durch Erfahrungen (z. B. Vorwissen, Erwartungen, Kontext) oder Willensakte wie Entscheidungen. Top-down-Prozesse sind bei automatisierten Verarbeitungsprozessen von Bedeutung z. B. beim Lesen und bei sozialen Handlungen. Die gegensätzliche Determinante bilden die Bottom-up-Prozesse (Hogrefe 2022a).

1

eher effektiven und logisch-funktionellen Ursache-Wirkungs-Beziehungen, den Bottom-Up-Prozessen, und unterliegen sozusagen einer kategorialen Betrachtungs- und Handlungsweise in Form einer „Theory of Function" (Seng 2020, S. 228). Das zeigt sich auch daran, dass viele autistische Kinder Lösungen anhand visueller Kriterien und nicht kontextbezogener Kriterien suchen wie z. B. das Puzzeln nach der Form und nicht nach dem Gesamtbild. Die Einbeziehung von intuitivem Verständnis, welches auf Top-down-Prozessen begründet fällt autistischen Menschen oft schwer, da soziale Konventionen und Erwartungen bzw. Entscheidungen als funktionelle Kriterien oft schwer nachvollziehbar und auch schwer vermittelbar sind.

Autistische Kinder und Jugendliche haben einen hohen Drang zur Selbstbestimmung im Lernen und handeln. Durch die eigene Denkweise gehen sie oft eigenen, für Außenstehende nicht nachvollziehbare Lösungsstrategien nach und lassen sich weniger gut extern zum Lernen anleiten (Theunissen 2020, S. 34). Die kategoriale Betrachtungs- und Handlungsweise und ein vermehrtes Interesse an spezifischen Themenbereichen oder funktionalen Wirkungsweisen kann individuell zu einer starken Vertiefung führen. Dadurch können hohe autodidaktische Fähigkeiten entstehen. Hier findet ein Autismus-eigenes und individuelles intuitives Lernen statt, dass sich z. B. an guten schulischen Kenntnissen im Lesen und Rechnen und im Sachwissen bereits vor Schulbeginn zeigen kann, ohne dass Eltern dieses forciert hätten. Auch kreative Prozesse können hervorgerufen werden, die durch ein hohes Qualitätsbewusstsein zu weitreichenden Erfindungen, wissenschaftlichen Erkenntnissen und Entwicklungen von z. B. technischer und elektronischer Anwendungen führen können. Pädagogisch betrachtet müssen für diese Schüler*innen Formen gefunden werden, die dieses selbstständige Lernen unterstützen und nur dort pädagogisch „eingreifen", wo eine zusätzliche Stabilisierung oder Steuerung des Lernprozesses notwendig ist.

Es kann mitunter häufig vorkommen, dass auf konkrete Erwartungsvorstellungen im sozialen Kontext mit spontaner Ablehnung oder auch mit stark selbstbestimmtem Handeln reagiert wird. Vor allem auch, wenn es um „nicht nachvollziehbare" Veränderungen aufgrund komplexer, sozialer Umstände geht. Häufig werden hier die eigenen Wege bevorzugt oder auch auf Routinehandlungen zurückgegriffen. Manche Autistinnen und Autisten verbringen viel Zeit mit dem Ordnen und Zuordnen von Dingen nach tlw. immer gleichen Merkmalskategorien oder mit dem spezifischen Handeln nach fixen Abläufen. Das tlw. auch zwanghafte Bedürfnis nach Routinen und Ordnungen und auf diese zu bestehen oder Abläufe beständig zu wiederholen, kann verschiedene bewusste oder unbewusste Ziele haben. Eine Möglichkeit ist es, darüber „Struktur und Strategien zu entwickeln" um Kontrolle über die Situation zu behalten oder zu bekommen und die so das umgebende Chaos der unterschiedlichen Anforderungen besser zu bewältigen. (Attwood 2012, S. 220– 222, 229). Die bekannte Ordnung und die Selbststeuerung dieser Situationen stellen eine verlässliche Größe dar, die viele Situationen erleichtert, da keine Energie aufgewendet werden muss, um z. B. über neue Anordnungen nachzudenken und sich neu zu orientieren. Sie haben etwas Planbares und Steuerbares für die Schüler*innen. Sprachstereotypien dienen aber auch dem Verständnis von Sachverhalten und ihren Bezügen untereinander (Williams 1992, S. 294). Daher kann es häufig vorkommen, dass wiederkehrende Fragen in Form von Sprachstereotypien gestellt oder Zuordnungen wiederholt werden, um unter anderem die Prinzipien stückweise zu erschließen, Veränderungen zu untersuchen oder auch durch mehrmalige Vergewisserung auszuschließen.

Perspektivenwechsel

Alle Kinder der Klasse haben ihr Arbeit heute schnell beendet und freuen sich schon darauf in der Pause in den Garten zu gehen. Nehir sollen noch schnell ihren Platz aufräumen und die Filzstifte der letzten Zeichenstunde einräumen. Nehir ist schon fertig und möchte Branka helfen, damit es schneller geht. „Nein!" schreit Branca laut, als Nehir einen blauen Stift ins Schüttelpennal wegstecken möchte. Branca hat ihre eigene Ordnung und klebt immer zuerst vier Stifte mit einem Klebeband zusammen, bevor sie sie wegräumt. Das Ritual ist für sie sehr wichtig, das hatte Nehir vergessen. Da es schnell geht, wenn man Branca dabei ganz in Ruhe lässt, warten alle geduldig und gehen dann vergnügt gemeinsam in den Garten.

Methoden-Tipp

Nachteilsausgleich und Anpassungen für Funktionen der Informationsaufnahme, -verarbeitung und -speicherung

Aufnahme von Informationen

- Klare Zuordnung der Inhalte zu einem abgegrenzten Themenbereich, besonders bei neuen Informationen und zur Verknüpfung von Inhalten mit vorhandenem Wissen
- Einbau von bekannten, ritualisierten Formen der Informationsaufnahme und der Darstellung der Informationen
- Reduktion auf wesentliche Inhalte bei der Aufgabenbearbeitung, Hervorheben wesentlicher Informationen speziell im sozialen Kontext
- Informationen aufteilen auf kleinere „Portionen"
- Externe Fokussierung bei auditiven Informationen, visuelle Unterstützung durch Schrift und Bilder
- Fokussierung auf jeweils relevante Inhalte und Situationen bewusst lenken
- Alternative Form zur Aufnahme anstatt in der Gesamtgruppe
- Einbeziehen von Spezialinteressen und -wissen
- Routinehandlungen ermöglichen und Zwangsverhalten ignorieren, solange es andere nicht beim Lernen stört oder sozial unangemessen scheint

Verarbeitung von Informationen

- Sichtbar machen der Zusammenhänge durch strukturierte Mittel der Informationsaufnahme und sprachlich eindeutige Zuordnung
  - Informationssammlungen in Tabellen, Schablonen, Systemen
  - Relationen und Bezüge untereinander in Reihenfolgen oder Hierarchien
  - Ursache-Wirkungs-Vorgänge
- Verlängerte Verarbeitungs- und Reaktionszeit einplanen

1

Differenziertes Denken und kognitive Flexibilität

- Von Spezialinteressen ausgehen, um Wissensbereiche zu erweitern
- Parameter der Erwartungen bzw. Anforderungen konkret im Vorhinein klären, begleitend bearbeiten und reflektieren
- Sichtbar machen der Zusammenhänge
- Auf Veränderungen vorbereiten, visuell unterstützen
- Aufzeigen unterschiedlicher Lösungswege und Möglichkeiten, auch die Sozialkompetenz betreffend
- Graduierungen in Erwartungen und Ergebnissen aufzeigen anhand von Graduierungs- und Fehlerskalen

1.3.3.2 Höhere kognitive Funktionen

» Höhere kognitive Funktionen bezeichnen mentale Funktionen, die komplexe zielgerichtete Verhaltensweisen steuern. Sie betreffen das abstrakte Denken, die Handlungsplanung und -durchführung, das Treffen von Entscheidungen und die Flexibilität (DIMDI 2005). Im Gegensatz zum intuitiven Handeln sind höhere-kognitive Prozesse eher bewusste Prozesse des Problem-Lösung-Handelns. Sie werden auch als exekutive Funktionen benannt und steuern mitverantwortlich eigene Handlungsprozesse unter Berücksichtigung der gegebenen Umweltbedingungen. Dabei stellt die Integration neuer Informationen und somit das Bilden neuer Kategorien und Prinzipien eine wichtige Basis dar, welche zu einem veränderten und erweiterten Handlungswissen führt.

Die exekutiven Funktionen stellen den komplexesten zusammenhängenden kognitiven Prozess dar, der Faktoren der Aufmerksamkeitskontrolle, der Selbststeuerung durch Willenskraft und der Eigenmotivation und -initiative in die Handlungsplanung und -steuerung mit einbezieht. Sie sind ein viel genannter Bereich in der Schule, der nicht nur bei autistischen Schüler*innen die Teilhabe und Aktivität am Schulalltag hemmt. Exekutivfunktionen stellen Vorgänge dar, die „mit Planungsprozessen, Vorausschau und zielgerichtetem, problemorientiertem Handeln verbunden sind" (Kamp-Becker und Bölte 2021, S. 39). So wissen viele Schüler*innen im Grunde welches Ziel erreicht werden soll und haben die Einzelheiten der Aufträge vernommen, sind aber nicht in der Lage zielgerichtet eine Reihenfolge für ihr Handeln zu bilden und dieses in Bewegungen umzusetzen. Besonders das vorausschauende Planen und flexible Reagieren auf Veränderungen ist betroffen (Ozonoff et al. 2015).

Diese Fähigkeiten bewirken vor allem auch die oft merkliche Diskrepanz zwischen mentalen Denkprozessen und Alltagsfähigkeiten. Auch wird von einer „mangelnden Verknüpfung und Synchronisation zwischen Körper, Motorik, Gedanken und Willen" berichtet (Theunissen 2020, S. 39). Für die schulische Situation sind daher viele autistischen Schüler*innen auf Routinen für Abläufe angewiesen bzw.

eine Möglichkeit diese Planungen logisch und strukturiert mit Hilfsmitteln anzugehen und eher mit kleineren Planungsprozessen zu beginnen, damit sie nicht in eine
Überforderungssituation gelangen. Durch die bereits erläuterten Informationswahr-
nehmungs- und -verarbeitungsprozesse können auch Schwierigkeiten entstehen, Pro-
blem- und Aufgabenstellungen in ihrer Gesamtheit wahrzunehmen und zu erfassen.
Aufgrund dessen bestehen in Folge bereits bei der Suche von Lösungsansätzen oder
Entscheidungsmöglichkeiten für einen Lösungsweg häufig große Unsicherheiten.

Perspektivenwechsel

Ivana hört im Unterricht immer sehr aufmerksam zu und ist bemüht, alle Informatio-
nen aufzunehmen und umzusetzen. Die Lehrerin fordert alle Schüler*innen auf, die nö-
tigen Materialien herzurichten und gibt auch sofort den Arbeitsauftrag. Bereits beim
Arbeitsbeginn erkennt Ivana, dass ihr anscheinend wichtige Informationen und einige
Arbeitsmittel fehlen. Anscheinend hat sie nur einen Teil der Informationen zu den be-
nötigten Materialien und den letzten Teil des Arbeitsauftrages wahrgenommen. Da sie
sich nicht fragen traut, beobachtet sie ihre Mitschüler*innen, um so an die ihr fehlenden
Informationen zu gelangen. Das kostet Zeit und erschwert die Erledigung des Arbeits-
auftrages massiv. Sie kann auch nicht richtig herausfinden, was nun wirklich benötigt
wird, da die Materialien der einzelnen Kinder so unterschiedlich aussehen und einige
auch am Boden und nicht auf den Tischen stehen.

Die Handlungsplanung und -steuerung auch von alltäglichen Handlungen kann
durch eine, nicht strukturierte Herangehensweise im Denken und Schwierigkeiten in
der Reihenfolgenbildung der Teilschritte beeinträchtigt sein. Dabei spielen sowohl
das Erkennen aller relevanten Teilschritte, das Bilden einer erforderlichen Reihenfolge sowie auch das Zeitmanagement eine große Rolle. Ein noch geringes Zeitverständnis und ihre oft verminderte Vorhersehbarkeit für zeitliche Abläufe erschwert
es ihnen im Unterricht zeitgerecht zu planen und Handlungen durchzuführen. Das
Überblicken der Zeiträume stellt ebenfalls eine Herausforderung dar (Schirmer 2016,
S. 93).

Das Fehlen konkreter Mittel zum Erkennen und Zuweisen von Zeiten zu bestimmten Ereignissen oder Aktivitäten kann die Anpassung einer Tätigkeit an einen
zeitlichen Rahmen im Unterrichtsalltag erschweren. Das Initiieren und Koordinieren
von erforderlichen Handlungsschritten für die Umsetzungen sind dann wiederum
abhängig von Fähigkeiten der Bewegungsplanung und -steuerung und äußeren beeinflussenden Faktoren.

1

┌─ **Perspektivenwechsel** ──

Tarek hört im Werkunterricht ganz aufmerksam der Erklärung für ein neues Werkstück zu. Alle Arbeitsschritte und nötigen Materialien werden auch an der Tafel aufgeschrieben. Puh, Glück gehabt! Auf einem Tisch im hinteren Bereich der Klasse liegen alle Materialien bereit. Tarek beginnt sofort begeistert mit dem ersten Arbeitsschritt. Oft blickt er zu seiner Nachbarin, um seine Tätigkeit abzugleichen. Ja, sie macht das auch so wie er! Immer wieder orientiert er sich an den visualisierten Arbeitsschritten an der Tafel und holt sich dann das nötige Material. Einige Materialien liegen nicht mehr am Materialtisch, wenn er hinkommt, da lässt er den Schritt einfach aus und macht den nächsten Schritt, der am Plan steht. Bei dem gibt es das Material wieder. Jetzt ist er mit der Liste am Schluss angelangt, für ihn ist das Werkstück jetzt beendet. Er ist sehr verwundert, als die Lehrerin auffordert an seinem Werkstück weiterzuarbeiten. Da steht doch kein nächster Schritt mehr?!

└──

Entscheidungen zu treffen kann je nach Situation durch unterschiedliche Faktoren erschwert sein. Zwischen verschiedenen Möglichkeiten zu unterscheiden, die ggf. noch außerhalb des eigenen Erfahrungsraumes und des eigenen Könnens liegen, benötigt eine gute Selbsteinschätzung der eigenen Fähigkeiten und Zutrauen in die Selbstwirksamkeit.

Des Weiteren ist die Transparenz der Bedingungen wichtig, um eine konkrete Vorstellung der Entscheidungssituation und ihrer Folgen zu bekommen. Die Auswahl von Optionen kann dabei häufig nicht über sprachliche Erklärungen für das eigene Handeln abgeschätzt und Faktoren gegeneinander abgewogen werden. Mehrere alternative Optionen oder eine erhöhte Anzahl von Freiheitsgraden, wie sie besonders in offenen Unterrichtsformen häufig vorkommen, wirken zusätzlich erschwerend. Ebenso erschweren unterschiedliche Parameter und Perspektiven, die bei Entscheidungsfragen angewendet werden können, z. B. individuelle Parameter von Vorlieben und Abneigungen und eine Komplexität der Entscheidungsfragen mit pro-und-contra-Abwägung die Wahl und Entschlussfähigkeit. Ein enges Regelverständnis und ein „Schwarz-Weiß-Denken" kann ebenso die Entscheidungsfähigkeit beeinflussen, wenn eine Handlung nicht eindeutig bezüglich „richtig" oder „falsch" zugeordnet werden kann. Wenn die vermutete Auswahl weder als „richtig" noch als „falsch" eingestuft werden kann, weil Entscheidungsparameter oder Auswirkungen nicht eingeschätzt werden können, entstehen „kognitive Dissonanzen", die einen unangenehmen motivationalen Zustand (Dissonanz) und eine gewisse Spannung hervorrufen" können (Hogrefe 2021). Das alles kann u. a. dazu führen, dass geforderte Entscheidungen aktiv verweigert werden. Trotz einer vorliegenden Entscheidungsfähigkeit kann die Umsetzung von getroffenen Entscheidungen auch durch fehlende Handlungspläne beeinträchtigt sein und das Handeln bleibt aus.

Perspektivenwechsel

Mihael darf sich bei der Freiarbeit aussuchen, womit er beginnen will. Er schaut sich alle Aufgaben an und überlegt. Die dritte Aufgabe würde ihm großen Spaß bereiten, doch er weiß nicht, ob es die Aufgabe ist, die er unbedingt machen muss. Vielleicht sollte er mit der ersten Aufgabe beginnen, die die Lehrerin aufgeschrieben hat, weil sie doch ganz oben steht, wie beim Ablaufplan. Oder doch eher mit der letzten, denn damit hat Marc schon begonnen. Mihael kann sich einfach nicht entscheiden und beginnt nervös zu werden und in der Klasse herumzulaufen und zu springen. Ob er mit den Arbeiten überhaupt fertig wird?

Für die komplexen Prozesse von höheren kognitiven Funktionen wird Abstraktionsvermögen[5] und Generalisierungsfähigkeit[6] benötigt. Abstrakte Gedanken oder Ideen haben häufig keinen unmittelbaren Bezug zur derzeitigen Situation und sind vor allem sprachliche Konstrukte, mit denen wir Dinge und Situationen beschreiben, die nicht konkret vorliegen. Das diese Felder für autistische Schüler*innen Schwierigkeiten bereiten können ist aus den zuvor ausführlich ausgeführten Faktoren zu schlussfolgern.

Ideen und Konzepte für unbekannte Situationen entstehen auf Basis von Abstraktionsvermögen und Generalisierungsfähigkeit. Die Anhaltspunkte für ähnliche gemeinsame Merkmale (Abstraktion), nach denen etwas entwickelt werden soll oder deren Zusammengehörigkeit zu einer gemeinsamen Bedeutung (Generalisierung) kann ohne konkrete Anhaltspunkte deutlich erschwert sein. In schulischen Situationen zeigt es sich oft an kreativen Aufgaben wie dem Zeichnen oder kreativem Schreiben, bei dem kein konkreter Zugang aus der „Fülle der Möglichkeiten" oder dem „Nichts an Gemeinsamkeiten" gefunden werden kann; Sofern dieses nicht ein Interessengebiet oder ein Begabungsfeld der entsprechenden autistischen Schüler*inne darstellt. Auch im Bereich des freien Erzählens zu einem übergeordneten Thema oder des freien Schreibens liegen diese Schwierigkeiten im Unterrichtsalltag vor. Ein fehlendes selbstständiges Abstraktionsvermögen erschwert auch das Abschätzen der Einflüsse der eigenen Handlungen auf andere Personen und wirkt sich ebenso auf die Fähigkeit zur Meinungsbildung über Wahrscheinlichkeiten von Ursache-Wirkungs-Prozessen aus.

---

5   Abstraktionsvermögen ist als Fähigkeit zu verstehen, allgemeine Merkmale an Objekten oder Situationen hervorzuheben und sie auf ein Maß zu reduzieren, das Ordnung und Übersicht in die Vielfalt bringt (Wikimedia 2023).

6   Die Generalisierungsfähigkeit bezeichnet eine Verallgemeinerung von wenigen Aspekten auf eine gemeinsame Klasse oder Kategorie zu schließen. Sie bindet Merkmale in Klassen und Kategorien ein bzw. führt sie zu Prinzipien zusammen. Dieser psychosoziale Prozess ist dafür zuständig, dass die Aufnahme und Übertragung von Gelerntem auf eine andere Anwendungssituation transferiert werden kann, die nicht identisch, sondern nur ähnlich sein muss (Spektrum.de 2023).

1

┌─ **Perspektivenwechsel** ──────────────────────────────────

*Sayed hat alle Bilder der Geschichte geordnet und ins Heft eingeklebt. Das hat ihm
großen Spaß gemacht. Doch jetzt ist er sehr verzweifelt. Die Lehrerin hat ihn gebeten
zu erzählen, was auf einem nächsten Bild passieren wird. Sayed überlegt und findet
keine Lösung: Soll er von dem Mann oder dem Auto erzählen. Er glaubt, es geht eher
um den Mann, aber woher soll er wissen, was der Mann als nächstes tun wird?*

Methoden-Tipp

Nachteilsausgleich und Anpassungen für höhere kognitive Funktionen
- Situation und Anforderung transparent und konkret gestalten durch Visualisierung und klare Sprache
- Visuelle Vorlagen für Abläufe, Folgen und Konsequenzen z. B. Ablauf- und Prozessketten
- Visualisieren von Handlungsschritten in Reihenfolge und Zeitmanagement
- Visuelle Vorlagen zur selbstständigen Handlungsplanung und -steuerung, Projektplanungsvorlagen
- Visualisieren von Entscheidungen durch Konkretisieren der wesentlichen Elemente zur selbstständigen Entscheidungsfindung sowie visuelle Vorlagen zu Entscheidungsprozessen und komplexeren pro-contra-Abwägungen z. B. Entscheidungstafeln
- Problemstellungen oder Aufgaben in ihrer Gesamtheit aller beeinflussenden Aspekte aufzeigen
- Gemeinsames schrittweises Planen von komplexeren Anforderungen
- Ursache-Wirkungs-Bezüge sozialen Handelns in einen Zusammenhang stellen, gemeinsam klären
- (Soziale) Übungssituation in geschütztem Rahmen ermöglichen

1.3.3.3 Sozial-kognitive Funktionen

» Soziale Kognition findet als kognitiver Prozess im zwischenmenschlichen Handeln statt, bei dem die Interaktion und Kommunikation im Mittelpunkt steht (Bölte 2015, S. 131). Die Bildung sozial-kognitiver Fähigkeiten, wie z. B. Empathie, Mentalisierung, Moralität und der Theory of Mind ist notwendig, um kausale Verknüpfungen zwischen Zuständen von Situationen und den (möglichen) eigenen und fremden Handlungen zu erstellen Ebenso sind sie Voraussetzungen, um einerseits Vorhersagen für die Handlungen anderer zu treffen oder andererseits Verläufe von sozialen Situationen im Vorhinein abzuschätzen (Schirmer 2016 S. 47). Auch Handlungserklärungen für emotionale Reaktionen sowohl der eigenen als auch derer anderer Menschen ergeben sich mit Hilfe der sozial-kognitiven Fähigkeiten (Cholemkery und Freitag 2014, S. 41).

Für eine sozial-kognitive Fähigkeit wird zunächst das Verständnis eigener Wünsche und Absichten sowie in weiterer Folge das der anderen Personen und dessen Unterscheidung voneinander benötigt. Dieses wird vor allem im frühkindlichen Bereich der Wahrnehmung und Aufmerksamkeitsausrichtung auf soziale Aspekte durch das Bilden von Fähigkeiten wie z. B. das Verfolgen von Blicken, die triadische Interaktion und das Lernen durch Imitation angelegt. Bei Kindern im Autismus Spektrum sind diese Vorläuferfertigkeiten häufig stark reduziert und führen zu einer eingeschränkten sozialen Reaktivität (Bölte 2015, S. 132).

Das Nachvollziehen-Können von Gedankengängen anderer, ihre Meinungen, Erwartungen, Beweggründe und Absichten einzuschätzen sowie die Wünsche und Gefühle der anderen zu erkennen und, dass sie sich von den eigenen unterscheiden, kann nur in vielen verschiedenen Situationen der sozialen Interaktion mit Kommunikation und unterschiedlichen Intentionen der Beteiligten gelernt werden. Dadurch, dass diese Interaktionen von autistischen Kindern häufig aufgrund z. B. einer Reizüberflutung (z. B. Markram et al. 2007) nicht so intensiv eingegangen werden können, fehlen wichtige soziale und emotionale Informationen und Erfahrungen aus spezifischen Situationen in der Entwicklung.

Viele Situationen des (Schul-)Alltags stellen daher eine Unvorhersehbarkeit für autistische Kinder und Jugendliche dar. Unangekündigte Verläufe oder neue Abläufe, die sich situativ ergeben, sind nicht logisch nachvollziehbar, weil die Absichten anderer Menschen im Situationskontext nicht erkannt und somit auch nicht verstanden werden. Da Sozialverhalten nicht immer gleichen Mustern folgt, ist auch das Erkennen von Ähnlichkeiten sozialer Intentionen sowie deren Vergleich erschwert und beeinflusst das „Erlernen" sozialer Situationen massiv. Das führt häufig dazu, dass kaum intuitive Verhaltens-Scripts für solche Situationen vorhanden sind. So beschreibt A. Pittelkov in ihrem Artikel in der Zeitschrift Menschen, dass sie „für jede neue Situation einen neuen Plan brauche, bestehende Fähigkeiten üben muss" (Pittelkov 2023). Diese genannten Fähigkeiten haben eine kognitive Komponente und können schrittweise bewusst erlernt werden. Da dieses ein enorm weites pädagogisch-therapeutisches Feld darstellt, sind alle häuslichen und schulischen sozialen Situationen Lernfelder und sollten von allen Bezugspersonen langfristig fördernd begleitet werden.

1

Perspektivenwechsel

Shyron hat sich schon sehr gut daran gewöhnt, dass die Klasse nach der zweiten Unterrichtsstunde in den Garten geht. Mittlerweile freut er sich schon darauf, mit seinem besten Freund im Garten Verstecken zu spielen. Doch heute will sein Freund Riku nicht spielen. Er steht mit anderen Mitschülerinnen und Mitschülern zusammen und sie reden miteinander. Shyron hört, wie Riku erzählt, dass sein Hamster gestorben ist, weil er krank war. Shyron ruft ihm zu, dass Hamster oft nicht alt werden und an Krankheiten sterben. Das sei ganz normal. Dann müsse man ihn begraben und einen neuen kaufen. Danach fordert er Riku zum Spielen auf und läuft fröhlich weg. Als Riku ihm nicht folgt, wird er zornig. Er versteht nicht, warum Riku heute nicht das gemeinsame Pausenspiel spielt. Die anderen Kinder sind auch sehr unhöflich zu ihm: Sie schicken ihn weg und sagen, dass er gar nichts verstehe und gemein sei. Was für eine schreckliche Pause!

Aufgrund der verringerten Fähigkeiten, Vorhersagen von konkreten Handlungen zu machen, um Situationen einschätzen zu können und in Folge das eigene Handeln daraufhin auszurichten, entstehen oft große Unsicherheiten im sozialen Kontext. Diese zeigen sich durch Kompensationsmethoden in unterschiedlicher Art und Weise und häufig in auffälligem und nicht-sozial verträglichem Verhalten, da das eigene Verhalten nicht immer in seinen Auswirkungen auf andere in Beziehung gesetzt werden kann. (Schirmer 2016, S. 48). Befangenheit, Scham oder Schuldgefühle können durch das geringere Erkennen von Situationsangemessenheit häufig verringert sein, aber auch ebenso oder noch mehr bestehen, wenn sich Schüler*innen ihres ungewollten, unangemessenen Verhaltens bewusst sind.

Die Notwendigkeiten der Veränderung für das eigene Verhalten kann oft zunächst nicht erkannt werden, was das Erlernen neuer sozialer Verhaltensweisen und damit die soziale Teilhabe massiv erschweren kann. Tlw. liegen auch impulsive Handlungsstile als Hindernis für die Umsetzung neuer Verhaltensmöglichkeiten vor. Daher finden sich auch in diesem Bereich häufig Auslöser für Stresssituationen für alle Beteiligten, was eine gegenseitige Sensibilisierung und langfristig angeleitetes Lernen im sozialen Bereich pädagogisch notwendig macht.

Perspektivenwechsel

Mirijam weiß genau: Wenn in der Klasse alle Mitschüler*innen lachen, dann lacht sie mit. Immer versteht sie zwar den Grund dafür nicht, aber wenn sie nicht lacht, dann wird sie immer gefragt, warum sie es nicht lustig findet. Diese Situation empfindet sie als unangenehm und sie weiß nicht, was sie darauf antworten soll. Deshalb lacht sie lieber mit. Dieses Jahr ist Mirijam in die Sekundarstufe gekommen und auch da lacht sie mit. Doch immer wieder wird sie von Lehrerinnen und Lehrern aufgefordert, mit dem Lachen aufzuhören. Sie sagen meistens, dass ihr Verhalten nicht passt und auch einige Mitschüler*innen sind dann beleidigt und beschimpfen sie sogar. Sie solle mit dem „Auslachen anderer" aufhören. Mirijam versteht nicht, was die Lehrer*innen und die Mitschüler*innen meinen. Warum war es in der Volksschule in Ordnung, da hat sie es doch immer richtig gemacht? Was stimmt denn jetzt nicht?

Besonderheiten in der sozialen Kognition führen oft zu Schwierigkeiten Beziehungen zu Peers aufzubauen und zu halten (Dziobek und Stoll 2019, S. 19). Der Wunsch nach sozialer Interaktion sowie Freundschaften und Beziehungen sorgt oft für die eigene Intention von Menschen im Autismus Spektrum, soziale Prozesse und ihre Wichtigkeit im gesellschaftlichen Umgang besser verstehen zu wollen, um daran teilzuhaben. Dabei stellt das Bemühen, sich in sozialen Situationen anzupassen und erwartetes Verhalten zu zeigen, eine erhöhte Anforderung an die Wahrnehmung und an die höheren kognitiven Prozesse dar, die viel Energie und Aufmerksamkeitsleistung erfordern. Durch vermehrtes Wissen über relevante Merkmale und Ursache-Wirkungs-Vorgänge von sozialen Intentionen können diese sozial-kognitiven Fähigkeiten erworben werden. Sie können sogar so relevant für autistische Jugendliche werden, dass sie vermehrt und bewusst die Wahrnehmung und Aufmerksamkeit auf soziale und auch emotionale Aspekte ausrichten, was wiederum zu Lasten inhaltlicher Aspekte gehen kann. Ein bewusstes Erlernen sozialer Verhaltensweisen beinhaltet das explizite Lernen vieler Einzelsituationen und einer Analyse vieler einzelner Faktoren in jeder neuen Situation. Dadurch, dass viele Verhaltensweisen nicht intuitiv erworben wurden, wirken sie tlw. aus der Außenperspektive betrachtet etwas steif und mechanisch und stoßen in vielen Situationen an ihre Grenzen, da weniger flexible Verhaltensanpassungen vorgenommen werden können.

1

┌─ **Perspektivenwechsel** ─────────────────────────────

Susanna freut sich sehr auf den Schulausflug, weil sich da ihre Mitschüler*innen auf dem Weg gegenseitig immer viel von ihren Erlebnissen erzählen. Sie nützt solche Gelegenheiten, um neue Redewendungen und Themen für Smalltalk zu sammeln. Susanna merkt sich alles, um es zu Hause in ein Smalltalk-Heft zu schreiben und auswendig zu lernen. Dass ihr das hilft, hat sie schnell gemerkt. Es fällt ihr damit leichter bei Gesprächen mitzureden. Bevor sie das so gemacht hat, saß sie oft am Rand und hat nur zugehört, weil sie gar nicht wusste, wie sie Gespräche beginnen soll und worüber sie sich mit anderen unterhalten kann. Seitdem wird sie auch viel mehr von ihren Freundinnen und Freunden angesprochen und zu Treffen eingeladen. Manchmal steckt sich Susanna ihr Heft ein und geht kurz vom Gespräch weg, wenn sie nicht mehr weiterweiß, um nach einer passenden Möglichkeit in ihrem Heft zu suchen.

Mit zunehmendem Alter wenden autistische Kinder und Jugendliche vermehrt Strategien an, um diese Schwierigkeiten zu überspielen und sie nicht sichtbar werden zu lassen. „Ablehnung von Gleichaltrigen aufgrund ihrer Defizite kann sie dazu motivieren, sich an die sozialen Gruppennormen neurotypischer Gruppen anzupassen, indem ihre Nichtkonformität maskiert wird" (Kreiser und White 2014 zitiert nach Cook et al. 2018, S. 303). Besonders von autistischen Mädchen weiß man, dass sie dabei über gut entwickelte Fähigkeiten im Beobachten und Imitieren verfügen und ein sogenanntes „Masking" anwenden. Dafür finden z. B. Beobachtungen und Analysen der Sprache sowie der Interessen und Verhaltensweisen in der Peergroup statt, um die Logik dahinter zu analysieren, sie zu kopieren und in den passenden Situationen bewusst und meist unbemerkt von anderen einzusetzen zu können. Eine qualitative Studie von Cook et al., die mit elf 11–17-jährigen Mädchen und jeweils einem Elternteil durchgeführt wurde, kam zu der Aussage, dass Masking häufig als Strategie eingesetzt wird und den Mädchen oft das Gefühl vermittelt dazuzugehören und verhindert, dass sie von Gleichaltrigen ausgegrenzt wurden. So können häufig über lange Zeiträume sozial gute und augenscheinlich intuitive Fähigkeiten gezeigt werden. Negative Folgen waren das Übersehen von Symptomen mit größerer Folgewirkung auf z. B. schulische Rückstände und soziale Schwierigkeiten (2018, 312). Die Forscherinnen der Studie weisen darauf hin, dass besonders im pädagogischen Kontext eine höhere Sensibilisierung hinsichtlich der Bedürfnisse von autistischen Mädchen stattfinden muss. Besonders das Anbahnen und Ermöglichen gemeinsamer Aktivitäten sei hier ein Ansatzpunkt. Dass dieses erhöhte Anpassungsverhalten durch Assimilieren oder Maskieren hohe Kompetenzen und viel Energie seitens der Autistinnen und Autisten fordert lässt sich durch vielseitige autobiografische Erzählungen belegen. Zudem birgt dies die Gefahr, einer von außen nicht erkennbaren hohen Belastung, die aus dem Anpassungsdruck entsteht und damit schwerwiegende Folgen für die psychische Gesundheit begünstigen kann.

Perspektivenwechsel

Enisa ist gerne mit ihren Schulfreundinnen zusammen und versucht in vielen Bereichen wie sie zu sein. Dafür beobachtet sie verschiedene Dinge. Zum Beispiel, wann und worüber ihre Freundinnen lachen, worüber sie sich unterhalten und was sie anziehen. Die Kleidung interessiert Enisa besonders. Lange vor jedem Treffen am Nachmittag beginnt sie nach passenden Kleidungsstücken zu suchen. Manchmal versucht sie schon am Vormittag in der Schule zuzuhören, um zu erfahren, was die anderen anziehen oder fragt sogar nach. Die Auswahl fällt ihr schwer. Welches Kleidungsstück zu welchem Ort oder welcher Tätigkeit der Verabredung passt und cool oder gerade „angesagt" ist, hat sie noch nicht richtig herausgefunden. Manchmal übt sie zuhause auch das Lachen und einzelne Sätze, damit es klingt wie bei ihren Freundinnen. Sie hat die Treffen gerne, doch ist auch immer froh, wenn sie wieder vorbei sind, da es enorm anstrengend ist, sich immer auf die gerade bestehende Situation einzustellen und an die anderen anzupassen. Sie braucht danach immer ein paar Tage Auszeit nach der Schule, um ganz für sich zu sein und sich zu erholen.

Empathiefähigkeit besteht aus einem kognitiven und einem emotionalen Anteil (Bölte 2015, S. 138). Für die Entwicklung der kognitiven Komponente der Empathie, die das Emotionsverständnis und Einfühlungsvermögen in andere Personen betrifft, muss der Zusammenhang nach Wellman und Wooley zwischen einem Wunsch, dem Handlungsergebnis und der emotionalen Reaktion gedanklich hergestellt werden (1990, S. 245). Das fordert wiederum das Bewusstsein für die Beteiligung mehrere Aspekte an sozial-emotionalen Ursache-Wirkungs-Zusammenhängen zu beachten. Ergebnisse aus Studien zeigen eine verringerte kognitive Empathiefähigkeit, die auch auf die detailorientierte Wahrnehmung zurückzuführen ist. Die emotionale Komponente ist im Unterschied dazu genauso vorhanden, wie bei neurotypischen Menschen.

Diese Form der sozialen Kognition steht in enger Verbindung zu Emotionen (Bölte 2015, S. 131). Das intuitive Erfassen und Verstehen eigener Gefühle oder der eigenen emotionalen Reaktion auf bestimmte Situationen kann in Bezug auf das Erfassen der Gesamtsituation erschwert sein. Die Perzeption ist nicht primär sozial ausgerichtet (Bölte 2015, S. 132). Dadurch baut sich ein Emotionsverständnis sowohl auf der Ebene der Selbstwahrnehmung als auch auf der der Fremdwahrnehmung meist nur langsam und sehr konkret auf. So ist auch das empathische kognitive Verstehen von Gefühlsäußerungen oder Gefühlslagen anderer bei autistischen Kindern eher gering vorhanden. Auch viele soziale Zeichen wie z. B. Gesichtsausdruck, Körperhaltung, Tonfall der emotionalen Situation können nicht gut erkannt oder gedeutet werden können (Cholemkery und Freitag 2014, S. 41).

Oft wirken autistische Kinder und Jugendliche daher teilnahmslos oder reagieren sozial unpassend in gefühlsbetonten Situationen. Im zunehmenden Alter können sich die Fähigkeiten durch bewusste Prozesse der Wahrnehmung und kognitiven Verarbeitung aber erweitern. Wenn konkrete Informationen zum Emotionserleben an-

1

derer Personen im sozialen Kontext gegeben werden, dann findet ebenso empathisches Verhalten statt.

Ohne konkrete Berücksichtigung können Äußerungen und Handlungen ansonsten empathielos wirken und unbewusst durch z. B. konkrete Wahrheitsbenennung auch andere verletzen. Hier spielt vor allem wieder die sprachliche Benennung auch in der Spannweite von Emotionen eine Rolle, da erst durch die differenzierte sprachliche Zuordnung von Gefühlen zu spezifischen Situationen eine Erweiterung des Bewusstseins und damit im Erkennen, Umgang und der situativen Anpassung von Gefühlen und Handlungen geschehen kann.

Mitgefühl und Anteilnahme beinhaltet aber noch eine weitere, affektive Komponente der Empathie, welche das Nach- oder Mitempfinden von Gefühlen betrifft und sich in verschiedenen Studien als nicht beeinträchtigt zeigt (Dziobek 2008). Siehe dazu ▸ Abschn. 1.3.6.

┌─ **Perspektivenwechsel** ─────────────────────────────────

Ömer stellt eine Frage an die Lehrerin und hört hinter sich zwei Mitschüler lachen. Sofort dreht er sich zu ihnen und schreit laut, dass sie ihn nicht auslachen sollen. Das hasst er und findet es ungerecht. Immer lachen alle in der Klasse über ihn. Dass die Mitschüler ihm versuchen zu erklären, dass einer von ihnen dem anderen gerade einen blöden Witz erzählt hat, will er nicht hören. Sie lügen ja doch nur und er beginnt sie zu beschimpfen.

Die Theory of Mind bezeichnet die Fähigkeit, die Perspektive einer anderen Person bewusst einnehmen „sich selbst und anderen mentale Zustände wie Emotionen, Gedanken oder Absichten zuzuschreiben" und aus ihrer Sicht die Situation betrachten zu können (Dziobek und Stoll 2019, S. 21). Diese Fähigkeit beginnt sich im Alter von ca. vier bis fünf Jahren zu entwickeln und ist gemeinsam mit der Fähigkeit der Mentalisierung[7] die Voraussetzung, in weiterer Folge andere Personen in ihrem Denken und Handeln zu verstehen, ihre Handlungsziele einschätzen zu können und das eigene Handeln daraufhin abzuwägen (Schirmer 2016, S. 48). Dabei bezeichnet die Mentalisierung den psychischen Prozess der Wahrnehmung, dass andere Menschen mentales Wissen in Form von Überzeugungen, Gefühlen, Einstellungen und Wünschen besitzen, das nicht dem eigenen Wissen entsprechen muss und dieses in Bezug zu ihrem Verhalten steht (Brockmann und Kirsch 2010, S. 279–290). In vielen Schulsituationen können die, häufig erst verspätet und oft im höheren Alter geringer ausgeprägten Fähigkeiten in der

---

7   Mentalisierung ist ein Begriff aus der Psychologie und Psychoanalyse, der die kognitive Fähigkeit des Menschen beschreibt, sowohl in sich selbst als auch bei anderen Personen psychische (mentale) Zustände wahrzunehmen. Diese Fähigkeit ermöglicht es, das Verhalten anderer Menschen zu interpretieren. Dabei wird nicht nur das beobachtbare Verhalten der Person betrachtet, sondern es werden auch Annahmen (Spekulationen) darüber gemacht, welche Überzeugungen, Intuitionen, Gefühle, Einstellungen und Wünsche diesem Verhalten zugrunde liegen könnten. (Wikipedia 2023)

Theory of Mind, ein Hindernis darstellen. Kognitiv gut begabte Kinder und Jugendliche können sich zwar kompensatorisch über explizite Regeln die Gefühle und Gedanken anderer kognitiv herleiten, das bewirkt aber nicht immer die richtigen Schlüsse (Dziobek und Stoll 2019, S. 22). Hier ist auch die Reflexion darüber eingeschränkt.

Bereits für einen Beziehungsaufbau zwischen Kind und den Pädagoginnen und Pädagogen ist eine Einschätzung der Erwachsenen als vertrauenswürdige Personen wichtig. In weiterer Folge müssen auch Stimmungen der handelnden Personen wahrgenommen und das eigene Handeln daran angepasst werden, was in vielen sozialen Situationen für Schüler*innen im Autismus Spektrum nicht möglich ist, wenn das Wissen über emotionale Zeichen und ihre Bedeutung nicht vorhanden ist oder der Perspektivenwechsel nicht bewusst vollzogen werden kann. Die Schwierigkeit, die sich hier aus der autistischen Perspektive stellt, ist auch, dass Gedanken und Gefühle nicht immer sprachlich konkret ausgedrückt werden, sondern sie vielmehr einer „Geheimsprache" aus nonverbalen Zeichen, Andeutungen und situationsabhängigen Zuständen unterliegen. Das kann einer der Gründe sein, warum autistische Schüler*innen Erwartungen im Schulkontext nicht immer entsprechen können und fordert ein Umdenken in der Kommunikation seitens der Lehrpersonen.

Durch die bereits beschriebene verringerte Fähigkeit des schlussfolgernden Denkens in sozialen Situationen kommt es häufig zu Missverständnissen und Krisensituationen. Durch den ausbleibenden Perspektivenwechsel (Theory of Mind) und die dadurch verringerte Mentalisierungsfähigkeit kann es mitunter auch vorkommen, dass bei Problemstellungen schon ein Nachfragen und Um-Hilfe-Bitten nicht stattfindet, da nicht davon ausgegangen wird, dass jemand anderer die Lösung für etwas haben könnte, was einem selbst nicht immanent ist.

> **Perspektivenwechsel**
>
> *Levin fällt es schwer, an der Stimme oder Körperhaltung die Stimmung des Lehrers oder seiner Mitschüler*innen zu erkennen. Sein Lehrer weiß, dass er für Levin meistens eine kurze sachliche Erklärung gibt, wenn Handlungen oder Konsequenzen aufgrund von sozialen oder emotionalen Situationen erfolgen. Damit kommt Levin gut zurecht und manchmal erzählt er auch zu Hause, was passiert ist, und gibt die Erklärung der Situation dazu. Heute haben zum Beispiel zwei Schüler der Klasse zu viel miteinander geredet, als sie still sein sollten. Sie haben auch nicht auf die mehrfachen mimischen und gestischen Aufforderungen des Lehrers reagiert und sind dann auseinandergesetzt worden. Heute ist es aber anders und Levin ist davon irritiert. Eine andere Lehrerin ist in der Klasse und plötzlich steht ein Mitschüler auf und verlässt den Klassenraum. Zwei andere tauschen plötzlich die Sitzplätze. Immer wieder verändert sich die Stimme der Lehrerin von einmal laut zu wieder sehr leise und sie fuchtelt mit den Armen herum. „Was soll das alles bedeuten?", denkt sich Levin und kann die Handlungen der Lehrerin gar nicht nachvollziehen. Das macht ihn immer nervöser. Als er von der Lehrerin plötzlich aufgefordert wird, mit einem anderen Schüler den Platz zu wechseln, ist es ihm zu viel, er steht auf und geht aus der Klasse.*

1

Die Mentalisierungsfähigkeit spielt ebenso eine Rolle, um eigene oder Erlebnisse anderer mit ihren zugehörigen Gedanken, Empfindungen und Handlungen rückbezüglich (reflexiv) zu betrachten, zu vergleichen und in weiterer Folge auch kritisch beurteilen zu können. Hier kann die Fähigkeit des Einsichtsvermögens und der Selbstreflexion zusätzlich durch Schwierigkeiten im Ähnlichkeitsvergleich betroffen sein. Die eigene Situation kann dann nicht mit einer Situation eines anderen verglichen werden, weil die Ähnlichkeiten nicht erkannt werden und die Unterschiede das Denken dominieren.

┌─ **Perspektivenwechsel** ───────────────────────────────

Matejo ist heute sehr verzweifelt, denn Emre hat sich beim Essen wieder vorgedrängt. Natürlich hat er das sofort der Lehrerin erzählt und nun muss Emre sich hinter Matejo stellen. Später beim Anstellen zum Hinausgehen schiebt sich Matejo ganz nach vorne, obwohl da schon zwei Kinder stehen. Er muss heute einfach wieder der Erste im Garten sein, sonst ist die Schaukel von jemand anderem besetzt. Seine Mitschüler*innen beschweren sich lautstark bei der Lehrerin und er wird nun ganz nach hinten geschickt. Das ist unfair! Die Lehrerin erklärt, das sei doch das Gleiche wie vorhin mit Emre, da hätte er sich doch auch beschwert. Das versteht Matejo jetzt nicht. Was hat denn Emre mit ihm zu tun und vorhin sind sie doch gar nicht hinausgegangen und außerdem durfte Emre da in der 4. Reihe stehen und nicht ganz hinten. Er ist echt wütend und schreit so laut, dass er nun gar nicht hinausgehen darf.

└──

Interpretationen von Handlungen und Aussagen fallen schwer, wenn am anderen nicht „abgelesen" werden kann, welche Beweggründe vorliegen oder auch nicht nachvollzogen werden können. So können sie in der eigens gewählten Handlung häufig gar nicht berücksichtigt werden, obwohl dieses ggf. der Intention der Schüler*innen entsprechen würde. Die eigenen Handlungen können dann eher an logisch-funktionalen Aspekten orientiert sein und wiederum weniger durch sozial beeinflusstes Denken in Top-down-Prozessen, was bereits erläutert wurde. Hier können auch korrigierende Erfahrungen und andere Meinungen tlw. nur erschwert von Schüler*inne zugelassen werden. Die geringere Einschätzung der Beweggründe der anderen Person und ggf. eine unflexible Denkweise führen zeitweise im Unterricht dazu, dass überwiegend die eigene Sichtweise und eine Orientierung an eigenen Bedürfnissen das Handeln bestimmt. Hier kommen zunächst wenig Selbstzweifel auf und Handlungen erscheinen aus einer Außensicht teilweise zunächst egoistisch. Das Festhalten an den eigenen Vorstellungen und Zielen ist dabei häufig in einer ausgeprägten Form von Entschlossenheit oder schlichtweg dem Unterlassen von Außenanforderungen ersichtlich.

┌─ **Perspektivenwechsel** ──────────────────────────────

Marco beobachtet und analysiert die Situation im Unterricht genau. Die Lehrerin stellt nacheinander Fragen an alle und lässt diejenigen aufstehen, die diese nicht beantworten können. Es ist bisher immer dieselbe Frage, denn sie konnte noch von niemandem beantwortet werden. Daher stehen schon vier Schüler*innen. Marco beschließt auch aufzustehen. Die Lehrerin fragt ihn verwundert, warum er schon aufstehe, und bittet ihn auch gleich, sich wieder zu setzen. Marco verweigert dieses und erklärt der Lehrerin, dass ja alle Schüler*innen, die die Frage nicht beantworten können, aufstehen müssen und er wisse die Antwort auf diese Frage auch nicht, also stehe er gleich auf. Die Lehrerin beginnt mit ihm zu diskutieren und fordert, dass er sich wieder hinsetzt, da sie noch keine Frage an ihn gerichtet hat und er warten solle, bis er dran ist. Die Mitschüler*innen finden die Situation sehr lustig und lachen. Marco versteht nicht, warum er auf eine Frage warten soll, die er nicht beantworten kann, und die Diskussion eskaliert.

└──

Ein Aufzeige von Gründen und logischen Wirkungszusammenhängen kann den Prozess der Akzeptanz unterstützen. Dadurch kann ein hohes Maß an Loyalität und Verlässlichkeit entstehen, wenn Situationen logisch nachvollziehbar sind oder sich mit den eigenen Interessen überschneiden.

┌─ **Perspektivenwechsel** ──────────────────────────────

Baschar hat heute nicht vor, das zu tun, was der Lehrer ihm sagt. Er will sich einfach nicht nach den anderen richten, weil er der Meinung ist, dass sie im Unrecht sind und es nicht so gut hinbekommen wie er. Deshalb wird er die Projektarbeit über Dinosaurier allein machen. Dann kann er seine tollen Zeichnungen dorthin auf das Plakat setzen, wo er möchte, und den Text dazu schreiben, den er für wichtig hält. Das hat er sich fest vorgenommen. Der Lehrer fordert, dass er zumindest mit einem anderen Kind gemeinsam an seinem Projekt arbeiten muss. Na gut! Dann mit Sarah, denkt er sich. Die kann schön schreiben und malen und vielleicht lässt er sie dann auch einen Dinosaurier zeichnen. Mal sehen …

└──

Mit den geringeren Möglichkeiten einen Perspektivenwechsel eigeständig vorzunehmen ist auch das allgemeine Urteilsvermögen beeinträchtigt sowohl in Bezug auf die Fremdeinschätzung als auch auf die Selbsteinschätzung (Kamp-Becker und Bölte 2021, S. 45–46). Bewusste, zielgerichtete Formen des Handelns wie Täuschen und Lügen können

1

nicht gut erkannt werden, da einerseits die Absichten hinter dem „unwahren" Verhalten nicht erkannt werden und andererseits auch die sozialen Signale, die darauf hindeuten könnten, nicht gut entschlüsselt werden können (Cholemkery und Freitag 2014, S. 42). Hier verbirgt sich eine hohe Gefahr auch für fremdgeleitete Zwecke ausgenutzt zu werden. Es würde einen bewussten, angeleiteten Prozess der Analyse aller Faktoren benötigen, um falsche Absichten von ehrlichen Absichten zu unterscheiden.

┌─ **Perspektivenwechsel** ──

Esra hat heute große Schwierigkeiten bekommen, sogar die Eltern wurden in die Schule geladen. Doch er ist der Meinung, er hat doch nichts Schlimmes gemacht. Gemeinsam mit seinen Freunden überlegt er immer lustige Sachen, die sie tun könnten. Heute hat Esra den Roller seines Mitschülers Martin genommen und ihn hinter der Schule abgestellt. Seine Freunde haben gesagt, er solle das machen, da Martin den Roller nach der Schule von dort abholen würde. Allerdings hat Martin nach der Schule seinen Roller ganz verzweifelt gesucht und seine Eltern haben bei der Polizei eine Anzeige wegen Diebstahls gemacht. Jetzt sitzt Esra zu Hause mit seinen Eltern auf dem Sofa und sie schimpfen mit ihm. Er versteht nicht, warum und was er falsch gemacht hat. Martin brauchte doch den Roller hinter der Schule. Das haben die Freunde so gesagt und er versucht es seinen Eltern verzweifelt zu erklären.

Die Entwicklung von Moralität entsteht im zunehmenden Perspektivenwechsel und über das Erlernen von Regeln. Dafür liegen unterschiedliche Theorien u. a. von die „Stufen der moralischen Entwicklung" nach Piaget (1932/1955), Kohlberg (1966) und Eisenberg (1986) zum Erwerb von moralischen Werten und dem moralischen Handeln vor. Grundsätzlich besteht bei moralischen Handlungsentscheidungen ein Bewusstsein darüber, dass Handlungen, Folgen für sich selbst und andere haben, die sowohl positiv als auch negativ sein können (Jenni 2021, S. 155) Konsequenzen werden hinsichtlich ihrer Auswirkungen betrachtet und bewertet und beeinflussen so den Entscheidungsprozess, wobei prosoziale Handlungen eine zwischenmenschliche Übereinstimmung voraussetzen. Die Unabhängigkeit der moralischen Entscheidung von persönlichen Präferenzen und Bedürfnissen oder konkreten Situation und die Orientierung an höheren moralischen Prinzipien oder Werten benötigt nach Piaget zudem eine Abstraktionsfähigkeit und ist eine Fähigkeit, die im Entwicklungsalter allgemein erst im jugendlichen Alter erworben wird (Mietzel 2019, S. 344).

Nach Piagets Moralentwicklung erfolgt das Regellernen in ersten Kategorien wie „gut-schlecht" und „richtig-falsch". Diese geben vor allem für Kinder im Autismus Spektrum eine sichere Orientierung für das Verhalten. Die Regeln werden meist von Autoritätspersonen wie den Eltern oder engen Bezugspersonen aufgestellt, reguliert und ihre Handlungsfolgen auch durch sie bewertet. Viele autistische Kinder orientieren sich auch in der Schule noch an den ersten aufgestellten Regelungen und Regeln

mit einer klaren 1:1-Zuweisung zu Handlungen, Orten oder Personen sowie Zuschreibung in die absoluten Kategorien „richtig-falsch". Daher zeigen sie auch im
Schulalltag häufig ein eher starres Regeverständnis und ein Bestehen auf das Einhalten eindeutiger Regelungen und Zuschreibungen. Situationen, in denen Regeln
spontan verändert werden, stellen für sie eine Erschwernis im Nachvollziehen und in
der Akzeptanz dar. Das bewirkt tlw. vollkommene Handlungsunfähigkeit und kann
auch zu situationsinadäquatem Verhalten führen, weil die Handlungsstrategien für
spontan aufgestellte neue Regelungen nicht vorhanden sind und häufig auch nicht
selbstständig hergestellt werden können.

┌─ **Perspektivenwechsel** ──────────────────────────

*Demian schreit lautstark in der Klasse herum. Eigentlich weiß er, dass er das nicht soll,
aber er regt sich fürchterlich auf. Heute ist der Klassenvorstand das erste Mal nicht da
und wird durch einen anderen Lehrer vertreten, der noch nie bei ihnen in der Klasse war.
Der „neue" Lehrer wollte die Hausübungen kontrollieren, aber Demian hat ihn darauf
hingewiesen, dass das nur ihr Klassenvorstand machen kann, weil er das Buch hat, wo
das eingetragen wird und nur er weiß, wie die Hausübungen bei ihm im Heft abgehakt
werden müssen. Sie wurden trotzdem kontrolliert und der „neue" Lehrer hat die Namen
der Kinder, deren Hausübungen fehlen, auf einen Zettel geschrieben. Danach wollten
sie im Buch weiterarbeiten und der Lehrer hat gesagt, sie sollen ihr Handy für die Aufgaben benutzen, wenn sie Wörter nicht verstehen. „Das geht doch nicht!", ruft Demian,
„Handys sind in Deutsch verboten!" Die anderen Mitschüler*innenhaben schon alle
ihre Handys herausgeholt und Demian läuft herum, um sie ihnen wegzunehmen. Er will
sie alle einsammeln und sie dem Klassenvorstand geben, wenn dieser wieder da ist. Das
gibt riesige Aufregung in der Klasse. Alle Schüler*innen rufen durcheinander, ein paar
laufen ihm hinterher und der Lehrer schreit ihn an, er solle sich wieder hinsetzen und
beruhigen.*

Im Kindergarten und in der Schule kommen differenzierte Regeln für das Zusammen-
leben in einer Gruppe hinzu. Die eigenen Handlungen werden entwicklungsbedingt
nach Piaget zunehmend auch im Bezug zur Gruppe gesehen und mit Absicht ausgeführt bzw. unterlassen, in dem Bewusstsein der Konsequenz. Für Schüler*innen im
Autismus Spektrum ist der Unterschied zu einer Regel im Hinblick auf einen sozialen
Zweck in einer Gruppe und individuell notwendigen Ausnahmen zunächst oft erschwert wahrnehmbar. Da die Regeln auch in der Schule durch Autoritätspersonen
aufgestellt und auch sanktioniert werden, lässt sich der Sinn und der Bezug zur
Gruppe nicht automatisch erschließen.

Die sozialen Regeln beinhalten Faktoren wie Gerechtigkeit und Gleich-
berechtigung und sind im Hinblick auf die Gruppe, den Einzelnen und die jeweiligen
Situationen veränderlich. Solange Gerechtigkeit und Regeln in klare Kategorien eingeteilt werden können, entwickeln besonders autistische Schüler*innen ein gutes

Regelbewusstsein und eine hohe Regelakzeptanz. Mit dem konkreten Verständnis von Gerechtigkeit im Sinne von Gleichheit können situationsangepasste oder auch individuelle Regelungen bzw. differenziertere Betrachtungsweisen oder Ausnahmen von der Regel nur erschwert nachvollzogen werden. In Situationen, in denen Handlungen anderer von der Regel abweichen, wird daher tlw. durch ein Zurechtweisen auch erwachsener Bezugspersonen oder dem Bestehen auf das Einhalten von Regeln versucht, die „Regelordnung" aufrechtzuerhalten. Wenn dieses nicht gelingt, kann das mitunter als großer Sicherheitsverlust erlebt werden. Im Laufe der Entwicklung kann sich aber ein hohes Gerechtigkeitsempfinden entwickeln, mit welchem Ziele obsessiv, aber auch standhaft verfolgt werden.

Perspektivenwechsel

Daria hält sich genau an die Vorgaben, die die Lehrerin in Englisch gemacht hat: Erst die Vokabeln abschreiben, dann die wichtigen Merkmale rot unterstreichen und zum Schluss noch kleine Bilder dazu malen. Sie hat bereits alle abgeschrieben und die Hälfte unterstrichen, als sie bemerkt, dass ihr Sitznachbar Mirko die Vokabeln mit gelb unterstreicht und schon Bilder zu einigen Vokabeln gezeichnet hat. Das regt sie fürchterlich auf und da sie weiß, dass sie die anderen Kinder nicht zurechtweisen darf, ruft sie der Lehrerin zu: „Mirko macht das ganz falsch!" Die Lehrerin kommt und Daria freut sich, dass Mirko jetzt seine Arbeit ausbessern muss. Sie ist ganz fassungslos, als die Lehrerin zu Mirko sagt, dass das ganz toll aussieht, was er gemacht hat und er nur bitte das nächste Mal daran denken soll, mit rot zu unterstreichen, weil man die gelbe Farbe so schlecht im Heft sehen kann.

Eine Akzeptanz und ein Verständnis der „neuen" sozialen Regeln kann nur entstehen, wenn Ursache-Wirkungs-Bezüge des eigenen Handelns im Hinblick auf die Konsequenzen für andere und wiederum für sich selbst nachvollzogen und verstanden werden und vor allem auch ein eigener Nutzen in ihnen erkannt wird. Da der Zweck aber häufig außerhalb der gerade vorherrschenden eigenen Bedürfnisse liegt und meistens Fähigkeiten des Perspektivenwechsels erfordert, fällt es ihnen oft schwer sich darauf einlassen zu können. Daher ist es für autistische Schüler*innen auch schwierig einer Regulation oder einem Verbot eines Verhaltes oder einer Tätigkeit nachzukommen, wenn sie sich keiner alternativen Handlung bewusst sind. Vorschläge für Alternativverhalten können häufig aufgrund von Komplexität oder einem impulsivem Handlungsstil nicht selbstständig umgesetzt werden. Durch die ggf. noch entwicklungsbezogene vorherrschende Orientierung an den eigenen Bedürfnissen, siehe dazu ► Abschn. 2.1.3, bei autistischen Kindern und Jugendlichen kann in schulischen Situationen tlw. nur erschwert prosoziales Verhalten stattfinden.

Perspektivenwechsel

Troy ist verzweifelt. Er möchte so gerne in der Pause mit den anderen Kindern in der Lego-Ecke spielen und darf das diese Woche nicht mehr. Der Lehrer sagt, er muss mit den anderen Kindern teilen. Das möchte er ja auch, aber sie haben immer gerade die Lego-Steine, die er für sein Bauwerk braucht und wollen sie nicht hergeben. Also teilen sie ja auch nicht, warum soll er es dann tun? Darum nimmt er die Steine einfach aus ihrer Hand oder baut sie von ihren Bauwerken ab.

Entwicklungsstadien, wie die „Orientierung an der Anerkennung durch erwachsene Autoritätspersonen" nach Eisenbergs „Theorie des prosozialen Verhaltens" (1986) oder der sozialen Gruppe, zeigen sich vermutlich häufig erst im späteren Alter. Daher können externe Motivatoren (Belohnungssysteme) über eine Zeitlang eine Möglichkeit darstellen, sich zu motivieren das eigene Bedürfnis zugunsten der Bedürfnisse einer Gruppe hintenan zu stellen. Sie sind aber nur als ein pädagogisches Mittel zur Überbrückung des noch fehlenden Entwicklungsschrittes zu sehen und dürfen nicht zum eigentlichen Grund für das erforderliche Verhalten werden (Schirmer 2016, S. 64–65). Ein Einsatz ist immer unter Bedacht der wirklichen Notwendigkeit einer Passung des Verhaltens zu betrachten und abzuschätzen. Eine Änderung des eigenen Verhaltens stellt grundsätzlich immer eine hohe Anforderung an die eigene Person dar und benötigt somit viel Energie für diesen Veränderungsprozess, die dann an anderer Stelle ggf. für die Auseinandersetzung mit schulischen Inhalten fehlt.

Häufig liegt bereits nur aufgrund der Diagnose ein erhöhter Fokus auf dem Kind im Autismus Spektrum und seinem Verhalten. In der Praxis hat sich gezeigt, dass besonders Schwierigkeiten, die in der sozialen Gemeinschaft entstehen, dadurch häufig eine andere, meist höhere Wertigkeit erhalten. Das kann dazu führen, dass u. a. einzelne auffällige Verhaltensweisen oder Verhaltensweisen entwicklungsbedingter Phasen, die auch andere Schüler*innen ohne diese Diagnose durchmachen, überbewertet werden und ihnen damit eine besondere Beachtung geschenkt wird. Die Erwartung an die Regulation des Verhaltens kann einerseits den Druck auf die betreffenden Schüler*innen erhöhen und damit Stress bewirkt oder solche Verhaltensweisen durch die vermehrte Aufmerksamkeit auch noch verstärken. Besonders in der Pubertät ist eine Abgrenzung zwischen entwicklungsbedingten Phasen der Verhaltensveränderung und auf die Diagnose zurückzuführende Problemstellungen schwierig.

Die meisten Schüler*innen im Autismus Spektrum zeigen in schulischen Situationen großes Bemühen, sich an die vorherrschenden Regeln in der Schule zu halten und sich anzupassen, obgleich nicht alle nachvollzogen oder aus anderen Gründen eingehalten werden können (Schirmer 2016, S. 62–64). Eine Regelverletzung ihrerseits ist ihnen meist bewusst und wird tlw. als massives persönliches Versagen erlebt,

1

da das Einhalten von Regeln in einem übergeneralisierten Zusammenhang mit der Zuschreibung von gut oder schlecht zur eigenen Person gesehen werden kann Die reflexive Auseinandersetzung mit dem Regelbruch kann dann mitunter mit starker Ablehnung versucht werden zu vermeiden, um diesen negativen Zuschreibungen zu entgehen, da eine persönliche Auseinandersetzung starke negative Folgen für das Selbstbewusstsein haben kann (Dziobek und Stoll 2019, S. 31).

┌─ **Perspektivenwechsel** ──────────────────────────────────

Heute hat die Lehrerin mit den Schülerinnen und Schülern die Klassenregeln besprochen. Eine der Regeln fällt Silan besonders schwer: das Gehen in der Zweierreihe. Jeden Tag strengt er sich sehr an, mit einer anderen Schülerin oder einem anderen Schüler in der Reihe zu gehen. Bereits nach einigen Schritten geht Silan manchmal auch ohne, dass er es richtig bemerkt, nicht mehr in der Reihe und läuft als letzter der Gruppe hinterher. Silan hält das Gehen in der Gruppe nicht gut aus. Es ist so eng und alle stoßen sich ständig an. Wenn die Kinder vor ihm gehen, kann er bei den Treppen die Stufen oft nicht richtig erkennen, und wenn die Kinder hinter ihm drängen, bekommt er Angst. Deshalb fällt ihm das Einhalten der Regel so schwer, aber er findet nicht die richtigen Worte, um dies erklären zu können. Immer wird er von allen aufgefordert, sich an die Regel zu halten, und manchmal sind sie schon richtig sauer auf ihn, weil alle immer stehenbleiben müssen, um auf ihn zu warten, was ihn sehr traurig macht.

Bei der Auseinandersetzung mit vielen fachlichen Inhalten ist es notwendig zu verstehen, dass Menschen aus unterschiedlichen Beweggründen handeln und unterschiedliche Themen aus unterschiedlichen Perspektiven betrachtet und beurteilen werden können. Hierbei ist es wesentlich, dass für autistische Schüler*innen diese Inhalte, deren Erschließung für sie meist faktenorientiert gut möglich ist, diese unterschiedlichen Ansichten, Moralvorstellungen und Lebenserfahrungen strukturiert präsentiert bekommen und sie schrittweise und nachvollziehbar miteinander verknüpft, abstrahiert und generalisiert werden können.

Bereits in der Grundstufe 2, beim Verfassen von Bildergeschichten, wird ein Nachvollziehen und Vorausschauen von Handlungen in einem meist sozialen Ursache-Wirkungs-Ablauf benötigt. In höheren Schulstufen erfordert das Gestalten von Texten mit einer bestimmten Intention, z. B. einen Brief schreiben, ein Gedicht oder einen Werbetext verfassen, auch häufig das Einnehmen der Sichtweise einer fiktiven Person oder das Adressieren an eine fiktive Person.

Für das Verstehen von (symbolisch) intentionierten Texten, z. B. Intentionen von Medientexten, wird ebenso eine Perspektivübernahme und Mentalisierungsfähigkeit und für Fabeln und Märchen zudem noch ein ansatzweises Verständnis über moralische Prinzipien und Normen benötigt.

Das analytische Auseinandersetzen durch Herausarbeiten von Thematik und Motivzusammenhängen, der Handlungsführung sowie Figuren-, Zeit- und Raumgestaltung sowie Vergleichen von Meinungen aus nicht-fiktiven Texten, z. B. durch Erörterungen oder pro-contra-Auseinandersetzung, stellt ebenso eine komplexe Anforderung an die sozial-kognitiven Fähigkeiten dar wie die Auseinandersetzung mit den Textgattungen der Epik, Dramatik und Lyrik und deren Analyse und Interpretation.

Das Nachvollziehen von Lebensweisen anderer Menschen in anderen Lebensräumen in Geografie und Wirtschaftliche Bildung oder gesellschaftliche und sozialpolitische Entwicklungen und deren positive und negative Auswirkungen auf die damalige und auch heutige Zeit im Fach Geschichte ist ein komplexes Zusammenspiel von fachlich-inhaltlichem Wissen und sozial-kognitiven Fähigkeiten.

Das eigene Leben im Zusammenhang mit anderen Epochen oder Lebensräumen zu betrachten, Traditionen und Kulturen zu verstehen und sozial- und geistesgeschichtliche Zusammenhänge zu betrachten, benötigt Klarheit und Strukturiertheit in vielen Aspekten, um von Schüler*innen im Autismus Spektrum nachvollzogen werden zu können.

Methoden-Tipp

Nachteilsausgleich und Anpassungen für sozial-kognitive Funktionen
- Regelmäßiges proaktives, strukturiertes Erarbeiten von sozialen und emotionalen Themen und zugehörigen konkreten Erwartungen an das Verhalten schulisch relevanter Situationen
- Emotionen und Verhalten anhand von spezifischen Situationen klären und üben mithilfe von z. B. Sozialen Geschichten bzw. Social Storys®, Comic Strips
- Transparenz von sozialen und emotionalen Situationen durch Vorhersehbarkeit und Vorbereitung schaffen, unter Einsatz eindeutiger klarer und direkter Sprache
- Emotionen benennen und in konkreten Zusammenhang setzen, erweitern der Spannweite von Emotionen, z. B. Emotionsskalen, -barometer und -ketten
- Ursache-Wirkungs-Bezüge sozialen Handelns benennen, beschreiben, visualisieren, demonstrieren und erklären, z. B. Wirkungskette
- Unterschiedliche Perspektiven thematisieren, veranschaulichen, visualisiertes Gegenüberstellen von Wünschen und Meinungen
- Absehen von Folgen und Konsequenzen durch Einsatz ritualisierter sozialer Prozesse und Regelabläufe, konkretes Besprechen von Ausnahmen
- Explizites, entwicklungsstandorientiertes Regellernen unter Einsatz von individuellen Regelungen zur schrittweisen Annäherung an ein gemeinsames Regelziel
- Konkrete Handlungsunterstützung beim Einhalten von notwendigen Regeln
- Individuelle Handlungsstrategien und Regelungen für relevante und fordernde Situationen anbieten, z. B. Alternativpläne
- Soziale Gruppenprozesse im geschützten Rahmen üben, z. B. Spielverhalten, Partnerarbeit, Sitzkreis, Stationenbetrieb, Pauseninteraktion etc.
- Konflikte und Streits visuell unterstützt lösen, z. B. Konsens-Charts, Gerechtigkeitswaage
- Soziale, emotionale und moralische Inhalte in schulischen Leistungsanforderungen reduzieren, fokussieren, gezielt erarbeiten und Bezüge zueinander visualisieren

1

1.3.4 Kognitiv-sprachliche Funktionen

» Funktionsbeeinträchtigungen und Besonderheiten im Bereich der sprachlich-kognitiven Funktionen wirken sich vor allem im Erfassen und Verstehen von unterrichtlichen Sachverhalten, in der mündlichen oder schriftlichen Mitarbeit im Lehrer*in-Schüler*in-Gespräch und besonders bei Partner- oder Gruppenarbeiten aus. Der Entwicklungsstand der rezeptiven und expressiven Sprachfertigkeiten und besonders deren pragmatische Anwendung haben dabei großen Einfluss auf soziale und adaptive Kompetenzen der Schüler*innen in der Kommunikations- und Interaktionsfähigkeit. Besonders das Darstellen von Wissen bei mündlichen Prüfungen und Übungen kann erschwert sein, wenn Reaktionen ausbleiben oder verzögert erfolgen, weil die notwendige Verarbeitungszeit nicht eingeplant wurde oder die Fragestellungen aufgrund von Ungenauigkeiten oder hoher Komplexität in der sprachlichen Ausführung bzw. übertragenen Bedeutungen nicht verstanden wurde. Bei geforderten Handlungen auf sprachliche Aufforderungen können Problem im Bereich der Motorik oder Handlungsplanung die Ausführung zusätzliche erschweren.

Das Erlernen von Sprache geschieht zu einem großen Teil über die sprachliche Imitation (Grimm 2012, S. 23–24). Darüber werden Wortschatz, Syntax, Grammatik, der pragmatische Einsatz von Sprache und ihre sozial-kommunikative Anwendung gelernt, für die die Wahrnehmung, Verarbeitung und gemeinsame und geteilte Aufmerksamkeit die Voraussetzung darstellen (Grimm 2012, S. 23). Diese Basisfähigkeiten sind bereits in der frühkindlichen Entwicklung bei autistischen Kindern geringer vorhanden und können alle Teilbereiche der Erstsprache beeinflussen und ebenso beim Zweitsprachenerwerb hinderlich sein. Kognitiv gut begabte autistische Kinder und Jugendliche ohne Sprachentwicklungsstörung haben meist keine Einschränkungen im Spracherwerb. Die Auffälligkeiten und Schwierigkeiten bestehen eher im Bereich sozialen Perzeption von Sprache und semantischen und pragmatischem Sprachgebrauch (Teufel et al. 2017, S. 29).

Beim schulischen Fremdsprachenerwerb können Einschränkungen in der Imitationsfähigkeit das Erlernen von Satzmustern und die richtige Aussprache beeinträchtigen.

Sprache ist keine einseitige kommunikative Handlung. Damit Wechselseitigkeit gelingen kann, müssen neben den konkreten oder abstrakten sprachlichen Informationen auf der Sachebene auch die Intentionen in Form von situativen Erwartungen durch die Vielzahl von sprachlichen Ausdrucksmöglichkeiten verstanden werden (Funke 2020, S. 79–80).

Im Verständnis und der Anwendung von Sprache, über verbale Informationen und nonverbale Signale (Mimik und Gestik), sind Bedeutungszuschreibungen abhängig von Wortschatz und der Verknüpfung mit dem Vorwissen erforderlich (Jenni 2021, S. 127). Sprache ist eine abstrakte Fähigkeit des Menschen, die auf unterschiedliche Art und Weise und abhängig von ihrer kontextualen Einbettung angewendet wird. Durch Sprache können Informationen außerhalb der konkreten oder überhaupt der eigenen Erfahrungswelt vermittelt werden, z. B. Informationen zu anderen Zeiten und Orten. Da sie gelernt und bewusst gestaltet werden kann, wird sie für eine Vielfalt von informativen, sozialen und anderen kreativen Funktionen eingesetzt. Dabei können für Schüler*innen im Autismus Spektrum vielzählige Schwierigkeiten, vor allem aber in ihrem pragmatischen Verständnis und der pragmatischen Anwendung entstehen (Jenni 2021, S. 277).

> **Perspektivenwechsel**
>
> *Samia arbeitet an ihrem Wochenplan. Jetzt hat sie alle Pflichtaufgaben erledigt – fertig! Die Lehrerin sagt zu ihr, dass sie die Sternchenaufgaben auch noch machen kann, da die Schulstunde noch nicht zu Ende ist. Doch Samia verneint und beginnt lieber mit ihrer Puppe zu spielen, die sie heute dabeihat. Aber die Lehrerin fordert sie auf, weiterzuarbeiten und sagt, wie toll Samia die Sternchenaufgaben doch sicher könne und dass sie sich freue, wenn sie ihr das zeige, die anderen Kinder arbeiten ja auch noch. Samia begreift einfach nicht, wieso die Lehrerin so darauf drängt. Die Sternchenaufgaben sind doch „freiwillig" und sie kann die Aufgaben doch eh schon, das hat die Lehrerin ja gerade gesagt.*

Die konkrete Sprachwahrnehmung bzw. das gegenständliche, wortwörtliches Denken und Verstehen kann eine Unterscheidung von wesentlichen und unwesentlichen Inhalten erschweren und sowohl die sprachliche als auch die handelnde Reaktion beeinflussen (Schirmer 2016, S. 39–40). Teilweise wird von Menschen im Autismus Spektrum auch von einem reinen bildlichen Denken und Verständnis berichtet, dass sprachliche Begriffe zweitrangig behandelt oder auch gänzlich über lange Phasen der Entwicklung ausschließt (Theunissen 2021, S. 71). Das bedeutet auch, dass ggf. andere Funktionen der Gegenstände und Ereignisse relevant sind, als ihnen sprachlich zugeschrieben würden, da sie nur auf der konkret wahrgenommenen Ebene verarbeitet werden.

Die Abstraktion von sprachlichen Begriffen, die Möglichkeit durch neue oder andere Ausdrücke Umschreibungen zu kreieren ist konkret schwer erfassbar. Daher ist das Bilden von sprachlichen Kategorien über Oberbegriffe eine Grundvoraussetzung für den Umgang mit sprachlichen Erklärungen zur Vermittlung von Informationen und Emotionen, Texten und ihrer Anwendung in sozialen Situationen. Sprachliche Anweisungen und Erklärungen werden häufig so konkret genommen, dass sie zu einem Hindernis für die Ausführung werden, weil geforderte Interpretation oder Flexibilität in der eigenen Herangehensweise dadurch im Vorhinein ausgeschlossen werden. Auch ein Bestehen auf die Genauigkeit in der sprachlichen Anwendung bei anderen kann im Unterrichtsverlauf einen erhöhten Stellenwert in der Beachtung finden.

Ungenauigkeiten von Zeit- und Mengenangaben, wie „ein bisschen", „einige" oder „noch kurz" können Schwierigkeiten in Form ihres Verständnisses und ihrer Akzeptanz entstehen lassen (Schirmer 2016, S. 41–42). Zusammen mit einer unklaren Aufgabenanforderung oder einer Wartesituation stellen sie oft Überforderungssituationen für die autistischen Schüler*innen dar.

1

Häufig werden in unserem Sprachgebrauch indirekt formulierte Aufforderungen ver- wendet, um Handlunge zu initiieren. Diese haben eine unkonkrete, sprachliche Be- deutung und schließen das implizite Erfassen des Kontextes mit ein. Paul und Cohen (1985) fanden bei Personen mit Autismus signifikant schlechtere Ergebnisse beim Ver- stehen solcher Bitten in unstrukturierten Kontexten, da meist ein wörtliches Verstehen vorliegt und der gegenwärtige Bezug zur Situation nicht so schnell erfasst werden kann. Daraus entstehen Hinweise für eine geeignetere Form der Kommunikation, wenn es um Aufforderungen geht oder eine Sensibilisierung im Umgang mit indirekter Sprache.

Mitunter können autistische Schüler*innen in Situationen, in denen es notwendig er- scheint, nicht auf ihre gute sprachliche Kompetenz zurückgreifen, um ihre Ver- wirrung oder Unklarheiten anzusprechen. So beschreibt Fee, 29 Jahre und Asperger

Autistin in einem Blogbeitrag: „Autismus heißt für mich, oft sprachlos zu sein. Ich habe Worte für Alltägliches, aber keine Worte für meine Gedanken" (Falk 2017).

┌─ **Perspektivenwechsel** ─────────────────────────────

Emir sitzt in der Klasse. Es hat gerade zum Stundenbeginn geläutet, die Lehrerin steht vorne und beginnt zu reden. Plötzlich unterbricht sie ihren Satz und schaut zum Fenster. „Findet ihr nicht auch, dass es heute so dunkel ist in der Klasse?", fragt sie. Emir meldet sich sofort. Er hat die Antwort und möchte sie unbedingt sagen. Da springt Viktor neben ihm auf, rennt zum Lichtschalter und knipst das Licht an. „Danke", sagt die Lehrerin und spricht da weiter, wo sie vorher unterbrochen hat. Emir wundert sich über Viktors Verhalten: Wieso darf er mitten in der Stunde aufstehen ohne Erlaubnis und die Lehrerin bedankt sich auch noch dafür? Er meldet sich noch immer. Als die Lehrerin ihn bemerkt und fragt, was er möchte, sagt er: „Ja!" Die Lehrerin fragt nach, was er mit „ja" meinen würde. Emir ist kurz verwirrt und fragt zurück, ob ihr Gedächtnis denn so schlecht sei, dass sie schon vergessen hätte, was sie gefragt hatte. Nämlich, ob sie finden, dass es heute so dunkel ist. „Ach so", sagt die Lehrerin. Damit ist das Gespräch beendet. Emir ist unzufrieden. Beim nächsten Mal zeigt er nicht auf, wenn er etwas weiß, beschließt er.

Offene und indirekte Fragen können ebenso zu Unklarheiten über die Anforderung oder Erwartung führen und Enttäuschung und Unverständnis sind häufig eine Folge (Schuster 2016, S. 90–91).

┌─ **Perspektivenwechsel** ─────────────────────────────

Maria wird von ihrer liebsten Mitschülerin Clara kurz vor der Stunde angesprochen: „Ich möchte dich gerne fragen, ob du zu meinem Geburtstag kommen willst." Maria wartet, aber Clara sagt nichts mehr. „Was ist jetzt los?", denkt sich Maria, „Wann fragt sie mich?" Aber Clara sagt nur: „Und?", und schaut so komisch. Da klingelt es zur Stunde und beide müssen an ihren Platz gehen. „Schade!", denkt sich Maria, „ich wäre gerne zu ihrem Geburtstag gegangen, wenn sie mich eingeladen hätte."

Die Anwendung bedeutungsverändernder sprachlicher Stilmittel, wie z. B. übertragende Wortbedeutung, Mehrdeutigkeit, Redewendungen oder auch personelle Zuschreibungen wie etwa eine besondere Klassenbezeichnung nach einem Tier bzw. Alltagsgegenstände als Stellvertreter in Spielsituationen, können einen nicht nach-

1

vollziehbaren sprachlichen Bezug darstellen, der zu großer Verunsicherung führen kann (Schuster 2016, S. 88–89).

Perspektivenwechsel

Franz ist heute sehr verzweifelt, weint schon die ganze Turnstunde und läuft dabei im Turnsaal auf und ab. Gerade hat der Lehrer ein neues Spiel erklärt, ein Fangspiel. Doch was hat der Lehrer gemeint, als er von Schmetterlingen und Blumen gesprochen hat. Die Schmetterlinge sollen immer schnell zu den Blumen fliegen. Im Turnsaal sieht Franz nur seine Mitschüler*innen herumlaufen und grüne Matten am Boden liegen. Keine Blumen oder Schmetterlinge. Die anderen Kinder freuen sich anscheinend, da sie alle lachen. Ben möchte ein Schmetterling sein. Doch Franz ist ist kein Schmetterling!

Sylvia war in der ersten Stunde besonders aufmerksam und freut sich schon auf die Pause. Da kann sie wieder im Atlas die Kontinente und Länder anschauen. Aber warum dauert es heute so lange? Die Lehrerin steht noch immer vorne bei der Tafel und hält ihre Hand in die Höhe, ihre Finger zeigen eine eigenartige Stellung und dann erzählt sie noch von einem Fuchs – einem „Stille-Fuchs". Was soll denn das sein? Welcher Fuchs und wo ist er. Warum soll der Fuchs jetzt still sein und was hat das mit der kommenden Pause zu tun? Sylvia wird immer nervöser und muss jetzt einfach laut nach ihrer Pause fragen. Die Mitschüler*innen drehen sich alle zu ihr um und machen komische Ge-sichter. Sie rufen Sylvia zu, sie soll jetzt endlich still sein, das hätte doch die Lehrerin gerade mit dem „Stille-Fuchs" erklärt.

Einen erhöhten Schwierigkeitsgrad der sprachlichen Mittel stellen dabei Ausdrücke von Witz, Ironie oder Sarkasmus dar, bei denen die sprachlichen Äußerungen in einen Vergleich mit dem Kontext gebracht werden müssen und zudem noch auf Into-nation und Mimik geachtet werden muss, um decodiert werden zu können. Diese „falschen" Aussagen von echten Lügen zu unterscheiden, erfordert hohe sprachlich-kognitive Kompetenzen und Fähigkeiten der sozialen Kognition.

Perspektivenwechsel

Erstaunt beobachtet Jakob seinen Freund Ben, wie er traurig zu seinem Platz zurück-geht. Er hat doch gerade gehört, wie der Lehrer zu Ben „Na bravo, da hast du dich wie-der sehr angestrengt!" sagte. Jakob wollte Ben gleich zu der tollen Leistung beglück-wünschen, doch jetzt ist er sich unsicher, warum Ben so traurig ist, und weiß auch nicht, ob er ihn trösten soll.

Die Annahme eines grundsätzlichen Wahrheitsgehalts von Aussagen durch ein geringeres Abstraktionsvermögen bewirkt auf der einen Seite eine große Stärke von Autisten, Ehrlichkeit eigener Aussagen und auf der anderen Seite oftmals eine Irritation, wenn Aussagen anderer nicht der eigenen Ansicht entsprechen. Teilweise steht hier die konkrete Wortbedeutung so im Vordergrund, dass auch nur kleine Abweichungen davon oder generalisierende Äußerungen gegen das eigene Regelverständnis verstoßen oder als Lügen „enttarnt" werden müssen. Dass Lügen in Form von Schwindel zum Beispiel als Trost, für die soziale Verträglichkeit nutzbringend sind und in manchen Situationen der Wahrheit vorzuziehen sind, erfordert eine wiederum bewusste Analyse aller Komponenten der Situation und eine kognitive Empathie.

Aus der sprachlich-konkreten Wahrnehmung kann zum Beispiel auch eine Ansprache im Unterricht über die Verwendung des Wortes „du" im Klassenkontext durch die Lehrperson als übergeneralisierter Ausdruck für die Gruppe Schwierigkeiten bereiten, wenn nicht geklärt ist, dass mit dem „du" alle gemeint sind und nicht auf ein bestimmtes Kind gerichtet ist (Noterdaeme et al. 2017, S. 226–227).

Perspektivenwechsel

Radima sitzt auf ihrem Platz. Der Nachmittagsbetreuer schickt die Kinder in die Garderobe zum Anziehen: „Du gehst jetzt in die Garderobe und ziehst dich für den Garten an!", sagt er. Radima wartet darauf, aufgefordert zu werden und spielt mit ihren Buntstiften, da das Warten so lange dauert. Radima bemerkt, dass alle schon aufgestanden und losgegangen sind, obwohl sie gar nicht gehört hat, wie er die Namen der anderen Kinder genannt hat. Ihr Name wurde auch noch nicht aufgerufen, da ist sie sich sicher. Sie ärgert sich schon, denn fast immer muss sie bis zum Schluss warten. „Radima, ich habe doch gesagt, dass alle Kinder in die Garderobe gehen sollen, schon wieder hast du nicht zugehört! Geh dich jetzt bitte anziehen und beeil dich, du bist immer die letzte und alle müssen dann auf dich warten!" Endlich wurde ihr Name gesagt, aber warum der Nachmittagsbetreuer sich so aufregt, versteht sie nicht.

Eine unzureichende Erfassung aller relevanten Informationen von sprachlichen Äußerungen kann zu Missverständnissen führen. Ein komplexer Satzbau oder ausgeschmückte Satzstellungen können das Erfassen der inhaltlich-wichtigen Informationen erschweren, wenn nicht auf das „intuitive Vorverständnis" zugegriffen werden kann (Klicpera und Innerhofer 2002, S. 210). Auch die Kontextverknüpfung über den Satz hinaus ist eine wichtige Fähigkeit für die Informationsaufnahme. Daher sind Unterbrechungen im Redefluss oder auch das Ausschmücken von Informationen häufig ein Grund für das Verlieren des inhaltlichen Anschlusses an das Thema.

Perspektivenwechsel

Kaja schreibt eifrig an ihrem Aufsatz. Das Thema interessiert sie sehr, denn sie liebt Pferde. Plötzlich öffnet sich die Tür und eine andere Lehrerin fordert die Schüler*innen auf, rasch etwas ins Mitteilungsheft einzutragen. Auch Katja erledigt den Hefteintrag gewissenhaft. Danach widmet sie sich wieder ihrem Aufsatz. Doch was muss sie jetzt noch machen? War sie nicht schon mit der Arbeit fertig? Kaja kann den Zusammenhang nicht mehr herstellen, sie schreibt einen Abschlusssatz und gibt ihre Arbeit ab.

Häufig wird Sprache auch nicht sofort in ihren zeitlichen, sozialen und emotionalen Zusammenhängen verstanden und angewendet. Hier beeinflussen Fähigkeiten in der Theory of Mind und Mentalisierung sowohl die Kompetenz die konkrete Intention hinter verallgemeinerten Aussagen zu verstehen als auch eine geeignete Auswahl durch Eingrenzung von Inhalten, für z. B. eigene Mitteilungen, spontan zu treffen (Kamp-Becker und Bölte 2021, S. 39). Ebenso kann das gezielte Formulieren von Gesprächsinhalten dadurch erschwert oder auch verhindert werden. Beim mündlichen Bilden von sprachlichen Begriffen, z. B. beim Betrachten und Beschreiben von Bildern oder in der mündlichen Zusammenfassung von Texten sind ebenso die Kontextwahrnehmung und bei Einbeziehung handelnder Personen die Theory of Mind gefordert.

Perspektivenwechsel

Heute ist schon wieder der Morgenkreis, da müssen immer alle Kinder etwas erzählen. Andrej weiß nie, was er sagen soll. Wenn er dann sagt, dass er nichts erzählen möchte, fragt ihn der Lehrer trotzdem etwas. Heute soll er von seinem letzten Schwimmtraining erzählen. Na toll, da hat Papa dem Lehrer schon wieder etwas erzählt, was sie nichts angeht. Aber was hat Papa erzählt? Und was möchte der Lehrer jetzt davon wissen? Andrej überlegt lange und die anderen Kinder werden unruhig und sagen schon die ganze Zeit, dass er jetzt endlich erzählen soll. Andrej denkt an den Sprung vom 3-Meter-Brett, an den Streit zwischen 2 Jungen in der Umkleide und an Jonas, der schon wieder gefehlt hat. Während er noch nachdenkt, übernimmt der Lehrer das Wort und erzählt von Andrejs bestandener Schwimmprüfung. Andrej ist enttäuscht und wütend. Das hätte er doch selbst erzählen können und läuft aus der Klasse.

Schwierigkeiten sowohl im Zuhören als auch im Antwortverhalten können vor allem durch eine, in anforderungsreichen Situationen bewirkte, verlängerte Verarbeitungszeit der sprachlichen Informationen entstehen. Bei komplexen Erklärungen, schnell geforderter Reaktionen oder unvorbereiteten Fragestellungen wie z. B. Entscheidungsfragen können dadurch längere Überlegungsphasen entstehen und zu einer verringerten Spontansprache führen (Schirmer 2016, S. 75). Teilweise werden Aufforderungen zur sprachlichen Response auch gar nicht erst richtig verstandenen, wenn sie zu unkonkret oder nicht persönlich gerichtet sind. Damit ist es Schülerinnen und Schülern im Autismus Spektrum erschwert, Wissen in festgelegten Zeitfenstern abzurufen und zu präsentieren. Ein fehlender persönlicher Bezug zur Notwendigkeit der Aktivität kann ebenso eine regelmäßige mündliche Beteiligung am Unterricht verhindern.

> **Perspektivenwechsel**
>
> *Anwar muss nachdenken. Er weiß, dass er dafür manchmal lange braucht, und hofft, dass die Lehrerin auf seine Antwort wartet. Er hat heute das erste Mal einen Antwort-Plan für die Stunde bekommen, auf dem die Fragen bereits notiert sind. Trotzdem ist er sich noch nicht sicher, wie er es genau sagen möchte, und macht sich Notizen auf dem Plan und sucht sich passende Satzanfänge heraus. Jetzt nimmt die Lehrerin ihn dran und er versucht seine Ideen in schönen Sätzen zu formulieren. Die Lehrerin wartet geduldig, bis er alles gesagt hat und lobt ihn. Anwar ist erleichtert.*

Das Verfolgen von Gesprächen benötigt neben der Aufnahme verbalsprachlicher Inputs, nonverbaler Signale und impliziter Inhalte auch das gezielte Richten der Aufmerksamkeit auf die sprechende Person (Schirmer 2016, S. 74). Ein häufiger Sprecherwechsel, welcher oftmals nicht vorhersehbar ist, beeinflusst die Aufmerksamkeitsausrichtung und bedarf einer ständigen Anpassungsleistung gerichtet auf die jeweilige Sprecherin bzw. den Sprecher. Die Kontexterfassung, ein Reagieren auf Fragestellungen oder auch Einbringen eigener Gedanken wird dadurch möglicherweise erschwert. Auch das Bemerken oder Feststellen, wann man überhaupt an der Reihe ist, ist durch einen erhöhten Anspruch der wechselseitigen Gesprächsführung bei erhöhter Personenanzahl zunehmend schwierig (Schirmer 2016, S. 42–43). Das Verhaftet-Bleiben an einzelnen Gesprächsfakten kann die Teilhabe an Gesprächen erhöhen, aber auch im Sinne einer Kompensationsstrategie ein Hindernis darstellen und die Partizipation am Gespräch verhindern.

1

┌─ Perspektivenwechsel ────────────────────────────────────

David hört im Sitzkreis gerade aufmerksam seiner Lehrerin zu. Plötzlich sagt der Lehrer, der diese Stunde zusätzlich in der Klasse ist, etwas zu seiner Sitznachbarin Maria. David weiß, wenn der Lehrer spricht, muss er zu ihm schauen und ihm zuhören und macht das. Jetzt stellt die Lehrerin aber gleichzeitig eine Frage und David weiß die Antwort und möchte aufzeigen. Doch da spricht schon ein anderer Mitschüler und gleich darauf wieder seine Lehrerin. Er ist zunehmend verwirrt. Wo soll er denn jetzt zuhören und wann kann er seine Antwort geben, wenn ständig jemand anderer spricht? Und woher soll er überhaupt wissen, wer als nächstes etwas sagen wird? Das ist sehr anstrengend und er entschließt sich, jetzt nur mehr an seine geliebten Automarken zu denken, um seine Gedanken zu ordnen, und bekommt gar nicht mit, dass ihn der Lehrer jetzt schon drei Mal persönlich angesprochen hat.

Im Unterricht werden vielfältige indirekte Informationen über nonverbale Signale, Gestik und Mimik gegeben bzw. durch diese unterstützt, welche sich auf das Verstehen und die Inhaltszuschreibung auswirken können (Schirmer 2016, S. 37). Sie werden häufig nicht im Kontext des Gesagten wahrgenommen oder können nicht konkret entschlüsselt werden und erschweren so die Bedeutungszuschreibung und damit die Umsetzung von Aufgabenstellungen und Handlungsanweisungen. Sie stellen im Bereich der qualitativen Auffälligkeiten in der Kommunikation eines der diagnostischen Kriterien dar (Kamp-Becker und Bölte 2021, S. 13).

┌─ Perspektivenwechsel ────────────────────────────────────

Ali hebt die Hand, weil er eine Frage an seine Lehrerin hat. Seine Lehrerin blickt kurz auf und winkt kurz mit ihrer Hand. Das hat Ali gesehen. Er wartet weiter. In der Zwischenzeit nimmt seine Lehrerin andere Schüler*innen an die Reihe. Ali wundert sich, langsam wird er unruhig, da er seine Arbeit nicht rechtzeitig fertig machen kann. Er benötigt doch dringend Hilfe. Nach einiger Zeit blickt seine Lehrerin nochmals auf und fragt Ali, warum er denn nicht zu ihr gekommen sei, sie habe es ihm doch signalisiert. Ali weiß nicht, was „signalisiert" bedeuten soll. Und wann hatte sie ihm denn gesagt oder gezeigt, dass er zu ihr gehen soll?

Methoden-Tipp

Nachteilsausgleich und Anpassungen für sprachlich-kognitive Funktionen
Verstehen

— Persönliche Ansprache und „Hörlenkung"
— Klare sprachliche Zuordnung der Inhalte
— Verringerung der sprachlichen Komplexität durch angepasstes Sprachniveau, Präzision, Konkretisierung und Anpassung der sprachlichen Anteile in der Informationsgabe von fachsprachlich, formal-schulsprachlich und umgangssprachlich
— Rhythmisierung und Intonation der Sprechhandlungen durch Einsatz sprachlicher Muster und Sprechgeschwindigkeit, deutliche Satzintonation bei Aussagen, Aufforderungen und Fragen
— Inhaltliche Akzentuierung und bewusstes Einlegen von Pausen für neue Aspekte
— Ankündigende und redekommentierende Redemittel, z. B. Einschübe wie „Das ist jetzt besonders wichtig!", „Danach werden wir sehen, wie …", „Als nächstes sprechen wir über …"
— Sprachliche Zusammenhänge und wesentliche sprachliche Inhalte visuell sichtbar machen und durch Illustrationen bzw. Schrift konkretisieren und fixieren
— Sprachliche Angemessenheit von Materialien (Texte, Medien, Lehr- und Lernmittel)
— Verlängerte Verarbeitungszeiten beachten
— Rückversicherung zum Verständnis des Inhalts
— Genaue Angaben bezüglich Aufgabenstellung, Zeitdauer etc. geben
— Mehrdeutigkeiten vermeiden bzw. Einsatz von verändernden sprachlichen Stilmitteln konkret erläutern, Redewendungen, Ironie, Witz, Sarkasmus vermeiden bzw. klären und als Kartei anlegen
— Ritualisierter Einsatz von gestischen Zeichen nach vorheriger Klärung, nonverbale Signale mit Sprache unterstützen
— Üben verschiedener Gesprächsformen

Sprechen und Antworten
— Konkretisierung von Fragestellungen und Sprechanforderungen durch Sprache und visuelle Mittel
— Transparenz der sprachlichen Erwartung durch Schaffen von konkreten Sprechanlässen und vorbereiteten Situationen
— Anbieten von eingeschränkter sprachlicher Auswahl von Antworten bzw. Geben von sprachlichen Hilfen, z. B. Reizwörter, -bilder, Satzanfänge, Formulierungshilfen für komplexe Satzstrukturen
— Aktivierung zu Sprachanlässen mit interessanten Themen mit Schlüsselwörtern
— Aufforderung zum Sprechen durch konkrete und ritualisierte Syntax, z. B. „Erkläre …," „Beantworte mir jetzt …", „Fasse die wichtigsten Wörter zusammen", „Sag mir in zwei Sätzen, was du dir gemerkt hast, …"
— Auf Fragen vorbereiten durch vorheriges Ankündigen, ritualisierten Einsatz von Fragerunden oder visualisierte *Antwort-Pläne*

1

– Entschleunigen der mündlichen Interaktion zur inhaltlichen (Re-) Konstruktion der Äußerungen, Reaktionszeit und Antwortzeiten einplanen
– Alternative zu mündlichen Mitarbeitsleistungen anbieten
– Wertschätzendes Umgehen mit sprachlich unangemessenen Reaktionen

1.3.4.1 Sozial-kommunikative Funktionen

» Sozial-kommunikative Funktionen können als diagnostische Hauptkriterien bei Schüler*innen im Autismus Spektrum in qualitativer Weise beeinträchtigt sein (WHO 2022). Die betroffenen Bereiche beziehen sich auf die sozial-emotionale Gleichzeitigkeit, das nonverbale Kommunikationsverhalten und die Aufnahme, Aufrechterhaltung und das Verständnis von Beziehungen (Kamp-Becker und Bölte 2021, S. 17) und sind individuell ausgeprägt. Soziale Kommunikation dient dazu, in Kommunikations- und Interaktionssituationen entsprechend den Bedürfnissen aller Beteiligten effektiv zu (sprach-)handeln. Sie hilft beim Aufbau von Beziehungen, beim Aufrechterhalten und beim Stärken dieser Bindungen. Ebenso unterstützt die soziale Kommunikation den Austausch von Informationen und das Etablieren sozialer Normen. Die Fähigkeit der Konversation als sozial-kommunikative Funktion hat großen Einfluss auf die Erfüllung von Aufgaben im Unterrichtsalltag. Dabei sind die Interaktionsfähigkeit und Wechselseitigkeit wesentliche Faktoren, welche die sozial-kommunikative Begegnung im Schulalltag maßgeblich beeinflussen und in diesem Rahmen auch die sozialen Begegnungen für Schüler*innen oftmals erschweren.

In sozialen Situationen sind die Emotionserkennung, die Theory of Mind und die Aufmerksamkeitszuwendung grundlegende Fähigkeiten, um in der Interaktion das Verhalten der anderen sowie das eigene Verhalten in Wechselwirkung wahrzunehmen, vorherzusehen und meist intuitiv strategische Entscheidungen für den weiteren Interaktionsverlauf zu treffen (Noterdaeme et al. 2017, S. 228–229).

Intuitive Handlungen als spontanes ganzheitliches Erkennen von non-verbalen Signalen, Stimmungen, Sichtweisen, Haltungen, Erwartungen, Eigenschaften und Emotionen können von autistischen Menschen nicht in Sekundenbruchteilen unbewusst oder bewusst komplex und intuitiv erfasst werden. Intuitionen sind größtenteils unbewusste Wahrnehmungsinterpretationsmuster in den vernetzten und erfahrungsreichen Kategorien (Noterdaeme et al. 2017, S. 229). Dieses intuitive Verständnis wird aber z. B. bei Partnerarbeit und Gruppenarbeiten benötigt, um sich aufeinander abzustimmen, da viele dieser Prozesse im Hintergrund automatisch mitlaufen.

┌─ **Perspektivenwechsel** ─────────────────────────────

Alexander kennt sich mit dem Thema Regenwald sehr gut aus. Leider soll er schon wieder in einer Gruppenarbeit ein gemeinsames Plakat zur Abholzung des Regenwaldes gestalten. Naja, wenigstens sind es vier Mitschüler, die er mag, denkt er sich. Doch sie hören ihm gar nicht zu und schauen ihn auch nicht an. Er möchte immer wieder seine Ideen mitteilen, aber sie reden die ganze Zeit und machen gar keine Pause, in der er etwas sagen könnte. Spontan nimmt er sich das leere Plakat und zeichnet eine Tabelle auf das Papier. Ein Bub der Gruppe reißt ihm das Plakat weg und meint aufgeregt, dass er sich doch absprechen müsse und dass sie keine Tabelle, sondern Kreise machen möchten, das hätten sie doch besprochen! Jetzt habe er das ganze Plakat kaputt gemacht. Alexander versteht die Welt nicht mehr. Wie kann man denn keine Tabelle machen zu dem Thema, bei Kreisen kennt sich doch niemand aus! Wieder mal bin ich bei einer Gruppe eingeteilt, die keine Ahnung von dem Thema Regenwald hat, und ich werde ihretwegen eine schlechte Note bekommen! Das schreit er laut und nicht in so freundlichen Worten. Der Lehrer schickt ihn zur Beruhigung hinaus. Jetzt kann er wenigstens in Ruhe und allein sein Plakat machen.

└──

Besonderheiten in der Konversation können sich im Monologisieren, in der Selbstbezogenheit in der Themenwahl, in einer Themenverhaftung (ein Fakt wird zum zentralen Thema) sowie in mangelnder Quantität und Flexibilität in der Wechselseitigkeit zeigen und sind meist zurückzuführen auf eine reduzierte Wahrnehmung des Gegenübers, seine Erwartungen und Bedürfnisse (Schuster 2016, S. 41, 44). Das Kommentieren von Begebenheiten, eigener oder fremder Handlungen kann der Verarbeitung von Erlebnissen oder der besseren Informationsgliederung dienen. Sprachstereotypien, phrasenhafter Gebrauch von Floskeln und Wortkombinationen sowie das Bilden von Neologismen beeinflussen das Kommunikationsverhalten der Wechselseitigkeit. Auch markante Charakteristika in der Artikulation und im Sprechrhythmus sind häufig zu bemerken (Noterdaeme et al. 2017, S. 226–227).

┌─ **Perspektivenwechsel** ─────────────────────────────

Yuri freut sich, denn heute spricht die Lehrerin mit der Klasse über Uhren. Yuri liebt Uhren und kennt sich sehr gut aus. In der zweiten Stunde in Mathematik hat die Lehrerin Bilder mit Uhren (analogen und digitalen) an die Tafel gehängt. Yuri denkt schon darüber nach, was er alles erzählen kann, wenn er drankommt. Endlich nennt die Lehrerin seinen Namen und fragt ihn, wie spät es auf dem Bild ist, auf das sie zeigt. Aber, oh Schreck! Diese Uhr kennt Yuri nicht. Sie ist rund und gelb und hat zwei große Striche mit Pfeilspitzen. Yuri kann digitale Uhrzeiten ablesen, da kennt er sich sehr gut aus. Die Lehrerin nimmt ein anderes Kind dran und sagt, er soll noch mal überlegen. Doch Yuri weiß so viel mehr über Uhren und beginnt der Klasse laut etwas darüber zu erzählen. Voller Begeisterung geht er dabei umher, gestikuliert und führt seinen Monolog fort. Doch die Lehrerin bittet ihn schon nach wenigen Sätzen, sich wieder auf seinen Platz zu setzen. Jetzt ist er wirklich verärgert. Warum will ihm niemand zuhören? Sie könnten doch viel von ihm lernen.

└──

1

Beim Lesen von Texten spielen sowohl das Erfassen von relevanten Informationen als auch der mehrdeutige und abstrakte Gebrauch von Sprache eine große Rolle. Bishop formulierte „When words are put together, the whole is far greater than the sum of the parts" (1999, S. 116). Bereits in einfachen Sätzen müssen Wörter in ihrem Zusammenhang und im passenden Kontext der Satz- oder Texteinbettung wahrgenommen werden. Daher bereitet ein zusammenhangloses Lesen von Einzelsätzen autistischen Schüler*innen oft mehr Schwierigkeiten im Bedeutungsverständnis als das Lesen in einem eingegrenzte Kontextfeld.

Je komplexer, länger und abstrakter die Sachverhalte sind, desto mehr werden sie auf verschiedene Weisen durch z. B. andere Ausdrücke, Nebenordnung oder Unterordnung anhand von Konjunktionen ausgedrückt. Dabei spielen die Bezüge über den Satz hinaus eine große Rolle, die nur erkannt werden können, wenn Begriffsklassen und sprachliche Kategorien umfangreich gebildet werden konnten. Komplexere Leistungen im Zusammenhang mit höheren-kognitiven Funktionen, wie Informationen aus Diagrammen, Zeichnungen oder Tabellen zu entnehmen, und auch die inhaltliche und strukturelle Auseinandersetzung mit Texten, können in diesem Zusammenhang ebenfalls betroffen sein.

Beim Verfassen von Texten kann bereits bei der Satzbildung zu Bildern oder im späteren Schreiben von Geschichten oder Sachtexten die vordergründige Wahrnehmung von Details und das Bilden von Konzepten für den Satzbau Schwierigkeiten darstellen, da Sätze auf unterschiedliche Arten mit unterschiedlichen Intentionen gebildet werden können. Das Planen von ganzen Texten in unterschiedliche Abschnitte stellt damit eine erhöhte Anforderung an komplexe Funktionen der verschiedenen Entwicklungsbereiche dar.

Mündliche Präsentation von z. B. Referaten und sprachliches Gestalten beim Lesen von Texten erfordert gestalterische Stilmittel, wie Artikulation, Intonation und das Einbeziehen nonverbaler Signale, und ist aufgrund der sprachlichen Besonderheiten, der Wahrnehmung und des eigenen Erlebens von Sprache oftmals erschwert.

Aufgabenstellungen, welche inhaltlich gesellschaftliche Normen, Moral und soziale Erwartungen einschließen, die nicht konkret formuliert sind, erschweren eine Durchführung und erfolgreiche Beendigung der Anforderungen massiv.

Methoden-Tipp

Nachteilsausgleich und Anpassungen für sozial-kommunikative Funktionen
   Konversation
- Visuelle Sprecherobjekte zum Weitergeben bei fordernden Gemeinschafts-Gesprächssituationen
- Klare Zuordnung von Aufgaben bei Gruppenarbeiten
- „Small-Talk-" und „Sprechleitfäden" für z. B. Dialoge und Diskussionen zur Verfügung stellen
- Üben von Intonation und Ausdruck im geschützten Bereich
- Entlastung von stark interaktiven Aufnahmeformen zugunsten der inhaltlichen Auseinandersetzung
- Ursache-Wirkung von sozialer Interaktion visuell aufzeigen, z. B. Prozessketten

- Orientierung anbieten zur Strukturierung von Redezeiten
- Nonverbale Signale mit Sprache unterstützen
- Durch konkrete Sprache intuitive Inhalte verbalisieren, Gefühle und Erwartungen bzw. Intentionen benennen

1.3.5 Bewegungsbezogene und psychomotorische Funktionen

» Funktionsbeeinträchtigungen und Besonderheiten in den Bereichen Motorik und motorische Handlungsplanung und -steuerung lassen sich auf alle Bereiche der Bewegungsfunktionen zurückführen. Bei Kindern mit Autismus kann es zu Verzögerungen bei Meilensteinen der motorischen Entwicklung kommen, und motorische Ungeschicklichkeit ist ein häufig beobachtetes diagnostisches Merkmal, das jedoch nicht zwingend erforderlich ist (Bölte 2015, S. 39). Psychomotorische Funktionen bezeichnen dabei Vorgänge auf körperlicher Ebene, z. B. die psychomotorische Kontrolle, die das Tempo des Verhaltens, Reaktionszeiten oder die psychomotorische Erregung reguliert (DIMDI 2005). Bewegungsbezogene Funktionen können die Aktivität und Teilhabe besonders in Bezug auf die Mobilität und Selbstständigkeit im Schulalltag und die Leistungserbringung maßgeblich beeinflussen (Zimmer 1996, S. 15). Dabei sind sie durch die psychische Energie und den Antrieb beeinflusst und wirken sich, wie bei jedem Menschen, auf die Handlungen und Verhaltensweisen aus. Ausgehend von den grobmotorischen Kompetenzen haben diese Fähigkeiten der Bewegungsfunktionen ebenso auf alle feinmotorischen Fertigkeiten Einfluss. Diese kommen besonders bei der schriftlichen Leistungserbringung und bei handwerklichen Anforderungen zum Tragen.

Im Bereich der personalen Funktion von Bewegung entwickeln Kinder ein Bild von ihrem eigenen Körper und setzen sich mit ihren körperlichen Fähigkeiten auseinander (Zimmer 1996, S. 15). Diese Körper- und Eigenwahrnehmung ist aufgrund der besonderen Interessen der Kinder im Autismus Spektrum und den oftmals damit verbundenen verringerten bzw. veränderten Bewegungserfahrungen in der Qualität entwicklungsbedingt beeinflusst.

┌─ **Perspektivenwechsel** ─────────────────────────────

Wenn Gavrilo aus dem Kasten seine Materialien holt, sind seine Mitschüler*innen häufig nachher sehr verärgert, weil er beim Vorbeigehen wieder etwas vom Tisch geworfen hat oder mit einer Mitschülerin/einem Mitschüler zusammengestoßen ist. Doch er macht es nicht absichtlich. Manchmal muss sich Gavrilo auch festhalten, um nicht umzufallen. Den Abstand zu den Mitschülerinnen und Mitschülern einzuschätzen, gelingt nur bei kurzen Wegen, da kann er sich gut konzentrieren. Doch je mehr Mitschüler *innen in der Klasse umhergehen, desto schwieriger ist es für ihn, die Wege im Klassenraum ohne kleinere Missgeschicke zu bewältigen.

In der explorativen Auseinandersetzung mit der dinglichen und räumlichen Umwelt erschließen sich, neben neuen kognitiven Inhalten, auch zunehmend mehr Wahrnehmungsreize und motorische Fertigkeiten (Zimmer 1996, S. 15). Aufgrund des oftmals eingeschränkten Interesses an der Umwelt und damit verbundenen geringeren Bewegungserfahrungen autistischer Kinder bzw. vorherrschenden stark wiederholenden Bewegungserfahrungen in geringer Variationsbreite, kann der Erfahrungsschatz an Bewegungsmustern verringert sein. Das wirkt sich auf das produktive Tun und Erleben aus und kann unter anderem auch zu einer Teilleistungsschwäche im visuell-räumlichen Bereich führen.

> **Perspektivenwechsel**
>
> *Inaya braucht heute lange für die Matheaufgaben. Sie findet ihren Bleistift und ihr Lineal nicht, obwohl sie sie doch schon herausgeholt und beides auch schon benutzt hatte. Sie muss ständig neu schauen, wo sie sie abgelegt hat. Deswegen möchte Inaya sie auch immer schnell wieder an die richtige Stelle im Federpennal einräumen. Aber sie soll die Sachen draußen liegen lassen, bis alle Aufgaben beendet sind. Das macht Inaya ganz unruhig und stresst sie furchtbar.*

Im produktiven Tun werden zunehmend grob- und feinmotorische Fertigkeiten ausgebildet, differenziert und gefestigt (Zimmer 1996, S. 15). Die Selbstwirksamkeit bleibt häufig im Wiederholen gleichbleibender Tätigkeiten verhaftet und geht oftmals nicht über die funktionelle Tätigkeit hinaus. Das Herangehen an neue Herausforderungen benötigt das Verlassen einer sicheren Umgebung und erschwert so neue Bewegungserfahrungen.

> **Perspektivenwechsel**
>
> *Ilkay ist sehr geschickt, er dreht die Stifte zwischen seinen Fingern. Dies macht er immer, wenn er einen Stift zur Hand nimmt. In der Schule muss Ilkay nun dem Stift eine andere Funktion zuschreiben, das Drehen soll er in der Schule während des Unterrichts nicht weiter ausführen. Doch diese Handlung ist mit dem Gegenstand fest verknüpft und beruhigt ihn zudem. Es erfordert enorme erhöhte Aufmerksamkeit und motorische Umlenkung in mehreren angeleiteten Übungsphasen, damit Ilkay den Stift für den Schreibprozess nutzen kann.*

Impressiv, durch das Tun und die damit einhergehenden Bewegungserfahrungen, werden Gefühle erlebt und über Bewegung gespürt (Zimmer 1996, S. 15). Aufgrund der veränderten Wahrnehmung von Körperreizen und Situationen können Gegebenheiten und Gefühle oft nicht entsprechend eingeordnet werden. Dabei erlangt im Laufe der Entwicklung vor allem die soziale Funktion der Bewegung zunehmend an Bedeutung. Die gleichzeitigen motorischen Anforderungen wie auch sozialen Herausforderungen stellen für autistische Schüler*innen aber oftmals eine Hürde dar. Auch im Unterrichtsfach Bewegung und Sport, welches sämtliche Funktionen der Bewegung einschließt, ist es häufig nicht möglich, gerade bei Gruppenspielen, den Anforderungen gerecht zu werden. Besonderheiten in Sensorik, Raum- und Körperwahrnehmung, Sozialkompetenz, Handlungsplanung, Flexibilität im Denken und Aufmerksamkeitslenkung stellen eine Vielzahl an Kompetenzen dar, deren Einwirken und Anspruch an die Verknüpfung sich massiv hinderlich auswirken können.

> **Perspektivenwechsel**
>
> *Jona wird beim Ballspielen immer als letzter in eine Gruppe gewählt, dabei spielt er so gerne mit dem Ball. Jetzt geht's aber endlich los. Seine Mitschüler*innen rufen ihm zu, dass er Thomas schnell abschießen soll. Er schaut sich im Turnsaal um und sucht Thomas. Als er ihn entdeckt, greift er den Ball fester, stellt sich in Position, hebt den Arm, holt aus und schießt. Aber Thomas ist schon nicht mehr da. Jona wirft an eine leere Stelle im Turnsaal. Er hat gar nicht gesehen, wie er weggelaufen ist, während er sich auf das Werfen konzentriert hat.*

Bei Menschen im Autismus Spektrum treten gehäuft motorische Koordinationsstörungen auf (Bölte 2015, S. 54). In der motorischen Handlungsplanung und Durchführung ist die Verbindung von Einzelkompetenzen für autistische Schüler*innen möglicherweise erschwert. Neben den motorischen Abläufen und Handlungen müssen die einzelnen Arbeitsschritte verknüpft und in der Vorausschau auf die nächste Handlung abgeglichen werden. Motorische Handlungen können in der Durchführung eine erhöhte Aufmerksamkeit fordern und dadurch den Ablauf der nächsten Handlungsschritte erschweren oder unmöglich machen. Auffälligkeiten in der motorischen Handlungsplanung sind aber nicht allein auf motorische Fertigkeiten zurückzuführen. Um im Unterrichtsgeschehen aktiv und in zeitlicher Übereinstimmung zu handeln, ist es wesentlich, zeitnah nach erfolgter Erklärung und Aufforderung zu reagieren. Bestehen in der motorischen Handlungsplanung Unsicherheiten, so erschweren jene die rasche Umsetzung. Häufig stehen sie in engem Zusammenhang mit anderen Funktionsbeeinträchtigungen und Besonderheiten z. B. aus den Bereichen der Sensorik, der Wahrnehmung, der Sozialkompetenz, der emotionalen Stabilität und der Sprache sowie der Kommunikation. Auch die persönliche Motivation und das Interesse an der Tätigkeit spielen eine große Rolle (Zimmer 1996, S. 19).

1

Motorische Handlungen können daher ein Mehr an Planungszeit benötigen, da sie häufig nicht intuitiv abgerufen werden können und noch nicht automatisiert sind. Je komplexer und unterschiedlicher die Anforderungen und die damit zu verknüpfenden Kompetenzbereiche werden, desto mehr erschweren zusätzliche motorische Anforderungen die Bewältigung von Leistungsanforderungen. Sie benötigen neben der Beschäftigung mit den Wissensinhalten ein Extra an Aufmerksamkeitsleistung und damit meistens auch mehr Zeit. Sie können zudem schneller als gewöhnlich zu einer länger anhaltenden Erschöpfung führen.

Ebenso kann der koordinierte Gebrauch beider Hände erschwert sein, bei dem propriozeptive Wahrnehmung, Muskulatur und Auge-Hand-Koordination beteiligt sind. Laut Gepner (2008, S. 12) würden autistische Kinder reagieren, statt aufgrund von Vorhersagen ihr Handeln vorher bereits abzustimmen. Das zeigte sich in der Studie dadurch, dass sie ihren Bewegungsprozess verlangsamen, um die Handlungen kontrolliert durchführen zu können und zeigt einen „Mangel an präzisem Timing der vorausschauenden Kontrolle" (Gepner 2008, S. 13).

In Fächern wie Technik und Design, Bildnerischer Erziehung sowie Ernährung und Haushalt steht neben der motorischen Handlungsplanung, -steuerung und kleinmotorischen Ausführung auch die Arbeitsorganisation im Mittelpunkt. Unter meist veränderten räumlichen Bedingungen kann diese Anforderung zusammen mit Kooperations- und Sozialformen die Teilhabe und Aktivität erschweren. Die Planung der motorischen Abläufe benötigt hierbei zum Teil erhöhte Aufmerksamkeit und verlängerte Umsetzungszeit, was die soziale Teilhabe, welche zusätzlich Flexibilität und Spontanität benötigt, erschweren kann.

Perspektivenwechsel

Dora misst für ihre Kugelbahn Papierstreifen ab. Sie spricht sich die Schritte vor: „Das Lineal festhalten, den Strich mit dem Bleistift ziehen und bei 25 cm stoppen." Das ist kompliziert und anstrengend! Sie versucht ganz genau zu arbeiten und sich große Mühe zu geben. Endlich ist sie fertig und erleichtert, doch als die Lehrerin nachmisst, fordert sie Dora auf, die Streifen nochmals abzumessen, da sie nicht ganz genau gemessen habe. Sie solle sich beim nächsten Mal einfach mehr anstrengen, dann wird das schon, sagt sie. Wie soll denn das gehen, noch mehr anstrengen? Dora arbeitet nicht mehr weiter, sie ist erschöpft. Denn bereits das Planen der Arbeitsschritte und das genaue Abmessen stellen für sie eine große Herausforderung dar und nehmen ihr viel Energie für die Ausführungen.

Zu einem Großteil werden schriftliche Leistungen in Unterrichtsphasen gefordert, die oftmals in ihren quantitativen und qualitativen Anforderungen nicht in ausreichendem Maße bewältigt werden können, obwohl die Lern- und Wissenskompetenzen vorhanden wären. DeMyer fand in ihren Untersuchungen Auffälligkeiten in der Wechselwirkung zwischen Motorik und Wahrnehmung z. B. beim Zeichnen geometrischer Figuren, welche zu Herausforderungen im visuomotorischen Bereich, insbesondere in Bezug auf die Auge-Hand-Koordination führen (1986, S. 125). Gemäß DeMyer treten im fortgeschrittenen Entwicklungsverlauf dadurch erhebliche Einschränkungen in der Grafomotorik in Bezug auf den Umgang mit dem Stift und den motorischen Schreibprozess auf. Das zeigt sich auch am grafomotorischen Entwicklungsstand und bewirkt scheinbar, dass auch wenn Kinder und Jugendliche entwicklungsbedingt kognitiv in der Lage wären, altersgemäße Zeichnungen darzustellen, die kreative Verwendung von Schreibmaterialien eher reduziert oder gar nicht stattfindet (1986, S. 59). Einerseits kann dieses aufgrund von räumlich-visuellen Schwierigkeiten sein, die die Bewegungs- und Richtungssteuerung sowie die Hand-Auge-Koordination beeinflussen. Andererseits können die gleichzeitigen Anforderungen an die unterschiedlichen Kompetenzen, z. B. Aufmerksamkeit, Wahrnehmung und Integration von Wissen im Zusammenspiel mit der Grafomotorik, eine massiv erhöhte Anforderung an die Konnexion von Kompetenzen fordern. So kann es vorkommen, dass die grafomotorische Anforderung allein bereits ein hohes Maß an Energie und Aufmerksamkeit einfordert, sodass die anderen Leistungen nicht mehr ausreichend abgerufen werden können oder umgekehrt.

> **Perspektivenwechsel**
>
> *Mario schafft jede Rechenaufgabe, wenn er von der Lehrerin aufgefordert wird, gemeinsam an der Tafel zu rechnen. Er kennt jeden Rechenschritt und auch die Rechenoperationen löst er richtig. Er ist stolz, dass er so gut rechnen kann. Aber am Platz ist es oft sehr schwierig für ihn. Heute schafft er es wieder nur, die Angabe der Rechnung in das Heft zu schreiben, sie zu lösen, ist für ihn nicht mehr möglich. Die Lehrerin sagt, er könne nicht selbstständig rechnen. Das versteht er nicht. Dass ihm das Schreiben mit dem Stift so schwerfällt, hat doch nichts mit dem Rechnen zu tun. Das kann er doch trotzdem allein. Er weiß nur nie, wo er die Zahlen im Heft hinschreiben soll und wo der Strich gezeichnet werden muss. Er muss über die Anordnung und die Stiftbewegung so viel nachdenken, zum Rechnen hat er dann keine Energie und Konzentrationsfähigkeit mehr. Aber rechnen kann er!*

Bewegungsmöglichkeiten und -erfahrungen werden in der Peergroup in komparativer Funktion genutzt (Zimmer 1996, S. 14–15). Die Bewegungsmöglichkeiten und -erfahrungen in der Gruppe von Gleichaltrigen werden über die Beobachtung der anderen verglichen und die eigenen Fähigkeiten und Leistungen eingeschätzt. Häufig stehen diese Intentionen und die Peergroup für autistische Schüler*innen nicht im Fokus oder bilden keinen relevanten Bezugsrahmen für sie, sodass sie auch weniger Beachtung und Übung finden. In der Adaption ist es oftmals nur erschwert möglich, die eigenen Grenzen einzuschätzen, Anforderungen von außen anzunehmen

1

und neue Ziele aktiv anzugehen, da eigene Interessen, soziale Anforderungen und Handlungsmöglichkeiten zum Teil Hindernisse darstellen.

Durch die Fähigkeit der motorischen Imitation erlernen Kinder im Laufe der Entwicklung Bewegungsmuster, welche später auch ohne ein direktes Gegenüber aus der Vorstellung heraus ausgeführt werden können (Teufel et al. 2017, S. 102). Beim Erlernen neuer Fertigkeiten in der Schule kommt der motorischen Imitation, wobei auf bereits erlernte Bewegungsvorstellungen zurückgegriffen wird, in vielen Bereichen, z. B. beim Erlernen der Buchstaben, dem Schreibprozess und bei anderen Handlungs- und Bewegungsangeboten, eine große Bedeutung zu. Aufgrund der Verknüpfung vieler unterschiedlichster Fertigkeiten beim Imitationsprozess, wie der Aufmerksamkeitsausrichtung und der Fokussierung, der Körperwahrnehmung, der Bewegungs- und Handlungsplanung, der zeitlichen und räumlichen Orientierung, kann dieses die Umsetzung im Bereich der schulischen Anforderungen für Schüler*innen im Autismus Spektrum erheblich erschweren (Kamp-Becker und Bölte 2021, S. 43).

> **Perspektivenwechsel**
>
> *Jan hebt den Arm, streckt den Finger aus und macht Bewegungen in die Luft. Er muss das große „E" machen, wie alle anderen Schüler*innen auch. Der Lehrer fordert ihn dabei mehrmals auf, sich zu konzentrieren und das große „E" mit dem Finger in die Luft zu schreiben, nicht nur Kreise. Aber er weiß nicht wie! Auf dem Papier ist das viel einfacher. Da weiß er ganz genau, wie die Buchstaben alle geschrieben werden, auch die Kleinbuchstaben kann er schon richtig gut. Doch in die Luft? Wo soll er denn beginnen, wo war der Startpunkt, an dem er den ersten Querstrich ansetzen soll? In der Luft sieht man doch gar nicht wo man ist!*

Methoden-Tipp

Nachteilsausgleich und Anpassungen für bewegungsbezogene und psychomotorische Funktionen
   Räumliche Orientierung
- Räumlichen Gliederung und schnelle Erreichbarkeit von benötigten Arbeitsmitteln
- Strukturierte Arbeitsplatzanordnung
- Körperbegrenzungen anbieten

Handlungs- und Bewegungssteuerung
- Ritualisierte Arbeitsschritte
- Sprachliche Begleitung, visuelle Unterstützung zur Umsetzung von Bewegungshandlungen, speziell bei Imitationsleistungen

- Durch Signalworte oder Phrasen bzw. Signale (Glocke, Klangschale, Pausen-Ende-Musik) Bedeutung für das Handeln unterstützen
- Körperlich impulsgebende oder führende Unterstützung bei Dyspraxie
- Reduzierung von Anzahl und Komplexität der Materialien
- Anleitungen und Ablaufpläne, visuelle Darstellungen von Spielabläufen
- Ausweitung der Genauigkeitstoleranz
- Hilfsmittel und Entlastung zum Schreiben
- Spezielle Aufgabenstellungen zur Entlastung bei Sportangeboten, z. B. theoretische Auseinandersetzung mit sportbezogenen Themen als Ersatz für motorische Anforderungen

1.3.6 Emotionale Funktionen

» Die Art der eigenen Wahrnehmung, der Verarbeitung und des Denkens hat einen großen Einfluss auf die Selbstwahrnehmung und damit auf die eigenen emotionalen Fähigkeiten betreffend die (Situations-) Angemessenheit, Affektkontrolle und die Spannweite von Emotionen (WHO 2022). Emotionen haben eine Signalfunktion. Sie sind Ausdruck für eigene Gefühlszustände und Intentionen, Anhand ihnen lässt sich auch der Interaktionspartner einschätzen und die eigene Handlung besser darauf abstimmen (Dziobek und Stoll 2019, S. 20). Diese Fähigkeiten tragen zu einem wesentlichen Teil zur sozialen Interaktion bei. Dabei ist in Studien bestätigt worden, dass Emotionen wie Mitgefühl und Anteilnahme bei Menschen im Autismus Spektrum ebenso ausgeprägt sind wie bei anderen Menschen auch (Dziobek 2008).

Das Kontrollieren oder Regulieren der eigenen Emotionen in Bezug auf die Art, den Zeitpunkt, das Erleben und den Ausdruck erlernen Kinder im voranschreitenden Alter, nachdem zunächst erwachsene Bezugspersonen durch z. B. Körperstimulation oder Ablenkung während der frühen Kindheit dieses für sie übernehmen. Zunehmend können Emotionen eigenständig durch Verändern der Denkprozesse oder eigens initiierte Ablenkungen gesteuert werden (Kamp-Becker und Bölte 2021, S. 42). Dabei beeinflussen das Temperament und die Persönlichkeit die daraus folgenden Handlungen und Verhaltensweisen. Im Allgemeinen liegt bei Kindern- und Jugendlichen im Autismus Spektrum häufig eine sehr hohe Sensibilität für eigene Stimmungen und Gefühlslagen der Umwelt vor. Die Empfindungen autistischer Kinder und Jugendlichen sind dabei häufig intensiv und zeigen sich auch in heftigeren Gefühlsausdrücken, die durchaus situativ passend sind, aber häufig in ihrer Intensität nicht angemessen erscheinen (Schuster 2016, S. 47–48). Dabei stehen sie meist im deutlichen Bezug zu Vorgängen, die Auslöser dieser Gefühlsreaktionen sind. Diese Auslöser sind für Außenstehenden aber nicht immer ersichtlich oder können zu einem großen Teil aufgrund der anderen Wahrnehmung und Verarbeitung nicht-autistischer Menschen nicht nachvollzogen werden und betreffen aus einer Außensicht häufig „nur" Kleinigkeiten.

Perspektivenwechsel ──────────────────────────────

Marc nimmt am Sitzkreis teil und hört der Lehrerin aufmerksam zu. Sein Sitznachbar wird von der Lehrerin aufgefordert, eine Karte in die Kreismitte zu legen. Am Weg dorthin berührt er Marc am Fuß. Marc nimmt die Berührung so intensiv wahr, dass er verzweifelt laut aufschreit und sich lange nicht beruhigen kann. Er ist zudem auch der Meinung, sein Mitschüler hätte ihm mit Absicht wehgetan, und beginnt ihn zu beschimpfen.

Das emotionale Erleben wird schon von Geburt an in unterschiedlichsten Situationen durch die Bezugspersonen benannt und so zur Situation in Beziehung gesetzt (Noterdaeme et al. 2017, S. 116–117). Das dabei stattfindende Lenken der Aufmerksamkeit auf diesen Zusammenhang unterstützt die Entwicklung von Empathie und der Gefühlswahrnehmung. In dieser Entwicklung erreichen autistische Schüler*innen häufig erst verspätet die Kompetenz, die Emotionen in den richtigen Bezug zu setzen und benötigen auch im fortgeschrittenen Entwicklungsalter das Herstellen von Bezügen durch Bezugspersonen, um Emotionen einzuordnen, zu verstehen und auch selbst regulieren zu können.

Emotionale Faktoren können durch ihr nicht-konkretes Vorhandensein auch, durch das verringerte Vermögen, Mimik und Gestik zu entschlüsseln, häufig nicht wie erwartet in situative Entscheidungen für das eigene Handeln mit einbezogen werden (kognitiver Aspekt) (Noterdaeme et al. 2017, S. 131). Auch das Erkennen von Emotionen anhand Stimmmodulation ist häufig bei autistischen Menschen erschwert. In der Schulsituation haben die Intonation der Stimme, die Mimik und die Gestik der Lehrperson auch immer eine regulierende Bedeutungsfunktion. Diese kann ggf. von autistischen Kindern nicht ohne Weiteres als Richtwert eingesetzt werden.

Tlw. haben autistische Kinder und Jugendliche Probleme, geeignete Ausdrucksmöglichkeiten für die Gefühle zu finden (Attwood 2000, S. 86). Das zeigt sich in der Mimik und Gestik mit zum Teil heftiger, stark reduzierter oder seltsam wirkender Körpersprache, aber auch darin, die Gefühle und ihre Auslöser sprachlich nicht konkret benennen zu können. So können sich Mitgefühl, Anteilnahme, Sorge und z. B. Hilfsbereitschaft auf andere Art und Weise zeigen als ggf. erwartet, haben aber die gleiche Intention.

┌─ **Perspektivenwechsel** ──────────────────────────────────

Paulina sieht, wie zwei Kinder miteinander streiten und ist verunsichert. In solchen Situationen weiß sie nie, was sie tun soll. Sie merkt, dass die beiden böse zueinander sind und möchte gerne helfen, damit das aufhört. Sie wird immer unruhiger, denn die Situation beunruhigt sie stark. Sie mag die beiden Kinder sehr. Sie will hingehen und versucht die beiden Kinder durch lustige Witze aufzuheitern und durch häufiges Antippen ihre Aufmerksamkeit zu gewinnen. Doch die beiden reagieren ganz böse auf sie. Die Lehrerin schickt Paulina zurück auf ihren Platz und meint, sie solle sich nicht einmischen, die beiden sollen das zunächst allein regeln. „Für mich ist das schlimm! Ich fühl mich ganz schlecht", denkt sich Paulina, kann es aber der Lehrerin nicht richtig erklären. Sie muss noch den ganzen Tag darüber nachdenken. Mehrfach sagt sie der Lehrerin sie soll sie heute in Ruhe lassen, sie ist böse und muss nachdenken.

Eine Erklärung für die manchmal vorliegende Heftigkeit von Emotionsausdrücken kann das kategoriale Denken sein, siehe ▶ Abschn. 1.3.3.2, welchem häufig ein verringertes Bewusstsein für die Differenzierung von Emotionen zugrunde liegt (Bölte 2015, S. 138–139). Hierbei ist nicht nur die Zuordnung der Intensität zur Situation, sondern auch die Differenzierung innerhalb eines Gefühls, z. B. in eine positive oder negative Aufregung in Form Nervosität oder Unsicherheit oder z. B. in die Unterscheidung der Wut in Bezug auf Enttäuschung oder Eifersucht, beeinflusst.

┌─ **Perspektivenwechsel** ──────────────────────────────────

Eric geht heute schon zum wiederholten Male bei seinem Freund Tobias und einer Mitschülerin vorbei und schreit sie an, dass sie böse seien. Tobias und das Mädchen wundern sich sehr, da sie sich immer gut mit Eric verstanden hatten. Auf die Nachfrage von Tobias sagt Eric, dass Tobias heute nur mit Tina gesprochen hat und noch gar nicht mit ihm. Eric kann seine Eifersucht nicht anders zeigen, durch die Beschreibung „böse" kann er seinem Gefühl Ausdruck verleihen, eine differenziertere Beschreibung ist ihm nicht möglich.

1

Eine weitere Erklärung für eine situativ unangemessene Gefühlsintensität kann die spontane Vernachlässigung des Situationskontextes sein, der grundsätzlich bei starken emotionalen Belastungen zweitrangig behandelt wird. Ein geringes Einschätzen der Situation kann hier die Impulsivität verstärken oder zu einem Angstverhalten mit Rückzug führen. Dabei kann der Angemessenheit in der Situation selbst eher keine Beachtung geschenkt werden. Diese intensiven emotionalen Durchbrüche haben oft große negative Auswirkungen auf die weitere Aktivität und Teilhabe, da die negativen Erfahrungen im sozialen Kontakt, die damit einhergehen, und die Situation selbst häufig lange gespeichert bleiben.

Perspektivenwechsel

Marcel will nicht am Musikunterricht teilnehmen. Jedes Mal am Beginn der Musikstunde kriecht er unter den Tisch und schreit laut oder läuft aus der Klasse hinaus, wenn der Weg frei ist. Er will „Lernen", denn seine Mutter hat gesagt, dass er in der Schule Lesen, Schreiben und Rechnen lernen wird und dass das wichtig ist. Von Musik und dem Singen hat sie nichts gesagt. Aber heute hat die Lehrerin „Marcel lernt ein neues Lied und liest es." auf seinen Tagesplan geschrieben. Während die anderen singen, liest er den Text des Liedes auf dem Zettel mit.

Für die Situationsangemessenheit von Gefühlen und ihrer affektiven Kontrolle wird ein großer vor allem positiv konnotierter Erfahrungsraum benötigt, der sowohl Gefühle zulässt und Beziehungen herstellt zwischen der Emotion, ihrem situativen Auslöser und vor allem alternativen Möglichkeiten des Umgangs mit Gefühlen aller Art. Diese erste intensive Auseinandersetzung geschieht vor allem in der frühen Kindheit mit dem Eintritt in die Schule und benötigt bei Schülerinnen und Schülern im Autismus Spektrum oft eine weiterführende Beachtung und Bearbeitung, um auch in komplexeren Situationen diese Verbindungen herstellen zu können.

Perspektivenwechsel

Benjamin will auf keinen Fall in der Nähe von Tamara sein. Er mag sie nicht und sie darf sich ihm auch nicht nähern. Dass das ein Problem beim Anstellen, bei Gruppenarbeiten oder beim Spielen in der Pause ist, ist ihm egal. Wenn er sie in seiner Nähe sieht, bespuckt er sie und schreit sie an, sie solle weggehen. Das hilft immer und sie geht weg! Warum weiß die Lehrerin denn nicht, dass er Angst hat, dass sie in seiner Nähe wieder so laut lacht, dass es ihm in den Ohren weh tut. Dann würde sie Tamara doch gar nicht mehr in die Klasse hineinlassen?!

Spontan-impulsive Handlungen sind bei autistischen Kindern und Jugendlichen häufig vor allem noch vorhanden, wenn keine Alternativen aufgezeigt und von ihnen aktiv erlernt werden konnten. Um die Emotionen selbst zu regulieren, benötigen sie oft Unterstützung von außen mit konkreten Angeboten zur positiven Handlung oder der Sicherheit, die auch eine anwesende Person geben kann. Eventuelle heftige Gegenreaktionen oder Anforderungen an ein „sich Zusammenreißen" können das Ausmaß und die Intensität solcher Situationen noch verstärken.

> **Perspektivenwechsel**
>
> *Dragan liebt die Schule und ist eigentlich ein guter Schüler. Meistens hat er den Unterrichtsinhalt schnell verstanden, sich alles gemerkt und kann auch die Fragen immer richtig beantworten. Aber seit er in der Sekundarstufe ist, gibt es immer häufiger Situationen, in denen er nicht alles weiß und dann mit den Aufgaben nicht fertig wird. Das hält er gar nicht aus. Dragan wirft sich auf den Boden und beginnt laut zu schreien, dass ihm jemand helfen soll. Die Lehrer*innen kommen dann meistens zu ihm und versuchen ihn zu beruhigen. Das regt ihn noch mehr auf. Sie sollen ihm die Lösung sagen – das würde ihm helfen. Aber stattdessen soll er selbst nachdenken. Daher muss er meistens die Klasse verlassen, weil er sich nicht beruhigen kann.*

Kinder lernen bis ins junge Erwachsenenalter ihre Emotionen zu differenzieren und Affekte zu kontrollieren und daher ist es vor allem während der Pubertät wichtig, ein Basisgerüst an emotionaler Kompetenz im affektiven Bereich aufgebaut zu haben. Anforderungen an die emotionale (und auch soziale) Kompetenz werden im schulischen Feld häufig in ihrer Zuordnung altersspezifisch erwartet und auch im Rahmen der sogenannten „Schulreife" festgestellt. Diese Voraussetzungen sind bei Kindern im Autismus Spektrum oft nicht homogen und altersadäquat gegeben und stellen damit eine erhöhte Erwartungshaltung an die Schülerin oder den Schüler dar. Dabei stehen sie meist in keinem Zusammenhang mit den Leistungskompetenzen bezogen auf den Wissenserwerb.

Daher können im Unterricht viele Verunsicherungs- und Überforderungssituationen durch Gefühlslagen anderer oder ausgelöster Emotionen entstehen. Besonders das Aufzeigen von negativen Erlebnissen im sozialen Kontakt, in einer Konnotation von „Fehlverhalten", führt aus der Erfahrung schnell zu persönlichen Krisen der autistischen Kinder und Jugendlichen. Hier liegt oft eine Übergeneralisierung von einzelnen Fähigkeiten auf das eigene Wesen und seine Eigenschaften vor und sie erleben sich selbst als gesamte Person unzulänglich. Daher benötigt besonders der sozial-emotionale Bereich ein proaktives bewusstes Arbeiten und tlw. vermehrt Stütze, Begleitung und Führung bei Zielen für das psychische Wohlergehen und eine gelingende Interaktion und Teilhabe, um eine ausgeglichene Basis für das Lernen darzustellen.

1

Perspektivenwechsel

Tarik benötigt sehr viel Zeit, um seine Arbeiten zu erledigen. Oftmals ist es ihm nicht möglich Arbeiten abzuschließen. Auch heute hat Tarik bereits das dritte Rechenblatt von der Lehrerin erhalten. Bei jedem Fehler hat er das vorige Rechenblatt zerknüllt und ein neues eingefordert. Das Ausradieren der falschen Rechnungen ist für ihn nicht akzeptabel: Falsch ist nicht gut und wenn radiert wird, kann jeder sehen, dass er einen Fehler gemacht hat!

Methoden-Tipp

Nachteilsausgleich und Anpassungen für emotionale Funktionen
    Inhalte mit emotionalem Kontext bearbeiten
— Vorbereitung auf emotionale Themen
— Aufzeigen von Differenzierungsgraden und Spannweite von Emotionen, z. B. über Emotionsskalen
— Emotionen den konkreten Ereignissen und Handlungen zuordnen, Kontexte erweitern
— Erhöhte Sensibilität in der Anforderung beim situativen Entscheidungen-Treffen nach eigenen Vorlieben oder emotionalen Faktoren

Verständnis von emotionalen Situationen und Gefühlslagen anderer
— Ermöglichen der bewussten Wahrnehmung durch situatives Einbeziehen eigener Gefühlslagen und derer anderer Personen
— Situative Klärung (eigener und anderer) emotionaler Befindlichkeiten für eine ausgeglichene Lernbasis ggf. visuell unterstützt

Umgang mit impulsivem Emotionsausdruck und Regulation von Gefühlsausdrücken
— Akzeptanz und wertschätzender Umgang des emotionalen Erlebens in der Art und Intensität
— Bereiche, die zu emotionaler Belastung führen können, vorstrukturieren bzw. vorher klären (verbal/visuell unterstützt), z. B. Vorbereiten auf Enttäuschungen „Letzter sein", „schlechte Beurteilung" oder auch Wartesituation, unstrukturierte Anforderungssituationen
— Kurzzeitige Entlastung von der Leistungsanforderung bei persönlichen emotionalen Krisen
— Aktive Unterstützung in sozialen Situationen, z. B. Kontaktanbahnung, Konfliktlösung, gemeinsame Spielprozesse
— Pro-aktives Anleiten und Fördern von emotionaler Kompetenz: Emotionen und Verhalten anhand von spezifischen Situationen klären und üben mit Hilfe von z. B. Sozialen Geschichten bzw. Social Stories®, Comic Strips

Literatur

ASAN – Autistic Self Advocacy Network (ed) (o.J.a). About Autism. https://autisticadvocacy.org/about-asan/about-autism. Zugegriffen: 21. Mai 2022.

Attwood, T. (2000). Strategies for improving the social integration of children with Asperger syndrome. SAGEPublications and The National Autistic Society, S. 85–100. https://doi.org/10.1177/1362361300004001006.

Attwood, T. (2012). Ein Leben mit dem Asperger-Syndrom: Von Kindheit bis Erwachsensein – alles was weiterhilft. Stuttgart: Trias.

Autismus Deutschland e.V., Bundesverband zur Förderung von Menschen mit Autismus (o.J.a). Was ist Autismus? https://www.autismus.de/was-ist-autismus.html. Zugegriffen: 12. Februar 2021.

American Psychiatric Association (Hrsg) (2022). Diagnostic and Statistical Manual of Mental Disorders, Fifth Edition, Text Revision (DSM-5-TR®)

Baird, G., Simonoff, E., Pickles, A., Chandler, S., Loucas, T., Meldrum, D. & Charman, T. (2006). Prevalence of disorders of the autism spectrum in a population cohort of children in South Thames: The Special Needs and Autism Project (SNAP). In The Lancet, 368/9531, S. 210–215. https://doi.org/10.1016/S0140-6736(06)69041-7.

Baranek, G. T. (2002). Efficacy of Sensory and Motor Interventions for Children with Autism. Journal of Autism and Developmental Disorders, 32, 397–422. https://doi.org/10.1023/a:1020541906063.

Bernard-Opitz, V. (2014). Visuelle Methoden in der Autismus-spezifischen Verhaltenstherapie (AVT). Das „Cartoon und Skript-Curriculum" zum Training von Sozialverhalten und Kommunikation. Stuttgart: Kohlhammer.

Bishop, D. V. M. (1999). Uncommon understanding. Development and disorders of language comprehension in children. Hove: Psychology Press.

Brühwiler, C. (2014). Adaptive Lehrkompetenz und schulisches Lernen. Effekte handlungssteuernder Kognitionen von Lehrpersonen auf Unterrichtsprozesse und Lernergebnisse der Schülerinnen und Schüler. Münster: Waxmann.

Bölte, S. (Hrsg.). (2015). Autismus. Spektrum, Ursachen, Diagnostik, Intervention, Perspektiven. (1. Nachdruck 2015 der 1. Auflage 2009). Bern: Hogrefe.

Brockmann, J. & Kirsch, H. (2010). Konzept der Mentalisierung. In Die Psychotherapie 55/4. S. 279–290.

Cholemkery, H., Freitag, C. (2014). Soziales Kompetenztraining für Kinder und Jugendliche mit Autismus-Spektrum-Störungen. Basel: Beltz.

CDC – Centers for Disease Control and Prevention (2023). 2023 Community Report on Autism. https://www.cdc.gov/ncbddd/autism/pdf/ADDM-Community-Report-SY2020-h.pdf. Zugegriffen: 20. Mai 2023.

Cook, A. Ogden, J., Winstone, N. (2018). Friendship motivations, challenges and the role of masking for girls with autism in contrasting school settings. EuropEan Journal of SpEcial nEEdS Education, 33/3, S. 302–315. https://doi.org/10.1080/08856257.2017.1312797.

Dean, M., Harwood, R., Kasari, C. (2016). The art of camouflage: Gender differences in the social behaviors of girls and boys with autism spectrum disorder. Research Support, U.S. Gov't, P.H.S.

Demes, B. (2011). Als käme ich von einem anderen Stern. Schülerinnen und Schüler mit Asperger-Syndrom. Oberhausen: Athena.

DeMyer, K. (1986). Familien mit autistischen Kindern. Probleme der Kinder und Sorgen der Eltern. Stuttgart: Thieme.

DIMDI – Deutsches Institut für Medizinische Dokumentation und Information (2005). ICF – Internationale Klassifikation der Funktionsfähigkeit, Behinderung und Gesundheit. WHO. http://www.soziale-initiative.net/wp-content/uploads/2013/09/icf_endfassung-2005-10-01.pdf. Zugegriffen: 17. Juli 2021.

Dziobek, I. (2008). Empathie bei Menschen mit Autismus. Jahrbuch 2007/2008. Max-Planck-Gesellschaft. https://www.mpg.de/396174/forschungsSchwerpunkt.pdf. Zugegriffen: 15. März 2022.

Dziobek, I. & Stoll, S. (2019). Hochfunktionaler Autismus bei Erwachsenen. Ein kognitiv-verhaltenstherapeutisches Manual. Kohlhammer: Stuttgart.

Eberhardt, M. & Müller, C. M. (2020). Sprachverständnis bei Menschen mit Autismus. Ausdruck einer detailorientierten Informationsverarbeitung? – In Empirische Sonderpädagogik 2, S. 5–24. https://doi.org/10.25656/01:9341.

1

Estes, A. M., St John, T. & Dawson, G. (2017). Brief Report: Executive Function as a Predictor of Academic Achievement in School-Aged Children with ASD. In Journal of Autism and Developmental Disorders 48/5. https://doi.org/10.1007/s10803-017-3296-9.

Falk, B. (Hrsg.). (2017). Fee – Autismus heißt für mich, oft sprachlos zu sein. Realitätsfilter. Mein Autismus in 500 Worten. https://blog.realitaetsfilter.com/category/mein-autismus/. Zugegriffen: 20.06.2023.

Ference, J. & Curtin, S. (2013). Attention to lexical stress and early vocabulary growth in 5-month-olds at risk for autism spectrum disorder. J Exp Child Psychol., 116/4, S. 891–903. https://doi.org/10.1016/j.jecp.2013.08.006.

Fombonne, E., Quirke, S. & Hagen, A. (2011). Epidemiology of pervasive developmental disorders. In D. G. Amaral, G. Dawson und D. H. Geschwind (Hrgs.). Autism Spectrum Disorders. New York: Oxford University Press, S. 90–111.

Freitag, C. M. (2010). Empirisch überprüfte Frühfördermethoden bei autistischen Störungen. Eine selektive Literaturübersicht. In Zeitschrift für Kinder- und Jugendpsychiatrie und Psychotherapie. 38/4. https://doi.org/10.1024/1422-4917/a000043.

Frith, U. (1989). Autism: Explaining the enigma. Oxford: Blackwell.

Funke, U. (2020). Integration und Kommunikation bei Autismus-Spektrum-Störungen. Mit Komm!ASS® zur Sprache führen. Stuttgart: Kohlhammer.

Gepner, B. (2008). From neuronal to human communication disorders: A novel approach to autism. Interactions 1, S. 1–25.

Grandin, T., Johnson, C. (2008): Ich sehe die Welt wie ein frohes Tier. Berlin: Ullstein.

Grimm, H. (2012). Störungen der Sprachentwicklung. Grundlagen – Ursachen – Diagnose – Intervention – Prävention. (3., überarbeitete Auflage). Göttingen: Hogrefe.

Hogrefe (2021). Dorsch – Lexikon der Psychologie, Online-Version. Kognitive Dissonanz. https://dorsch.hogrefe.com/stichwort/kognitivedissonanz. Zugegriffen am: 05. Juni 2023

Hogrefe (2022a). Dorsch – Lexikon der Psychologie, Online-Version. Buttom-up-Verarbeitung. https://dorsch.hogrefe.com/stichwort/bottomup-verarbeitung. Zugegriffen am: 05. Juni 2023

Hogrefe (2022b). Dorsch – Lexikon der Psychologie, Online-Version. Top-down-Verarbeitung. https://dorsch.hogrefe.com/stichwort/topdown-verarbeitung. Zugegriffen am: 05. Juni 2023

Jenni, O. (2021). Die kindliche Entwicklung verstehen. Praxiswissen über Phasen und Störungen. Berlin: Springer.

Jones, W. & Klin, A. (2013). Attention to eyes is present but in decline in 2-6-month-old infants later diagnosed with autism. Nature, 504, S. 427–431. https://doi.org/10.1038/nature12715.

Junge, U. (2014). Das Wahrnehmungshaus. Hintergrund und Umsetzung der Sensorischen Integration und sensomotorischen Wahrnehmungsförderung. (2. Auflage). Broschüre.

Lawson, W. B. (2020). Adaptive Morphing and Coping with Social Threat. Autism Journal of Intellectual Disability – Diagnosis and Treatment, 8, S. 519–526. https://doi.org/10.6000/2292-2598.2020.08.03.29.

Kamp-Becker, I. & Bölte, S. (2021). Autismus. (3. Auflage). München: Ernst Reinhardt Verlag.

Klicpera, C. & Innerhofer, P. (2002). Die Welt des frühkindlichen Autismus. München. Ernst Reinhard Verlag.

Markram, H., Rinaldi, T. & Markram, K., (2007). The Intense World Syndrome – an Alternative Hypothesis for Autism. Front Neurosci., 1/1, S. 77–96. https://doi.org/10.3389/neuro.01.1.1.006.2007.

Marko, E. J., Hinkley, L. B. N., Hill, S. S. & Nagarajan, S. S. (2011). Processing in autism: A review of neurophysiologic findings. Pediatr Res., 69 (5/2), S. 48 – 54. https://doi.org/10.1203/PDR.0b013e3182130c54.

Matzies, M. (2010). Sozialtraining für Menschen mit Autismus-Spektrum-Störungen (ASS). Ein Praxisbuch. Stuttgart: Kohlhammer.

Messinger, D., Young, G. S., Ozonoff, S., Dobkins, K., Carter, A., Zwaigenbaum, L., Landa, R. J., Charman, T., Stone, W. L, Constantine, J. N., Hutman, T., Carver, L. J., Bryson, S., Iverson, J. M., Strauss, M. S., Rogers, S. J. & Sigman, M. (2013). Beyond autism: a baby siblings research consortium study of high-risk children at three years of age. In: J Am Acad Child Adolesc Psychiatry, 52/3, S. 300–308. https://doi.org/10.1016/j.jaac.2012.12.0113.

Mietzel, G. (2019). Wege in die Entwicklungspsychologie Kindheit und Jugend. (5. Auflage). Weinheim Basel: Beltz.

Miller, M. (2020). Ergotherapie bei Autismus. Förderung durch sensorische Integration. Stuttgart: Kohlhammer.

Mottron, L., Dawson, M., Soulières, I., Hubert, B. & Burack, J. A. (2006). Enhanced Perceptual Functioning in Autism: An Update, and Eight Principles of Autistic Perception. Journal of Autism and Developmental Disorders, 36/1, S. 27–43. https://doi.org/10.1007/s10803-005-0040-7.

Noterdaeme, M., Ullrich, K. & Enders, A. (Hrsg.). (2017). Autismus-Spektrum-Störungen (ASS). Ein integratives Lehrbuch für die Praxis. (2. Auflage). Stuttgart: Kohlhammer.

Ozonoff, S., Young, G. S., Landa, R. J., Brian, J., Bryson, S., Charman, T., Chawarska, K., Macari, S. l., Messinger, D., Stone, W. L, Zwaigenbaum, L. & Iosif, A.-M. (2015). Diagnostic stability in young children at risk for autism spectrum disorder: A Baby Siblings Research Consortium study. Journal of Child Psychology and Psychiatry. https://doi.org/10.1111/jcpp.12421.

Paul, R., Cohen, D. J (1985). Comprehension of Indirect Requests in Adults with Autistic Disorders and Mental Retardation. In Journal of Speech, Language, and Hearing Research. https://doi.org/10.1044/jshr.2804.475.

Pérez Velázquez, J. L. & Galán, R. F. (2013). Information gain in the brain's resting state: A new perspective on autism. Front Neuroinform, 7/37. https://doi.org/10.3389/fninf.2013.00037.

Piaget, J. (1955). Die Bildung des Zeitbegriffs beim Kinde. Zürich: Rascher Verlag.

Pittelkow, A. (2023). Ich lebe wie Super Mario. In Menschen. Gesichter des Autismus. Verein „Steirische Vereinigung für Menschen mit Behinderung" (STVMB) (Hrsg.). 1/2023.

Preißmann, C. (2009). Neuropsychologische Hintergründe – persönliche Erfahrungen. Behinderte Menschen, 4/2009, S. 27–39. http://bidok.uibk.ac.at/library/beh-4-09-preissmann-neuro.html. Zugegriffen am: 13.April 2022

Rogers, S.J., Dawson, G. (2014). Frühintervention für Kinder mi Autismus. Das Early Start Denver Model. Bern: Huber.

Schirmer, B. (2016). Schulratgeber Autismus-Spektrum. Ein Leitfaden für LehrerInnen. (4. Auflage). München: Reinhardt.

Schuster, N. (2007). Ein guter Tag ist ein Tag mit Wirsing. Berlin: Weidler Buchverlag.

Schuster, N. (2016). Schüler mit Autismus-Spektrum-Störungen. Eine Innen- und Außenansicht mit praktischen Tipps für Lehrer, Psychologen und Eltern. (4., aktualisierte Auflage). Stuttgart: Kohlhammer.

Seng, H. (2020). Ein autistisches Leben leben. Texte und Kurzgeschichten 2008 – 2019. (5. Auflage). Hamburg: autSocial e.V.

Simonoff, E., Pickles, A., Charman, T., Chandler, S., Loucas, T. & Baird, G. (2008). Psychiatric disorders in children with autism spectrum disorders. Prevalence, comorbidity and associated factors in a population-derived sample. Journal of the American Academy of Child and Adolescent Psychiatry, 47, S. 921–929.

Slotta, I. (2020). Autismus. Der nicht gelungene Umgang mit Verschiedenheit. Verlag Rad und Soziales: Hannover.

Spektrum.de (2023). Lexikon der Psychologie. Generalisierung. https://www.spektrum.de/lexikon/psychologie. Zugegriffen am: 18. Juni 2023.

Strasser, S. (2015). Wahrnehmungsbesonderheiten bei Menschen mit Autismus. Ein Leitfaden für Verständnis und Akzeptanz. Graz: Röck.

Tang, G., Gudsnuk, K., Kuo, S.-H., Cotrina, M. L., Rosoklija, G., Sosunov, A., Sonders, M. S., Kanter, E., Castagna, C., Yamamoto, A., Yue, Z., Arancio, O., Peterson, B. S., Champagne, F., Dwork, A. J., Goldman, J. & Sulzer, D. (2014). Loss of mTOR-dependent macroautophagy causes autistic-like synaptic pruning deficits. https://doi.org/10.1016/j.neuron.2014.07.040.

Teufel, K., Wilker, C., Valerian, J. & Freitag, C.M. (2017). A-FIPP – Autismusspezifische Therapie im Vorschulalter. Berlin: Springer.

Theunissen, G. (Hrsg.) (2020). Autismus verstehen. Außen- und Innensichten. (2. Auflage). Stuttgart: Kohlhammer.

Theunissen, G. (2021). Basiswissen. Autismus und komplexe Beeinträchtigungen. Freiburg im Breisgau: Lambertus.

Thurm, A., Powell, E. M., Neul, J. L., Wagner, A. & Zwaigenbaum, L. (2018). Loss of skills and onset patterns in neurodevelopmental disorders: Understanding the neurobiological mechanisms. Autism Res. 2018, 11/2, S. 212–22. https://doi.org/10.1002/aur.1903.

Vero, G. (2014). Autismus – (m)eine andere Wahrnehmung. Southam: FeedARead.

1

Vero, G. (2020). Das andere Kind in der Schule. Autismus im Klassenzimmer. Stuttgart: Kohlhammer.

Wellman, H. M. & Woolley, J. D. (1990). From simple desires to ordinary beliefs. The early development of everyday psychology. Cognition, 35, 245–275. https://doi.org/10.1016/0010-0277(90)90024-E.

WHO – World Health Organisation. (2022). ICD-11 for Mortality and Morbidity Statistics. https://icd.who.int/browse11/l-m/en. Zugegriffen: 21. März 2022.

Wikimedia (o.J.a.). Wiktionary. Abstraktionsfähigkeit. https://de.wiktionary.org/wiki/Wiktionary. Zugegriffen am: 18. Juni 2023

Wikipedia (o.J.a.) Mentalisierung. https://de.wikipedia.org/wiki/Mentalisierung. Zugegriffen am: 10. Juni 2023

Williams, D. (1992). Ich könnte verschwinden, wenn du mich berührst. Erinnerungen an eine autistische Kindheit. Hamburg: Hoffmann und Campe.

Zimmer, R. (1996). Handbuch der Bewegungserziehung. Didaktisch-methodische Grundlagen und Ideen für die Praxis. (9. Auflage). Freiburg: Herder.

Neurodiversität beim Lernen und Lehren

Inhaltsverzeichnis

Ergänzende Information Die elektronische Version dieses Kapitels enthält Zusatzmaterial, auf das über folgenden Link zugegriffen werden kann [https://doi.org/10.1007/978-3-662-67954-8_2].

2.1   Neurodiverses Lernen im schulischen Feld

Ein nicht geringer Anteil an Kindern im Autismus Spektrum verfügt bereits im Schuleintrittsalter über altersentsprechende Fähigkeiten in vielen Bereichen der schulischen Vorkompetenzen, die für das Lesen lernen und Rechnen lernen maßgeblich relevant sind. Tlw. haben sie bereits Kompetenzen über das durchschnittliche Entwicklungsniveau hinaus. Auch im Bereich des exemplarischen Wissens zeigen einige Schüler*innen bereits ein themenspezifisches, meist eher theoretisches Wissen, welches über dem der Altersnorm liegt. In anderen Bereichen liegt im Gegensatz dazu häufig ein Rückstand vor, z. B. in den grafomotorischen Fähigkeiten oder bei der Handlungsplanung und -durchführung von Alltagsfertigkeiten. Andere autistische Schulanfänger*innen zeigen in mehreren Bereichen einen Entwicklungsrückstand, sodass kaum Bereiche für das schulische Lernen altersadäquat entwickelt sind, um im Regelschullehrplan zu starten, aber dieser nach einer angemessenen Entwicklungszeit und Förderung sehr wohl angedacht werden kann.

Das Schulsystem geht derzeit nach der Feststellung durch halb- oder standardisierte Schulreife-Tests und unter Einbeziehung von Gutachten und Berichten aus dem ärztlichen und klinisch-diagnostischen Feld auf Rückstände in der Entwicklung durch unterschiedliche Modelle ein.

> **Maßnahmen, um Kindern mit Rückständen mehr Zeit für die Entwicklung und das schulische Lernen zu geben**
> — Integrative Fördermodelle mit anderen Lehrplänen
> — Rückstellungen für ein Vorschuljahr
> — Jahreswiederholungen verschiedener Schulstufen
> — Aufholen von Lern- und Entwicklungsrückständen durch Differenzierung und zielgerichtete Förderung bei Verbleib im Lehrplan und der Schulstufe

Mit der Möglichkeit eines Vorschuljahres, fallweise aber auch ohne dieses, gelingt es vielen autistischen Schülerinnen und Schülern in der Grundstufe 1 noch gut, sich mit den vorwiegend wenig komplexen Lerninhalten in „unangepassten" Lernumgebungen auseinanderzusetzen, einfache Methoden der Anwendung zu lernen und auch einfaches Faktenwissen aufzunehmen und darzustellen. Das ist besonders dann der Fall, wenn die Interessen der Kinder sich mit den schulischen Interessen überschneiden und die Vorfertigkeiten in automatisierter Form bereits vorliegen wie z. B. das Benennen der einzelnen Buchstaben oder Ziffern, das Schreiben des eigenen Namens sowie das Zählen und Zuordnen von einfachen geordneten Mengen. Schwierigkeiten in einzelnen Bereichen sind hier meist noch nicht ersichtlich oder werden im Verlauf häufig zunächst nicht als schwerwiegend wahrgenommen.

Die inhaltlichen und fachlichen Anforderungen an die Schüler*innen setzen sich im fortschreitenden Schulverlauf zunehmend aus komplexeren Fähigkeiten unterschiedlicher Bereiche zusammen. Diese werden durch verschiedene Fach- und Unterrichtsmethoden erarbeitet, geübt und über unterschiedliche Formen der Mitarbeit und Leistungsfeststellung geprüft und schlussendlich bewertet. Neben den Anforderungen aus der schulischen Wissensdimension stehen ebenso Anforderungen an

entwicklungsbedingte Fähigkeiten und Fertigkeiten sowie an wichtige Selbst-
kompetenzen und dynamische Fähigkeiten. Letztere werden vor allem bei der
Mitarbeit gefordert. Hinzu kommt die Einbettung der Lern- und Leistungsanforderungen in eine grundlegende Lern-, Klassen- bzw. Schulorganisation und die
damit einhergehenden Erwartungen an die Kompetenzen in der Aktivität und Teilhabe am Schulalltag und an der sozialen Klassengemeinschaft. Während die Inhalte
für die Bewertung sich zum größten Teil aus dem lehrplanbezogenen, beurteilungsrelevanten Fakten- und Konzeptwissen, dem Anwenden von Fachmethoden und
eigenständigem Problem-Lösungs-Handeln zusammensetzen, stellen die Kompetenzen, die durch die Lehrperson konzeptionierte Unterrichtsorganisation gefordert
werden, meist keine bewertbaren Inhalte im Sinne der Lehrplananforderung dar.
Diese werden jedoch zu einem Großteil als Voraussetzungen für die Auseinandersetzung mit dem Lehrstoff und die Teilhabe am Unterricht gefordert und fließen so
automatisch in die Bewertung ein. ■ Abb. 2.1 zeigt das Feld der komplexen schuli-

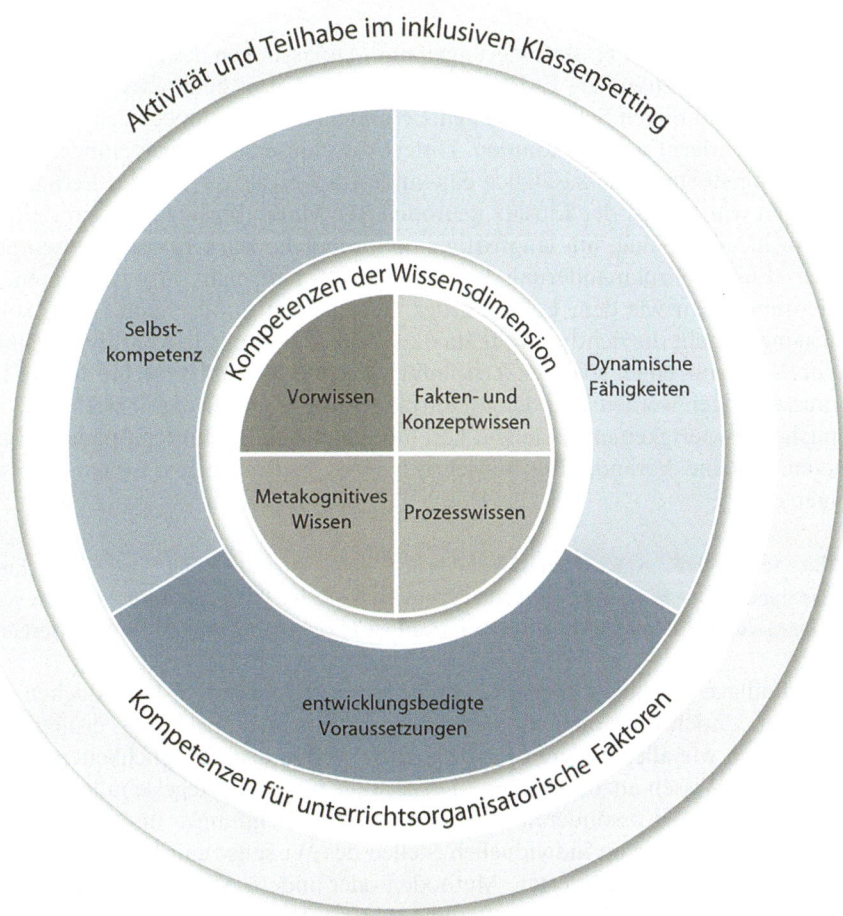

■ **Abb. 2.1**   Feld der komplexen schulischen Anforderungen

2

schen Anforderungen in den schulischen Dimensionen Wissenserwerb, Unterrichts-organisation und im Lernraum des inklusiven Klassensettings.

Mit Zunahme der Menge sowie der Komplexität der Inhalte und der geforderten Transferleistungen im Schulverlauf der Grundstufe 2 stellen die vormals noch be-wältigbaren Bereiche des Lernens eine erhöhte Anforderung an vielseitige Fähig-keiten und Fertigkeiten sowie daraus entwickelte Kompetenzen vor allem für die An-wendung von vernetztem Wissen dar. Dazu kommen vielschichtige Anforderungen an Kompetenzen in Bereichen der selbstständigen Lern- und Arbeitsorganisation in den unterschiedlichen fachunabhängigen Methoden. Durch sie entstehen an diesen Stellen im Schulverlauf häufig Hürden für die Weiterentwicklung der kognitiven Fähigkeiten, die sich ebenso auf die allgemeine Aktivität und Teilhabe auswirken können.

🛈 **Diese Komplexität kann für Schüler*innen im Autismus Spektrum mit ihren neuro-diversen Voraussetzungen ein großes Hindernis für die Teilhabe am Schulalltag an sich sein, dadurch das Erbringen der geforderten Leistungen sowohl in der Wissensdimension als auch in der Mitarbeit erschweren und sich infolgedessen ungerechtfertigt negativ in der Beurteilung niederschlagen.**

Spätestens hier bedarf es Veränderungen und Anpassungen des Lernangebots, ohne das Niveau herabzusenken. Es ist meist naheliegend, dass bereits vor dem Auftreten von massiv auffälligen Schwierigkeiten Lerninhalte und Kompetenzen nicht neuro-nal passend erlernt werden konnten. Unter Ausschluss einer Lernbehinderung oder Teilleistungsstörung, die zusätzlich eine andere angepasste Form des Lernangebots benötigen würden, ist der Einsatz neurodiverser Maßnahmen zu diesem Zeitpunkt noch rechtzeitig genug, um langfristig eine förderliche Basis für das Lernen herzu-stellen. Eine Lehrplanänderung im Sinne eines Lehrplans mit geringerem An-forderungsniveau wie dem Lehrplan der Allgemeinen Sonderschule ist in solchen Fällen meist nicht die richtige Wahl, da dieselben oder ähnliche Anforderungsinhalte dadurch nur auf einen späteren Zeitpunkt verschoben werden. Neurodiverse Lern-voraussetzungen werden in anderen Lehrplänen ebenso wenig berücksichtigt, sodass ähnliche Schwierigkeiten entstehen. Um hier langfristig zielführend pädagogisch zu agieren, ist eine Veränderung hinsichtlich eines neurodiversen Lernangebots un-umgänglich.

🛈 **Ein verringertes Anforderungsniveau bringt in vielen Fällen nur kurzzeitige Ent-lastungen, aber berücksichtigt keine Neurodiversität im Wissenserwerb. Dadurch ver-lagern sich die Schwierigkeiten meist nur auf einen späteren Zeitpunkt im Schulverlauf.**

Die Grundlage von kognitiv guten Fähigkeiten bei Kindern und Jugendlichen im so-genannten „hochfunktionalen" Bereich des Autismus Spektrums ermöglicht es ihnen, genau wie allen anderen Kindern auch, sich je nach Möglichkeiten ihrer Be-gabungslage Wissen anzueignen und Lernerfolge nach den Regelschullehrplänen zu erzielen. Durch die besonderen Merkmale im Wahrnehmungs- und Verarbeitungs-prozess benötigen sie an individuellen Stellen des Wissens- und Kompetenzerwerbs andere Lernwege, strukturiertere Methoden oder andere Arten der Darbietung und Darstellung. Besonders in der Aufnahme neuer Informationen und im Bereich des Transferlernens können schnell Hindernisse auftreten, wenn im Bereich des Wissens-

erwerbs nicht ausreichend mit neurodiversen Angeboten auf den individuellen Lern-
und Denkstil eingegangen wird oder Hindernisse durch unpassende äußere Bedingungen der allgemeinen Lern- oder Unterrichtsorganisation bezogen auf die Entwicklungsvoraussetzungen vorhanden sind.

Mit einem Perspektivenwechsel, weg von den normierten Formen der Entwicklung und des Lernens, sind die scheinbar geringer entwickelten Faktoren der
Entwicklung stattdessen als qualitativ andere Werte zu sehen, die eine Abweichung
im Sinne der Neurodiversität bedeuten. Damit ist die Inhomogenität nicht in Bezug
auf verringerte, ausreichende und erhöhte Fähigkeiten zu verstehen, sondern als eine
veränderte Lernvoraussetzung von Schülerinnen und Schülern, auf die die Schule
und deren Unterricht reagieren muss.

> Eine ausreichende kognitive Entwicklung vorausgesetzt, sind inhomogenen
> Entwicklungs-voraussetzungen in den unterschiedlichen Bereichen im Sinne von qua-
> litativ veränderten Voraussetzungen als die Basis für die qualitative Veränderung von
> Unterrichtsplanung und -durchführung zu sehen.

Lernangebote und Lehrprozesse können auf das neurodivergente Kompetenzprofil
eingehen, indem sie andere Formen der Zugänge zu Wissen und differenzierte
Möglichkeiten der Auseinandersetzung zur Verfügung stellen, um zielgleiches Lernen zu ermöglichen. Mitunter muss dieses auch durch den Ausschluss üblicher, bekannter Formen geschehen. Dabei spielt die Selbstbestimmung der Schülerin bzw.
des Schülers eine große Rolle. Das Kennen (-lernen) der eigenen Denk- und Lernwege und das Bekanntmachen und Kennen dieser von Lehrer*innenseite ist die
Grundlage für ein Vorankommen im Wissens- und Kompetenzerwerb im Sinne einer
Generalisierungsfähigkeit, welche über das schulische Lernen hinauswirkt. Damit
muss auch nicht mehr zwangsläufig mit einer geringeren Anforderung im Sinne von
Lehrplanänderungen reagiert werden. Viele neurotypische Kinder bringen die homo-
genen Voraussetzungen zu Schulbeginn auch nicht mehr mit und können so ebenfalls
theoretisch in diesen Prozess von Überlegungen für die Gestaltung von Unterrichts-
prozessen einbezogen werden.

**❗ Neurodiverse Formen und Methoden des Unterrichts geben die Möglichkeit, neuro-
divergente Lern- und Entwicklungsvoraussetzungen zu berücksichtigen, ohne dass eine
Verringerung des Anspruchsniveaus in den schulischen Wissensbereichen entstehen muss.**

> **Neurodiverses Lernen betrifft die Gesamtkonzeption des Unterrichtsalltags
> und kann in Bezug auf die Schule bedeuten, dass:**
> - aufgrund spezifischer Entwicklungsvoraussetzungen, individueller Entwicklungs-
>   bedürfnisse und
> - besonderer Merkmale des Wahrnehmungs- und Verarbeitungsprozesses von Infor-
>   mationen

2

- eine gezielte Auswahl und ein schrittweiser Kompetenzaufbau von neurodiversen Formen, Methoden und Mitteln
- nach einem systematischen Wissenserwerb
- mit erhöhter Transparenz durch Ritualisierung, Strukturierung und Visualisierung in den unterrichtsorganisatorischen Anforderungen

für den Unterricht benötigt werden.

Bei vielen autistischen Schülerinnen und Schülern ließen sich in der jahrelangen Begleitung im Unterricht wiederkehrende Merkmale ihres Denkens und Lernen beobachten, welche zunehmend Berücksichtigung bei der Gestaltung des Lernangebots haben müssen:

Beobachtete Merkmale des Denkens und Lernens autistischer Schüler*innen
- Reizoffenheit
- Detailbezogener Blick
- Konkretes Verständnis der Fakten
- Stark interessenbezogenes Augenmerk auf Inhalte und in der Verarbeitung für den eigenen Zweck
- Logisch-funktionale Wirkungsbezüge und weniger komplexe Interpretierungen von Sachverhalten
- Andere Verarbeitungsgeschwindigkeiten
- Ein Denken, das sich geringer am Anderen orientiert
- Verschiedene Denkmuster, die aufgrund von linearem Denken, logisch-vernetztem Denken oder auch sprunghaftem (hoch assoziativem) Denken unterschiedliche oder andere Inhalte und Schwerpunkte selektieren, analysieren, logisch begründen, generativ betrachten oder auch proaktiv ablehnen können

Ebenso wichtig, wie diese Beobachtungen aus dem Unterricht aufzunehmen, um damit handlungspraktische Methoden und Mittel zu entwickeln, ist es, das Lernen und Handeln aus der direkten Perspektive der Autistinnen und Autisten wahrzunehmen und reflektieren zu lassen. Dafür müssen sie in die Wahl des Angebotes und die Entwicklung von geeigneten Formen und Methoden bereits während ihrer Schullaufbahn einbezogen sein und die Möglichkeit der Reflexion über diese Maßnahmen und Angebote für ihr Lernen bekommen. Neben dem individuellen förderlichen Nutzen, dass autistische Schüler*innen über diese Form der interaktiven Auseinandersetzung ihre Selbstkompetenz erhöhen können, ist es (beinahe) nur so möglich für das Schulsystem ein langfristiges Wissen und Handlungsrepertoire neurodiverser Lehr- und Lernformen zu implementieren, die speziell autistischen Kindern und Jugendlichen entgegenkommen. Für den Bildungsbereich würde das einen Zuwachs von Wissen auch für das allgemein pädagogische Handeln bedeuten und ebenso zu einer Erhöhung der Chancengleichheit für das schulische Lernen und damit auch zur Verminderung von Hindernissen für die Persönlichkeitsentwicklung beitragen.

2.1.1 Entwicklungs- und Lernvoraussetzungen

Das Lernangebot von Schulen orientiert sich an der Normgruppe neurotypischer Schüler*innen und basiert weitestgehend auf Annahmen und Kenntnissen von Fähigkeiten und Fertigkeiten von Kindern und Jugendlichen mit homogen ausgebildeten Kompetenzen in den Entwicklungsbereichen der motorischen Fertigkeiten, der Sprache und Kommunikation, der emotionalen und sozialen Kompetenz und nicht zuletzt des kognitiven Wissens. Der lehrplanorientierte Aufbau von exemplarischem, theoretischem und praktischem Wissen und Können und dessen Umsetzung in schulisches Handeln baut auf diesen Basisfertigkeiten auf, welche sich aus den sogenannten Vorläuferfunktionen der Wahrnehmung, Aufmerksamkeit, motorischen und sprachlichen Imitation und der frühen Kognition entwickeln.

Die ◼ Abb. 2.2 stellt den vereinfachten Aufbau der Entwicklung von Vorläuferfunktionen und Basisfähigkeiten und -fertigkeiten als homogene Voraussetzung für das schulische und Lebenslange Lernen dar. Die Komplexität der Entwicklung und ihrer bereichsübergreifenden Verschränkungen und wechselseitigen Bedingungen sind hier nicht abgebildet, aber als immanent zu sehen. Einflüsse aus und Wechselwirkungen mit Umweltfaktoren sowie die Weiterentwicklung durch einen Transfer und regelmäßige Anpassung an Bedingungen des Umfeldes sind ebenfalls immanent.

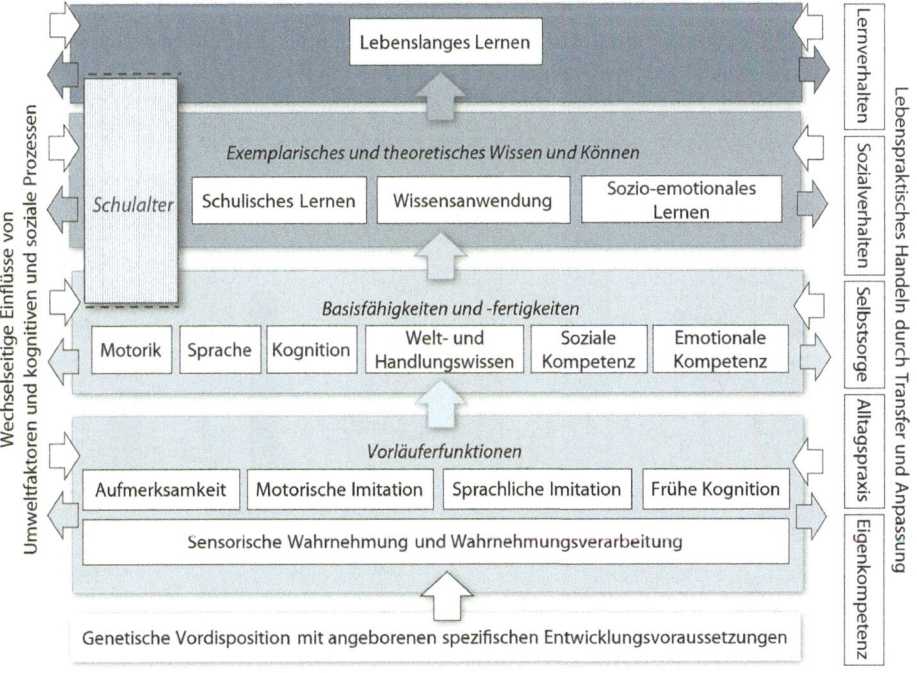

◼ **Abb. 2.2** Aufbau der Entwicklung

2.1.2 Kompetenzen zu Schulbeginn

Die typischen inhomogenen Entwicklungsstände von Kindern im Autismus Spektrum zeigen sich individuell sehr unterschiedlich und weisen deutliche Unterschiede von entwicklungstypischen Verläufen und üblichen Entwicklungsständen zu Schulbeginn auf. Dieses kann sich durch die Vordisposition der Wahrnehmung und Wahrnehmungsverarbeitung und die dadurch entstehende Entwicklungsverläufe ergeben, durch Einflüsse von Umweltfaktoren oder durch eine bereits frühe, fokussierte Interessenlage für spezifische Bereiche. Daher kann auch innerhalb eines Entwicklungsbereichs eine Inhomogenität vorliegen. In ◘ Abb. 2.3 wird ein mögliches inhomogenes Entwicklungsprofil eines autistischen Kindes zu Schulbeginn veranschaulicht.

Durch die merkmalsspezifische Art des Wahrnehmens, Denkens und Lernens können sich Lücken und Rückstände in der Entwicklung von Fähigkeiten und Fertigkeiten ergeben, die von den Kindern teilweise umgangen und durch andere Fähigkeiten kompensiert werden können, jedoch im Schulverlauf an spezifischen Stellen, gerade in Bezug auf Normanforderungen, wieder sichtbar werden und nicht selten zu Schwierigkeiten führen. Die anschießende Grafik ◘ Abb. 2.4 stellt eine Sicht auf die Anforderungen und die sich dadurch ergebenen Voraussetzungen an Basisfähigkeiten und Vorläuferfertigkeiten der Schüler*innen im Hinblick auf die schulisch geforderten Kompetenzen und Fertigkeiten dar.

Die Perspektive über die Funktionsfähigkeit der Aktivitäts- und Teilhabe-Faktoren (d) der ICF in ◘ Abb. 2.5 zeigt ebenso die Problematik der normierten Voraussetzungen für ein inhomogenes Kompetenz- und Entwicklungsprofil zu Schulbeginn auf. Betreffend dieser wird hierbei noch deutlicher, dass eine starke Inhomogenität im individuellen Kompetenzprofil der autistischen Kinder und Jugendlichen in der

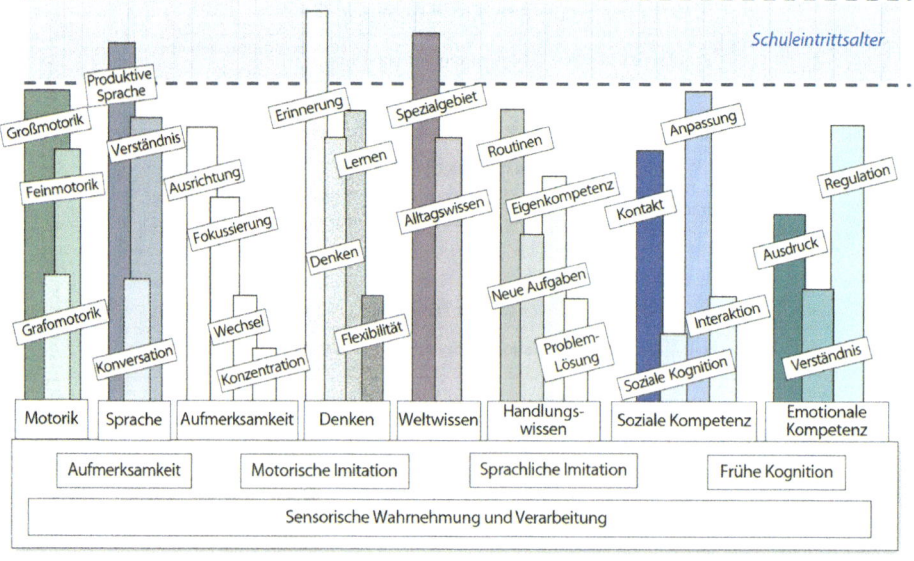

◘ **Abb. 2.3**   Inhomogenes Entwicklungsprofil zu Schulbeginn

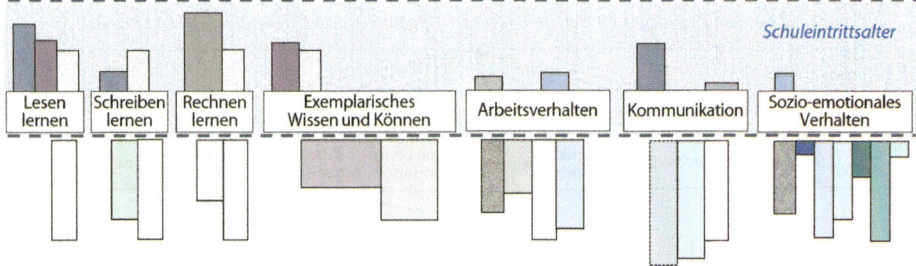

Abb. 2.4 Inhomogenes Kompetenzprofil in Bezug auf schulische Anforderungen

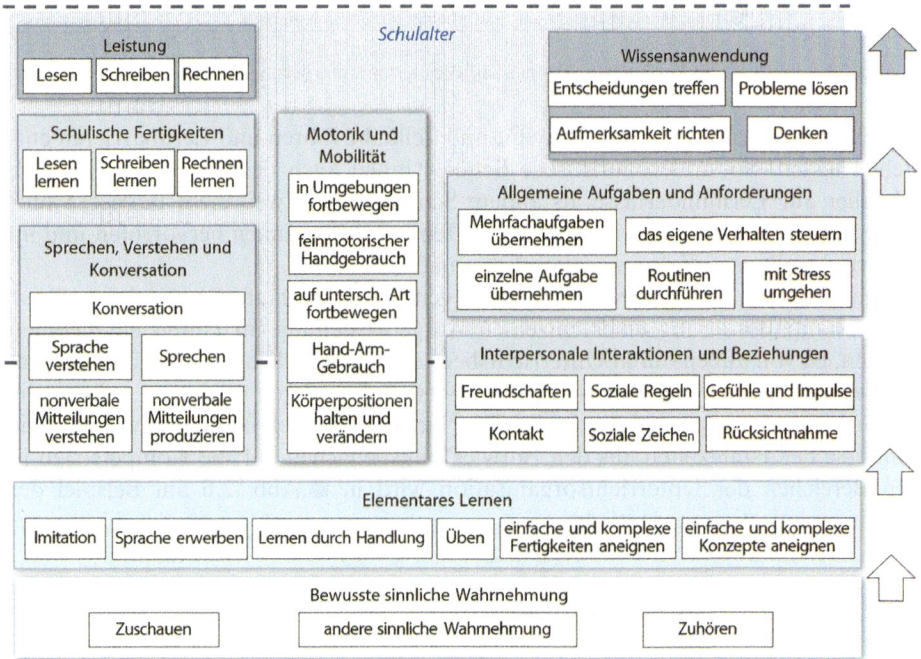

Abb. 2.5 Funktionsfähigkeit der Aktivität und Teilhabe im Schulalter

Wechselwirkung mit altersnormierten schulischen Anforderungen zu Hindernissen, für die an schulischen Zielen geforderte Aktivität und Teilhabe führen kann.

In der gewohnten Weise der Betrachtung solcher Grafiken lässt eine Darstellung in dieser Form schnell einen defizitären Eindruck in Hinblick auf die Voraussetzungen des spezifischen Kindes für das schulische Lernen entstehen. Im Fall von normierten Vorstellungen und eines nicht neurodiversen Angebots wird sich dieser Eindruck im Schulverlauf auch meist bestätigen, da sich durch die inhomogen entwickelten Kompetenzen von Vorläufer- und Basisfertigkeiten für autistische Schüler*innen häufig in Teilbereichen unpassende Unterrichtsangebote ergeben, die ihren Merkmalen in den Denk-, Lern- und Entwicklungsbedürfnissen nicht entsprechen. Diese können unberücksichtigt selbst bei bereits guten Fähigkeiten in den schulischen Bereichen des Lesen-, Schreiben- und Rechnen-Lernens im weiteren Verlauf zu

2

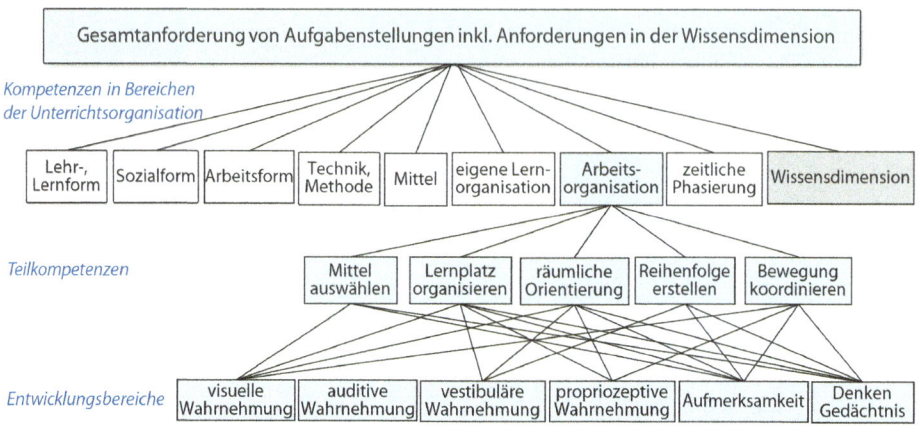

● **Abb. 2.6**   Einfluss von Vorläuferfunktionen auf die Gesamtanforderungen

massiven Hindernissen in der Aktivität und Teilhabe führen und Lernbarrieren entstehen lassen. So stoßen autistische Schüler*innen auch deshalb augenscheinlich schneller auf Lernhindernisse als andere Schüler*innen, weil diese Barrieren mitunter heftige Reaktionen seitens der betroffenen Schüler*innen hervorrufen und im Unterrichtsalltag zu Krisensituation führen können.

Den Einfluss, den andere Voraussetzungen in den Vorläuferfunktionen ggf. auf die Gesamtanforderung einer einzelnen Aufgabenstellung im Unterricht nehmen können, ist von außen durch Unterrichtsbeobachtungen allein nicht ersichtlich. Um Hindernisse, die in dieser Wechselwirkung entstehen, eruieren zu können, müssen die Entwicklungsvoraussetzungen der Schüler*innen individuell betrachtet werden. Die Einflüsse der Fähigkeiten aus den Entwicklungsbereichen auf die Kompetenzen in den Bereichen der Unterrichtsorganisation wird in ● Abb. 2.6 am Beispiel der Arbeitsorganisation verdeutlicht.

2.1.3   Bedürfnisse zu Schulbeginn

Eine weitere Perspektive kann der Blick auf die Bedürfnishandlungen von Schülerinnen und Schülern im AutismusSpektrum bieten. Spezifische entwicklungspsychologische und motivationale Bedürfnisse können in einer förderlichen oder hinderlichen Wechselwirkung mit schulischen Angeboten stehen. Nach der Bedürfnispyramide nach Maslow (1981), liegt eine Taxonomie von Motiven vor, die die Priorität des Handelns angeben. Diese fünf Stufen der Bedürfnisse, die in ● Abb. 2.7 vergleichend mit den folgenden Theorien dargestellt sind, sind nicht altersbezogen zu sehen, benötigen aber jeweils einen gewissen Grad an Befriedigung, bevor die nächste Stufe von Bedürfnissen wahrgenommen werden kann (Wikipedia 2023c). Eine entwicklungspsychologische Sicht liefert das „Modell der Ich-Entwicklung" nach Loevingers Stufen-Modell der Persönlichkeitsentwicklung (1976/2019). Anhand der Stufen, die sich an einem konstruktivistischen Entwicklungsverständnis orientieren, lassen sich bedürfnisorientierte Handlungen zuschreiben, die auf den entwicklungsbedingt vorliegenden, kognitiven Denkprozessen beruhen (Wikipedia 2023a). Loevingers Modell wurde aus Kohlbergs „Theorie der

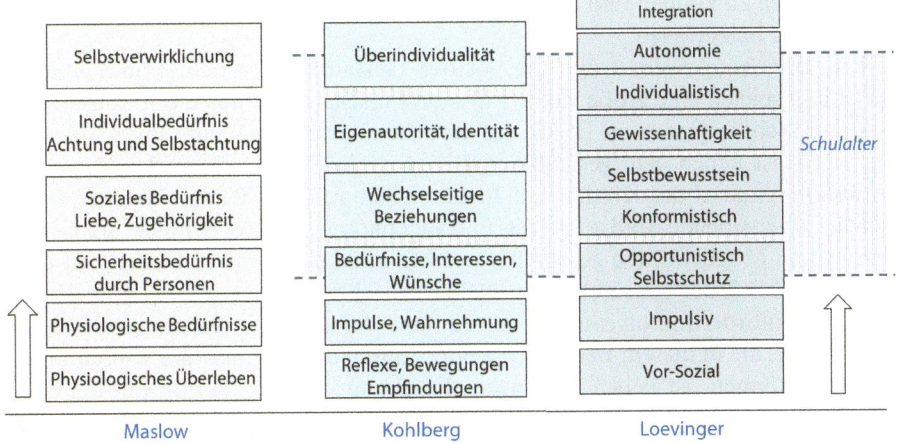

Abb. 2.7 Entwicklungsbedürfnisse zu Schulbeginn

Moralentwicklung" (1974/1996) weiterentwickelt, welches die moralische Entwicklung und die Handlungen, die sich dadurch ergeben ebenfalls kognitiven Entwicklungsständen zuordnet (Wikipedia 2023b, c). An dieser Stelle soll nicht genauer auf die Theorien eingegangen werden. Wenn aber die Bedürfniszuschreibungen in ihrem Aufbau in Bezug auf das Handeln autistischer Schüler*innen betrachtet werden, dann könnte aus der praktischen Beobachtung des Verhaltens einiger Schüler*innen zurückgeführt werden, dass ebenso inhomogenen Entwicklungsstände hinsichtlich der Bedürfnisse und Moralvorstellungen vorliegen. Im Schulalltag bilden sich diese Bedürfnisse unterschiedlich stark ab, zeigen sich häufig vordergründig und überlagern damit die Lernsituation. In einer alters- und entwicklungsbezogenen Lernorganisation treten dadurch hinderliche Wechselwirkungen auf, wenn autistische Schüler*innen Bedürfnisse jüngeren Alters oder auf der Grundlage anderer motivationaler Beweggründe aufweisen. Das schulische Umfeld, mit seiner Orientierung an altersadäquaten Bedürfnisangeboten ist für diese Kinder und Jugendlichen noch viel zu häufig zu wenig auf deren Bedürfnisse eingestellt und bietet demnach eine zu geringe Anzahl an Möglichkeiten, um diesen Entwicklungsbedürfnissen adäquat zu begegnen. Sie in Schul- und Unterrichtskonzepten entsprechend berücksichtigen zu wollen, zeigt große Diskrepanzen in der schulischen Praxis auf. Dieses kann z. B. ersichtlich werden, wenn autistische Schüler*innen ein hohes Sicherheitsbedürfnis an Personen haben. Dieses würde eine höhere personale Ressource fordern. Auch, wenn die eigenen Bedürfnisse, Interessen und Wünsche entwicklungsbedingt noch stark im Vordergrund stehen und Unterrichtsabsichten noch als irrelevant wahrgenommen werden, treten Hindernisse im schulisch organisierten Lernprozess auf.

Keines dieser vorher angeführten theoretischen Modelle ist vollinhaltlich auf individuelle Schüler*innen übertragbar. Dennoch bieten sie Ansätze und Erklärungsmodelle für die entstehenden Schwierigkeiten im Schulalltag autistischer und auch neurotypischer Schüler*innen im Lernen und Handeln aus entwicklungspsychologischer Sicht. Durch diese Perspektive ist das Ableiten spezifischer Bedürfnisse der betreffenden Schüler*innen für die Praxis möglich, um sie im schulischen Setting be-

2

rücksichtigen zu können und so zu einer Grundlage einer stabileren Persönlichkeitsentwicklung beizutragen.

Der Beziehungsaufbau und die positive Gestaltung der Lehrer*in-Schüler*in-Beziehung spielen eine große Rolle. Für eine Einschätzung, was die spezifischen autistischen Schüler*innen in Bezug auf ihre Bedürfnisentwicklung im Schulverlauf benötigen, ist neben dem gesicherten Wissen und dem sich laufend verändernden Entwicklungsstand der Kinder und Jugendlichen auch ein Bewusstmachen für das sich daraus ergebende Maß an Selbst- und Eigenkompetenz der Schüler*innen. Denn hier müssen Möglichkeiten geschaffen werden, um die derzeitigen Stufen, auf denen sich einzelne Schüler*innen befinden, zu berücksichtigen, ohne dass sie einen Einfluss auf das Anforderungsniveau der Lerninhalte haben. Das Wissen um mögliche Hindernisse, die in diesem Bereich besonders durch die Organisation von Unterricht entstehen können, ist neben der engen Beziehung und Interaktion mit dem Kind oder der bzw. dem Jugendlichen sowie dem Austausch mit Erziehungsberechtigten und dem Netzwerk an Personen und Institutionen, die das Kind oder die Jugendliche bzw. den Jugendlichen umgeben, die Grundlage für alle weiteren Planungen.

> ❗ Die neurodiversen Bedürfnisse von autistischen Schülerinnen und Schülern können durch die Faktoren der Gestaltung der Beziehung und dem Eingehen auf die spezifischen Entwicklungsstände und damit auch durch das Maß und die Mittel der Führung und Begleitung durch Lern-Lehr-Prozesse berücksichtigt werden.

Anhand welcher der im vorigen Kapitel angeführten Ansätze auch immer Überlegungen für ein adäquates Bildungsangebot für autistische Schüler*innen seitens der Pädagogik gemacht werden, gilt: Ein Lehren und ein inklusiver Unterricht, die dem neurodiversen Denken der Schüler*innen im Autismus Spektrum ebenso entsprechen, kann sich nicht nur allein mit dem Bereich der schulischen Bildung und dem sozio-emotionalen Lernen ab dem Entwicklungsalter von 6 Jahren auseinandersetzen.

Es braucht eine Betrachtung der kindlichen, vorschulischen Entwicklung und der möglichen anderen Wege, wie Entwicklung verlaufen kann und welchen Einfluss es damit auf das weitere individuelle Denken und Lernen nimmt, um in der Handlungspraxis diese Bedürfnisse zu berücksichtigen und dieses neurodivergente Lernen in die Unterrichtsprinzipien mit einzuschließen.

Somit ist es auch nicht nur mit einer Anpassung von Umweltbedingungen und der Aufbereitung von Unterrichtsinhalten getan, sondern bedarf einer Schulkultur, die das physiologische Alter nicht als Normgröße für das schulische Bildungsangebot sieht. Nur so kann es gelingen, ein altersentsprechendes, kognitives und neurodivergentes Lernangebot zusammen mit einem Angebot für entwicklungsbedingte Bedürfnisse bereitzustellen.

2.2   Rahmenbedingungen für einen neurodiversen Unterricht

In der pädagogischen Umsetzung sind die Kernanliegen einer inklusiven Schule mit den unterschiedlichsten Überlegungen auf verschiedenen Ebenen der pädagogischen Auseinandersetzung verbunden. Einige davon sind die Beschulungsmöglichkeiten, die Lehrplanzuordnung und das Förderbedürfnis für Schüler*innen im Autismus

Spektrum. Als besonders wichtig für diese Entscheidungen erweist sich eine differenzierte Betrachtung einerseits der grundsätzlichen kognitiven Leistungsfähigkeit in Bezug auf die Lerninhalte und verschiedenen Leistungsanforderungen und andererseits des Unterstützungsbedarfs aufgrund einer derzeit vorliegenden Funktionsbeeinträchtigung, die die Umgebungsbedürfnisse und das Handeln im schulischen Alltag stärker im Vordergrund sieht.

Viele Schüler*innen können aufgrund ihrer guten kognitiven Fähigkeiten zielgleich nach den Regelschullehrplänen lernen und auch zielgleiche Leistungen erbringen. Dafür benötigen sie teilweise andere Formen der Unterstützung als neurotypische Kinder und Jugendliche, können aber in der Gemeinschaft der Regelschulklasse beschult werden, ohne einer grundsätzlichen zu hohen Anforderung an die Teilhabe ausgesetzt zu sein. Daher sind der Schulplatz und die notwendige Unterstützung für das Lernen eines Kindes im Autismus Spektrum nicht automatisch mit dem Bereich der Sonderpädagogik verknüpft. Je nach Art und Ausmaß der vorliegenden Funktionsfähigkeit ist zu entscheiden, in welchem Ausmaß und in welcher Weise ein Kind eine besondere und ggf. auch eine sonderpädagogische Form der Unterstützung und zusätzliche Förderung überhaupt benötigt.

Eine disziplinübergreifende Pädagogik von Sonderpädagogik und Regelpädagogik kann ebenso relevant und zielführend sein, wie in individuellen Fällen eine besondere Aufmerksamkeit im Rahmen der allgemeinen Pädagogik genügt. Hier geht es vor allem um einen inklusiven Gedanken, der die Kompetenzen der jeweiligen pädagogischen Disziplinen miteinander vereint und Schülerinnen und Schülern mit der Diagnose Autismus unabhängig der Ausmaße ihrer Merkmale und der Schwere ihrer Funktionsbeeinträchtigung den Zugang zu inklusiven Settings so aufbereitet, dass ein erfolgreiches Lernen unter chancengleichen Bedingungen stattfinden kann.

> ❗ **Von allen Beteiligten des schulischen Settings ist die pädagogische Verantwortung wahrzunehmen, Kindern und Jugendlichen im Autismus Spektrum die Teilhabe und Aktivität entsprechend zu ermöglichen und das Lernen zu begleiten und sie zu fördern.**

2.2.1 Inklusive Handlungspädagogik

> » Eine inklusive Schule ist eine Schule für alle: Alle Kinder und Jugendlichen lernen und entwickeln sich hier gemeinsam und können ihre individuellen Fähigkeiten voll entfalten. Alle Schüler*innen haben die gleichen Chancen und das gleiche Recht auf Bildung, ungeachtet ihrer Voraussetzungen, die sie in die Schule mitbringen. Das sind die Kernanliegen der Inklusion und die Ziele der UN-Behindertenrechtskonvention.

Ziele und Wege des Lernens sind aber tlw. stark normiert, bestimmten Altersgruppen zugeordnet und orientieren sich zunehmend am ökonomischen „Return on Investment" durch standardisierte Kompetenz- und Wissensüberprüfungen. Das steht einer individuellen Betrachtung des Lernens hinderlich entgegen. Bestimmte pädagogische Bildungskonzepte fordern das Einhalten einer bestimmten Methodik oder Didaktik und können so manchmal nur in Teilaspekten für das individuelle Lernen und den Wissenserwerb förderlich sein. Auch (normierte) Vorstellungen oder das

Festhalten an gewohnten Strukturen von Schule und Unterricht durch im schulischen Feld arbeitende Personen können die Flexibilität und Weiterentwicklung inklusiver Unterrichtsformen hinderlich beeinflussen. Mitunter werden dadurch viele Bereiche des neurodiversen Lernens ausgeschlossen und die Möglichkeiten und Chancen für diese Kinder und Jugendlichen verringert. Die wenig entwicklungsorientierten oder dem Kind geringer zugewandten Sichtweisen hin zu Standardisierungen und Normanforderungen lassen zudem häufig nur einen defizitären Eindruck in Bezug auf das Autismus Spektrum und auch einige andere Diagnosezuschreibungen im Abgleich mit (Bildungs-)Zielen von Schule zu.

Kinder und Jugendliche bringen aber zu keiner Zeit während ihres Schulverlaufs normierte Voraussetzungen in die Schule mit und haben auch keine einheitlichen Kompetenzen und Wissensstände, wenn sie die Schule verlassen. Unterschiede zeigen sich bereits zu Beginn in den Entwicklungsständen oder z. B. Interessenveranlagungen, die u. a. von den Vorerfahrungen und den verschiedensten sozio-kulturellen Lebensumfeldern der Schüler*innen sowohl in förderlicher als auch in hinderlicher Art und Weise beeinflusst worden sind. Während ihrer Schullaufbahn erwerben sie eine Vielzahl unterschiedlicher Kompetenzen und Wissen in vielfältiger Art und Ausprägung die sich, je nach schulischen Umgebungsbedingungen und den pädagogischen Schwerpunkten der jeweiligen Bildungsinstitution voneinander unterscheiden.

Die österreichischen neuen Lehrpläne, die im Schuljahr 2023/24 in Kraft getreten sind, zeigen konkret auf, welche Erwartungen und Voraussetzungen seitens der Institution Schule hinsichtlich einer inklusiven Schüler*innengruppe bestehen sollten: „An diese Unterschiede muss im Unterricht angeschlossen werden, um sie für die Stärkung der individuellen Lernmotivation und Leistungsfähigkeit nutzbar zu machen. Lehrerinnen und Lehrer verstehen es als ihre Aufgabe, Schülerinnen und Schüler individuell wahrzunehmen und zu fördern und vermeiden stereotype Zu- und Festschreibungen" (BMBWF 2023a)

Ebenso wenig wie bei allen anderen Schülerinnen und Schülern das pädagogische Normmaß angelegt werden kann, gilt dieses auch für Schüler*innen mit einer Diagnose aus dem Autismus Spektrum. Darüber hinaus kann auch der Autismus selbst nicht im Sinne einer pädagogischen Kategorie gesehen werden, da sich die Funktionsfähigkeit mit ihren Merkmalen, Besonderheiten, Stärken und Beeinträchtigungen im schulischen Umfeld ebenso individuell auf das Lernen und die Teilhabe auswirkt. In diesem Sinne kann die Feststellung der Basissymptomatik über eine klinische Diagnostik hier nur eine Gemeinsamkeit für das Verstehen und für grundsätzliche pädagogische oder therapeutische Ansätze darstellen. Das erschwert es in der pädagogischen Praxis, fertige Handlungskonzepte – bisher vor allem die therapeutischen Ansätze des Lernens – für die Schülerin bzw. den Schüler in der Schule zu übernehmen und umzusetzen.

Für die chancengleiche Teilhabe von Schüler*innengruppen oder einzelnen Schülerinnen und Schülern benötigt es zunächst ein Bewusstsein für förderliche und hinderliche Rahmenbedingungen der Institutionen und ihrer organisatorischen Bedingungen gerade in Bezug auf die konkrete Unterrichtsplanung und Unterrichtsdurchführung. Damit einher geht die Anforderung an Pädagoginnen und Pädagogen, diese Zustände kritisch zu betrachten und sich in der Verantwortung zu sehen, sie mit Blick auf die Bedürfnisse der Schüler*innen zu verändern und weiterzuentwickeln. Vor allem der Erweiterung der Handlungspädagogik der Pädagoginnen und Pädagogen in der täglichen Schulpraxis wird an dieser Stelle ein hoher Stellenwert zugeschrieben.

> **Um im inklusiven Schulsetting auf die Bedürfnisse von Kindern und Jugendlichen im Autismus Spektrum besser eingehen zu können, haben sich dafür u. a. folgende Basisfaktoren für Pädagoginnen und Pädagogen als förderlich erwiesen:**
> — Aneignung von Wissen und Handlung auf der Basis eines inklusiven Lern-Lehr-Konzeptes
> — Bereitschaft zur interdisziplinären Zusammenarbeit
> — Bewusstsein und Kenntnis über Lernprozesse kindlicher Entwicklung sowie der Besonderheiten in der Entwicklung bei Kindern und Jugendlichem im Autismus Spektrum
> — Wissen um Hindernisse des schulischen Settings, die zu einer Funktionsbeeinträchtigung führen können
> — Differenzierte und tiefgehende Auseinandersetzung mit den Lehrplaninhalten, ihrem methodisch-didaktischem Aufbau und variablen Unterrichtsmethoden
> — Variable Zugänge zu den Lerninhalten, Offenheit bei der Themenwahl und Aufgabenstellung
> — Abstimmung der Unterrichtsplanung auf den jeweils aktuellen Leistungsstand sowie flexibles Eingehen auf die aktuelle Situation
> — Regelmäßige Analyse, Reflexion und Evaluation der Lern-Lehr-Prozesse

Im Bereich der inklusiven Unterrichtsplanung können tlw. auch konträre Vorstellungen und Ansätze der Pädagogik aufeinandertreffen. Förderliche Bedingungen für das Lernen autistischer Kinder und Jugendlichen entsprechen nicht immer denen für andere Schüler*innen. Um als Lehrperson diese trotzdem berücksichtigen zu können, kann es hilfreich sein, inklusive Ansprüche von Gemeinschaft und Teilhabe aus der Bedürfnisperspektive der Schüler*innen im Autismus Spektrum zu betrachten. Das bezieht ihre individuellen Wünsche und Wahrnehmungen in Bezug auf die Teilhabe mit ein. Nicht immer ist daher Teilhabe unter dem gemeinschaftlichen Aspekt zu sehen, dass zu jeder Zeit alle Personen an allen Aktivitäten in der gleichen Form teilnehmen müssen. Vielmehr geht es um das Schaffen von möglichen Alternativangeboten im inklusiven Unterricht, die auch eine zeitweilige Trennung und Einzelsituationen ermöglichen, ohne dass diese Maßnahme gleichbedeutend mit einem Ausschluss aus der Schulgemeinschaft und einem Scheitern von inklusiven Ansprüchen verstanden wird. Diese Möglichkeiten sollen ohnehin ein stetiges Angebot an einzelne oder alle anderen Schüler*innen darstellen und ihnen zugestanden werden, wenn sie situationsspezifisch davon profitieren können.

Für den Umgang mit der Heterogenität gilt es in einem ersten praktischen und proaktiven Schritt zunächst gemeinsame Unterrichtsbedingungen zu finden und herzustellen, die kurz- und mittelfristige Veränderungen und Anpassungen im interaktiven Verlauf des Unterrichts sowie konträr gegenüberstehende Bedürfnisse zulassen, sodass sie jederzeit an die jeweiligen Schüler*innengruppe und individuelle Bedürfnisse einzelner Kinder angepasst werden können, ohne dass pädagogische Konzepte dabei neu überdacht werden müssen oder für individuelle Anpassungen ein Hindernis darstellen. Das schließt ebenso proaktive Überlegungen grundsätzlicher Bedürfnisse von Kindern und Jugendlichen im Autismus Spektrum ein, welche

2

deren spezifischen Merkmale der Wahrnehmung und speziellen Denk- und Lernstile berücksichtigen und die keinesfalls exklusiv behandelt werden sollen.

Gemeinsame pädagogisch-praktische Basisparameter für die Handlungspädagogik stellen dafür die Grundlage der Inklusion dar, auf der sowohl die Teilhabe als auch das Lernen mit und ohne Förderbedarfe und Nachteilsausgleiche stattfinden kann. Dazu können langjährig erprobten Basisparameter in der pädagogischen Arbeit mit Schülerinnen und Schülern im Autismus Spektrum in inklusive Parameter für die Schulpraxis übergeleitet werden. Sie vereinheitlichen Basisprinzipien der allgemeinen Pädagogik und schließen Prinzipien der Formen eines neurodiversen Lernens mit ein. Sie werden in der ◘ Tab. 2.1 in vier Bereiche eingeteilt.

Eine inklusive Gemeinschaft wird durch Kooperationsprozesse aller Beteiligten der Schulgemeinschaft, wie Kolleginnen und Kollegen anderer Klassen, Schulleiter*innen, Erziehungsberechtigte und anderer außerschulische Personen gestützt. Um diese Prozesse des gemeinschaftlichen Zusammenwachsens gut planen und koordinieren zu können und Teilhabe und Aktivität beim Lernen neurodivers anzuleiten, ist die eigene Professionalisierung im Hinblick auf das (Handlungs-)Wissen der Lehrperson ein wichtiger Grundpfeiler.

◘ **Tab. 2.1**	Inklusive Basisparameter für Schüler*innen im Autismus Spektrum
Inklusive Gemeinschaft	Vielfalt, Gemeinschaft und Individualität; Akzeptanz, Wertschätzung und Anerkennung; Sensibilisierung und Perspektivenwechsel; Gemeinsamer Lehrer*in-Eltern-Schüler*in-Interaktionsprozess; Vereinbarungen, Regeln und Alternativen;
Inklusive Handlungspraxis der Pädagoginnen und Pädagogen	Inklusive Haltung und Wissenskompetenz; Zielbezogene interdisziplinäre Vernetzung und lösungsorientierte Kooperation mit Erziehungsberechtigten und inner- und außerschulischen Unterstützer*innen-Systemen; Pädagogische Diagnostik und Sonderpädagogische Förderdiagnostik; Individualisierung, Differenzierung und Nachteilsausgleich; Transparenz, Strukturierung und Visualisierung; Angepasste Kommunikation und Anweisungsebenen; Verlässlichkeit, Beständigkeit und Nachhaltigkeit;
Teilhabe	Pädagogische Diagnostik und Sonderpädagogische Förderdiagnostik; Neurodiverse Umgebungsbedingungen; Entwicklung von Sprache, Sprechen und Konversation; Soziale Interaktion und Aufbau sozialer Kognition und Fähigkeiten; Visualisierte und „Unterstützte Kommunikation" (UK); Emotionales Erleben und Entwickeln;
Aktivität und Lernen	Entwicklungsadäquates Lernen; Neurodiverser Wissenserwerb und gesicherter Lerntransfer; Handlungskompetenz durch Rhythmisierung und Routinen; Aufbau von Selbstkompetenz und Selbsttätigkeit; Entfaltung von Besonderheiten und Interessen;

Die Weiterbildung anhand von Basisliteratur, Fortbildungen über Vorträge, Seminare oder Filme oder die Kontaktaufnahme und Zusammenarbeit mit Fachpädagoginnen und -pädagogen mobiler Systeme sowie das Nutzen von außerschulischen Netzwerken und Einrichtungen anderer Professionen, die sich mit dem Thema Autismus auseinandersetzen, sind wichtige Inputgeber*innen, die die Weiterentwicklung der eigenen Professionalität unterstützen.

Besonders aber die Aktivierung und Inanspruchnahme von Ressourcen am Standort durch z. B. gut geplantes und ausgeführtes Team-Teaching, kollegiale Besprechungen und Teamsitzungen, schulinterne Fortbildungen von Teams oder des gesamten Kollegiums und konkret festgelegten Multiplikator*innen für das Thema Autismus stellen eine langfristig angelegte Ressource im Sinne der Inklusion dar.

Dazu gehört auch die Arbeit mit den Eltern oder Erziehungsberechtigten aller Schüler*innen. Eltern sind Experten für ihr eigenes Kind. Daher stellt die Beziehung der Lehrperson zu ihnen eine wichtige Partnerschaft für die kindlichen Entwicklungs- und Bildungsprozesse dar. Gerade bei Schülerinnen und Schülern, die über einen Zeitraum oder den gesamten Schulverlauf ein besonderes Bedürfnis haben, sollte eine gegenseitig wertschätzende Ebene der Zusammenarbeit aufgebaut und gepflegt werden. Durch eine stärkere Einbeziehung der Erziehungsberechtigten als Spezialisten kann z. B. durch regelmäßige, verbindliche Entwicklungsgespräche, die nicht nur zu Rückmeldezwecken dienen, besonders herausfordernden schulischen Situationen des Lernens und der sozialen Gemeinschaft vorgebaut oder schnellere Lösungen können gefunden werden. Der gemeinsame Prozess unter Einbeziehung aller beteiligten Professionen und vor allem die Mitbestimmung und Mitsteuerung des Kindes im eigenen Lern- und Entwicklungsprozess sind von großer Wichtigkeit. Dabei stehen besonders die transparente und dem Kind oder Jugendlichen verständlich gemachte gemeinsame Zielsetzung im Vordergrund, um einen gemeinsamen Weg mit Verbindlichkeiten und vor allem Erfolgsetappen zu beschreiten.

2.2.2 Inklusive Unterrichtskonzeption

Unterrichtsbedingungen, die neurodiversen Formen des Denkens, Lernens und Handelns entsprechen wollen, benötigen Parameter für die äußeren Bedingungen der Umgebungsorganisation, für die zwischenmenschliche Kommunikation und Interaktion sowie für den inhaltlichen Lernaufbau und Wissenserwerb.

Da grundsätzlich nicht davon ausgegangen werden kann, dass alle Kinder und Jugendlichen desselben Alters bzw. derselben Jahrgangsstufe über die gleichen Lern- und Aneignungskompetenzen verfügen, ist die Wahl, Planung und spezifische Anpassung der schulischen Bedingungen für das Lernen mit neurodivergenten Voraussetzungen mit Bedacht auf die Lernvoraussetzungen der konkreten Lerngruppe und die Lernbedürfnisse einzelner Schüler*innen mit und ohne Autismus maßgeblich relevant für die Chancengleichheit aller Schüler*innen. Daraus erschließt sich, dass Überlegungen und Planungen in Bezug auf das neurodivergente Lernen und die Aktivität und Teilhabe von autistischen Schülerinnen und Schülern im Unterricht grundlegend auf der Basis eines neurodiversen Ansatzes in der Schule Umsetzung finden müssen, um auch allen Schülerinnen und Schülern möglichst gerecht zu werden.

2

Bereiche von Überlegungen und Planungen in Bezug auf das neurodivergente Lernen
- In der allgemeinen Lernorganisation in Bezug auf die Lernraumgestaltung und das Klassenmanagement
- In der konkreten Unterrichtsorganisation
- Im Wissenserwerb

Dabei geht es darum, einen konkreten Rahmen zu schaffen und ein Lern- und Entwicklungsangebot zu stellen, welches möglichst alle Merkmale und Unterschiedlichkeiten der Schüler*innengruppe proaktiv berücksichtigt und so auf die unterschiedlichen Arten des Lernens auch während des Prozesses eingehen kann.

Häufig geben pädagogische Konzeptionen und Ansätze bereits eine Richtung für das Lernarrangement vor, die nicht immer für alle Schüler*innen gleich förderlich ist. Standardisierte Formen, Abläufe und Wege der Erarbeitung und der Mitarbeitsüberprüfung sowie methodische und didaktischen Eingleisigkeit können Möglichkeiten zum Wissenserwerb und zur Leistungserbringung hemmen oder sogar gänzlich verhindern.

Die Zielvorgabe des Lehrplans sieht für die Aufgabe der Lehrer*innen vor „… durch geeignete Gestaltung des Unterrichts den einzelnen Schülerinnen und Schülern die Erreichung dieser Ziele zu ermöglichen. … Für die Nachhaltigkeit von Lernergebnissen ist es demnach von grundlegender Bedeutung, den einzelnen Schülerinnen und Schülern den Zugang zum Lerninhalt zu eröffnen und Lernprozesse entsprechend ihrer Vorerfahrung, Interessen und Lernpräferenzen zu gestalten" (BMBWF 2023a).

2.2.2.1 Dimensionen der Unterrichtsplanung

Lernbedürfnisse der Schüler*innengruppe und individuelle Bedürfnisse einzelner Schüler*innen müssen neben der Anpassung der Lernraumgestaltung auch in der konkreten Unterrichtsorganisation und der Wissensdimension deutlich im Vordergrund der pädagogischen Planungen stehen und dürfen nicht zu Gunsten von bevorzugten Theorien für bestimmte Lehr-, Lern- oder Anwendungsmethoden zurückstehen. Ein falsch verstandenes „Hineinpressen" in vorgefertigte Formen des Lernens und eine Ignoranz von Strategien des Denkens, Lernens und Handelns autistischer Kinder und Jugendlicher entsprechen nicht dem Stand der wissenschaftlichen Forschung. Das von Schüler*innen eingeforderte adaptive Lernverhalten würde unter Umständen nicht nur eine massiv erhöhte Anstrengung für die Schüler*innen bedeuten, welche Lernprozesse verlangsamt oder auch hemmt, sondern kann, wie sich in der Praxis gezeigt hat, auch meist nicht langfristig als eigene Lernstrategie übernommen werden. Somit stellt es keine Basis für das eigenständige Lebenslange Lernen mit neurodivergenten Lernvoraussetzungen dar.

Überlegungen und Maßnahmen zur Neurodiversität von Lernarrangements betrifft alle Verantwortungsbereiche der Lehrperson in der Unterrichtsplanung, der Unterrichtsvorbereitung sowie die nachfolgenden Phasen der Unterrichtskontrolle und der Reflexion der Lern-Lehr-Prozesse. Dabei stehen besonders Aspekte der Gewichtung und Gestaltung einzelner Faktoren der, in ◨ Abb. 2.8 gezeigten Dimensio-

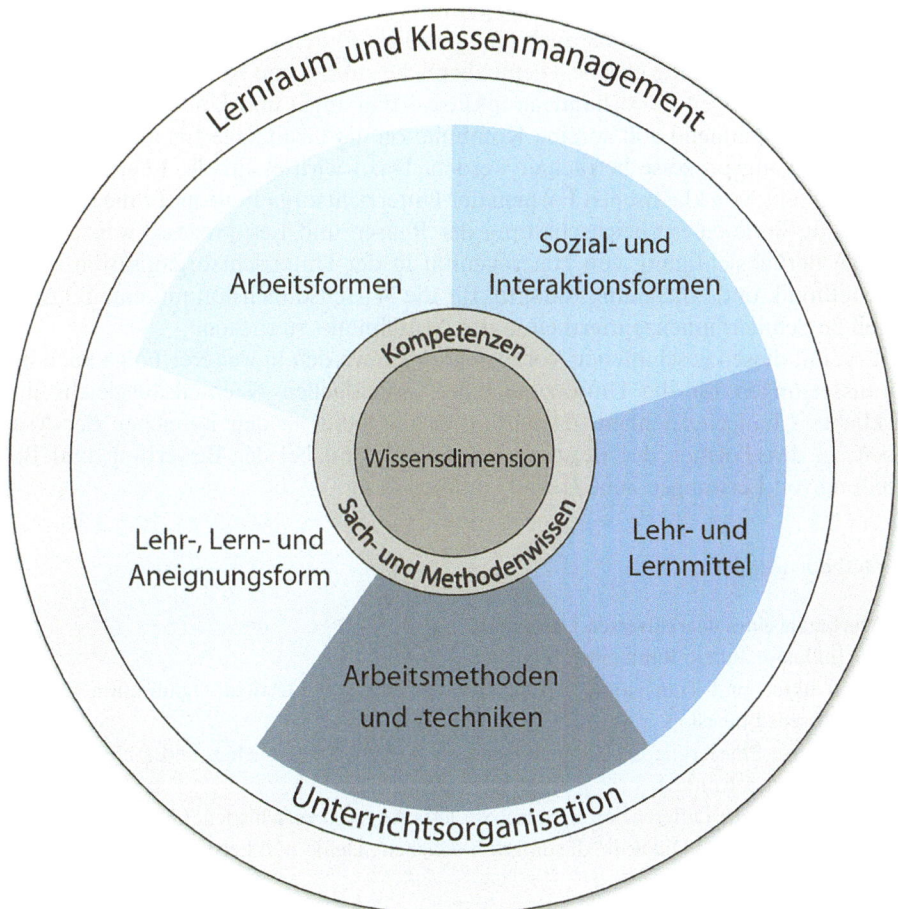

Dimensionen der Unterrichtsplanung

nen Lernraum und Klassenmanagement, Unterrichtsorganisation und Wissensdimension im Mittelpunkt. Diese sind individuell und merkmalsspezifisch auf die
Schüler*innen(-gruppe) zu betrachten.

Die Planung und Gestaltung bezieht sich auf die Gesamtkonzeption der Lernumgebung, die Struktur und die Phasierung des Unterrichts sowie auf Formen und
Methoden des Wissens- und Kompetenzerwerbs. Vor allem für den bisher in der
Praxisliteratur zu Autismus eher vernachlässigten Wissenserwerb sind umfassende
Überlegungen zur Unterrichtsgestaltung, der Aufbereitung von Wissen und möglichen Lernwegen zum Erlangen von Wissen und Kompetenzen notwendig, um die
individuellen und spezifischen Denk- und Lernprozesse der Schüler*innen im Autismus Spektrum mit einzuschließen.

**❶ Gemeinsam mit den Anforderungen an einen inklusiven Unterricht bedeutet das Ein-
gehen auf neurodiverses Lernen eine Bereitschaft zur Unterrichtsentwicklung unter
Einbeziehung aller Dimensionen von Unterricht.**

Das benötigt eine mehrdimensional geführte Methodik und Didaktik, die sowohl unterschiedliche Lernwege als auch eine parallele Durchführung unterschiedlicher Unterrichtmethoden für gleiche Themenbereiche zulässt und somit neurodivergente Lernvoraussetzungen in vorhandene inklusive Planungs- und Umsetzungsprozesse integriert. Zunehmend soll so eine Kombination als Grundlage für alle Planungs- und Umsetzungsprozesse betrachtet werden. Dazu wird es für die Lehrperson erforderlich sein, von klassischen Formen der Unterrichtsorganisation für die Gesamtgruppe im Sinne einer Gleichschaltung der Phasen und Lernprozesse wegzugehen und die Berücksichtigung von Heterogenität in der Unterrichtsorganisation sowie der Methodik und Aneignungsdidaktik für die Wissensdimension mit einem hohen Anteil an Schüler*innenzenriertheit in den Mittelpunkt zu rücken.

Erst mit diesen geschaffenen Voraussetzungen werden in weiterer Folge auch die Voraussetzungen für die Umsetzung eines individuellen Nachteilsausgleichs mit wirklicher Chancengleichheit geschaffen, damit dieser in den Bereichen der Mitarbeit, in den Formen der Leistungsbeurteilung und bei der Bewertung und Beurteilung von Leistungen zum Tragen kommen kann.

Methoden-Tipp

Merkmale eines neurodiversen Unterrichts
- Inklusive äußere Rahmenbedingungen
- Struktur und Transparenz in allen Bereichen der Unterrichtsorganisation und Wissensdimension
- Diverse Phasierung des Lernens auch im zeitlichen, räumlichen und stufenübergreifenden Kontext
- Methodische Differenzierung und paralleles Angebot verschiedener Methoden
- Multimodalität Didaktik, die unterschiedlichen „Denk- und Lerntypen" entgegenkommt und solche zulässt
- Differenzierung in der Zielsetzung
- Entwicklungsorientierte Begleitung und Anleitung

Ausgehend von der differenzierten Betrachtung und Auseinandersetzung mit der Wissensdimension ist der nächste Blick auf die Bedingungen für die Mitarbeit durch die Unterrichtsorganisation gerichtet. Das inklusive „Classroom-Management" stellt dafür die notwendige Rahmenorganisation dar.

Jeder Schritt der Planung kann zunächst im gesamtinklusiven Konzept durchdacht, danach für einzelne Schüler*innengruppen individualisiert und differenziert und zuletzt für Bereiche, in denen das nicht möglich ist, mit einem spezifischen Nachteilsausgleich für die betreffenden Schüler*innen ergänzt werden.

Eingebettet in eine inklusive Lernraumgestaltung stehen die Lernvoraussetzungen aller Schüler*innen im Mittelpunkt der konkreten Planung von Unterricht und stellen somit auch den Ausgangspunkt für die Gestaltung der Inhalte und möglicher Lernwege dar. Auf der Basis des vorhandenen Vorwissens der Schüler*innen wird

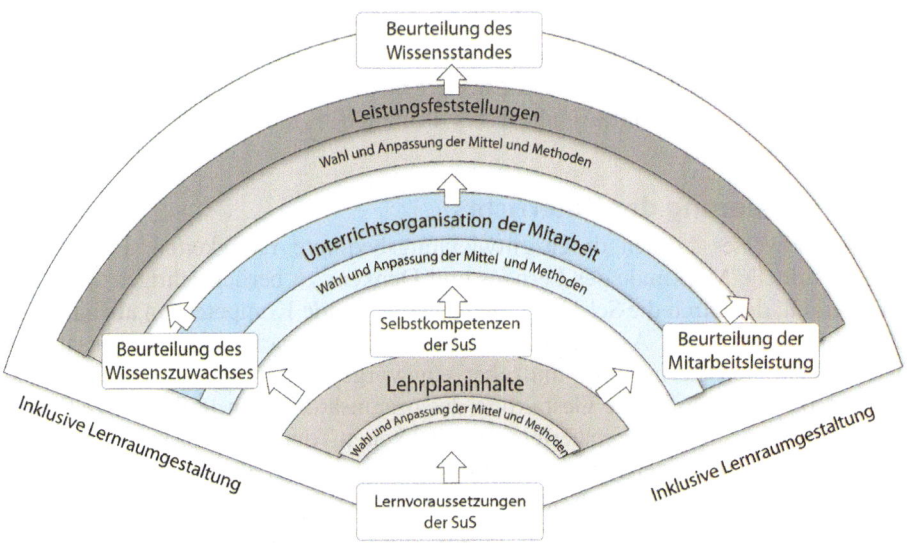

Abb. 2.9 Schüler*innenzentrierte Planung des Unterrichts

zunächst die Wissensdimension geplant. ◘ Abb. 2.9 veranschaulicht den Weg dieser Planung. Eine Auseinandersetzung mit den Kerninhalten des Lehrplans sowie deren Differenzierungen in die Wissensdimensionen und Abgrenzung von den Erweiterungsbereichen zeigt sich grundlegend für Überlegungen zu neurodiversen Lernzugängen zu den verschiedenen Themenbereichen.

In einem nächsten Schritt werden auf dieser Basis ebenso neurodiverse Methoden für die Mitarbeit sowie zusätzliche unterstützende Mittel zur Selbstständigkeit in den Arbeitsformen ausgewählt, um hier eine Aktivität zu unterstützen. Diese sollen passende unterrichtsorganisatorische Möglichkeiten die Aneignung, Übung bzw. Anwendung und zuletzt die Darstellung des Wissens gewährleisten. Abschließend können auf Basis der im Unterricht erarbeiteten Themen und Methoden sowie der verwendeten Mittel die Form und die Bedingungen für die Leistungsüberprüfungen ausgewählt und angepasst werden und ebenso Bedingungen für einen Nachteilsausgleich berücksichtigt werden.

> Chancenausgleichende Planung ist eine Planung von innen nach außen und berücksichtigt den Nachteilsausgleich als inklusives Unterrichtsprinzip für den Wissenserwerb und die Mitarbeit.

Bei einer eingehenden und regelmäßigen Auseinandersetzung mit dem Schaffen von neuronal passenden Lernzugängen durch die Lehrperson kann davon ausgegangen werden, dass das Wissen um diese zunehmend differenzierter wird.

Ein wiederkehrender Einsatz bestimmter grundlegender Unterrichtsformen und die Bereitstellung von Zugängen, die das neurodiverse Lernen förderlich unterstützen können, gelten in allen Unterrichtsfächern als Prinzipien und werden zunehmend ritualisiert herangezogen. In den Klassen ergeben sich so klassentypische

2

Zusammenstellungen von gut geeigneten Möglichkeiten der Mitarbeit und schüler*innengruppen-typische Formen zu den Anpassungen und dem Einsatz spezieller Mittel für den Wissenserwerb. Ein oder mehrere Maßnahmen zum Nachteilsausgleich können sich daraus als festes Prinzip für individuelle Schüler*innen herauskristallisieren.

2.2.2.2 Phasierung des Unterrichts

Um neurodiverses Lernen durch entwicklungsbedingte Fähigkeiten, Fertigkeiten und individuelle Merkmale des Lernens und Denkens zu berücksichtigen, erscheint es förderlich, die durch die Schüler*innen zu erwerbende Kompetenzen auch in Hinblick auf die zeitlichen Aspekte von Zielsetzung zu betrachten. Im Gegensatz zur gleichgeschalteten Lerngruppe und eher eng vorgegebenen Phasierung für Lernprozesse bietet eine offenere Gestaltung des organisatorischen und auch zeitlichen Rahmens mehr und differenziertere Möglichkeiten, den neurodivergenten Lernbedürfnissen durch Unterrichtorganisation zu entsprechen. Kurzfristige Planungen, z. B. für einzelne Schulstunden, lassen im Gegensatz dazu geringere Möglichkeiten des strukturierten individualisierten Lernaufbaus zu und können so immer wieder bereits in der Überlegung zu schwer überwindbaren Hindernissen allein durch ihre starren äußeren Bedingungen führen.

> Eine neurodiverse Differenzierung, die sich auch in der Phasierung von Unterricht wiederfinden soll, fordert damit ein regelmäßiges und zunehmend häufigeres Weggehen von der Gesamtgruppe als informationsaufnehmende oder handlungsausführende Normgruppe im gleichgeschalteten, zeitlichen Rhythmus ein. Adaptierte Unterrichtskonzepte sind notwendig, die sich auch mit Alternativen zur Zielgleichheit und Gleichschrittigkeit befassen.

Neurodiverse Phasierung bzw. Verlaufsplanung geht damit sowohl mit einer Öffnung des Unterrichts als auch im großen Stil von schulorganisatorischen Maßnahmen einher. Einzelne inklusive Schulmodelle im deutschsprachigen und europäischen Raum beschäftigen sich schon lange mit der Entwicklung durchlässigerer Organisation von Schule und Unterricht. Lebzelter (2018) zählt hierzu im R&E-SOURCE Open Online Journal for Research and Education einige inklusive Modellschulen in einer Zusammenschau theoretischer und praktischer Zugänge auf. In ihnen zeigt sich eine höhere Flexibilität im Eingehen auf spezifische Problemsituationen des Lernens durch den ständigen Weiterentwicklungsprozess und mehr Flexibilität der Strukturen. „In Österreich ist ein vergleichbares Schulprojekt in der wissenschaftlichen Literatur derzeit nicht dokumentiert, allerdings gibt es einige Ansätze sowohl im öffentlichen als auch im privaten Schulsystem, die dabei sind, das Feld der Möglichkeiten integrativer Beschulung auszuloten. Ein Beispiel ist die Initiative Schule im Aufbruch, zu der Volksschulen, Neue Mittelschulen und weiterführende Schulen gehören" (Lebzelter 2018, S. 5).

Ein Umdenken auf Schulorganisationsebene für die Organisation von Unterricht und Lernzeiten würde zu einer positiven Entwicklung der Basisbedingungen zur Chancengleichheit beitragen. Ein Hinschauen zu Gelingensfaktoren dieser bereits entwickelten Konzepte und ein Adaptieren und Weiterentwickeln dieser Ansätze für den eigenen Standort und den eigenen Unterricht scheint zielführend. Aber auch ohne diese radikalen Veränderungsprozesse lassen sich bereits einige Möglichkeiten der anderen Phasierung sowohl im Bereich der Grundstufe als auch in der Sekundarstufe umsetzen. Im Volksschulbereich bietet sich durch den ausgewiesenen Gesamtunterricht die Möglichkeit, die Unterrichtsplanung hinsichtlich der Fächer flexibel zu handhaben. In der Sekundarstufe wäre dies z. B. möglich durch ein Zusammenlegen von einzelnen Stunden zu Lernbereichen (auch klassenübergreifend), die vorherige Berücksichtigung von Lernfeldern in der Erstellung der Stundenpläne oder ein bereichsübergreifend geplanter Projektunterricht, welche längere Phasen der Beschäftigung mit einem Lernbereich unterschiedlicher Lerngruppen mit unterschiedlichen Lernzielen ermöglichen.

Vielerorts zeichnen sich inklusive Konzepte und deren Ansätze durch offenere Unterrichtskonzepte aus. Für die Planung und Gestaltung einer Phasierung, die einen Fokus auf einen schüler*innenzentrierten Unterricht haben soll, kann ein hoher Grad an Rhythmisierung, Strukturierung, Ritualisierung, Visualisierung und Transparenz sowie einer individuell passenden Auswahl von Freiheitsgraden auch autistischen Schülerinnen und Schülern diesen Zugang besser ermöglichen.

Aspekte einer inklusiven Phasierung und Öffnung des Unterrichts
- Rhythmisierung
- Strukturierung
- Ritualisierung
- Visualisierung
- Transparenz
- Freiheitsgrade

Viele unterrichtsorganisatorische Aspekte, die für die gelingende Aufnahme und Verarbeitung von Lerninhalten bei autistischen Schülerinnen und Schülern Berücksichtigung finden müssen, sind nicht nur in Bezug auf das Lernen und selbstständige Handeln autistischer Kinder und Jugendlicher zu sehen. Auch für andere Schüler*innen mit und ohne besondere Lernvoraussetzungen werden dadurch kompensatorische Prinzipien angewendet, wie der Nachteilsausgleich für spezifische Störungen und Behinderungen und der störungsbezogene Ausgleich für Schüler*innen mit Deutsch als Zweitsprache, Lese-Rechtschreib-Störungen oder auch Dyskalkulie.

Methoden-Tipp

Planen eines neurodiversen Unterrichts
- Schaffen von förderlichen Bedingungen durch inklusive Lernorganisation
- Beseitigen von Hindernissen für die Aktivität und Teilhabe durch inklusive Unterrichtsorganisation und Phasierung
- Kompensatorische Maßnahmen für hinderlichen Umgebungsbedingungen beim Lernen
- Differenzierte und neurodiverse Aufbereitung der Lernthemen für den Wissenserwerb und die Erweiterung von Wissen

2

— Setzen von individuellem Nachteilsausgleich
— Individuelle Förderung zum Aufbau oder zur Erweiterung von Nebenkompetenzen mit und ohne unterstützende Mittel
— Förderung in den Entwicklungsbereichen und ihren Vorläuferfunktionen

2.2.3 Visualisierung als methodisch-didaktisches Konzept

Die Visualisierung als transparentes Mittel der Darstellung steht in der Pädagogik mit Kindern und Jugendlichen im Autismus Spektrum stark im Vordergrund, da sie in den meisten Fällen für die Schüler*innen eine besonders gute Verarbeitungsmöglichkeit darstellt. Sie ist ein wichtiger Pfeiler des TEACCH-Ansatzes, dessen Wirksamkeit für einen Kompetenzzuwachs in der Selbstständigkeit, den sozialen Fähigkeiten und in der funktionalen Kommunikation mehrfach nachgewiesen wurde (Bölte 2015, S. 285). Die Visualisierung kann für sich selbst als informationsgebende Quelle stehen oder die vorhandenen Strukturen, Ordnungen und Informationen über verschiedene Mittel und Abstraktionsniveaus der Darstellung zusätzlich verdeutlichen.

Unterschiedliche Möglichkeiten der visuellen Darstellungen können verschiedenen Abstraktionsniveaus zugeordnet werden, welche in der ◻ Abb. 2.10 dargestellt sind

Für die hier im Buch verwendeten Einsatzmöglichkeiten und aus Gründen der Vollständigkeit wurden die Formen der visuellen Darstellung um die sprachliche Ebene ergänzt und um die mathematische Symbolebene von Leisen (2013, S. 2.) erweitert.

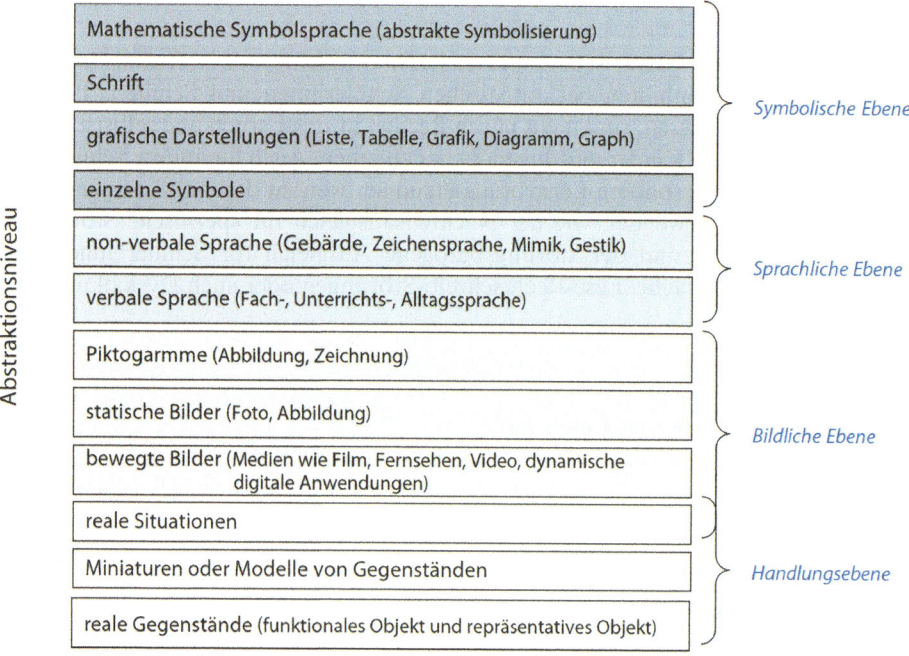

◻ **Abb. 2.10**   Abstraktionsniveau der Darstellungen

Das Abstraktionsniveau der visuellen Darstellungen richtet sich nach der individuellen Kompetenz der Erfassung durch die Schülerin bzw. den Schüler. Diese ist bei autistischen Schülerinnen und Schülern nicht immer in einem altersbezogenen Entwicklungsaufbau zu sehen, sondern sollte spezifisch eruiert werden. Verschiedene Ebenen können auch miteinander kombiniert angewendet werden. Besonders bei Fotos ist auf die konkrete Wahrnehmung zu achten, die ein Hindernis darstellen kann, wenn Fotos zur generalisierten Anwendung eingesetzt werden. Bei abstrakten Darstellungen auf 2-dimensionaler Ebene z. B. bei Piktogrammen sind Aspekte von Ähnlichkeitsmerkmalen ggf. nicht eindeutig genug, um sie mit dem realen Gegenstand oder der Situation in Verbindung zu bringen.

Besonders die visuellen Mittel unterstützen bei autistischen Kindern und Jugendlichen den Prozess der Wahrnehmung, Informationsaufnahme und ebenso das bessere Verständnis von Informationen und bieten einige Vorteile gegenüber anderen Aufnahme- und Verarbeitungsmöglichkeiten, auch um den persönlich präferierten Lernstrategien anderer Schüler*innen zu entsprechen. Bei der Visualisierung in Form von personen- oder zeitunabhängigen visuell-perzeptiven Mitteln wird vor allem der Fokussierung und Reizreduktion in allen Dimensionen eine hohe Bedeutung zugemessen. Studien über bildgebende Verfahren haben eine höhere Aktivierung in den Hirnregionen für visuell-perzeptive Prozesse gefunden, besonders bei Anforderung in neuen Situationen und auch bei sozialen Aufgaben (Mottron et al. 2006, S. 34). Das kann darauf hindeuten, dass diese Regionen bevorzugt verwendet werden, um Probleme zu lösen.

> **Vorteile visueller Informationen und Darstellungen für Schüler*innen im Autismus Spektrum**
> - Hohe Informationsbeständigkeit: Visuelle Informationen stehen länger für den Verarbeitungsprozess zur Verfügung als z. B. sprachliche Information, vor allem bei komplexen Informationen.
> - Sicherheit und Verlässlichkeit durch Personenunabhängigkeit: Information steht auch zur Verfügung, wenn Bezugsperson nicht anwesend ist.
> - Erleichterte Verständlichkeit: Weniger ganzheitliche Erfassung und sozio-emotionales Wissen benötigt, um sprachbegleitende Merkmale wie Stilmittel, Mimik und Gestik zu decodieren.
> - Verarbeitungsgeschwindigkeit: Visuelle Reize werden (auch in Stresssituationen) schneller wahrgenommen und verarbeitet und bewirken damit eine schnellere Umsetzung in die Handlung.
> - Gedächtnisspeicherung: Visuelle Informationen werden allgemein gut gespeichert und sind aufgrund der Eindeutigkeit schnell abrufbar.
> - Reizreduzierung: Klare, strukturierte Darstellung ermöglicht Fokussierung auf das Wesentliche.
> - Ausgleich von Kommunikations- und/oder Verständnisschwierigkeiten: Die visuelle Darstellungsform stellt eine Alternative zur komplexen Sprache dar.

An dieser Stelle ist die Unterstützte Kommunikation (UK) als ein wichtiges Element im Bereich der Sprachförderung zu nennen, die u. a. die visuelle Bildsprache auch für autistische Schüler*innen als Mittel zum Spracherwerb oder für den Sprachgebrauch nutzt. Im hochfunktionellen Bereich findet diese aber eher weniger Anwendung, da die Schüler*innen hier meist über die Sprachkompetenzen im Sinne des „sich mitteilen Könnens" verfügen. Daher erfolgen zum Themenbereich der Unterstützten Kommunikation, auch aufgrund der Komplexität der Methode, in diesem Buch keine weiteren Ausführungen. Jedoch sollte diese auch immer im hochfunktionellen Bereich mitbedacht werden, da sie im Rahmen der Sprachanwendung, der Pragmatik wertvolle und unterstützende Möglichkeiten bietet.

2.2.3.1 Die visuelle Darstellung

Es kann bei Schülerinnen und Schülern im Autismus Spektrum nicht vorausgesetzt werden, dass visuelle Mittel situativ und ohne Erarbeitung oder zusätzliche Klärung erfasst und in ihrer Bedeutung verstanden werden. Häufig stellen neue Darstellungsformate oder eine erhöhte Komplexität in Darstellungen mit und ohne Verbindung mit inhaltlichen Anforderungen zunächst selbst eine hohe Anforderung dar. Dadurch können auch scheinbar einfache visuelle Darstellungen bereits zu Hindernissen für das Lernen oder die Leistungserbringung werden.

Das Verständnis von visuellen Darstellungen umfasst verschiedene Bereiche, die jeweils unterschiedliche Aspekte der Nutzung im Unterricht darstellen und in ihrer Bedeutung für das Handeln auch bestimmten Fachausdrücken zugeordnet sein können.
- Visuelle Darstellung für spezielle Strukturierungshilfen, z. B. Umrisszeichnungen, Leitsysteme wie Farben oder Nummerierungen oder Ablaufpläne
- Fachunspezifische Anwendungsdarstellungen, z. B. Abbildungen zur Informationsvermittlung, unterschiedliche Anwendungsformate, Listen und Tabellen
- Fachspezifische Darstellungsformen, z. B. mathematische Zeichen, Symbole auf Landkarten, chemische Formeln

Noch vor der Anforderung, die Darstellungsformen methodisch zu handhaben, wird ein Bedeutungsverständnis dieser Formen benötigt. Die Schwierigkeit beim „Lesen" dieser visuellen Informationsmittel ist, dass sie, obwohl sie konkret wahrnehmbar sind, unterschiedliche Informationen auf verschiedenen Abstraktionsniveaus vermitteln können.

Informationsvermittlung durch Darstellungsformen
- Sie können selbst sowohl konkret als Gegenstand als auch in einer abstrakten Form vorhanden sein, z. B. als ein Symbol oder in Schriftform, aber die gleiche Bedeutung haben.
- Sie können für etwas Konkretes oder für etwas Abstraktes (eine Kategorie oder ein Prinzip) stehen.
- Sie können selbst eine Funktionalität haben, d. h. als solches direkt benutzt werden oder als repräsentativer Hinweis für etwas anderes stehen, z. B. für eine geforderte Tätigkeit oder eine Zeitphase.

Um Darstellungen nicht zu einem Hindernis für autistische Schüler*innen werden zu lassen, ist das Aufnehmen und Verstehen im zusammenhängenden Bezug zum Inhalt sicherzustellen. Dafür benötigt es ein Verständnis der dargestellten Form als Repräsentation eines Inhalts. Die ■ Abb. 2.11 illustriert beispielhaft verschiedene Repräsentationsebenen und ihre Bedeutungen. Erst das Erkennen der zusammenhängenden Bedeutung von Inhalt mit der Darstellung der Zuordnung zu einem Begriff und einer Funktion für das Handeln lassen sie zu einem geeigneten Mittel für das Lernen oder auch zu einem chancenausgleichenden Mittel werden.

Das Verständnis der Bedeutung kann nach dem TEACCH-Ansatz über die eindeutige Zuordnung zu sprachlichen Begriffen, Phrasen oder konkreten Handlungen erfolgen. Gerade für den Einsatz von visuellen chancenausgleichenden Mitteln ist eine Überprüfung relevant, welche Form dem Entwicklungsniveau und der Verarbeitung des jeweiligen Kindes oder der bzw. des Jugendlichen am besten entspricht. Die Wahl des Mittels ist dabei abhängig davon, welche Form das Kind oder die bzw. der Jugendliche benötigt, um die erforderliche Aktivität zu zeigen. Die Darstellungsform ist nicht zwingend abhängig vom Entwicklungsstand und dem Abstraktionsniveau, sondern zeigt sich in der Praxis oft individuell. Hinsichtlich der

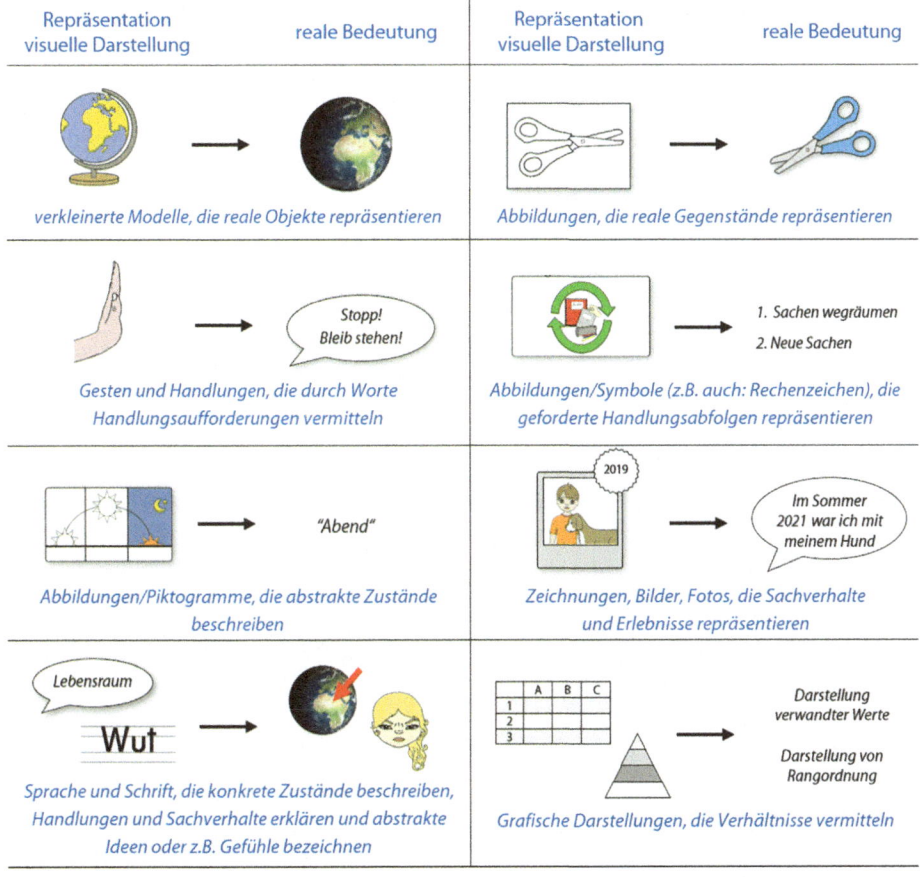

■ **Abb. 2.11**   Repräsentationsebene der visuellen Darstellung und ihr realer Bedeutungsbezug

2

verschiedenen Möglichkeiten der visuellen Darstellung und ihres Einsatzes, besonders für autistische Kinder und Jugendliche, finden sich bei Anne Häußler Anhaltspunkte für deren Auswahl in Form einer Checkliste zur Überprüfung der Zuordnungsfähigkeit (2015, S. 84–89).

Im Schulverlauf kann ein geplanter Aufbau von visuellen Darstellungsmitteln im Sinne eines Kompetenzerwerbs für den Umgang mit diesen Formen den Wissenserwerb unterstützen. Visuelle Mittel sind nicht nur im Sinne des neurodiversen Angebots oder eines Nachteilsausgleich zu sehen, sondern können grundsätzlich an verschiedenen Stellen im Wissenserwerb als methodische Formen herangezogen werden bzw. stellen selbst ein Lernziel dar. Daher soll möglichst frühzeitig mit ihrem Einsatz begonnen werden.

> ❶ **Die Kenntnis, das Verständnis und der Umgang mit visuellen Darstellungsformen ist für alle Bereiche des Lernens und der Leistungserbringung relevant.**

2.2.3.2 Die Darstellung schulischer Anwendungsformate

Auch einfache Anwendungsformate wie in ◼ Abb. 2.12s, die üblicherweise bereits in der Grundstufe 1 gebräuchlich sind, können gerade zu Beginn nicht immer über die rein visuelle Darstellung in ihrer immanenten Bedeutung wahrgenommen und verstanden werden. Auch die sprachliche Bedeutung gibt autistischen Schüler*innen nicht immer genügend Hinweise für das eigene Handeln. Das betrifft z. B. leere Wortfelder zum Eintragen oder Einzeichnen, Wörter und Bilder zum Verbinden, das Herstellen von Zusammenhängen über Nummerierung und Buchstabenzuordnung oder auch das Nachfahren von Spuren zum Schreiberwerb.

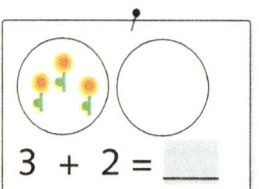

Schwierigkeiten den Bezug zwischen Bild und Rechenaufgabe herzustellen: Leerer Kreis und freie Linie

Buchstaben zum Nachspuren kann als Ausmalfläche verstanden werden.

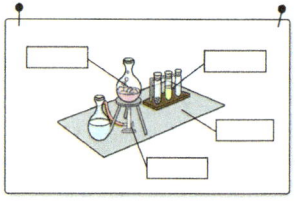

Leere Felder werden nicht als Aufforderung zum Eintragen der Bezeichnungen verstanden.

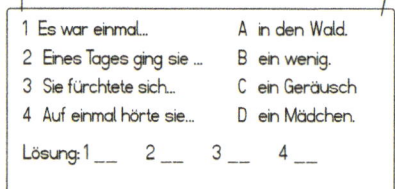

Beziehungen kann nicht über Nummerierungen hergestellt werden.

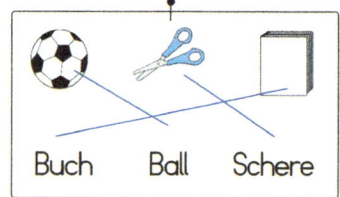

Beziehungen können nicht durch grafisches Verbinden hergestellt werden

◼ **Abb. 2.12**   Bedeutungszusammenhänge einfacher Darstellungsformen

Mögliche Ursachen für Schwierigkeiten im Bedeutungsbezug visueller Mittel
- Unübersichtliche Anordnung
- Individuelle Merkmale in der Blickfokussierung der Schülerin bzw. des Schülers
- Fehlender Bedeutungsbegriff des dargestellten Bildes (kein zugeordneter Wortbegriff oder Funktion)
- Unkenntnis der Darstellungsform bzw. der methodischen Anwendungsform
- Fehlendes Herstellen des Zusammenhangs zwischen den einzelnen Aufgabenteilen
- Kein implizites Verständnis für einen vorliegenden Aufforderungscharakter eine Aufgabe zur Handlung
- Erhöhte Anforderung an die Verknüpfung von abstrakter Sprachbedeutung mit Bildbedeutung

Manche Schüler*innen benötigen häufig zunächst eine aktive Verknüpfung der drei Bedeutungsebenen von Bild, Sprache und Handlung, siehe ▪ Abb. 2.13 und damit eine schrittweise Erarbeitung und Klärung der verschiedenen Bedeutungen. Für diese ggf. neuen Formen empfiehlt es sich, einen Erarbeitungszeitraum mit einer niedrigen inhaltlichen Anforderung einzuplanen, um Hindernisse dieser Anwendung auszuschließen, bis die Kenntnis und eine Automatisierung in der Durchführung erfolgt sind. Die Verknüpfung kann verstärkter abgegrenzt und schrittweise aufeinander aufbauend erfolgen, um einen Lernerfolg zu sichern. Dabei ist die Ebene des Einstiegs individuell unterschiedlich und soll der Informationsverarbeitung der einzelnen Schüler*innen entsprechend gewählt werden.

Die Bedeutungsklärung kann bis zur Automatisierung und Verinnerlichung auch für einen Zeitraum mit einem zusätzlichen eindeutigen Symbol in den Aufgaben z. B. auf dem Arbeitsblatt oder im Buch gekennzeichnet werden. In der ▪ Abb. 2.14 wird dieses für die geforderte Arbeitstechnik „verbinden" durch die symbolische Darstellung einer Linie mit einem Anfangspunkt und Endpunkt dargestellt.

Neben den Schwierigkeiten, die im Bedeutungsverständnis besonders bei der sprachlichen oder funktionellen Begriffsbildung entstehen können, können auch nach erfolgter Bedeutungsklärung im praktischen Gebrauch im Unterricht andere Hindernisse die Umsetzung erschweren.

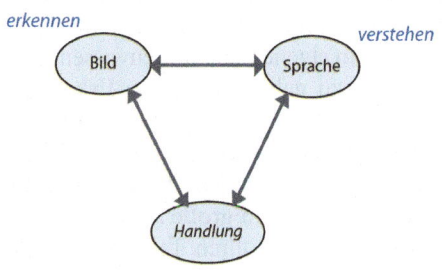

„Lesen" von Darstellungsformen

1. *Kennenlernen der Darstellungsform (Bild)*
2. *Zuordnen zu einer sprachlich eindeutigen Benennung (Sprache)*
3. *Anwendung von Methoden (Handlung)*
4. *Schrittweise Verknüpfung der einzelnen Ebenen miteinander*

▪ **Abb. 2.13** Verknüpfung der Bedeutungsebenen

2

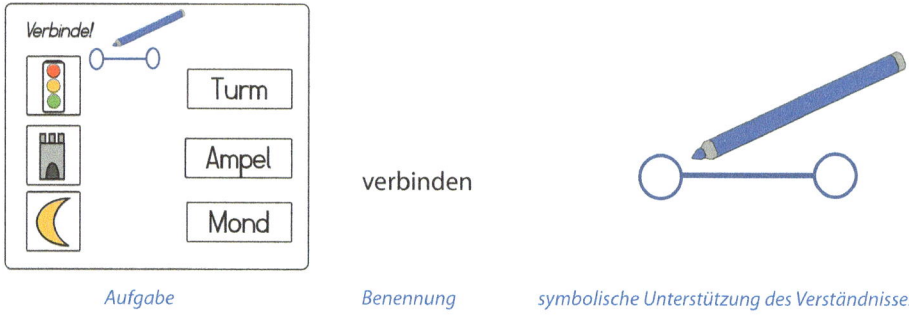

| Aufgabe | Benennung | symbolische Unterstützung des Verständnisses |

☑ **Abb. 2.14**   Bedeutungserklärung einfacher Arbeitstechniken

Mögliche Hindernisse durch visuelle Darstellung
- Nicht erkennbare Anordnung und Gliederung
- Unklarheit der Bedeutung durch reizüberflutende Darstellungen, z. B. bunte Fotos, Abbildung zu vieler Inhalte gleichzeitig
- Teilleistungsanforderungen/-besonderheiten im visuellen Bereich
- Erhöhte Anforderung an die multimodale Aufnahme und Verarbeitung von Sprache und visueller Informationen

Allgemein sollen reizreduzierende Maßnahmen und Maßnahmen zur Fokussierung wie in ☑ Abb. 2.15 aufgezählt überall dort eingesetzt werden, wo vermehrt über den visuellen Sinn Inhalte zu erfassen und Aufgaben zu bearbeiten sind, um Hindernisse durch die damit ggf. verbundene erhöhte Anforderung an die Wahrnehmungs- und Verarbeitungsleistung zu vermeiden. Das betrifft vor allem immer wieder auch Arbeitsblätter, Hefte und Bücher mit deren Dekoration, Anordnung und Darstellung von Aufgaben.

Die Reizreduzierungs- und Fokussierungsmaßnahmen stehen als „Merkblatt" im Materialdownload für das Kap. 2 zur Verfügung.

Die Aufteilung von Inhalten auf einer Darstellungsfläche wie z. B. einer Buchseite oder auf einem Arbeitsblatt ist ein wesentlicher Faktor für die schnelle Erfassung des Aufgabeninhalts, des Kontextes, den Abgleich mit dem eigenen Methodenwissen und der daraus folgenden Planung der Handlungen. Dazu gehört auch das Erkennen einer Reihenfolge, in der die Darstellungen inkl. der Texte zu betrachten und in Folge zu bearbeiten sind. Für die strukturierte Aufteilung sind das Ausrichten an horizontalen und vertikalen Sichtachsen von Überschriften, Texten und Bildern sowie eine klare Abgrenzung einzelner Aufgabenbereiche durch genügend große Abstände und Rahmen möglich. Auch innerhalb von Aufgabenstellungen sollten Teilbereiche gut räumlich aufgeteilt sein, z. B. bei Zuordnungsaufgaben von oben nach unten oder von links nach rechts. Bei unsymmetrischen Anordnungen muss sichergestellt sein, dass zusammengehörige Inhalte auch als solche erkannt werden. Sie können ggf. eingerahmt werden, um sie von der Umgebung abzugrenzen. Trotz dieser Kenntlichmachung bestehen weiterhin meist höhere Anforderungen in der Aufgaben-

Reizreduzierung

Sensorische Anpassungen
- Farben von Unter- und Hintergründen
- Schrift-Hintergrund-Kontraste
- Verringerung der Farbintensität, der Farbpalette oder Muster

Unwichtiges ausblenden
- verringern von irrelevanter Information
- weglöschen, abdecken, wegfalten, wegschneiden

Verringern der Quantität
- Reduzierung der Teile
- Reduzierung der Aufgabenanzahl

Verringern der Komplexität
- Reduzierung der Arbeitsschritte
- Reduzierung der unterschiedlichen Materialien

Fokussierung

Visuell-räumliche Anpassung
- Aufteilungen, Anordnungen
- Größen von Schrift, Bildern, Linien und Kästchen

Abgrenzen
- Rahmen, Ränder
- abgrenzende Linien
- farbliches Absetzen
- kontrastreiche Lineatur

Hervorheben
- Farbmarkierungen
- Unterstreichungen
- Schriftformatierung

Visuelle Hinweise geben
- Symbole, Post-ist, Aufkleber, Schrift

◉ **Abb. 2.15** Reizreduzierungs- und Fokussierungsmaßnahmen

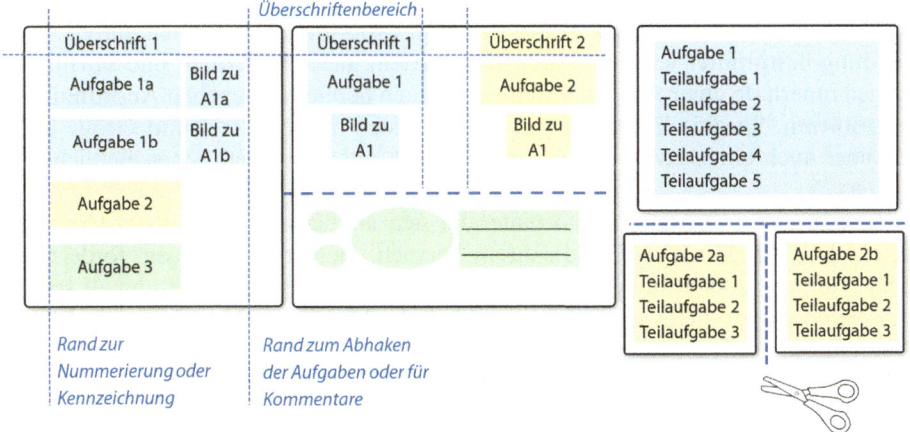

◉ **Abb. 2.16** Fokussierungsmaßnahmen durch Anordnungsstruktur

bewältigung, die von der Schülerin bzw. dem Schüler kompensiert werden müssen. Daher ist eine Sensibilisierung von Lehrpersonen für die verwendeten Darstellungsformen als mögliches Hindernis für die Leistungsfähigkeit maßgeblich relevant um dieses auch in der Beurteilung zu berücksichtigen. Eine Aufteilung von Aufgaben auf Kopiervorlagen kann auch durch Auseinanderschneiden der Aufgabe durchgeführt werden. Das reduziert eventuell auch aufkommenden Stress durch die erfasste hohe Menge der Anforderung. Aufteilungsmöglichkeiten sind in ◉ Abb. 2.16 zu sehen.

Neben der Aufteilung und Anordnung führen auch eine Unbekanntheit der Aufgabenform und unterschiedliche Größen, Höhen und Längen nicht selten zu Irritationen und Hindernissen bei der Aufgabenbewältigung. Unzureichende Räume und zu kurze Linien stellen oft ein Hindernis für die selbstständige, fehler-

2

freie Bearbeitung dar. Diese Räume benötigen ggf. eine Anpassung oder einen Zusatz, der direkt an der Aufgabenform bereitgestellt wird. Eigens erstellte Arbeitsblätter können besser Rücksicht auf diese Strukturierungsaspekte nehmen.

Bereits bei scheinbar einfachen Darstellungen, wie Zeichnungen oder Bildern, können bereits Missverständnisse in ihrer Bedeutungszuweisung entstehen. Die Aufmerksamkeitsausrichtung auf Details, eine ggf. vorliegende starke serielle Verarbeitung oder auch eine Filterschwäche kann z. B. das Analysieren und Herausfinden der wesentlichen Details sowohl auf schriftlicher Ebene in Texten als auch bei der Bildbetrachtung erschweren, sodass z. B. eine Unterstützung der verbalen Erklärung durch visuelle Darstellung die Schüler*innen trotz bzw. gerade wegen ihres Einsatzes sogar handlungsunfähig werden lässt oder zumindest die Auseinandersetzung erschwert. Irrelevante Bild- oder Darstellungsinformationen sollten daher vorbeugend weggelassen werden, da sie zunächst irritieren und im Nachhinein auch nur erschwert ausgeblendet werden können. Zur Reizreduzierung und besseren Fokussierung können für das Betrachten von und Arbeiten mit Bildern unterschiedliche Maßnahmen getroffen werden z. B. durch Abdecken von reizüberladenen Bereichen oder den Einsatz von Markierungen der wesentlichen Bildinformationen.

Ablenkend können ebenso die Verwendung unterschiedlicher Schriftarten und Größen auf einer einzelnen Seite sein. Fokussierungsmaßnahmen durch Verwendung bestimmter leicht lesbarer Schriftarten, gleicher Größen und Formatierungen innerhalb einer Aufgabenstellung können bereits vorgegeben Anordnungen unterstützen. Spezifisch gesetzte Formatierungen von Schriftart und Größe können aber auch eingesetzt werden, um den Blick auf die wesentlichen Bereiche zu lenken.

Es gibt einige Anwendungsformate, die sich als besonders herausfordernd für viele Schüler*innen darstellen. In ihrem Versuch, diese zu bewältigen, fordern sie mehr Aufmerksamkeit für deren andere Anforderung als für den Lerninhalt selbst. Dazu gehören vor allem solche, die eigentlich die Motivation beim Lernen erhöhen oder erhalten sollen aber meistens vermehrt Anforderungen an die visuelle oder visuell-räumliche Wahrnehmung stellen, z. B. Suchsel oder Kreuzworträtsel, große Zahlenmauern oder komplexe Rechenbäume, Wimmelaufgaben, aber auch Lesespurhefte, lange Lückentexte etc.

Der bewusste Einsatz solcher Formate ist dann sinnvoll für Kinder und Jugendliche die hier Schwierigkeiten zeigen, wenn ein Förderschwerpunkt genau auf diesen visuellen Bereichen gesetzt werden soll z. B. auch als Konzentrationsübung. Unter diesem Aspekt muss der inhaltliche Lernzielbereich weniger stark gewichtet werden, bis die Kompetenz für die Nebenanforderung in einem ausreichenden Maße vorhanden ist. Eine Alternative, die sich auf das konkrete Lernziel bezieht, ist bei einer Fokussierung auf das Lernziel selbst solchen motivierenden Formaten vorzuziehen, um einen Lernerfolg sicherzustellen.

2.2.3.3 Fachgebundene und fachungebundene Darstellungsformen

Nicht nur Anwendungsformate sind regelmäßig wiederkehrende Darstellungsformen, auch fachliche und nicht-fachliche methodische Darstellungsformen machen einen wichtigen Bereich im Unterricht aus. Daher gehört die Kompetenz, diese in ihrer Darstellung und ihrem Bezug zum Inhalt zu verstehen und sie „lesen" zu können, und der handelnde Umgang mit ihnen selbst als konkretes methodisches Lernziel meist zum Wissenserwerb dazu.

Jedes Fach hat dabei seine spezifischen Formen, um seine Sachverhalte darzustellen. Diese spezifischen Darstellungsformen stellen einen Teil der Fachmethoden dar und sind somit, wie die fachlichen Inhalte selbst, Gegenstand des Fachlernens (Leisen 2013, S. 1). Sie dienen unter anderem dazu, Komplexität anschaulich zu machen und damit das Verständnis für ihre Bedeutung und Anwendung von Wissen zu unterstützen.

Darstellungsformen für Fachmethoden

- In den Realienfächern Geografie und Wirtschaftliche Bildung, Geschichte und Politische Bildung, Biologie und Umweltbildung, Physik und Chemie sind es vor allem zunächst Sachtexte, die Fakten und inhaltliche Zusammenhänge erklären sollen. Zusätzlich wird mit spezifischen Formen der grafischen Darstellung gearbeitet.
- In Geografie wird z. B. mit Schnittzeichnungen, topografische Karten, Klimakarten, Profilschnitten, Klimadiagrammen, Graphen und Modellen gearbeitet.
- In Biologie und Umweltbildung dagegen sind es vorwiegend Naturobjekte, Präparate, Schnittskizzen, Funktionsmodelle sowie chemische Formeln.
- Die Mathematik bedient sich einer eigenen abstrakten Symbolsprache mit mathematischen Zeichen und Gleichungen sowie besonderer methodischer Formen wie z. B. Zahlenmauern, Rechenräder, Rechenquadrate oder Kettenaufgaben.
- Im sprachlichen Bereich sind es Formen wie z. B. Wort-Bild-Zuordnungen, Bildergeschichten, Dialoge, Textaufbauten und Textsorten.

Andere Darstellungsformen sind nicht fachspezifisch, werden aber im Zuge der Erweiterung von Kompetenzen häufig verwendet, um Inhalte anschaulich zu machen oder Denk- und Lernprozesse zu strukturieren. Ihre Einsatzbereiche sollen den gerade benötigten Denkprozess aktivieren, fokussieren, anleiten und unterstützen. Sie können, wenn sie richtig eingeführt und eingesetzt werden, maßgeblich zum Verständnis des Inhalts beitragen.

Fachunspezifische Darstellungsformen

- Fotos, Abbildungen und Zeichnungen
- Listen
- Tabellen
- Cluster, Mind-Maps®
- Diagramme, Struktur- und Flussdiagramme

Häufig braucht es zur Fokussierung von typischen Darstellungsmitteln des Unterrichts, vor allem bei den komplexeren Formen und Abbildungen in Büchern, zusätzliche verbale Anleitung, wo der relevante Fokus hingelegt werden soll. Um zu vermeiden, dass personelle Unterstützung gegeben werden muss, benötigen verschiedene fachliche Darstellungsformen für autistische Schüler*innen häufig eine Veränderung

2

der Struktur in Form von Reizreduzierung oder Fokussierungsmaßnahmen im Vorhinein durch Anpassung der Mittel, z. B. ein Hervorheben durch Markieren der relevanten Inhalte und Teile in einem Text oder einem Bild.

Eine Veränderung im Sinne einer Vereinfachung in einem ersten Schritt und dem schrittweisen erfolgenden Hinzugeben von komplexeren Informationen zu Texten und Bildern kann eine Möglichkeit darstellen die Bedeutung und das Verständnis zu sichern. Tlw. ist aber auch eine vollkommen veränderte Aufbereitung der Darstellungsmittel notwendig.

Je nach Bekanntheitsgrad und Art der Darstellungsformen im Lernprozess sollte beim Einsatz von Tabellen, Diagrammen, Grafiken etc. ein erhöhtes Augenmerk auf diesen Bereich gelegt werden. Ein Mitverfolgen des Entstehungsprozesses z. B. an der Tafel sollte ohne Nebenanforderung wie z. B. dem gleichzeitigen „Mitkonstruieren" im eigenen Heft erfolgen. Beschriftungen mit den relevanten Signalwörtern sind ebenso wichtig wie das Erklären der Bezüge innerhalb der Grafiken als einen eigenen Lernprozess zu betrachten.

> ❗ **Im Rahmen des Nachteilsausgleichs für autistische Schüler*innen sind im Umgang mit grafischen Darstellungen vor allem räumlich-visuelle und räumlich-konstruktive Schwierigkeiten zu berücksichtigen, die das selbstständige Abzeichnen oder Konstruieren erschweren und so den Wissenserwerb verhindern können.**

Bei komplexeren Darstellungen wie Cluster, Mind-Maps® oder Struktur- und Flussdiagrammen stehen meistens komplexe Inhaltsanforderungen im Vordergrund, wie z. B. die vorhergehende Arbeit mit Texten oder Erklärungen zu großen Kontexten verschiedener Themenbereiche. Hier kann die Verwendung von Darstellungsformen auf der einen Seite helfen die komplexen Inhalte zu strukturieren und zu gliedern und sie so den Schülerinnen und Schülern als alternative Möglichkeit für den Wissenserwerb zu präsentieren. Andererseits stellen sie jedoch meist eine Überforderung dar, wenn dieses durch die autistischen Schüler*innen selbst getan werden soll, ohne eine vorhergehende Erarbeitung solcher Anwendungsformate.

Perspektivenwechsel

Durch die zusätzliche Zeichnung mit Formen und Verbindungslinien, die Frederick heute das erste Mal sieht, ist er zuerst verwirrt. Was sollen die bedeuten und was ist jetzt wichtiger? Das, was der Lehrer gerade erklärt oder das Blatt mit der Zeichnung. Die „Grafik", wie der Lehrer sie nennt, soll dazu benutzt werden, um die Informationen aus dem Text zu ordnen und sie dann besser zu verstehen. Aber wie soll das gehen, und welche Wörter kommen wo hinein? Der Lehrer sagt, das ist so ähnlich wie die Mind-Map®, die sie neulich in Deutsch gemacht haben. Oje! Da hatte Frederick so gar keine Ahnung, was er wohin schreiben sollte, und hat dann von seinem Sitznachbarn Noah abgeschrieben.

2.2.4 Strukturierung als methodisch-didaktisches Konzept

Durch die besonderen Wahrnehmungs- und Verarbeitungsprozesse im Denken und Lernen liegen sehr häufig inhomogene Kompetenzen von Schülerinnen und Schülern im Autismus Spektrum vor. Damit können bereits die vorliegenden äußeren Rahmenbedingungen für die Teilhabe an Schulalltag und Aktivität im Unterricht, welche meist Kompetenzen in der Orientierung und eine Selbstständigkeit nach Altersnormerwartungen erfordern, eine erhöhte Anforderung und zu großen Teilen auch eine massive Überforderung darstellen. Mitunter wird hier zu wenig Augenmerk in Bezug auf förderliche oder hinderliche autismusspezifische Aspekte gelegt, sodass sie für viele autistische Schüler*innen bereits vor der Auseinandersetzung mit den beurteilungsrelevanten Lerninhalten eine Chancenungleichheit bzw. ein unüberwindbares Hindernis darstellen.

> Inklusive Rahmenbedingungen legen den Grundstein für die konkrete Unterrichtsorganisation der Wissensdimension und bilden damit förderliche oder hinderliche Bedingungen für die Mitarbeit.

Die Struktur der Umgebungsbedingungen, des Lernens und Handelns im Unterrichtsalltag findet sich in vielen Bereichen als immanent in die Abläufe eingebettet und wird von neurotypischen Schülerinnen und Schülern eher durch die täglich wiederkehrenden Aktivitäten und Abfolgen intuitiv erfasst und verarbeitet. Dadurch entsteht ein automatischer und weniger anzuleitender Kompetenzaufbau in der Orientierung im Schulalltag und den Arbeitsabläufen. Vielen Kindern und Jugendlichen fällt es zusätzlich schwer, sich selbstständig im gebotenen Rahmen zu organisieren und besonders in gering gebundenen Lernformen zielgerichtet zu handeln.

Um den individuellen Bedürfnissen vieler Schüler*innen gerecht zu werden, braucht es einen höheren Grad an Struktur und Transparenz in allen Dimensionen und auf allen Ebenen des Lernens und Lehrens. Dabei muss sich der Grad der Strukturierung und Transparenz auch immer mit der Öffnung des Unterrichts hinsichtlich einer höheren Schüler*innenzentriertheit erhöhen, um weiterhin eine verlässliche Grundorientierung für alle sicherzustellen. Die Grafik in ▫ Abb. 2.17 stellt diesen Zusammenhang anhand eines Graphen dar.

Die Bedürfnisse von Kindern und Jugendlichen im Autismus Spektrum unterscheiden sich von denen anderer Kinder und Jugendlichen noch einmal in der Form, als dass sie meist eine noch konkretere, differenziertere oder andere Form des Lern- und Beziehungsangebots benötigen, um einem deutlicheren Bezug zu ihrer Person und ihren Aktivitäten herstellen und komplexe Inhalte, Prozesse und Begebenheiten verstehen zu können. Genauso gilt dieses für das Zeigen von geforderten Aktivitäten über Sprache und Handlungen im Rahmen des Lehrplans. Daher ist es gerade für Schüler*innen im Autismus Spektrum notwendig die immanente Struktur der einzelnen Bereiche des Schulalltags so darzustellen, dass sie konkret wahrgenommen, in ihrer Bedeutung erfasst und so verarbeitet werden kann, dass daraus eine zielgerichtete selbstständige Handlung und vor allem auch eigenständige Entscheidung

2

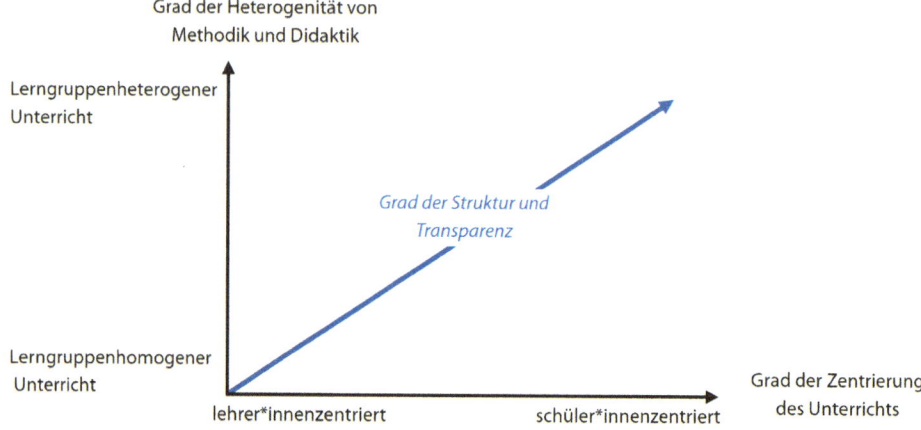

● **Abb. 2.17**   Strukturierungsgrad eines inklusiven und neurodiversen Unterrichts

zu dieser Handlung stattfinden kann. Das gilt vor allem für die Bereiche, in den die Bedingungen nicht primär perzeptiv-visuell oder durch konkrete Handlungen ersichtlich sind oder in denen eine Vielzahl von bedeutungsgebenden Faktoren in unterschiedlicher Varianz gegeben ist.

> ### Unterrichtsdimensionen der Strukturierung
> — In der allgemeinen Lernorganisation in Bezug auf die Lernraumgestaltung und das Klassenmanagement
> — In der allgemeinen Phasierung von Unterricht
> — In den Bereichen der konkreten Unterrichtsorganisation
> — In der Unterrichtsmethodik und Didaktik
> — In der Aufbereitung der Wissensdimension
> — Im Kompetenzerwerb und den Kompetenzanforderungen

Es gibt bereits pädagogisch-praktische Ansätze für Kinder und Jugendliche im Autismus Spektrum, die die Merkmale in den Wahrnehmungs- und Verarbeitungsmechanismen berücksichtigen und so bessere Voraussetzungen für den (Schul-) Alltag schaffen können. Diese stützen sich nach Häußler vor allem auf die Aspekte von Struktur und Transparenz durch perzeptiv-visuelle Darstellungsmöglichkeiten sowie Interaktionsangebote im Spiel-, Sozial- und Verhaltensbereich (2015, S. 51). Dabei ist deren Einsatz nicht nur aus dem Blickwinkel für die Kategorie Autismus zu betrachten, sondern für das Schaffen von förderlichen Bedingungen zur Aktivität und Teilhabe in und am Bildungsprozess für eine gesamte Schüler*innengruppe mit oder ohne besondere Bedürfnisse. Der Zugang zum Lernen und zur Leistungserbringung über Transparenz, Struktur und Visualisierung schafft für viele Schüler*innen mit den unterschiedlichsten Förderschwerpunkten eine stabile Basis, da ein grundsätzliches Bedürfnis nach Sicherheit und Orientierung ebenso für alle anderen Schüler*innen gilt. Besonders bemerkbar machen sich diese Aspekte in der Umsetzung zum Beispiel an Schülerinnen und Schülern mit Aufmerksamkeitsproblematiken, Sprachentwicklungsrückständen sowie anderer Erstsprache als Deutsch.

Durch Strukturierung werden nicht nur Bereiche von schulischen Abläufen besser wahrgenommen und erschlossen, sondern auch weitere wichtige Parameter als Basis für das Lernen und Handeln gesetzt
- Die Verminderung der Verunsicherung durch unbekannte Parameter
- Die räumliche Orientierung und funktionelle Bedeutungsklärung von Orten
- Die Abläufe von Arbeitsmethoden und Handhabung von Arbeitstechniken
- Das Anwenden von Sprache und Kommunikation, Beziehungsklarheit und Kontaktmöglichkeiten
- Die Klarheit in den Lern- und Leistungsanforderungen, die Übersichtlichkeit über den Lernstoff und das Aufzeigen komplexer Zusammenhänge
- Das Ermöglichen von Flexibilität und Unterstützen von Entscheidungsprozessen durch Bewusstmachen von Konsequenzen
- Die Interaktionen in sozialen Situationen sowie die Transparenz der Erwartungen an das Verhalten und Orientierung für das eigene Verhalten
- Das Schaffen von Verständnis für Notwendigkeiten außerhalb einer eigenzentrierten Bedürfniswahrnehmung

Das Herstellen dieser Basissicherheit durch vorhersehbare, ersichtliche und logisch nachvollziehbare Abläufe, Anforderungen und Situationen ermöglicht den Zugang zu neuen Erfahrungen, bei denen die Strukturierung an sich bereits einen hohen Grad an Selbsttätigkeit bietet. Durch das eigene strukturierte und bedeutungsvolle Handeln können Selbstwirksamkeitskonzepte auch konkret wahrgenommen werden und ein positives Selbstbild unterstützen, in dem Zutrauen und Bewusstheit über die eigenen Fähigkeiten und Fertigkeiten und deren Erweiterung entsteht. Dadurch werden sowohl spezifische als auch grundsätzliche Handlungskompetenzen erweitert und führen zu einem höheren Maß an Selbstständigkeit und damit zur Personenunabhängigkeit, was wiederum ein höheres Maß an Grundsicherheit in der eigenen Person bewirkt (◘ Abb. 2.18).

❗ **Struktur und Transparenz tragen hauptursächlich zum Gelingen des Wissenserwerbs, der Mitarbeit sowie der Anwendung von Wissen im Unterricht bei und können durch ihr Fehlen auch das größte Hindernis für die Leistungsfähigkeit autistischer Schülerinnen und Schülern darstellen.**

Bei der Anpassung an die konkreten Bedürfnisse autistischer Schüler*innen geht es nicht zwangsläufig um eine Veränderung von Strukturen oder der organisatorischen Abläufe, vor allem nicht, wenn bereits ein inklusives Basismodell der Struktur und Transparenz besteht. Es geht vielmehr um deren bewusste (An-) Ordnung und Gliederung sowie Verdeutlichung einzelner Aspekte in einer Form, die der Wahrnehmung und Verarbeitung entgegenkommt bzw. entspricht. Dafür kann die Struktur über verschiedene Mittel transparent gemacht werden, wie die ◘ Abb. 2.19 aufzeigt.

2

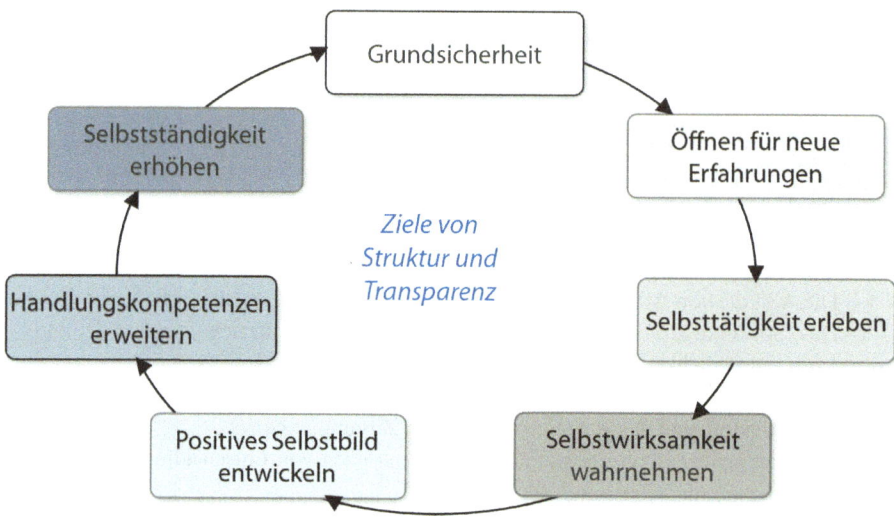

■ **Abb. 2.18**   Basissicherheit durch Struktur und Transparenz

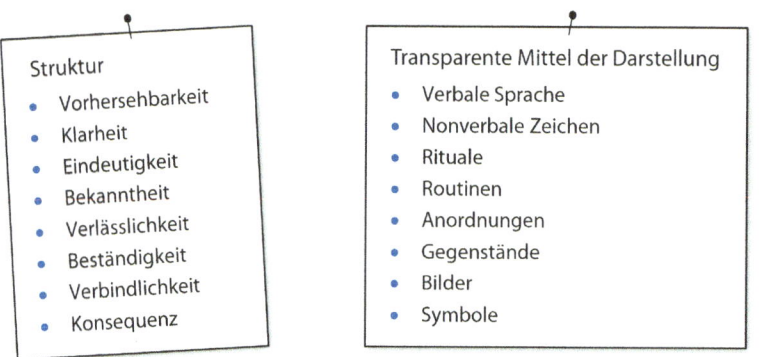

■ **Abb. 2.19**   Struktur und transparente Mittel der Darstellung

Durch die Anwendung der Prinzipien von Struktur und Transparenz werden die Umweltbedingungen der Kinder und Jugendlichen transparent und konkret wahrnehmbar gemacht. Damit wird das grundlegende Bedürfnis nach Sicherheit und verlässlicher, konkreter Orientierung unterstützt und ein vermehrtes selbst- und eigenständiges Denken und Handeln in vielen Bereichen des Alltags ermöglicht. Bereits in der grundlegenden Gestaltung des Lernraumes kann daher schon auf die Strukturierung durch transparente Mittel der Darstellung im Unterrichtsalltag geachtet werden, um darüber die Wahrnehmung und Transparenz zu erhöhen. In vielen schulischen Situationen kann so möglichen Stresssituationen vorgebaut und eine stabile Basis für das Lern- und Arbeitsverhalten zur Informationsaufnahme, für die Mitarbeit und die Leistungserbringung hergestellt werden.

2.2.4.1 Strukturierungshilfen im Unterricht

Strukturierungshilfen stellen geeignete Mittel dar, um eine Ordnung und Gliederung im Sinne einer Anordnung, Zuordnung oder Reihenfolge herzustellen, die sowohl in Bereichen der Umgebungsorganisation als auch beim Lernen und Wissenserwerb vor allem zeitliche, räumliche und sozial-interaktive Abläufe einschließlich sprachlicher Aspekte unterstützen. Sie stützen sich vor allem auf die perzeptiven Wahrnehmungsfaktoren und nutzen die visuellen Darstellungsmöglichkeiten in verschiedenen Dimensionen (Häußler 2015, S. 51).

Um Inhalte begreiflich und in ihren Zusammenhängen verständlich zu machen, können nahezu alle Bereiche des Schulalltags anhand von Strukturierungshilfen „und -mitteln transparenter gestaltet werden. Meist ist es möglich, sie für alle Altersstufen durch unterschiedliche Formen und Darstellungen auf verschiedenen Abstraktions- und Anforderungsniveaus zu erstellen und anzupassen. Nicht nur in der äußeren Organisation spielen sie eine große Rolle, sondern ebenso für die Anwendung von Methoden und den Umgang mit Materialien und Anwendungstechniken. Dabei greifen sie häufig zum Mittel der visuellen Darstellung, deren förderlicher Gebrauch und Einsatz im vorherigen Kapitel erläutert wird.

Das handelnde Auseinandersetzen mit realen Gegenständen, wann immer dieses möglich ist, stellt ein grundsätzliches Leitmotiv beim Lernen und dem Angebot von Lerninhalten dar, wenn es aufgrund der zusätzlichen Aspekte von Multimodalität, Verarbeitung mehrkanaliger Informationen oder handlungsplanender und bewegungssteuernder Funktionen nicht hinderlich für den Lernprozess ist. Grundsätzlich ist deshalb sensorisch-perzeptuellen Mitteln des gegenständlichen Lernens gegenüber kognitiv-abstrahierenden Mitteln im Lernen und der schulischen Anwendung der Vorzug zu geben.

Durch den Einsatz von Strukturierungshilfen und visuellen Mitteln können für die Schule relevante, entwicklungsbedingt noch nicht genügend ausgebildete Kompetenzen der autistischen Schüler*innen kompensiert werden und Möglichkeiten zur spezifischen Förderung und zum Aufbau von Handlungskompetenzen innerhalb der regulären Inhaltsanforderungen geschaffen werden. Das Anwenden dieser Prinzipien schafft bereits von Beginn an förderliche Bedingungen, in die auch ein späterer Nachteilsausgleich eingebettet werden kann. Bekannte Strukturierungshilfen sind u. a. Stunden-, Tages- und Aufgabenpläne, Raumtrenner und räumliche Beschilderungen, Sanduhren und Time Timer®, Gesprächsleitfäden und Social Stories®, Schachtel-, Tablettaufgaben und Klettmappen, von denen zwei an dieser Stelle kurz erläutert werden. In Teil 3 werden weitere konkrete Beispiele für Strukturierungshilfen auf ihren Einsatz im Unterricht bezogen veranschaulicht.

2

Perspektivenwechsel ────────────────────────────────

Tages- oder Handlungspläne

Das Einstellen auf Anforderungen und Entscheiden Materialien an denen Kaan den Inhalt selbst entdecken oder üben soll, fällt ihm oft schwer. Er muss sich erst einen Überblick verschaffen und das Thema und das Ziel verstehen, bevor er anfangen kann. Erklärungen kann er oft in der vorgegebenen Zeit nicht gut folgen.

    Erklärung

Wenn Kaan auf einem Tagesplan sieht, womit er sich in der Stunde beschäftigen und was er lernen soll, dann kann er durch die vorherige Aktivierung und Einstimmung auf das Thema über Beobachten und Zuhören den Fokus auf die wichtigen Informationen lenken, diese entnehmen und verstehen. Oft helfen ihm dann wenige beschreibende Wörter oder Abbildungen der Handlungen mehr als lange Erklärungen oder eine Demonstration um eine Vorstellung der Inhalte und Abläufe zu bekommen.

Perspektivenwechsel ────────────────────────────────

Materialübersicht und Ablaufpläne

Oft ist Sara nicht klar, wann im Unterricht welche Unterrichtsmittel gebraucht werden und wann nicht. Auch die Handhabung der Gegenstände selbst fällt ihr schwer. Das Abschauen bei den anderen gelingt ihr nicht, weil die Handlungen der anderen oft zu schnell sind und sie die einzelnen Schritte nicht erkennen kann. Wenn Sara konkret weiß, welche Gegenstände jetzt benötigt werden, die Gegenstände kennt oder weiß, in welcher Reihenfolge sie benutzt werden sollen, gelingt es ihr manchmal sogar, schneller fertig zu sein als die anderen.

    Erklärung

Sara helfen visuelle Darstellungen der Gegenstände, die sie im Unterricht benötigt. Sie kann sie dann schneller organisieren und hat so meist sofort eine Erinnerung daran, wie diese benutzt werden, wenn sie sie bereits kennt. Bei neuen Handlungen hilft ihr eine schriftliche und bebilderte Schritt-für-Schritt-Anleitung, an der sie sich orientieren kann, denn die kann sie besonders gut lesen. Manchmal ist auch das Vormachen durch die Lehrperson hilfreich, aber das muss dann direkt neben ihr stattfinden und sehr langsam, damit sie die Bewegungen imitieren kann.

Auch für den Aufbau und Einsatz von Strukturierungshilfen ist der sichere Umgang und das Verständnis der jeweiligen Darstellungsform der Hilfen erforderlich. Das erfordert meist eine Erarbeitungsphase mit einem schrittweisen Aufbau und Phasen der Sicherung und Rückmeldung je nach Komplexität der Anwendung der Hilfe. Primär soll die Handhabung in die Handlungskompetenz der Schülerin bzw. des Schülers übergeben werden, d. h. die Strukturierungshilfe durch einen möglichst hohen Grad der Selbstständigkeit von ihnen verwendet werden.

Zunächst stehen dabei das Kennenlernen und Verstehen der Bedeutung und Funktion dieser Mittel im Vordergrund. Am förderlichsten ist, dieses kontextbezogen und sinngebend einzuführen und auf einen regelmäßigen kleinstschrittig angelegten Transfer zu achten.

Als weiterer Schritt soll der angeleitete Umgang mit oder anhand dieser Darstellungsmittel begleitet geübt und schrittweise der selbstständige Umgang erhöht werden. Auch hier stellt der Transfer einen bedeutungsvollen Aspekt dar. Durch ein verlässliches, regelmäßiges und bedeutungsbezogenes Verwenden kann der Umgang mit der visuellen Hilfe zu großen Anteilen automatisiert werden und später auch zunehmend häufiger situationsbezogen immer eigenständiger angepasst werden. Das Repertoire an förderlichen Strukturierungshilfen für den eigenständigen Gebrauch vor allem für Lernstrategien, Methoden und Arbeitstechniken soll dabei schrittweise über den Schulverlauf aufgebaut werden und in eine möglichst eigenständige und bewusste Anwendung übergehen, um sich mit Themen auf verschiedenen Lernebenen auseinander setzen zu können. Der Zeitraum, der dafür aufgewendet werden muss, ist in einem langfristigen Nutzen über den gesamten Schulverlauf und darüber hinaus zu sehen.

Methoden-Tipp

Aufbau von Darstellungsmitteln
- Erlernen des Umgangs mit Umrisszeichnungen, Farb- und Nummernleitsystemen
- Aufbauen eines Bild- und Abbildungsverständnisse als Repräsentation von Gegenständen
- Aufbauen eines Verständnisses von Abläufen z. B.: Erst-dann-danach
- Aufbauen eines Bildverständnisses als Repräsentation von Handlungen
- Das Arbeiten mit Plänen und Listen trainieren

Begleitet werden kann dieser bewusste Prozess zusätzlich z. B. durch eine Kompetenzlandkarte wie in ◘ Abb. 2.20, die die verschiedenen Formen von Strukturierungsmitteln für das Kind darstellt und so den Lernprozess durch Transparenz gegenüber dem Kind unterstützt.

Beim Einsatz von Strukturierungshilfen, die das selbstständige Üben unterstützen, wie solche der mehrteiligen Arbeitsorganisation, z. B. 123-Mappen©, soll ein gezieltes Augenmerk auf die Gestaltung des Schwierigkeitsgrades der inhaltlichen Anforderungen gelegt werden. Ein gleichzeitiges Einführen einer neuen Form der Strukturierung mit einer neuen oder zu schwierigen Inhaltsanforderung kann dabei das Lernen und Handeln in beiden Bereichen behindern. Ist die inhaltliche Anforderung grundsätzlich zu hoch, wird der Arbeitsfluss beeinträchtigt und die Strukturierungshilfe in ihrem Nutzen für die Selbstständigkeit vermindert. Gerade bei Phasen des Übens ist daher eine Inhaltsanpassung in der Form erforderlich, damit sie möglichst eigenständig durch die Schülerin bzw. den Schüler bewältigt werden kann.

2

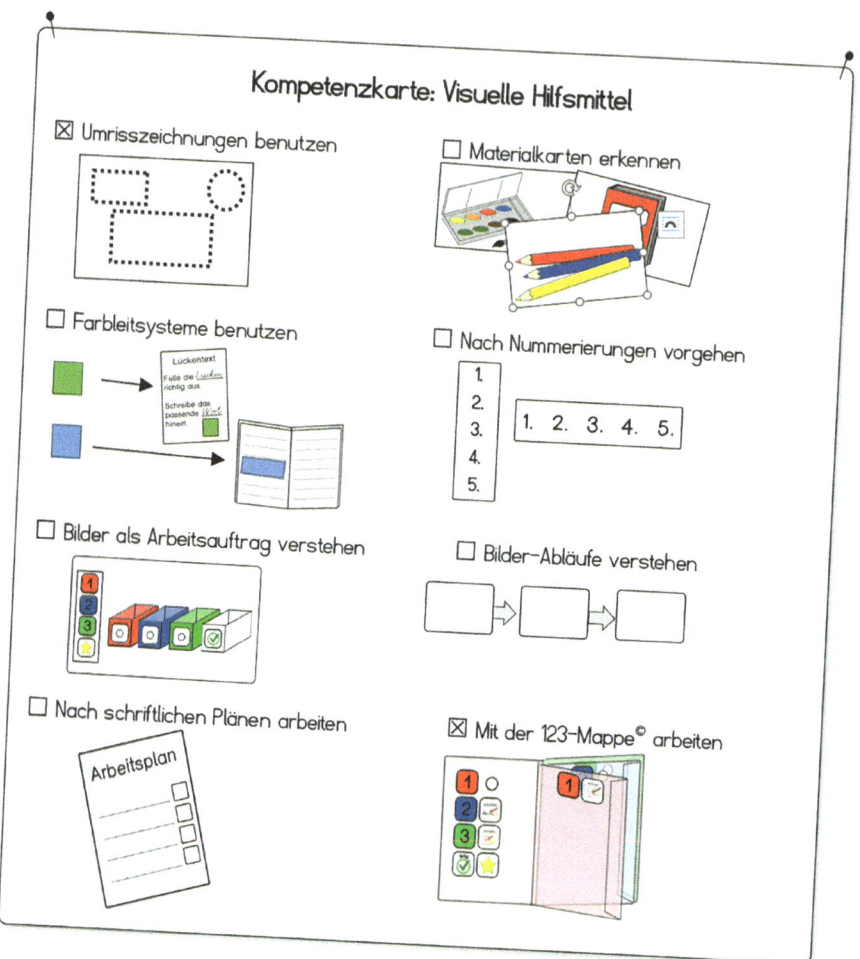

■ **Abb. 2.20**   Kompetenzkarte für visuelle Hilfsmittel

Methoden-Tipp

Einsatz und Aufbau von Strukturierungshilfen
— Ein Einsatz von Strukturierungshilfen ist dort sinnvoll, wo ein höheres Maß an Selbstständigkeit erreicht werden soll
— Vorangekündigte/geplante Einführung der Strukturierungshilfe
— Vorstellen der Strukturierungsmittel, Klärung der Bedeutung für das Lernen und Handeln
— Bekanntmachen mit den Teilen und der Handhabung der Strukturierungshilfe anhand eines direkt-kontextbezogenen Einsatzes
— Schrittweise Demonstration der Handhabung und/oder verbale Anleitung bei er Durchführung

- Üben der einzelnen Schritte der Handhabung mit gering anfordernden und motivierenden Inhalten
- Begleitung des Prozesses der Handhabung oder von Teilprozessen auf der jeweiligen Anweisungsebene bis zur sicheren Verwendung
- Wiederholter regelmäßiger Einsatz
- Anpassung von Inhalten, die eigenständig bearbeitet werden können
- Transferanforderungen schrittweise einführen, z. B. in anderen Situationen, an anderen Orten etc.
- Transferlernen durch Einsatz neuer Strukturierungshilfen mit ähnlichen Aspekten, um auf bereits bestehenden Kompetenzen im Umgang aufzubauen

2.2.4.2 Strukturierte Darstellungskonzepte für den Wissenserwerb

Der Einsatz von Strukturierungshilfen fokussierte sich bisher häufig nur auf die Umgebungsbedingungen und zielt damit mehr auf die organisatorischen Voraussetzungen für das schulische Lernen ab. Strukturierte Darstellungskonzepte als methodisches Prinzip für den Wissenserwerb stellen einen, noch relativ neuen, aber zunehmend wichtigeren Faktor in Bezug auf das Lernen autistischer Kinder und Jugendlicher dar. Die Wichtigkeit dieses neuen Aspekts ergibt sich unter anderem daraus, dass die sprachliche Bedeutung als Grundlage für das Verständnis von Informationen bei vielen autistischen Kindern zu Schulbeginn nicht so stark ausgeprägt ist oder sprachliche Informationen anders (konkreter) wahrgenommen werden als bei neurotypischen Kindern dieser Altersgruppe. Eher stellen noch perzeptiv-visuelle Aspekte die bevorzugte Informationsquelle dar.

Im Lehrplan findet sich vor allem im Bereich der Grundstufe 1 und 2 ein starker Bezug auf die eigene konkret erfahrbare Lebenswelt der Schülerin bzw. des Schülers, die aber bereits durch sprachliche Abstraktionsprozesse im Unterricht durchgenommen werden. Dieser konkrete Bezug wird z. B. auch in der Sekundarstufe 1 im Englischunterricht und grundsätzlich im Fremdsprachenunterricht wieder aufgenommen und immer stärker kognitiv-sprachlich behandelt. Mit zunehmendem Alter liefern Lehrplaninhalte stetig mehr Themenbereiche, die zu einem großen Anteil auch nicht mehr konkret erfahrbar wären, außerhalb des eigenen Erfahrungsbereichs liegen und somit die Kenntnis und das Vergleichen von abstrakten Konzepten und Prinzipien fordert.

Die Sprache und die sprachliche Abstraktion von Dingen stellt somit eine der Hauptinformationsquellen in der Schule dar. Dabei wird nicht nur das Faktenwissen über einen Hauptanteil sprachlicher Inhalte vermittelt, sondern auch fachmethodische, organisatorische oder soziale Abläufe und Beziehungen über verbale Informationen auch in Textform erklärt und nicht durch Handeln erfahren. Für die meisten Schüler*innen im Autismus Spektrum ist daher der alternative bzw. zusätzliche Einsatz von visueller Darstellung und strukturierten Darstellungskonzepten maßgeblich relevant für das strukturierte Denken und Lernen auf höheren Abstraktionsebenen, da es einen anderen Zugang und andere Verarbeitungsmöglichkeiten als die sprachliche Abstraktion durch Wörter und verbale Erklärungen bietet.

2

Strukturierte Darstellungskonzepte legen den Schwerpunkt auf drei wesentliche Punkte
- Sichtbar-Machen der relevanten Information
- Zusätzlicher Zugang für das Inhaltsverständnis und die Kontexte
- Aufzeigen und Unterstützen des Informationsverarbeitungsprozesses für Abstraktionsprozesse

Der konkrete Lernstoff bzw. Lernbereich wird durch strukturierte und visuelle Darstellung vorwiegend in Bild, Zeichen- oder Schriftform in seinen wichtigen Aspekten kenntlich gemacht, aufgezeigt, in seiner Bedeutung unterstützt oder um relevante visuelle Information ergänzt, um die Bedeutung grundlegend zu klären und den Transfer zum eigenen Handeln oder in andere abstrakte Kontexte zu unterstützen. Dazu dienen fachungebundene Darstellungen und Vorlagen, die systematisch im Unterricht erarbeitet wurden, durch ihre Gleichförmigkeit und ihren wiederkehrenden Einsatz und Gebrauch im Unterricht bekannt sind und zunehmend selbstständig gehandhabt werden können.

Fachungebundene Darstellungskonzepte
- Konzeptionelle Schlüsselreize und grafische Leitsysteme
- Ordnungs- und Gliederungsdarstellungen für Fakten
- Darstellungen für komplexe Zusammenhänge mehrerer Aspekte
- Verlaufsdarstellungen von Geschehnissen, Entwicklungen und Prozessen

Darstellungskonzepte unterstützen das Verständnis über einfache, eindeutige, auffällige und somit wiedererkennbare Merkmale. Die Darstellungen können für viele Lernmittel und Medien des Unterrichts angepasst werden z. B. für die Tafel, Arbeitsblätter und Computeranwendungsprogramme und sind auf allen Ebenen des Lernens und allen Niveaustufen einsetzbar und anwendbar. Die ◘ Abb. 2.21 listet mögliche Bezüge auf, die über strukturierte Darstellungskonzepte konkret veranschaulicht werden können.

❗ **Das Lernen anhand von Darstellungskonzepten bedeutet für autistische Schüler*innen eine verlässliche und zentrale Fokussierung auf zusätzliche Mittel für den Verstehens- und Handlungsprozess, die das neurodiverse Lernen stützen und einen Nachteilsausgleich im Vorhinein kompensieren können.**

Da durch die Darstellungskonzepte besonders der sprachliche Abstraktionsbereich visualisiert wird, können die Inhalte so in ihren unterschiedlichen Kontexten und Beziehungen zueinander in vielen Fällen besser und schneller nachvollzogen werden. Einzelne einfache Darstellungskonzepte können in komplexere Konzepte überführt oder miteinander in einen Zusammenhang gestellt werden. Dieser Vorgang geschieht handelnd und kann durch die Visualisierung mehrfach (nach-)vollzogen werden. Auch in der Umkehr können komplexe Kontexte in ihre Faktenbestandteile rück-

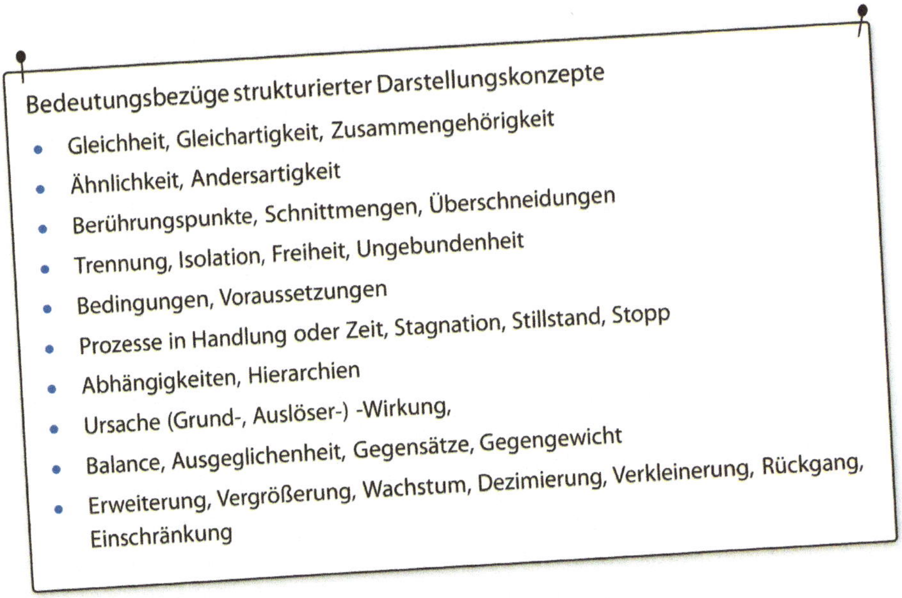

Bedeutungsbezüge strukturierter Darstellungskonzepte

- Gleichheit, Gleichartigkeit, Zusammengehörigkeit
- Ähnlichkeit, Andersartigkeit
- Berührungspunkte, Schnittmengen, Überschneidungen
- Trennung, Isolation, Freiheit, Ungebundenheit
- Bedingungen, Voraussetzungen
- Prozesse in Handlung oder Zeit, Stagnation, Stillstand, Stopp
- Abhängigkeiten, Hierarchien
- Ursache (Grund-, Auslöser-) -Wirkung,
- Balance, Ausgeglichenheit, Gegensätze, Gegengewicht
- Erweiterung, Vergrößerung, Wachstum, Dezimierung, Verkleinerung, Rückgang, Einschränkung

Abb. 2.21 Bedeutungsbezüge strukturierter Darstellungskonzepte

geführt und Methoden in ihre einzelnen Handlungsschritte zerlegt werden. Mit Hilfe einer selbstständigen Anwendung solcher Darstellungen sollen Schüler*innen vor allem im Bereich des Transferlernens zu eigenständigen Denk- und Handlungsprozessen bei der Umsetzung ihres Wissens auf ähnliche oder neue Aufgaben befähigt werden.

Von Schulbeginn an können auf Basis des Lernebenen-Modells die Mittel der strukturierten Darstellungskonzepte an die Lernvoraussetzungen der Schüler*innen themenspezifisch angepasst, systematisch aufgebaut und erweitert werden. So stützen sie den weiteren, komplexeren Lernprozess auf unterschiedlichen Lernebenen kleinschrittig. Zum Lernebenen-Modell siehe ▶ Abschn. 2.3.

Methoden-Tipp

Aufbau von strukturierten Darstellungskonzepten
- Wahl der Mittel von der konkreten zur abstrakten Darstellung
- Eindeutige Wiedererkennungsmerkmale der Mittel erstellen, z. B. Benennung, Zeichen oder Markierungen
- Schrittweiser Aufbau und Einführung von Darstellungsformen
- Darstellungen zunächst in einer reduzierteren Form mit einfacheren Inhalten, unter dem Gesichtspunkt der Reizreduzierung und stärkeren Fokussierung auf das Wesentliche erstellen und anbieten
- Komplexität schrittweise erhöhen
- Lernen nach dem +1-Prinzip: Wissen um eine Variation erweitern/eine neue Information hinzufügen

2

- Aktives Herstellen der Bedeutungsverknüpfung der eingesetzten Darstellungen mit den sprachlichen oder demonstrierten Informationen im Unterricht
- Klärung, welche Darstellung was repräsentieren soll, z. B. durch Benennung, handelnde direkte Zuordnung von realen Gegenständen oder ggf. Abbildungen von Gegenständen oder Situationen, Beschriftungen oder Markierung
- Multimodale Informationen isoliert und aufbauend aufeinander darstellen und schrittweise verknüpfen
- Bevorzugter Einsatz wiederkehrender, bereits erfolgreich eigesetzte Darstellungen

Anmerkung der Autorinnen: Dem Bereich der Bedeutungsunterstützung durch visuelle Darstellung kommt in diesem Buch ein großer Anteil für die Unterrichtspraxis zu. Dabei ist anzumerken, dass die visuelle Darstellung nicht allein und vor allem nicht ausschließlich einen großen förderlichen Aspekt in der pädagogischen Arbeit mit Kindern und Jugendlichen im Autismus Spektrum darstellt, sondern auch andere Ansätze und Mittel praxiserprobt und förderlich sind und sich im pädagogischen Kontext zielführend einsetzen lassen.

2.2.5 Der direkt-kontextbezogene Methodenansatz

Die Anwendung von strukturierten Darstellungskonzepten, Strukturierungs- und Visualisierungshilfe durch die Schüler*innen selbst fordert ein methodisches Wissen darüber. Denn mit ihrem Einsatz ist immer eine Bedeutung und ebenso eine Anwendungsmethode verknüpft, die erlernt und in Bezug auf ihren Zweck verstanden werden muss. Hierbei steht also neben dem Ziel eine Chancengleichheit herzustellen, die Selbstbefähigung der Schüler*innen klar im Vordergrund.

Die Sinngebung der unterstützenden Mittel ist besonders bei sogenannten „hochfunktionalen" autistischen Kindern und Jugendlichen wichtig, da der Nutzen der zusätzlichen Auseinandersetzung und damit ggf. verbundenen Anstrengung, die damit verbunden ist, eine Bedeutung für sie erhalten muss. Ein Einsatz und ein Gebrauch von strukturierten Darstellungskonzepten, Strukturierungshilfen oder visuellen Darstellungsmitteln und -formen sollte im Sinne einer Selbstbefähigung und Mitbestimmung transparent mit den betreffenden Schülerinnen bzw. Schülern und ebenso mit allen Beteiligten besprochen werden, damit der Nutzen erkannt wird und Maßnahmen damit vollumfänglich mitgetragen und gefördert werden können. Die Mitbestimmung bei der Gestaltung der eigenen Lernprozesse ermöglichen eine Erweiterung der Perspektiven auch außerhalb des schulischen Umfeldes und einen Kompetenzaufbau für Strategien, um das lebenslange Lernen zu unterstützen. Diese transparenten Maßnahmen können auch die grundlegende Bereitschaft fördern, sich auf Prozesse der sozialen Anpassungen und Veränderungen im Sinne eines gemeinschaftlichen Gelingensprozesses einzulassen.

In Anlehnung an das Methodenlernen nach Tschekan (2002, S. 16) soll die Verwendung und Anwendung von Strukturierungshilfen und darstellenden Mitteln sowohl für Umgebungsbedingungen als auch für das kognitive Lernen immer zunächst in einem kontextbezogenen und direkten Ansatz geschehen. Der Erwerb der Methode ist somit zunächst an einen konkreten Zweck gebunden und kann schrittweise erlernt werden. Das muss nicht zwangsläufig ein schulischer Inhalt sein.

Methoden-Tipp

Direkt-kontextbezogener Methodenansatz zum kognitiven Lernen
- Ein spezielles Methodentraining wird im Vorhinein oder begleitend eingebaut.
- Sicherheit in der Anwendung wird mit bekannten Inhalten geübt.
- Die jeweiligen Methoden und Mittel bekommen eine bedeutungtragende eindeutige Benennung und werden bei der Verwendung immer konkret gleich benannt.
- Ihre Einsatzziele werden klar definiert und verbalisiert in Bezug auf das Lernziel und den Verwendungszweck.
- Die Methoden und darstellenden Mittel werden anhand konkreter Fachinhalte so häufig wie möglich eigesetzt (ritualisierte Anwendung).
- Eine Methodensammlung mit ihrem jeweiligen Einsatzgebrauch und ihr Ablauf wird angelegt bzw. zur Verfügung gestellt, auf die Schüler*innen jederzeit Zugriff haben.
- Ein zunehmend bewusster und eigenständiger Gebrauch durch die Schüler*innen wird aktiv angeleitet.

2.2.6 Die Systematisierung und Strukturierung von Lern- und Kompetenzzielen

Um die Inhalte, Formen, Methoden und Mittel für den Wissens- und Kompetenzerwerb in geeigneter Weise bestimmen zu können, müssen primäre Überlegungen zu den verschiedenen Lern- und Denkprozessen in einer stetigen Lern-Lehr-Analyse stattfinden. Auf dem Weg dieser methodischen Analyse, welche für die fortschreitenden Planungen und Durchführungen von Unterricht benötigt wird, zeigen sich in der gängigen Praxis einige Stolpersteine in Bezug auf das neurodiverse Lernen. So sind z. B. die Kompetenzorientierung des Lernens, die Multimodalität von Unterricht, das Arbeiten nach speziellen Programmen und pädagogischen Konzepten nur einige wenige, die ohne genauere Betrachtung das Lernen für Schüler*innen im Autismus Spektrum erschweren können. Auch eine enge Festlegung von thematischen, methodischen und didaktischen Vorgaben, z. B. durch die Verwendung bestimmter Arbeitsmaterialien, Schulbücher oder fertiger Arbeitspakete kann einzelne, konkret wichtige Faktoren für spezifische Schüler*innen nicht immer geeignet berücksichtigen. Sie grenzen zudem auch mögliche Differenzierung methodischer Wege und didaktischer Mittel ein.

Spontane Nachbesserungen oder reaktive Einzelanpassungen für Schüler*innen während des Unterrichtverlaufs unterbrechen meist die geplante Phasierung und stellen auch oft ungewollte Einzelsituation her. Das Gelingen der spontanen Anpassungen ist zudem stark abhängig von den derzeitigen Zeitressourcen der Lehrperson und von der Flexibilität der autistischen Schüler*innen, mit diesen kurzfristigen Veränderungen umgehen zu können. Oft sind solche reaktiven Maß-

2

nahmen gar nicht ohne einen hohen zusätzlichen Aufwand möglich, der nur außerhalb des Unterrichts in der Vor- und Nachbereitung stattfinden kann und damit für die konkrete hinderliche Situation zu spät kommt. Umso mehr rückt die pro-aktive Planung einer inklusiven und neurodiversen Unterrichtsform in den Fokus, um diesen Hindernissen und dem nur eingeschränkt möglichen Handlungsspektrum vorzubauen.

Autistische Schüler*innen lernen in vielen Bereichen intuitiv und haben Spaß am schulischen Lernen. Dennoch profitieren sie vor allem bei komplexeren Anforderungen davon, Wissensinhalte und Methoden strukturiert und systematisch und tlw. auch isoliert zu erfahren und zu üben, um vor allem kognitive Strategien zu erlernen, die sie langfristig bei der Erarbeitung, beim Üben und beim Lerntransfer selbstständig anwenden können.

Systematisierung und Strukturierung im Wissenserwerb sollen autistischen Schülerinnen und Schülern an den Stellen bereitgestellt werden, an denen intuitives Lernen oder das Lernen mit den angebotenen Methoden, Inhalten und Mitteln nicht gelingt.

> ❗ **Stärkere Strukturierung und Systematisierung des Wissens- und Kompetenzerwerbs stellen eine Ergänzung aber auch eine Alternative zum intuitiven Lernen im Rahmen der allgemeinen Differenzierung und des Nachteilsausgleichs dar. Bei Schwierigkeiten, die sich bereits frühzeitig in den Lern- und Leistungsbereichen zeigen hat sich ein schneller Wechsel zu einer stärkeren Systematisierung, Strukturierung und isolierterem Herangehen an Lerninhalte für autistische Schüler*innen häufig besser bewährt als ein methodisch vielseitiges Fördern.**

2.2.6.1 Der Aufbau von Wissensinhalten

Die Basis für den Erwerb von vernetztem Wissen und Kompetenzen stellt eine Wissensdimension von theoretischem Fakten- und Konzeptwissen gemeinsam mit dem Prozesswissen über die Anwendung von Methoden dar. Eine bewusste Abgrenzung der Bereiche in der Wissensdimension voneinander sowohl in der Planung als auch in der Umsetzung durch einen strukturierten Gesamtaufbau und vor allem eine konkrete Benennung von Zielen im Sachwissen und Methodenkenntnis unterstützen den systematischen Aufbau von Wissen, der vielen autistischen Schüler*innen entgegenkommt.

Diese Isolierung der Bereiche unterstützt nicht nur die Planungen von geeigneten Schritten und die bessere Einordnung der Leistung in einer Beurteilungsform, sondern ermöglicht vor allem das schnellere und konkretere Analysieren von Hindernissen im Wissenserwerb. Dadurch können gegensteuernde Differenzierungs- und Fördermaßnahme oder ein Nachteilsausgleich auch schneller und punktgenauer im Lernprozess gesetzt werden. Ebenso wird durch eine differenzierte Betrachtung, Planung und Durchführung auch die Transparenz in Bezug auf die Ziele und eine Möglichkeit der klaren Kommunikation über die erwarteten und erreichten Leistungen für die Schüler*innen ermöglicht.

Eine Phasierung des Inhalts in die drei Bereiche Faktenwissen, Konzeptwissen und Prozesswissen wie in ◼ Abb. 2.22 dargestellt, bietet die Möglichkeit, dass Schüler*innen ihr Wissen und ihre Kompetenzen kleinschrittig erwerben, bzw. ermöglicht

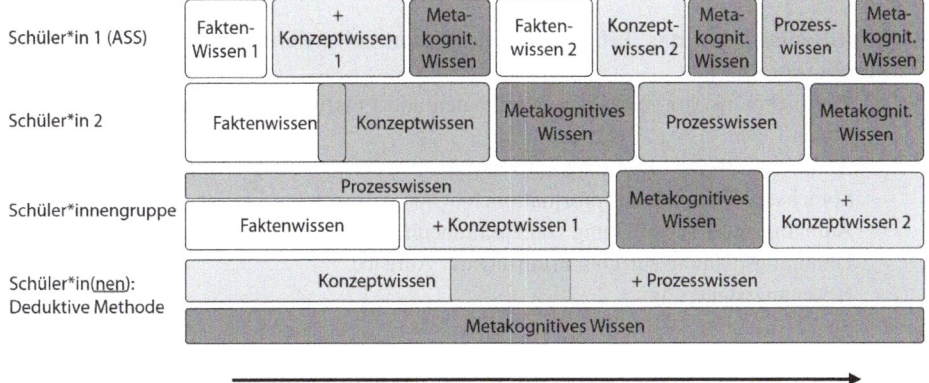

Kompetenzerwerb: Wissen – Verstehen – Anwenden

◻ **Abb. 2.22** Prozessorientierte Planung des Wissenserwerbs

den Aufbau individuell nach ihren Lernvoraussetzungen. Das prozessorientierte Planen der Phasierung der Wissensdimension fordert eine Öffnung des Unterrichts und kann dadurch bereits zu Beginn eines Themenfeldes eine Differenzierung z. B. durch Aufteilung und Gewichtung der Lernbereiche und ihre Anforderungsniveaus ermöglichen. Konkrete Bewertungsparameter können anhand von Zieldefinitionen und dem Einsatz von Operatoren für die jeweiligen kognitiven Prozesse frühzeitiger angelegt werden. Bereiche, in denen ggf. ein Nachteilsausgleich notwendig sein wird, werden früher ersichtlich. Dieses zeigt sich bei vielen autistischen Schülerinnen und Schülern als maßgeblich relevant für das chancengerechte Lernen und damit die gerechte Beurteilung ihres Lernstandes nach den Lehrplaninhalten.

Diese drei Bereiche können primär als Bewertungsfaktoren für schulische Leistung gelten und sollten daher besonders bei Schwierigkeiten in der Leistungserbringung autistischer Schüler*innen zunächst im Vordergrund stehen. Eine gezielt geplante Auseinandersetzung mit den Mindestanforderungsbereichen der jeweiligen Wissensdimension und eine schrittweise Zusammenführung dieser auch auf dem Mindestanforderungsniveau, zeigt sich bei autistischen Schülerinnen und Schülern häufig als sehr relevant für den Lernerfolg und die Bewertungsmöglichkeiten.

2.2.6.2 Die Teilbereiche der Lernziele

Fachspezifische Lernziele setzen sich meist aus einer Vielzahl an Teilleistungen zusammen, die in Hinblick auf die häufig inhomogenen Voraussetzungen autistischer Schüler*innen und den unterschiedlichen Energieaufwand für die Einzelhandlungen nur erschwert multidisziplinär erlernt werden können. Viele inhaltliche Lernziele erfordern zudem Wissen und Fachmethoden, die bereits in vorherigen Schulstufen erworben werden mussten und nicht als isolierte Fähigkeiten, sondern in einer Anwendungskompetenz vorliegen sollten. Diese würde ein gutes Verständnis der neuen Lerninhalte und eine möglichst hohe Eigenständigkeit bei der Erweiterung des Wissens gewährleisten. Für das Erfassen einer gesamten Lernanforderung müssen einige Voraussetzungen vorhanden sein, die merkmalstypische Herausforderungen für autistische Schüler*innen darstellen können.

Erfordernisse für das Erfassen einer Gesamtanforderung von Lern- und Kompetenzzielen

— Wahrnehmung von relevanten Merkmalen und Filtern von irrelevanten Informationen
— Aufmerksamkeitsausrichtung auf relevante Aspekte
— Sprachverarbeitung von Informationen
— Aufnahme und Verarbeitung von zusammenhängenden mehreren Informationen
— Handlungsplanung zur Durchführung der Aufgabe
— Bewegungssteuerung

Anhand eines Beispiels zum Anteil der Fachkompetenzen eines Lernthemas und dessen Zuordnung zu den verschiedenen Wissensebenen wird in ■ Abb. 2.23 die parallele Anforderung verdeutlicht.

Im Bereich des Verfassens von Texten ab der Grundstufe 2 (GS 2) wird über die ■ Abb. 2.24 die komplexe multidisziplinäre Anforderung an autistische Schüler*innen besonders deutlich. Nicht nur die Vielzahl der fachspezifischen Teilanforderungen und Basisvoraussetzungen stellen hier die Herausforderung für autistische Schüler*innen dar. Durch das Heranziehen fachunspezifischer Methoden zur Erarbeitung sind Lernziele in andere Anforderungen, sogenannte „Nebenanforderungen" eingebettet. Anhand der folgenden schematischen Darstellung ist auch der Bezug zu den fachunspezifischen Basisanforderungen deutlich ersichtlich:

Dieses multidisziplinäre Lernen stellt im Grunde ein förderliches Feld für den Erwerb von vielzähligen Kompetenzen und das verknüpfte Anwenden von Wissen dar, wirkt aber in Bezug auf autistische Schüler*innen häufig hinderlich für den Erwerb der eigentlich geforderten fachlichen Kompetenzen und den Lerntransfer. Als va-

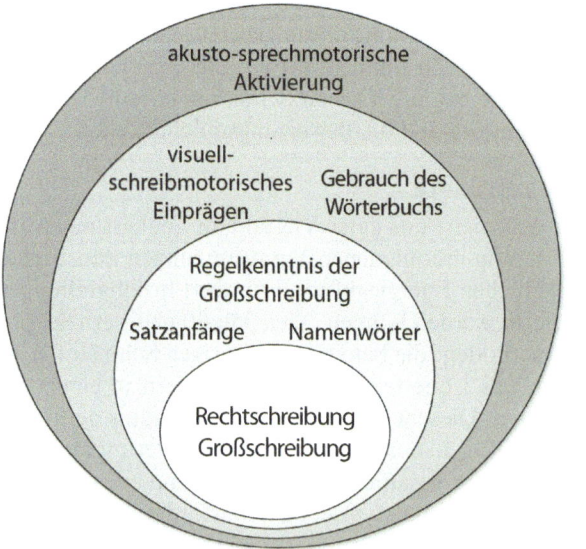
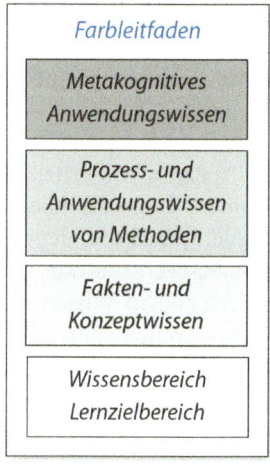

■ **Abb. 2.23**   Anteil von Fachkompetenzen eines inhaltlichen Lernziels

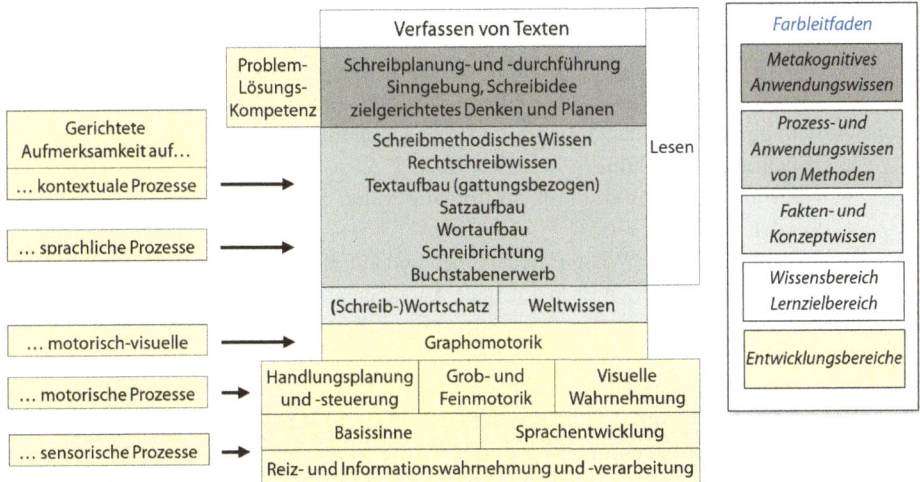

◘ Abb. 2.24   Komplexe Lernzielanforderungen

riabler Teil der Unterrichtsorganisation bewirken gerade diese Faktoren des multidisziplinären Lernens auch den anfordernden Prozess für die Unterrichtsplanung der Lehrperson in Bezug auf die autistischen Schüler*innen.

ⓘ **Das multidisziplinäre Lernen wird aufgrund der Vielschichtigkeit seiner Anforderung an die Kompetenzen der autistischen Schüler*innen häufig zu einem Bereich für den Nachteilsausgleich.**

Bei einem Nachteilsausgleich für die Wissensbereiche durch die Abgrenzung der einzelnen Teilanforderungen im Besonderen auch der fachspezifischen Teillernziele wird nicht nur eine konkretere und strukturiertere Informationsaufnahme begünstigt, sondern auch die Vermischung der unterschiedlichen Anforderungen und Anforderungsniveaus in der späteren Leistungsbeurteilung so gut wie möglich ausgeschlossen. Damit definieren sich klare Teilbereiche für eine Bewertung. Ein Führen eines Kompetenzprofils oder einer Lernzieldokumentation erweist sich hier als förderlich für diesen Prozess, um einen guten didaktischen Aufbau, Überblick und eine stets aktuelle Dokumentation des Lernstandes zu haben.

Methoden-Tipp

Zergliederung der Teilziele des Wissensbereichs
1. Abgrenzung der inhaltlichen Anforderungen im Wissensbereich von denen der Unterrichtsorganisation (Nebenkompetenzen)
2. Beseitigen von Hindernissen für individuelle Merkmale von:
   – Wahrnehmungs- und Aufmerksamkeitsaspekten
   – Handlungsplanenden und bewegungssteuernden Funktionen
3. Zerlegung der inhaltlichen Lernanforderungen der Wissensdimension in ihre Teilanforderungen

2

- Faktenwissen und Teilbereiche des Faktenwissens
- Methodenwissen und Teilbereiche des methodischen Wissens
- Metakognitives Wissen und Teilbereiche des metakognitiven Wissens
4. Aufteilung der inhaltlichen Lernanforderungen in ihre Anforderungsniveaus
   - Bedeutungsverständnis
   - Nulltransfer: Reproduktion, Automatisierung, auf gleiche Aufgaben anwenden
   - Lateraler Transfer: Wissen wiedergeben und auf ähnliche Aufgaben anwenden
   - Vertikaler Transfer: Wissen auf neue Aufgaben anwenden

Mit steigendem Bewusstsein der Lehrperson für die multidisziplinären Lernziele sowie Sensibilisierung und Erfahrung bei der Differenzierung in Teilbereiche und Einsatz geeigneter chancenausgleichender Mittel kann sich eine konkrete Umsetzung zunehmend fließend in die Unterrichtsorganisation einfügen. Formen der Analyse sind dann nur noch an spezifischen Hindernispunkten im Wissenserwerb der autistischen Schüler*innen notwendig. Der Einfluss von fachunspezifischen Nebenkompetenzen wird im ▶ Abschn. 2.2.6.4 *Die Nebenkompetenzen der Lernziele* ausführlich erläutert und deren Ausgleich anhand Kompensationsfaktoren methodisch angeleitet.

Bei einigen Schülerinnen und Schülern, bei denen sich Hindernisse im Wissenserwerb bereits sehr deutlich zeigen, ist es im Rahmen eines Nachteilsausgleich durchaus notwendig, den Fokus des Lernens für einen bestimmten Zeitraum isoliert auf die zu bewertenden Teillernziele zu legen und andere Teilbereiche kurzfristig auszuschließen oder um ein so hohes Maß zu verringern, dass ein Erwerb der Einzelbereiche der inhaltlichen Lernziele ermöglicht wird. Dieses zeigt sich besonders im Bereich von Mindestanforderungen als eine geeignete Methode, um den zielgleichen Anschluss nicht zu verlieren und einen Verbleib im Regelschullehrplan zu sichern.

> **❗ Isolierter Erwerb von Teillernzielen unter Ausschluss möglichst vieler geforderter Nebenkompetenzen kann im Rahmen des Nachteilsausgleichs ein mittelfristiges Mittel zur Erreichung von Mindestanforderungen im Regelschullehrplan sein.**

In diesen spezifischen Fällen, bei denen es meistens darum geht, eine negative Bewertung zu vermeiden, weil sie scheinbar nicht dem grundsätzlichen Leistungsvermögen der spezifischen Schüler*innen entspricht, ist es besonders relevant, dass mit dieser Isolierung von Anforderungen eine Lern-Lehr-Analyse einhergeht. Dadurch können weitere Maßnahmen und Unterrichtsplanungen entsprechend der neurodiversen Lernbedürfnisse und Lernmerkmale der spezifischen Schülerin bzw. des Schülers angepasst und ein Vorankommen gesichert werden. Die ◼ Abb. 2.25 zeigt exemplarisch die verschiedenen Anforderungen eines Lerninhalts aus dem Bereich Mathematik auf. Die aufgezeigten Anforderungen sind den unterschiedlichen Wissensdimensionen zugeordnet. Jede der Anforderungen stellt für sich genommen eine Einzelfähigkeit oder Fertigkeit dar, die eine Herausforderung darstellen und somit den Lernprozess negativ beeinflussen kann.

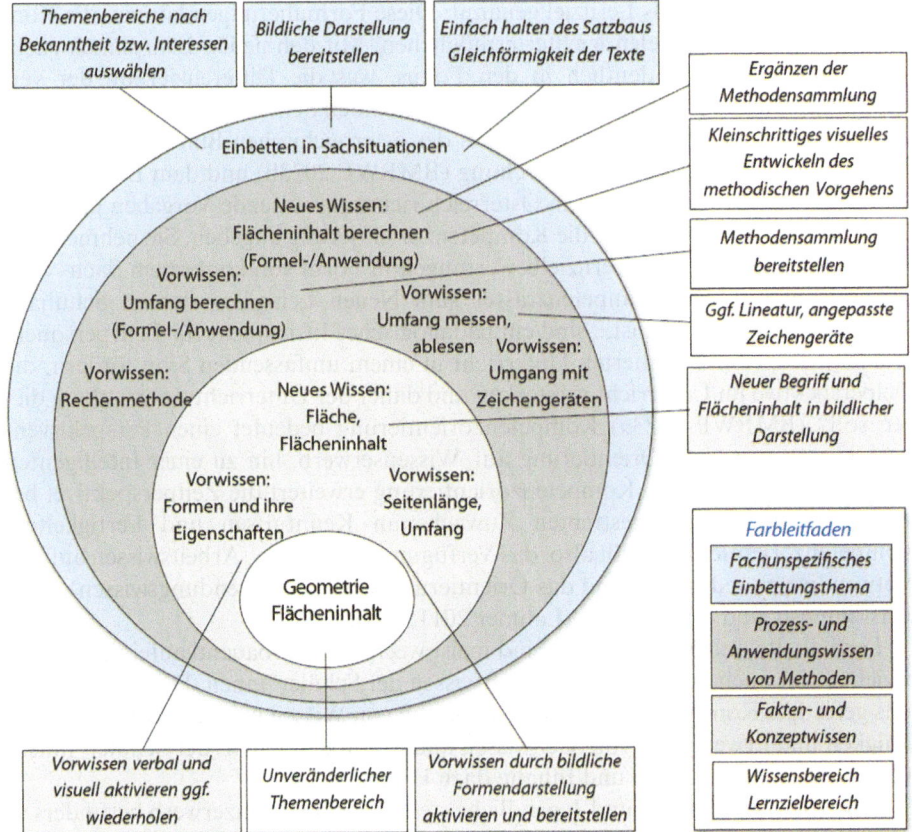

Themenbereiche nach Bekanntheit bzw. Interessen auswählen

Bildliche Darstellung bereitstellen

Einfach halten des Satzbaus Gleichförmigkeit der Texte

Ergänzen der Methodensammlung

Kleinschrittiges visuelles Entwickeln des methodischen Vorgehens

Methodensammlung bereitstellen

Ggf. Lineatur, angepasste Zeichengeräte

Neuer Begriff und Flächeninhalt in bildlicher Darstellung

Einbetten in Sachsituationen

Neues Wissen: Flächeninhalt berechnen (Formel-/Anwendung)

Vorwissen: Umfang berechnen (Formel-/Anwendung)

Vorwissen: Umfang messen, ablesen

Vorwissen: Umgang mit Zeichengeräten

Vorwissen: Rechenmethode

Neues Wissen: Fläche, Flächeninhalt

Vorwissen: Formen und ihre Eigenschaften

Vorwissen: Seitenlänge, Umfang

Geometrie Flächeninhalt

Farbleitfaden

Fachunspezifisches Einbettungsthema

Prozess- und Anwendungswissen von Methoden

Fakten- und Konzeptwissen

Wissensbereich Lernzielbereich

Vorwissen verbal und visuell aktivieren ggf. wiederholen

Unveränderlicher Themenbereich

Vorwissen durch bildliche Formendarstellung aktivieren und bereitstellen

◻ **Abb. 2.25** Isolierung von Anforderungen

Eine Vorlage zur „Isolierung von Anforderungen" steht als Materialdownload für das Kap. 2 zur Verfügung.

Eine stärkere Zergliederung in die Teilziele ist häufig im Bereich des Lesen-Lernens, Schreiben-Lernens oder Rechnen-Lernens im Anfangsunterricht notwendig. Dazu ist im ▶ Abschn. 2.2.6.4 *Die Nebenkompetenzen der Lernziele* ein aufgegliedertes Beispiel aus dem Bereich Schreiben dargestellt.

2.2.6.3 **Die Kompetenzorientierung des Lernens**

Über den Einsatz unterschiedlichster Mittel im Unterricht fordern die Lernziele der Wissens- und Kompetenzbereiche meist ein Konvolut an Kompetenzen, die sich im Schulverlauf an altersbezogenen Entwicklungsvoraussetzungen orientieren. Damit sind auch die zu Grunde liegenden Lernbereiche, -felder und verbundenen Ziele für die Lehrperson nicht immer deutlich ersichtlich und vor allem nicht ausdifferenziert genug, um anhand ihnen passende Maßnahmen für Schüler*innen im Autismus Spektrum planen zu können.

In den Lehrplänen standen bisher üblicherweise zum einen das Fakten- und Konzeptwissen im Vordergrund, an anderen Stellen wird die Fachmethode

2

oder -technik konkret als Lernziel genannt. Diese Formulierungen können die Konkretisierung von Lernzielen leichter ermöglichen. Mit den neuen Lehrplänen rückt der Kompetenzerwerb deutlich in den Fokus, was die Differenzierung der verschiedenen Anforderung im Zuge des fortschreitenden Schulverlaufs zunehmend erschwert. Mit dem neuen Pädagogik-Paket des österreichischen Bundesministeriums für Bildung, Wissenschaft und Forschung (BMBWF 2023b) und dem Lehrplan '23 (BMBWF 2023a) wurden auch in Österreich richtungsweisende Vorgaben gemacht, die einen stärkeren Fokus auf die Kompetenzorientierung angeben. Sie nehmen Abstand von der klassischen Lernzielbewertungen in Form von konkretem Sach- oder Methodenwissen. Die Kompetenzraster zum Neuen Lehrplan, der im Schuljahr 2023/24 in Kraft getreten ist, „sind ein pädagogisches Instrument für Lehrpersonen, das den kompetenzorientierten Unterricht in einem umfassenden Sinn fördern, die Zielperspektive im Unterricht verstärken und daher der Unterrichtsentwicklung dienen soll" (BMBWF 2023a) Kompetenzorientierung bedeutet einen Perspektivenwechsel weg von einer Orientierung auf Wissenserwerb, hin zu einer intelligenten Anwendung von Wissen. Kompetenzorientierung erweitert die Zeitperspektive, betont den langfristig angestrebten Zuwachs an Kenntnissen und Fertigkeiten. Kompetenzorientierung heißt also, das Verfügungswissen bzw. Arbeitswissen auf das Notwendige zu reduzieren und das Orientierungswissen (Anwendungswissen) möglichst intensiv und oft zu üben" (Lahmer 2011, S. 4).

Lerninhalte und Kompetenzen sind meist wechselnd aufbauend aufeinander und beziehen sich auch auf das fachliche Vorwissen der Schüler*innen. Das erfordert bereits gefestigte Kompetenzen in der Anwendung von Wissen und eine Übertragungsfähigkeit und Erweiterung von Sachwissen und Methoden seitens der Schüler*innen, wenn neue Anforderungen und Inhalte dazu kommen.

Für autistische Kinder und Jugendliche stellt der Kompetenzerwerb besonders in Bezug auf die vernetzte Anwendung und das situationsspontanen Problemlösungshandeln häufig ein Hindernis dar, sich mit Inhalten auseinander zu setzen. Das Erreichen generalisierter Ziele ohne Konkretisierung von Methode oder benötigtes Sachwissen und einen dazu angeleiteten Transfer ist oft nicht eigenständig möglich. Das Bewusstsein der Lehrperson für die Vielschichtigkeit und die hohe An- bzw. Überforderung für autistische Schüler*innen, um teils einfache sachliche Unterrichtsinhalte anhand komplexer Kompetenzen zu bewältigen, muss in Folge dieses Wissens auf die Aufbereitung von Lerninhalten und die Unterrichtsorganisation in der Form einen Einfluss nehmen, als dass sie einer Struktur und einem Konzept zur Verminderung von Hindernissen durch ihre Komplexität bedürfen.

> ❗ **Neue Inhalte benötigten immer wieder ein besonderes Augenmerk auf die konkreten Lernziele (Was?) in Bezug auf die Kompetenzanforderungen, die damit verbunden sind und die Möglichkeiten eines neuronal passenden Erwerbs (Wie?) unter Zunahme von Hilfsmitteln (Wodurch?).**

Maßnahmen zur neurodiversen Adaptierung im Wissensbereich
- Individuelle Zielsetzung im Kompetenzerwerb
- Proaktive Auswahl passender Methoden und Mittel

- Methodisch-didaktische Entwicklung eigener Unterrichtsmittel für den spezifischen Lernbereich
- Kompensation einzelner unpassender Mittel (auf den unterschiedlichen Kompensationsstufen)
- Entlastung von einzelnen Methoden und Mitteln, ggf. unter Einsatz von Alternativleistungen
- Aufbau von fehlenden (Wissens-)Kompetenzen für den Umgang und das Verständnis der bereits vorhandenen Mittel oder gewählten Methoden (Förderung)

2.2.6.4 Die Nebenkompetenzen der Lernziele

Durch die verstärkte Kompetenzorientierung der Lehrplaninhalte mit ihren unterschiedlichen Schwerpunkten kommt dem bewussten, strukturierten und langfristig gedachten Aufbau und der Erweiterung von Kompetenzen eine hohe Relevanz zu. Kompetenzen stehen dabei niemals isoliert da, wie z. B. das Faktenwissen oder einzelne Fertigkeiten und fachspezifische Methoden, sondern entwickeln sich auf der Grundlage der eigenen Fähigkeiten und dem theoretischen und praktischen Erfahrungswissen über Sachinhalte, Prozesse und Situationen. Sie stellen die individuellen Handlungsvoraussetzungen dar, die durch eigenständige Denkprozesse und selbstständige Handlungen dynamisch in neuen Situationen eingesetzt werden bzw. an die jeweiligen Bedingungen zielgerichtet angepasst werden können. Nach dem KODE® KompetenzAtlas (2022) können vier grundsätzliche Kompetenzfelder unterschieden werden

- Personale Kompetenz
- Aktivitäts- und Handlungskompetenz
- Sozial-kommunikative Kompetenz
- Fachlich-methodische Kompetenz

Alle dieser vier Kompetenzfelder beinhalten eine Vielzahl an Einzelkompetenzen, die durch verschiedene Formen und Methoden des Unterrichts unterschiedlich stark gefordert und gefördert werden. Damit stellen sie neben den inhaltlichen Lernzielen weitere Anteile an Kombinationen von Fähigkeiten und Fertigkeiten zur Zielerreichung dar. Die ◘ Abb. 2.26 zeigt, wie Anforderungen voneinander abhängig sein können und das Anwenden von Kompetenzen aus einem anderen Bereich erfordert. Diese Übertragung in der Anwendung von Kompetenzen auf andere Bereiche ist häufig erschwert für autistische Schüler*innen. Sie zeigt sich in der Schule stark individuell abhängig und abhängig von den erlernten Kontexten und der Generalisierungsfähigkeit. Umgebungsbedingungen können dieses durch ihre wechselseitige Wirkung mit den Voraussetzungen der Schüler*innen erschweren oder ermöglichen.

Bei autistischen Kindern und Jugendlichen sollte der Kompetenzerwerb in Bezug auf ihre autismusspezifischen Merkmale und Besonderheiten der Informationsverarbeitung so gestaltet sein, dass eine bedeutungsvolle Aneignung sowie der Transfer in lebenspraktische (Schul-)Kontexte sichergestellt sind. Um einer Kompetenzorientierung langfristig besser entsprechen zu können hat es sich in der schulischen

2

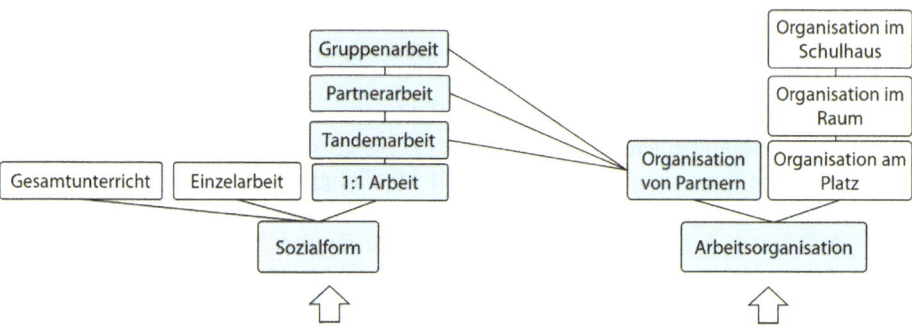

Praxis als förderlich erwiesen, den Erwerb von Wissen nicht auf festgelegte Lernwege und fixe Methoden zu reduzieren. Vielmehr ist ein möglichst breites Feld für die Generalisierung von Wissen durch systematische Methoden bereits früh anzuleiten. Besonders auf den Aufbau eines Handlungswissens ist auf die Ebene des Lerntransfers ein besonderes Augenmerk zu richten. Die Kenntnis theoretischer Inhalte und theoretischen Methodenwissens ist oft eine Stärke autistischer Schüler*innen. Um es nicht als isoliertes Wissen stehen zu lassen, sind der Transfer und die Generalisierung ein ständig begleitender Förderaspekt.

■ ■ ■ **Fachunabhängige Kompetenzen**
Häufig werden inhaltliche bzw. fachabhängige methodische Kompetenzen anhand von Arbeitsformen und Unterrichtstechniken erarbeitet, geübt und überprüft, die seitens der autistischen Schüler*innen eine erhöhte Aufmerksamkeit und ein höheres Maß an Energie für diese einhergehenden Nebenkompetenzen fordern. Zu diesen Nebenkompetenzen zählen u. a.

— die Orientierung in verschiedenen Arbeitsformen
— die eigene Arbeitsorganisation
— der Umgang mit verschiedenen Materialien und Mitteln sowie
— das Interagieren in Sozialformen

Gerade diese Vielschichtigkeit dieser beeinflussenden Faktoren kann zu einem multifaktoriellen Hindernis beim Wissenserwerb für Schüler*innen im Autismus Spektrum werden. Ohne eine Unterstützung oder Anpassung der scheinbar einfachen und altersorientiert gestellten Anforderungen im unterrichtsorganisatorischen Bereich, können viele autistische Schüler*innen diese oft nicht selbstständig erfüllen. Bereits ein kleiner Bereich aus dem gesamten Anforderungsfeld der Nebenkompetenzen kann einen großen Einfluss auf den Zugang zum Inhalt, der Dauer der Auseinandersetzung und damit die Qualität des Wissenserwerbs haben.

> ❗ Es besteht eine deutliche Abhängigkeit beim Erlernen von Fachinhalten durch die gewählten Lehr, Lern- und Aneignungsformen, ihren Methoden und Mitteln sowie der Sozialformen für autistische Schüler*innen. Diese Nebenkompetenzen stellen für sich eine fachunabhängige Anforderung dar.

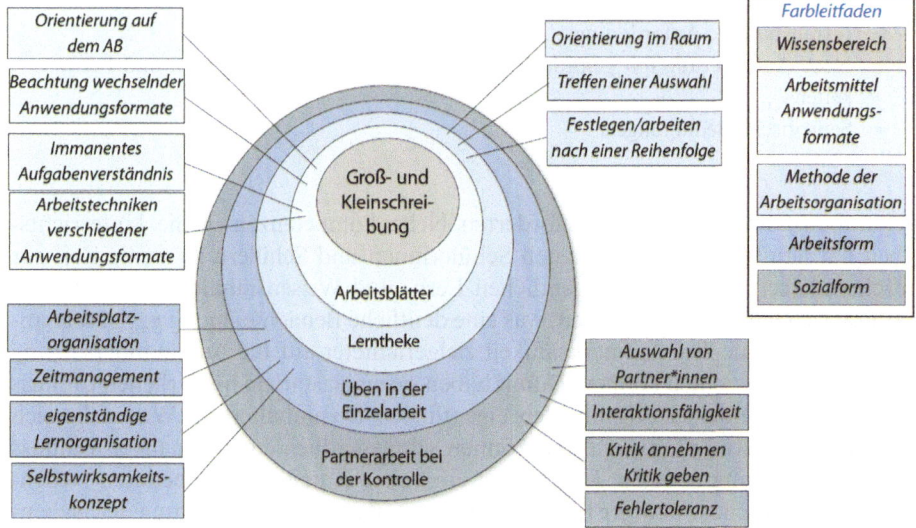

Abb. 2.27 Einfluss von Nebenkompetenzen auf die Wissensdimension

Anhand eines exemplarischen Beispiels aus einem Wissensinhalt des Fachbereichs Deutsch sollen die Komplexität und der Einfluss von fachunabhängigen Nebenkompetenzen bei Lerninhalten in ☐ Abb. 2.27 veranschaulicht werden. Hier zeigt sich, dass sich die Anwendungen der Formen, Methoden und Mittel der Unterrichtsorganisation aus unterschiedlichen Einzelkompetenzen zusammensetzen, die wiederum einzelne Fähigkeiten und Fertigkeiten in den Arbeits- und Lerntechniken sowie der Arbeitsorganisation fordern. Die Gesamtkompetenz für die konkret geforderte Anwendung des Unterrichtsinhalts „Groß- und Kleinschreibung" stellt demnach eine vielschichtige Anforderung dar.

Eine Vorlage zur „Analyse von Nebenkompetenzen" steht als Materialdownload für das Kap. 2 zur Verfügung.

Die unterschiedliche Kombination geforderter fachabhängiger und fachunabhängiger Fähigkeiten und Fertigkeiten, aus denen sich die jeweilige Kompetenz zusammensetzt, ist im Unterrichtsalltag ein häufiger Grund für Hindernisse in der Selbstständigkeit und führt dadurch zu einer verminderten Leistungsdarstellung, sodass an dieser Stelle ein dringender Handlungsbedarf seitens der Lehrpersonen besteht. Bei Schülerinnen und Schülern im Autismus Spektrum können diese Anwendungen aufgrund unterschiedlicher Ursachen beeinflusst werden, die sowohl in ihrer Person als auch in den Umgebungsbedingungen liegen können.

Mögliche Hindernisse in der Selbstständigkeit in den Nebenkompetenzen
- Entwicklungsstände und Funktionalität
- Fehlen einzelner Fähigkeiten oder Fertigkeiten
- Unkenntnis im Bereich des Sachwissens oder der Fachmethode

2

— Intransparente Anforderung
— Neue Anforderung mit geforderter Transferleistung von Fähigkeiten und Fertigkeiten
— Sensorische Bedingungen

Der unbewusste Einfluss von geforderten Nebenkompetenzen in die Unterrichtsarbeit hat häufig zur Folge, dass den Schülerinnen und Schülern zu wenig Zeit zur Auseinandersetzung mit den eigentlichen Lern- und Wissensinhalten bleibt. Damit verkürzt sich die effektive Lernzeit, was eine deutliche Benachteiligung gegenüber anderen darstellt, die ihre Aufmerksamkeit zielgerichteter auf die Auseinandersetzung mit den Inhalten richten können. Damit haben sie einen starken hinderlichen Einfluss auf die Auseinandersetzung mit den eigentlichen Lerninhalten im Wissensbereich und auf die Leistungsfähigkeit und können schlussendlich einen negativen Einfluss auf die Beurteilung nehmen. Meist führt ein hoher Anteil an eingebetteten Nebenkompetenzen auch zu weniger Erfolg im Aufbau oder in der Erweiterung der Nebenkompetenzen selbst, da diese ohne spezifischen Fokus auf deren Erwerb unstrukturiert einfließen und damit nicht bewusst wahrgenommen und gelernt werden können.

Ein Einsatz von vielzähligen Unterrichtsformen, -methoden und -mitteln und deren Kombinationsvielfalt erschwert den Analyseprozess und das Eruieren der spezifischen Schwierigkeiten der Schüler*innen und der Art der Hindernisse sowohl im Wissenserwerb als auch in den methodischen Kompetenzen im Nachhinein für die Lehrperson massiv.

Die Grafik in ◘ Abb. 2.28 zeigt die Differenzierung einzelner Bereiche der Unterrichtsorganisation durch eine Zergliederung der Anforderungen auf. Anhand einer rückwärtigen Analyse in die Basisbereiche der Entwicklung sowie in die Vorläuferfunktionen können beteiligte Einzelkompetenzen, Fähigkeiten und Fertigkeiten eruiert werden. Die Darstellung in ihrer Differenzierung der Einzelkompetenzen beruht sich nicht auf Vollständigkeit, sondern ermöglicht einen exemplarischen Blick.

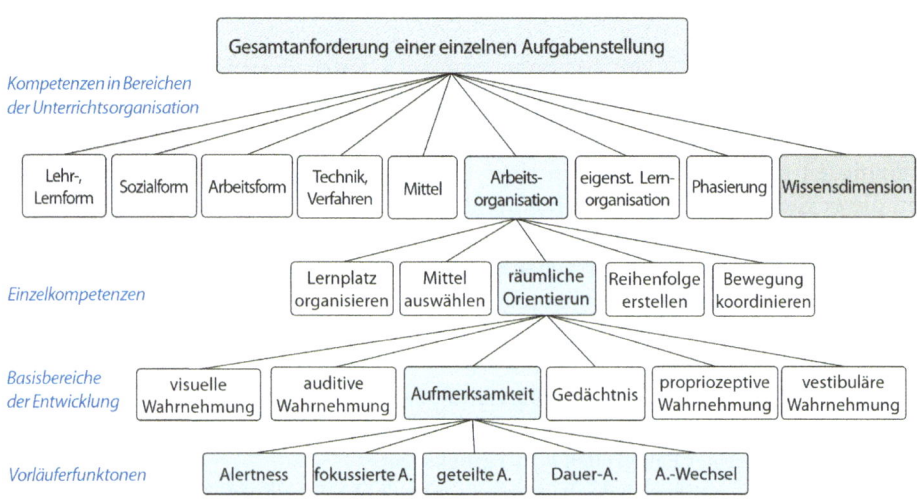

◘ **Abb. 2.28** Zergliederung der Anforderungen

2.2.6.5 Der Kompetenzaufbau

Nach dem Prinzip der Kleinstschrittigkeit benötigen viele Schüler*innen im Autismus Spektrum an verschiedenen Stellen im Schulverlauf zuerst den Erwerb einzelner isolierter Fähigkeiten und Fertigkeiten, die erst in einem weiteren nächsten Schritt zusammengefügt werden. Ein langsamer schrittweiser Aufbau verschiedener kleiner Kompetenzbausteine kann im Unterricht für alle Schüler*innen grundsätzlich förderlich sein und entspricht einem häufig bevorzugten, systematischen Aufbau für autistische Schüler*innen, die gewisse Kompetenzen nicht über das intuitive Lernen erwerben können. Dabei werden die Kompetenzanforderungen im Unterricht gezielt und bewusst als Einzelkompetenzen erarbeitet und zunehmend in verschiedener Weise kombiniert, um sie in einer Art *Baukasten-Prinzip* zur Unterrichtsstruktur werden zu lassen.

Bei spontan auftretenden Schwierigkeiten in der Aktivität und Teilhabe im Unterricht ist dafür ist ein rückwärtiges analytisches Vorgehen relevant, da die wirklichen Hindernisse erst in der kleinschrittigen Betrachtung an die Oberfläche treten. Um diese spezifischen Ursächlichkeiten für Hindernisse als Basis für geeignete Anpassungen und Fördermöglichkeiten zu eruieren, ist es zunächst notwendig, die Gesamtanforderung in die geforderten Einzelkompetenzen der unterrichtsorganisatorischen Faktoren zu zergliedern, um sie dann einzeln gezielt aufzubauen, damit sie zu einem späteren Zeitpunkt in einer Gesamtanforderung als „Bauwerk" zusammengeführt werden können. Diese Zerlegung von Anforderungen in Einzelkompetenzen in ihre einzelnen benötigten Fähigkeiten und Fertigkeiten ist bei autistischen Schülerinnen und Schülern viel differenzierter zu betrachten als das Übliche pädagogisch-methodische Analysieren von Anforderungen.

Methoden-Tipp

Zergliederung der Anforderung
1. Abgrenzung der Kompetenzanforderung der Unterrichtsorganisation (Nebenkompetenzen) von den inhaltlichen Anforderungen im Wissensbereich, um eine Vermischung der unterschiedlichen Anforderungen in der späteren Leistungsbeurteilung auszuschließen.
2. Zerlegung der Kompetenzanforderung der Nebenkompetenzen in ihre Einzelanforderungen
3. Zerlegung der Einzelkompetenzanforderung in ihre einzelnen Schritte.
4. Zerlegung der Einzelkompetenzanforderung in
   a. ihre Fähigkeiten und Fertigkeiten
   b. ihre einzelnen Schritte
5. Analyse der Fähigkeiten und Fertigkeiten in Bezug auf den Entwicklungsstand
6. Analyse des Entwicklungsstandes in Bezug auf die neurodivergenten Entwicklungs- und Lernvoraussetzungen

Kompetenzaufbau
Auf jeder Ebene der Zerlegung muss ein Abgleich mit dem derzeitigen Kompetenzprofil der Schülerin bzw. des Schülers stattfinden, um den Grad der Anforderung zu bestimmen, die gestellt werden kann.

2

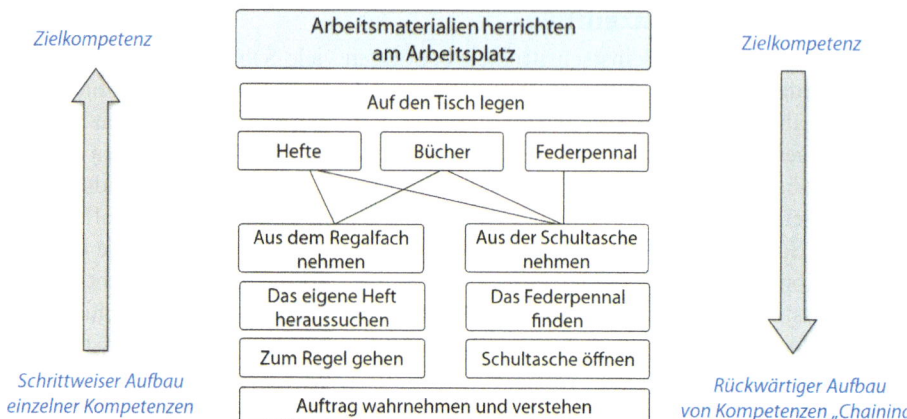

Zielkompetenz

Zielkompetenz

Schrittweiser Aufbau einzelner Kompetenzen

Rückwärtiger Aufbau von Kompetenzen „Chaining"

▸ **Abb. 2.29**   Aufbau von Kompetenzen

Aufgrund der Erfahrungen in höheren Schulstufen ist es anzuraten, den schrittweisen Aufbau bereits von Schulbeginn an einzuplanen und besonders bei neuen Kompetenzanforderungen prozessorientiert mitzudenken. Der gezielte Aufbau dieser Einzelkompetenzen wie z. B. in der ▸ Abb. 2.29 für die Arbeitsorganisation in dieser strukturierten Form ermöglicht vor allem ein Bewusstsein der Schüler*innen für ihre neu erlernten Fähigkeiten und Fertigkeiten und die situative Anwendung von Kompetenzen. Dabei unterstützen visuelle Mittel und äußere Strukturierung den Prozess.

Für eine Kompetenz in der gesamten Anwendung müssten die dafür benötigten Fähigkeiten und Fertigkeiten in einer Relation der einzelnen Schritte zueinander in Bezug auf das Handlungsziel vorliegen und in der Situation adäquat angewendet werden. Dieser Aufbau kann auch als rückwirkende Lernkette im sogenannten „Chaining" stattfinden. Dabei wird jeweils die letzte Handlung vor der Zielerreichung zuerst eingeübt. Danach die vorhergehenden Handlungen, bis sie sich zu einer eingeübten Handlungskette zusammensetzen. Die jeweils fehlenden Kompetenzen der Handlungsausführung werden bis zum Erwerb kompensiert oder übernommen.

> ❶ **Kompetenzen können für viele Schüler*innen im Autismus Spektrum besser erworben und im Transfer langfristig angewendet werden, wenn Kompetenzanforderungen strukturiert mit ihnen erarbeitet, konkret benannt und somit bewusst erfahren und geübt werden.**

Ein prozessorientierter Kompetenzerwerb, wie er in ▸ Abb. 2.30 skizziert wird, lässt sich z. B. durch die bewusste Abgrenzung der einzelnen Bereiche der Anforderung in der Planung und einen schrittweisen Aufbau von bewusst ausgewählten Kompetenzen umsetzen. Dabei sollen die individuellen Schwerpunkte jeweils auf einzelne Sachinhalte, methodische Anwendungen oder das Handeln in konkreten Situationen gelegt werden. Inwiefern dabei Kompetenzziele verknüpft werden können, ohne eine Überforderung für die Schüler*innen darzustellen, ist individuell von ihren Fähigkeiten abhängig. Durch eine grundsätzlich prozessorientierte Planung entsteht kein direkter Leistungsdruck beim Erwerb einzelner Kompetenzen, sondern ein stetiger langsamer Aufbau und eine Erweiterung über den Schulverlauf hinweg.

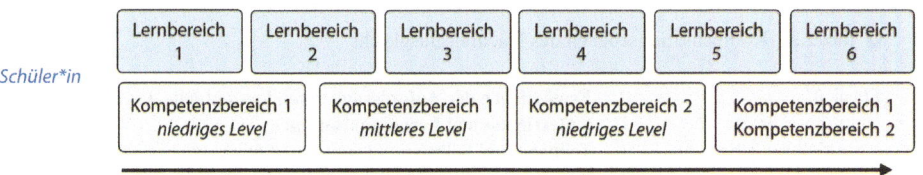

Abb. 2.30 Prozessorientierter Kompetenzerwerb

Wissensinhalte anhand von bereits bewusst erworbenen „Kompetenz-Bausteinen" zu erlernen, vermindert deutlich die Hindernisse, die über die Unterrichtsorganisation entstehen können. Mit der schrittweisen bewussten Erweiterung der Kompetenzen der autistischen Schüler*innen in verschiedenen Methoden und Unterrichtsformen können diese ebenso wie bei anderen Schülerinnen und Schülern zunehmend differenzierter werden. Daher eignen sich individuelle Schwerpunkte in der Zielsetzung der Kompetenzen, die in unterschiedlichen Lernbereichen oder Unterrichtsphasen zu unterschiedlichen Zeitpunkten und in unterschiedlichen Zeitabschnitten strukturiert und systematisch geplant und gesetzt werden können.

2.2.6.6 Der Ausgleich von Kompetenzen (auch: Nachteilsausgleich)

Ausgleichende Maßnahmen müssen in der weiteren Planung des Unterrichts für die betreffenden Schüler*innen berücksichtigt werden, wenn aufgrund spezifischer autistischer Merkmale Vorwissen und vor allem methodische Kompetenzen in der benötigten Form für den Unterricht fehlen. Solche Maßnahmen stellen sicher, dass ein Wissenserwerb trotz fehlender Kompetenzen stattfinden kann. Aus der Praxis heraus haben sich hierfür fünf Ebenen der Kompensation entwickelt, die kompetenzaufbauende, -ausgleichende oder -ersetzende Möglichkeiten darstellen. Sie geben die Basis für das Schaffen chancengleicher Bedingungen für den Wissenserwerb und erfüllen somit den Zweck eines Nachteilsausgleichs. Aufbauend auf der Basis eines neurodiversen Unterrichtsangebots und einer Förderung sind sie individuell und unterrichts- bzw. lernzielbezogen auszuwählen. Eigenständige Denkprozesse und selbstständige Handlungen der autistischen Schüler*innen sollen zu einem möglichst hohen Grad in den Lernprozess integriert werden. Um dieses zu erreichen, werden Maßnahmen auf der individuell niedrigsten Kompensationsebene angesetzt. Die ◘ Tab. 2.2 zeigt die fünf Ebenen der Kompensation.

Eine Vorlage zur individuellen Planung von „Kompensationsebenen des Nachteilsausgleichs" steht als Materialdownload für das Kap. 2 zur Verfügung.

Für einen gut gelingenden Kompetenzausgleich müssen die auftretenden Hindernisse, die durch Nebenanforderungen entstehen, gut eingegrenzt werden. Dazu ist die differenzierte Auseinandersetzung mit den immanenten Anforderungen der Unterrichtsformen, -methoden und -mittel nötig. Ein Abgleich mit den individuellen Fähigkeiten und Fertigkeiten sowie Entwicklungsständen der Schüler*innen zeigt den Bedarf an Kompensation auf. So können aus den verschiedenen Ebenen unterschiedliche Möglichkeiten individuell und merkmalsbezogen eruiert und ausgewählt werden, wie das Beispiel in ◘ Abb. 2.31 verdeutlicht.

2

◘ **Tab. 2.2**   Kompensationsebenen des Nachteilsausgleichs

Ebene 0 Neurodiverses Unterrichtsangebot	**Ermöglichen der Anforderung durch konzeptuelle Anpassung der Unterrichts- und Lernorganisation:** Teilhabe und Selbstständigkeit durch merkmalsbezogene Anpassung der inklusiven Unterrichtsorganisation; Aktivität und Eigenständigkeit durch merkmalsbezogene Anpassung der inklusiven Wissensdimension;
Ebene 1 Aufbau von Eigenkompetenzen	**Ermöglichen der Anforderung durch systematisches Lernen und gezielte Förderung:** Automatisierung von situationsgebundenen, funktionellen Handlungen (situationsgebundene Selbstständigkeit für situatives Handeln); Aufbau von Strategien durch systematisch aufgebaute Lerninhalte; Setzen von spezifischen Fördermaßnahmen in Teilbereichen;
Ebene 2 Alternatives Lern-Lehr- Angebot	**Ermöglichen der Anforderung durch individuelle alternative Methoden und Mittel:** Bereitstellen von individuell merkmalsbezogenen Alternativen der unterrichtsorganisatorischen Faktoren für die Teilhabe und Selbstständigkeit; Bereitstellen von individuell merkmalsbezogenen Alternativen der inhaltlichen Faktoren aus dem fachlichen Wissensbereich für die Aktivität und Eigenständigkeit;
Ebene 3 Teilkompensation der Anforderung	**Ermöglichen der Ausführung durch Kompensation von Teilkompetenzen durch:** Einsatz methodischer und didaktischer Mittel; Vorstrukturierung von Faktoren der Unterrichtsorganisation und Wissensdimension; Ergänzung durch chancenausgleichende Hilfen und Mittel; Differenzierung von Lern- und Leistungsbereichen in ihre Teilbereiche; Reduzierung von Lern- und Leistungsbereichen; direkte Anleitung und Begleitung durch eine andere Person;
Ebene 4 Vollständige Kompensation durch Entlastung von der Anforderung	**Ermöglichen der Befreiung von der Anforderung durch:** Aussetzen des Anforderungsziels; Übernahme durch eine andere Person; Veränderung der Anforderung zu Gunsten einer Ersatzleistung;

In der Ebene 1 liegt ein grundsätzlicher Förderbedarf für vermindert vorliegende oder fehlende Kompetenzen, da hier spezifische Merkmale autistischer Funktionsfähigkeiten eine Rolle spielen und meist auch Basisbereiche oder sogar Vorläuferfunktionen der Entwicklung betroffen und zu fördern sind. Überlegungen zu dieser Förderung spielen im Lern-Lehr-Prozess immer eine große Rolle bei Schülerinnen und Schülern im Autismus Spektrum, da gerade die Nebenkompetenzen eine Grundlage zur generalisierten Anwendung und Erhöhung der Selbstbestimmung und Selbststeuerung von Prozessen darstellen. Daher ist bei der Notwendigkeit eines Kompetenzbereichs immer eine klare Entscheidung für eine Schwerpunktsetzung gefordert, die entweder den Bereich der Wissensanforderung oder den des Erwerbs von Nebenkompetenzen für eine bewusst geplante Dauer zurückstellt, um dem jeweils anderen den Vorzug zu geben

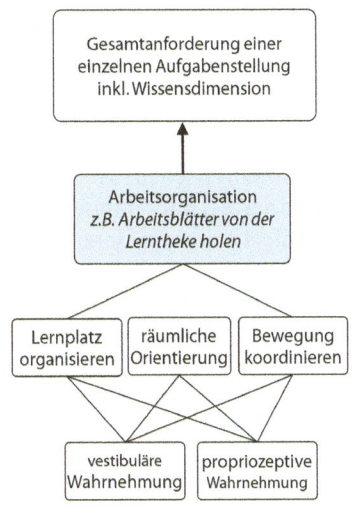

Ebene 1: Kompensation durch Aufbau von Eigenkompetenzen

- Automatisierung durch gleichbleibenden Ort und häufige Wiederholung nach gleichem Muster
- konkrete Benennung „Lerntheke"
- Aufbau von eigenständigen Denkprozessen durch Erarbeiten eines Plans zur Durchführung mit ritualisierten Vorlagen
- angeleitete Transferübungen z.B. Veränderung des Ortes

Ebene 2: Kompensation durch Alternatives Angebot

- Veränderung der Arbeitsorganisation: Organisation in Arbeitsturm oder 123-Mappe© , Sammelmappe am Platz

Ebene 3: Kompensation durch Teilkompensation

- Begleitung der Wege und/oder verbale Anleitung der Schritte
- Vorstrukturierung durch Arbeitsplan mit einzelnen Schritten, Farbkodierung der Aufgaben in Abstimmung mit dem Plan, Umrisszeichnung für Ablage am Arbeitsplatz

Ebene 4: Kompensation durch Entlastung von der Anforderung

- Arbeitsorganisation durch Lehrpersonen oder Peers
- Aussetzen: Verwendung anderer Materialien

▫ Abb. 2.31 Kompetenzausgleich

❗ Kompensatorische Maßnahmen und Nachteilsausgleich stehen an erster Stelle, um die Teilhabe und Aktivität zu ermöglichen oder weiterhin zu gewährleisten. In weiterer Folge soll ein Förderkonzept für die betroffenen Bereich erfolgen.

Auch hier gilt es, dass Schüler*innen im Autismus Spektrum durch einen direkt-kontextbezogenen Methodenansatz den Kompetenzausgleich bewusst wahrnehmen können und sich dadurch mit ihren individuellen Fähigkeiten und Fertigkeiten in einem meta-kognitiven Prozess auseinandersetzen. Anhand eines Beispiels für die Arbeitsorganisation werden verschiedene Faktoren zur Kompensation exemplarisch dargestellt.

❗ Durch eine Entscheidung für einen intensiven Kompetenzaufbau und somit eine Förderung der Nebenkompetenzen soll kein langfristiger Nachteil für die Erarbeitung des Wissensbereichs und vor allem dessen Beurteilung entsteht.

Der grundsätzliche Bedarf einzelner Schüler*innen im Autismus Spektrum für eine Erarbeitung und Förderung einzelner fachunabhängiger Kompetenzen ist individuell von Schüler*in zu Schüler*in unterschiedlich und stark abhängig vom persönlichen Kompetenz- und Leistungsprofil. Individuell müssen ggf. nur einzelne Unterrichtsbausteine erarbeitet werden, um eine Gesamtanforderung an die Schüler*innen stellen zu können. Bei manchen Schülerinnen und Schülern liegen die Kompetenzen aber auch nach einer intensiven Erarbeitungsphase nur in einer verminderten Form vor und müssen weiterhin kompensiert werden. Tlw. ist es aufgrund von äußeren Faktoren schulischer Umgebungsbedingungen gar nicht möglich, sie an den entsprechenden Stellen gezielt zu erarbeiten.

2

2.3 Das Lernebenen-Modell – ein systematisierter, strukturierter Lehr-Lernansatz

Für die Gestaltung des Lernens liefern unterschiedliche Aspekte aus therapeutischen und pädagogischen Ansätzen wichtige Parameter. Ein systematisiertes und strukturiertes Lernformat entspricht zunächst einer lerntheoretischen Methode. Diese kommt jedoch ohne erfahrungs-, beziehungsorientiertes und handelndes Vorgehen im Schulalltag nicht aus. Zu individuell sind die Lernvoraussetzungen und die Ausprägung der einzelnen Kinder und Jugendlichen. Ein einziges Format für das Lernen autistischer Schüler*innen anzubieten, würde ihnen nicht gerecht werden und wäre im schulischen Alltag auch nicht umsetzbar. Für strukturierte schulische Lernformate erscheinen folgende pädagogische und therapeutische Aspekte relevant:

> **Aspekte eines strukturierten, schulischen Lernformats**
> — Festlegen von individuellen Zielen
> — Strukturierter systematischer Aufbau
> — Gezielt gesetzte Angebote für spezifische Lernsituationen und kleine Übungsschritte (Diskreten Lernformat von Lovaas, 1968 und Präzisionslernen nach Lindsey, 1964 und Leach, 2003)
> — Aufgreifen von spontanen Lernsituationen und zufälliges Lernen (Natürliches Lernformat nach Koegel, 1999, erfahrungsorientiertes Lernen nach Twachtmann-Cullen, 2004)
> — Setzen von kleinen Übungsschritten (Diskreten Lernformat von Lovaas, 1968)
> — Unmittelbare Verstärkung (Diskreten Lernformat von Lovaas, 1968)
> — Einsatz von visuellen Hilfen und deutlicher Struktur (Gebärden und Handzeichen, Kommunikationssysteme, TEACCH nach Mesibov et al. 2004)
> — Zufälliges Lernen über Alltagsgelegenheiten (Natürliches Lernformat nach Koegel, 1999)
> — Einbeziehung der Bedürfnisse der Schüler*innen durch eigene Entscheidungsprozesse und Mitbestimmung bei den Zielen und Wegen

Schlussfolgernd aus diesen Ansätzen wird davon ausgegangen, dass ein stark systematisiertes Lernen für viele autistische Schüler*innen einen förderlichen Ausgangspunkt für das Lernen darstellt und eine höhere Systematik beim Lernen besonders bei Hindernissen im Lernen weiterhelfen kann. Häufig hat sich bereits gezeigt, dass eine stärkere Systematisierung und dessen Transparenz gerade für die Erarbeitungsphase in einer direktiven Form auch tlw. im direkten Kontakt notwendig ist, um die Wissensbasis oder neue Methoden konkret zu erarbeiten und in Folge bei geforderten Transferleistungen die Abstraktion und Generalisierung zu unterstützen. Die stärkere Systematisierung muss sich aber nicht zwangsläufig auf alle Lerninhalte und die gesamte Phase eines Lernbereichs beziehen, sondern kann auch durch die, an der richtigen Stelle gesetzten Maßnahmen, den Ausgangspunkt für das weitere möglichst selbst- und eigenständige Lernen und Üben geben.

2.3.1 Das Lernebenen-Modell

Das aus der Praxis heraus entwickelte hypothetische Lernebenen-Modell stellt einen theoretischen Versuch eines systematischen Aufbaus für das Lernen dar. Es basiert auf der „Didaktischen Stufung der Anforderungsbereiche" nach Roth (1962) und wurde mit den kognitiven Lernstufen nach Anderson und Krathwohl (2001) ergänzt. Auf dem Informationsverarbeitungsprozess aufbauend schließt sie die, für den Autismus relevante Ebene der Wahrnehmung mit ein. Davon ausgehend, dass ein systematisch geprägtes Lernen im Wissensbereich und im Aufbau von Kompetenzen autistischen Schüler*innen in ihrem Denken entgegenkommt, wird der theoretische Ansatz dieses Lernebenen-Modells mit dem Aufbau schulischer Lerninhalte aus dem Wissensbereich verknüpft. Hierzu werden Operatoren genutzt, die bereits lange im schulischen Bereich zur Lernzielformulierung herangezogen werden. Über die sich ergebene Stufen werden in der Umsetzung für die Praxis spezifische darstellende Konzepte, also vor allem visuelle Mittel, zugeordnet. Das soll dabei helfen für die jeweilige Stufe im Lernprozess passende visuelle Darstellungsmittel auszuwählen.

Das Lernebenen-Modell wird in Abb. 2.32 in seinen didaktischen Stufen nach Roth (1962) dargestellt, ergänzend um die Stufe der Wahrnehmung. Diese stellen die unterschiedlichen Prozesse dar, die an der Aufnahme und Auseinandersetzung von neuen Informationen und Inhalten im Unterricht auf verschiedenen Abstraktionsebenen beteiligt sind:

1. Basisebene: Wahrnehmung und Aufnahme
2. Organisation und Reproduktion
3. Reorganisation von Informationen
4. Lateraler Transfer
5. Vertikaler Transfer

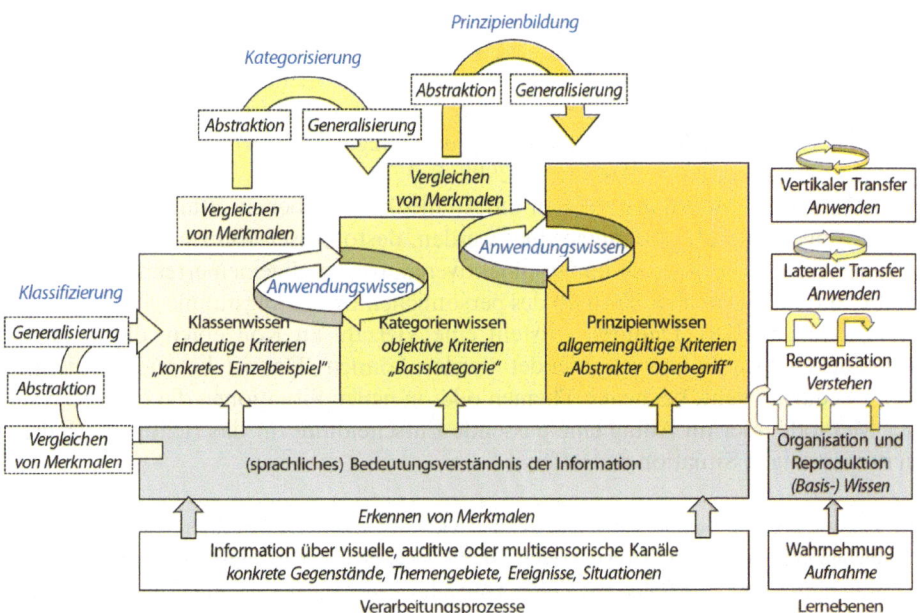

Abb. 2.32   Das Lernebenen-Modell

2

Die Lernebenen sind nicht durch eindeutige Stufen voneinander abgetrennt, sondern in einem fließenden Übergang und in Wechselwirkung zu verstehen. Besonders hinsichtlich der Lerninhalte im Unterricht ist eine Trennung nicht immer möglich und auch nicht sinnvoll. Zum leichteren Verständnis sind sie in der Grafik in einem linearen Verlauf mit reduzierten Bezügen vereinfacht dargestellt.

Das Modell ist nicht evidenzbasiert und ist, schlussfolgernd aus den vorhergehenden ausführlich geschilderten Bedingungen für das Lehren und Lernen angepasst an einen strukturierten und systematisierten Informationsorganisations- und Verarbeitungsprozess. Es gliedert den Lernprozess in unterschiedliche Wissens- und Handlungsebenen und soll Anhaltspunkte für die Unterrichtspraxis bieten, um schulische Inhalte für autistische Schüler*innen systematisch und strukturiert angelehnt daran aufzubauen und auf unterschiedlichen Ebenen strukturiert und systematisch ansetzen zu können. Diese wird mit Operatoren vor allem im Band 2 „Autismus und Schule – Inklusive Unterrichtsorganisation, Nachteilsausgleich und Wissenserwerb" im Bereich des Wissens- und Kompetenzerwerbs umgesetzt.

Für die Verarbeitung und die vernetzte Anwendung von Informationen ist ein grundlegendes Bewusstsein für ihre Zugehörigkeit über gewisse Merkmale zu einem oder mehreren Bedeutungsbereichen (Klassen) wichtig. Erst durch das Erkennen und Vergleichen von Merkmalen unterschiedlicher Klassen werden Zusammengehörigkeit entdeckt oder sie voneinander abgegrenzt und über die Verallgemeinerung immer neue Kategorien und später Prinzipien entwickelt (Waldmann 2008, S. 378). Diese werden benötigt, um komplexere Sachverhalte zu verstehen und sich aktiv mit ihnen auseinander zu setzen und weiterzuentwickeln. Dieses Wissen wird vor allem ab der Sekundarstufe 1 immer relevanter.

Von einer Ebenen auf die nächste erfolgt ein immer wiederkehrender Prozess der Abstraktion von diesen Merkmalen und eine Generalisierung (Stangl 2023a, b). Dabei kann die Übertragung von Wissen außerhalb des konkreten Anwendungsbereichs nur stattfinden, wenn auf bereits vorhandenes Wissen und erlernte Fähigkeiten in Klassen und Kategorien zugegriffen werden kann und neue Informationen adäquat verknüpft und erweitert werden. „Neue Erfahrungen werden auf bereits vorhandenes Wissen bezogen, sie dienen aber auch dazu, die Wissensbasis zu modifizieren die der Kategorisierung zugrunde liegt. Kategorien werden…auch erworben und modifiziert" Waldmann 2008, S. 378).

Je besser die Merkmale auf den unterschiedlichen Ebenen intuitiv erkannt, mit Bedeutung verknüpft und zugeordnet werden, desto besser können Klassen, Kategorien oder Prinzipien nach immer objektiveren und verallgemeinerten Kriterien gebildet werden, die auch außerhalb des persönlichen Erfahrungsraumes liegen (Waldmann 2008, S. 378). Dadurch entsteht eine Vielzahl an Konzepten, die in unterschiedlichen Situationen angewendet werden können. Das ist besonders wichtig, wenn es darum geht, bei neuen Themen oder in neuen Situationen die richtige Wahl der Methode oder im Alltag eine passende Entscheidung für das richtige Verhalten in der jeweiligen Situation zu treffen.

❗ Bei autistischen Schülerinnen und Schülern können schwierig zu eruierende Wissenslücken oder auch andere Vernetzungen in der Denkstruktur beim Bilden von Klassen, Kategorien und Prinzipien und deren Anwendung vorhanden sein, die in der Planung Berücksichtigung finden müssen, da sie ansonsten ein Transferlernen verhindern können.

Auch andere Schwierigkeiten und Hindernisse beim Lernaufbau können bestehen wie z. B. das Auftreten von affektiven Hemmungen, wenn zwischen der Informationsaufnahme und ihrer Reproduktion bzw. Anwendung starke affektive Erregungen auftreten, die das Lernen beeinträchtigen oder wenn das Lernen unter hoher Anspannung passiert. Dieser innere Stress ist häufig nicht von außen sichtbar und erschwert die aktive Anpassung und Verminderung der Stresssituation solcher Situationen für die Lehrperson.

2.3.2   Der Aufbau der Lernebenen

In Folge wird explizit auf die unterschiedlichen Lernebenen eingegangen. Dabei besteht die Ausführung nicht auf Vollständigkeit, sondern befasst sich schwerpunktmäßig mit einem besonderen Blick auf die, für die Autorinnen autismusspezifisch relevanten Aspekten der Merkmalserkennung und Kategorisierung in Bezug auf die Relevanz für den Unterricht und im Besonderen für die Bereiche der Leistung über die Mitarbeitsbereiche.

2.3.2.1   Basisebene der Wahrnehmung und Aufnahme

Die Wahrnehmung relevanter Informationen und die aufmerksamkeitsgerichtete Aufnahme für das Sammeln von Informationen stellen die Grundlage für die kontextuale Einbindung der Einzelinformationen in größere Sachbereiche (Kontexte) dar. Dieses geschieht nach verschiedenen Theorien der Kategorienforschung auch über Merkmalserkennung. Am Anfang des Lernprozesses der kindlichen Entwicklung ist diese zunächst sensorisch-visuell an konkret wahrnehmbaren Einzelgegenständen angelegt. Hier spielen vor allem ähnlichkeitsbasierende Ansätze eine Rolle (Waldmann 2008, S. 378). Im zunehmenden Lernverlauf spielen aber unterschiedliche Merkmale von Gegenständen und Ereignissen eine Rolle, die immer weniger konkret und komplexer sind. Nicht alle Merkmale lassen sich so einfach und konkret definieren und sich nicht nur über ihre äußere Ähnlichkeit bzw. Unterschiede differenzieren, sondern sie werden zunehmend intuitiv und situativ erfasst (Waldmann 2008, S. 380).

> **Merkmale können auf allen Abstraktionsebenen an konkreten Einzelgegenständen, in Kategorien und in Prinzipien wahrgenommen werden**
> - Beschreibende Merkmale (physikalische Eigenschaften) der Form, Farbe, Größe, Platzierung, Bewegung, Material (Struktur, Zustand), Klang, Geruch, Geschmack und ihre Detailliertheit
> - Merkmale, die sich über Gebrauch von Sprache erschließen, z. B. Intonation, nonverbale Signale
> - Merkmale der Funktion oder der situativen Verwendung von Objekten
> - Merkmale der Zugehörigkeit zu einer Organismengruppe (Belebtheit und Unbelebtheit)
> - Merkmale durch kausale Relationen, z. B. Handlungsabfolgen
> - Merkmale durch Kontexteinflüsse, z. B. Situationen, Beziehungen
> - Merkmale anhand von Erwartungen und Einstellungen, z. B. Wertigkeit
> - Merkmale anhand von intuitiven Empfindungen, z. B. Gefühle

2

Merkmale von Gegenständen, Situationen, Abläufen usw. unterscheiden sich in ihrer
Quantität und Qualität voneinander. Sie können diskret (endlich zählbar) oder in-
diskret (nicht zählbar) oder häufbar (mehrere Merkmalsausprägungen) und nicht
häufbar (nur eine Merkmalsausprägung) sein (Wikipedia 2023d).

Bei Schülerinnen und Schülern im Autismus Spektrum stellen sowohl die Auf-
merksamkeitsgewichtung als auch die grundsätzliche relevante Merkmalserkennung
eine Herausforderung für die weitere Verarbeitung dar, die sich mit zunehmender
Komplexität der Informationen und Multimodalität der Darstellung steigern kann.
Siehe dazu ▶ Abschn. 1.3.3. Schwierigkeiten können sich auch dadurch ergeben,
dass Merkmale nicht immer deutlich sichtbar sind und sich oft aus mehreren Teilen
oder erst in Beziehung zu anderen Objekten und Situationen ergeben (Universität
Heidelberg 2023). Auch die autismustypische konkrete 1:1-Zuordnung von spezifischen konkreten Merkmalen zu spezifischen Objekten oder Situationen kann hier
Probleme bereiten und bedarf einer Unterstützung in Form einer schrittweisen Erweiterung von Merkmalszuordnungen. Aspekte wie das Geschlecht des „Merkmaler-
kenners oder der -erkennerin", das Alter, die Kultur, Bildungsstand, soziodemo-
grafische Faktoren oder die Vertrautheit der Person mit den fraglichen Objekten
oder Situationen können die Merkmalserkennung ebenso beeinflussen (Hebart et al.
2020, S. 1181).

2.3.2.2 Ebene der Organisation und Reproduktion

Neue Informationen werden nach der Aufnahme organisiert. Das geschieht auf der
didaktischen Stufe der Organisation. Dafür müssen zunächst alle relevanten Informationen als zusammengehörig erkannt werden und einer Klasse, Kategorie oder
einem Prinzip durch eindeutige Kriterien zugeordnet werden. Diese identifiziert sich
über eine Gruppe von Dingen mit gleichen Merkmalen, die dabei miteinander verglichen und entweder voneinander differenziert oder anhand von spezifischen ähnlichen bzw. nahezu identischen Merkmalen zunächst zu einer Klasse zusammen-

geführt werden. Das geschieht über unterschiedliche Arten von Merkmalserkennung zunächst auf der perzeptiv-visuellen und sensorischen Ebene, später auch über nicht konkret erfassbare Merkmale (Waldmann 2008, S. 378). Erst wenn bedeutsame Klassen gebildet wurden, können Gegenstände und wahrgenommenen Ereignisse in anderen Situationen wiedererkannt werden und kann eine generalisierte Anwendung stattfinden (Stangl 2023b). Nach welchen Ähnlichkeitsmerkmalen wie zugeordnet oder abgegrenzt wird, besonders in Hinblick auf die spätere Bildung von Kategorien, ist in verschiedenen theoretischen Erklärungsansätzen umstritten. Einige der wichtigsten theoretischen Ansätze im Diskurs sind dabei das „Prototypen-Modell" nach Smith und Medin (1981), die „Exemplartheorien" (z. B. Brooks 1978, Medin und Schaffner 1978), die „Theorie der Entscheidungsgrenzen", die „Aufmerksamkeitsbasierte Gewichtung" und vor allem die durch neuere neurowissenschaftliche Studien gestützten „Multiplen Kategorisierungssysteme" (Waldmann 2008, S. 389).

> **Im Unterricht findet die Ebene der Reproduktion als aktiver Prozess der Schüler*innen statt durch**
> - identische Wiedergabe von Daten, Namen und Begriffen,
> - Definitionen von Sachverhalten sowie
> - Zeigen von Abfolgen von Handlungen zur Aufgabendurchführung.

Über Sprache, Darstellung und Handlung können neue Informationen zunächst auch ohne tieferes Verständnis der Zusammenhänge in automatisiertem oder mechanisiertem Wissen reproduziert werden. Um in weiterer Folge aber Zusammenhänge herzustellen oder ein methodisch zielführendes Arbeiten zu erreichen, muss ein Bedeutungsverständnis der Informationen in Form eines Kategorienwissens vorliegen, d. h. unter anderem, dass sich ähnelnde Aspekte als zugehörig oder im Rahmen der Kategorie als gleichbedeutend identifiziert werden müssen und somit eine gleiche Reaktion darauf erfolgen muss.

Perspektivenwechsel

Mirko weiß nicht, was er mit den Würfeln machen soll. Die Lehrerin fordert ihn auf damit zu arbeiten, doch er ist unsicher, wie die Würfel zu verwenden sind. Die Lehrerin sagt zwar, dass sie damit das Gleiche machen sollen, wie in der letzten Stunde, aber da sahen diese doch ganz anders aus. Sie waren größer und hatten nicht so viele Augen und waren rot, nicht grün. Weil sie merkt, dass Mirko sich nicht auskennt, setzt sie Mara neben ihn. Sie sollen das gemeinsam machen. Mirko möchte sich aber nicht durch ein anderes Kind helfen lassen, er will es alleine schaffen und er dreht sich einfach von ihr weg.

Bei Schülerinnen und Schülern im Autismus Spektrum kann bereits das Bilden einer Klasse mit spezifischen Merkmalen erschwert sein, wenn die Ähnlichkeit zu sehr voneinander abweicht bzw. sie in einem anderen Kontext verwendet werden und so nicht als identisch erkannt werden. Siehe ▶ Abschn. 1.3.3 Das betrifft auch verbal-sprachliche Erklärungen, die voneinander abweichen können, aber damit trotzdem das Gleiche beschreiben. Vor allem ein zu starker Fokus auf die Details oder die konkrete Wahrnehmung, die bereits kleinste Unterschiede als „nicht mehr ähnlich" wahrnimmt, stellen hier die Herausforderung dar. Was im typischen Entwicklungsverlauf häufig erst beim Bilden von Kategorien benötigt wird, nämlich ein Verständnis von Zusammengehörigkeit aufgrund variabler Ähnlichkeiten, z. B. unabhängig von der Farbe, von der Form oder auch unabhängig vom Kontext, kann bereits bei der Klassifizierung den Verarbeitungsprozess und damit den handelnden Umgang damit massiv beeinträchtigen.

Daraus schließend, kann die Reproduktion, als Wiedergabe von Informationen dadurch bereits an dieser Stelle eine Transferleistung von den Schülerinnen und Schülern im Autismus Spektrum fordern, indem das Wissen von „innen nach außen" adressiert und in einer äußeren Form dargestellt werden muss, die ggf. nicht der Form der Aufnahme entspricht.

❶ Der Aspekt der gleichen (identischen) Information muss aus der autistischen Perspektive tlw. als andere Information betrachtet werden, da bereits bei kleinsten situativen Veränderungen von Sprache, Personen, des Ortes, der Zeit oder Veränderungen in der Darstellung die Fähigkeit der Reproduktion behindert werden kann.

2.3.2.3 Ebene der Reorganisation

Die didaktische Stufe der Reorganisation stellt die eigentliche Verarbeitung der Informationen dar. Sie führt zu einem Zusammenhang von Bedeutungsbezügen der einzelnen Informationen, die das Wissen erst relevant machen. Dabei werden eintreffende zusammengehörige Informationen parallel, d. h. gleichzeitig, verarbeitet. Erst für komplexere Vorgänge wie z. B. bei der Problemlösung werden bewusste serielle Verarbeitungen notwendig. Durch das Zuordnen der Klassen über ihre gemeinsamen Bedeutungskonzepte zu verschiedenen objektiven Kategorien oder Zuordnen von Kategorien zu allgemeinen Prinzipien wird das neue Wissen in vorhandenes Wissen integriert und erweitert (Waldmann 2008, S. 378). Dabei finden neben den (Zu-) Ordnungen auch inhaltliche Gliederungen, Kürzungen und Ergänzungen sowie Vergleiche mit bereits integriertem Wissen statt. Auch neue Kategorien und Prinzipien können sich so bilden. Kategorien sind nach der Klassenbildung maßgeblich relevant für den Erwerb und die Modifizierung einer Wissensbasis und der daraus folgenden praktischen Anwendung.

Konkurrierende Theorien zur Kategorisierung erklären, wie objektive Kriterien zu Kategorien zusammenfasst werden können, um
- das vorhandene Wissen auf neue Erfahrungen anzuwenden,
- Erklärungen für Zusammenhänge zu finden (Wissensvermittlung über Ursachen der beobachteten Merkmale und ihre kausalen Effekte),

- Wissen zu kommunizieren und indirekt zu modifizieren (ohne die eigene Erfahrung),
- deduktiv und induktiv Denkprozesse durchzuführen: von Eigenschaften einer Kategorie auf einen Einzelfall bzw. hypothetisches Schlussfolgern von Einzelfällen auf die zugrunde liegende Kategorie.

Für die Kategorienbildung sind verschiedene Faktoren relevant, da sie nicht nur nach Ähnlichkeitskonzepten generiert werden, sondern auch Vorwissen, Kontexteffekte und Relationen zwischen Merkmalen berücksichtigen je nach dem Ziel, auf das ihre Bildung ausgerichtet ist. Damit sind Kategorien hochkomplexe Konzepte (Waldmann 2008, S. 418).

Kategorien können folgende Relationen beinhalten und damit auch unterschiedlich repräsentiert werden:
- Kategorien stehen nebeneinander oder sind voneinander abgegrenzt.
- Kategorien beeinflussen sich wechselseitig.
- Kategorien sind vernetzt und haben sich überschneidende Merkmale.
- Innerhalb der Kategorie besteht ein hierarchischer Bezug.
- Kategorien haben ereignisbezogene Reihenfolgen, z. B. zeitliche Abfolge, kausale Folge, Handlungsabfolgen.
- Ganze Kategorien sind hierarchisch oder nicht-hierarchisch als Unterkategorie in höhere Kategorien oder Prinzipien eingebettet.

Kategorien werden vor allem sprachlich gebildet. Kategorien nehmen daher für die Kommunikation und die Sprache eine wichtige Rolle ein. „Sprache erlaubt es uns, unser, über gemeinsame Kategorien repräsentiertes Wissen zu kommunizieren. Sprache ermöglicht es aber auch, vorhandenes kategoriales Wissen durch indirektes Lernen zu modifizieren" (Waldmann 2008, S. 378). Die sprachliche Benennung entwickelt sich zunächst aus der Funktion der Dinge und nicht zwangsläufig aus ihrem Aussehen. Daher stellt Sprache selbst bereits eine Abstraktion dar. Innerhalb der Sprachkategorien herrscht häufig eine hierarchische Ordnung (konkreter Begriff – Basiskategorie – abstrakter Oberbegriff). Dazu kommen ggf. Gründe für die Zuordnung zu bestimmten Kategorien, die nicht hierarchisch organisiert sind, sondern anderen Kriterien unterliegen, wie u. a. persönlichen Erfahrungen und Vorlieben oder aus sozialen Bedingungen von Beziehungen und Erwartungen entstehen.

Die Kenntnis der sprachlichen Bedeutung und der persönliche Erfahrungsraum der Schüler*innen spielen eine große Rolle, da Wissenserwerb im Lernverlauf zunehmend weniger über konkrete Erfahrungen und vermehrt über sprachliche Oberbegriffe stattfindet. Um sich Handlungswissen aneignen zu können, welches nicht durch eine eigene konkrete Erfahrung erworben wird, ist es notwendig, Gegenstände, Ereignisse oder Sachinhalte von der konkreten Ebene der direkten Wahrnehmung (Realität) gedanklich loszulösen und sie durch Weglassen irrelevanter Einzelheiten in

2

einem sprachlichen Oberbegriff zusammenzuführen (Abstraktion) (Waldmann 2008, S. 398). Erst dann kann gemeinsam über Sachverhalte kommuniziert werden, die zu gegebenem Zeitpunkt nicht konkret wahrnehmbar sind. D. h. Merkmale und Bedeutungen, die am Gegenstand oder in der Situation nicht eindeutig ersichtlich sind, im Sinne von konkret visuell-wahrnehmbar, brauchen entweder die praktische Anwendung in diesem anderen Bezug oder eben die beschreibende Sprache, um sie in einem anderen Kontext zu stellen (Generalisierung).

Bei Schülerinnen und Schülern im Autismus Spektrum können Schwierigkeiten im Erkennen der Zusammengehörigkeit der Informationen verhindern, dass sie einer bestimmten Kategorie zugeordnet oder sie zu einer Kategorie zusammengestellt werden können. Anhand welcher Merkmale die Ähnlichkeiten und Zusammenhänge bestehen, ist bei der Kategorien- und Prinzipienbildung nicht mehr über eindeutige und visuell-perzeptive Faktoren zu erfassen und damit für sie erschwert. Auch eine „rückwirkende Hemmung" kann vorliegen, d. h. dass das bereits Gelerntes durch das neue Wissen beeinträchtigt wird, wenn es z. B. eine zu große Ähnlichkeit aufweist und damit einem falschen Bereich zugeordnet wird.

Häufig kommt es vor, dass die Interaktionen zwischen Sprache und Denken der autistischen Schüler*innen nicht kongruent ist und nicht auf das gleiche Ziel bezogen ist, wie das der Lehrperson als Informationsquelle. Daher kann dem Inhalt mit der eigenen Denkweise nicht gefolgt werden.

Tlw. kann auch eine Übergeneralisierung, bedingt durch die geringe Merkmalsunterscheidung und das Bilden von zu umfassenden Kategorien die differenzierte Auseinandersetzung verhindern (Waldmann 2008, S. 378 nach Medin et al. 2001). Eine ungehinderte Verknüpfungsmöglichkeit und damit eine Erweiterung des Wissens ist damit durch ggf. vorhandenes starres 2-Kategorien-Denken in 1:1-Zuordnungen von Bedeutungsbezügen erschwert und muss erst aufgebrochen werden.

Perspektivenwechsel

Jose hört heute im Unterricht etwas über Säugetiere. Die Lehrerin hat drei Bilder dazu an die Tafel gehängt. Er versucht zu verstehen, warum diese Tiere zusammengehören sollen und man sie „Säugetiere" nennt. Er sieht eine Kuh mit seinem Kalb, einen Hund mit Welpen, und ein Löwenpaar mit seinen Jungen. Dass der Hund ein Haustier und die Kuh ein Bauernhoftier ist, das weiß er schon. Aber warum gehören sie jetzt alle zusammen und heißen Säugetiere und warum gehört die Löwenfamilie auch dazu!? Die sind doch viel gefährlicher und leben gar nicht dort, wo die anderen Tiere leben. Am Tafelbild kann Jose zwar erkennen, dass sie irgendwie zusammenhängen, denn die Lehrerin hat extra Verbindungslinien gemacht, aber warum, versteht er dadurch immer noch nicht. Und, oh nein! Jetzt hängt sie auch noch ein Bild von einem Wal mit seinem Kalb auf! Die gehören doch auf gar keinen Fall dazu, das sieht doch jeder!

Eine weitere Herausforderung stellt der sprachliche Umgang mit Kategorien und Prinzipien dar. Da die sprachliche Beschreibung der Funktion von Dingen in einem weiteren Zusammenhang Bedeutung geben kann und sie im Unterricht als vermehrte Mittel der Informationsvermittlung genutzt wird, kann bei komplexen Informationen häufig kein eindeutiger Bezug zur gegenwärtigen Sachinformation oder konkreten Situation hergestellt werden, weil die Einzelmerkmale aus der umschreibenden Sprache nicht erfasst werden können. Die Vielzahl von Umschreibungen stellt an dieser Stelle eine veränderte sprachliche Benennung dar. Wird zu verschiedenen Zeitpunkten über einen Inhalt in veränderter sprachlicher Weise und ggf. auch noch in einem unterschiedlichen Kontext gesprochen, kann dadurch der Zugriff auf bereits gespeichertes (Kategorien-)Wissen verhindert werden. Abstrakte Kategorien und Prinzipien, wie z. B. durch die Verwendung der Begriffe Abenteuer, Erfolg, Freundschaft, Glaube, Gerechtigkeit, Macht, Schuld, Wunsch, Zufall, Zeit und alle Gefühlsbezeichnungen, sind nahezu nur über sprachliche Erklärungen, die konkreten vielfältigen Erfahrungen und den generalisierten Umgang in vielen verschiedenen Situationen des Alltags zu verstehen.

Des Weiteren sind die unscharfen Kategoriengrenzen eine ständige Herausforderung, weil je nach Situation unterschiedliche Kriterien angewendet werden und damit die Zuordnung nicht immer die gleiche ist (Waldmann 2008, S. 380), sondern sich situations- bzw. kontextgebunden verändern kann. Das kommt daher, dass Kategorien häufig mit bestimmten Vorstellungen und Erwartungen anderer Personen oder ihrer situativen Einbettung verknüpft sind und damit einer ständigen Anpassung durch kognitiv-höhere Fähigkeiten vor allem im Bereich der sozialen Kognition unterliegen müssen, wenn ein Bedeutungsverständnis oder eine adäquate Handlung erfolgen soll. Manche Kategorien werden auch ad hoc im Hinblick auf aktuelle Ziele gebildet (Waldmann, 2008, S. 411), sodass für die Schüler*innen eine Vielzahl an Möglichkeiten besteht, Kategorien nach unterschiedlichen Kriterien und Prinzipien zu bilden.

Das zeigt sich für autistische Schüler*innen besonders erschwert beim Regellernen, welches zu Beginn ein bewusster, analytischer Prozess mit einer klaren 1:1-Zuordnung ist, der aufgrund der zunehmenden Komplexität und damit verbundenen situativ geforderten Verhaltensanpassungen zusätzliche sprachliche Informationen und Erklärungen benötigt, sowie die Klärung der Merkmale der Situation, die relevant für das Einfordern eines bestimmten Verhaltes sind. Zu einem späteren Zeitpunkt geschieht das Anpassungsverhalten dann zunehmend intuitiv.

2

> ┌─ **Perspektivenwechsel** ─────────────────────────────────────
>
> *Michaels Klasse spricht gemeinsam über Regeln für den Ausflug, den sie nächste Woche vorhaben. Die Schüler*innen sollen welche nennen, von denen sie glauben, dass sie wichtig sind. Sie werden an der Tafel gesammelt. Am Ende stehen dort 2 wichtige Regeln:*
>
> - *Alle bleiben zusammen und gehen in der Reihe (Wann, wo, welche Reihe, was ist mit dem Halbkreis im Museum?)*
> - *Sich ordentlich verhalten, z. B. nicht herumschreien, schubsen oder schlagen*
>
> *Michael schafft den Weg ins Museum gut, auch wenn er in der U-Bahn oft ermahnt wird, sich hinzusetzen und nicht herumzulaufen und sich an die besprochene Regel zu halten. Welche denn? Er schreit, schubst und schlägt doch nicht! Im Museum muss er dann nach kurzer Zeit aber hinausgehen, weil er lautstark und mit körperlichem Einsatz versucht hat, immer neben Kevin zu stehen und dafür zu sorgen, dass die anderen Kinder auch vor oder hinter ihm in der Reihe stehen.*
>
> **Erklärung**
>
> Die anderen Kinder können die verallgemeinerten Regeln in die jeweiligen Situationen übertragen und wissen, was mit „ordentlichem Verhalten" gemeint ist, obwohl es tlw. andere Handlungen verlangt: Das ruhige Sitzen auf einem Platz in der U-Bahn und im Museum das stille Stehen und Zuhören der Museumspädagogin. Dass im Museum nicht die ganze Zeit in einer Reihe gegangen werden muss, sondern sie auch im Halbkreis oder der Gruppe stehen bleiben, ist ihnen klar. Michael bräuchte für diese abstrahierten Regeln vorher konkrete Beispiele, damit er genau weiß, was wann erwartet wird. Erst wenn er die objektiven Merkmale für die verschiedenen Situationen bewusst kennengelernt und abgespeichert hat, kann er sein Verhalten situativ anpassen. Um sie zu generalisieren, muss ihm bewusst sein, worin die Zusammengehörigkeit zwischen U-Bahn und Museum besteht oder welche Kriterien ausschließen, dass die Regel „in der Reihe gehen" nicht mehr gilt.

Auch auf das intuitive Bedeutungsverständnis kann nicht immer zurückgegriffen werden, da häufig über eine verlängerte Entwicklungsphase der Kinder eher die Funktion der Dinge bzw. die konkrete Wahrnehmung der Bild- und Sachebene im Vordergrund steht und erst zu einem späteren Zeitpunkt bzw. über bewusst stattfindende Prozesse versteckte Bedeutungen wahrgenommen werden (Seng 2020, S. 228). Die primäre Intention vieler autistischer Schüler*innen bei der Kategorienbildung kann daher oft eine logisch-funktionelle sein und nicht die Intention des Merkmalsträgers bzw. die Erwartungen in sozialen Situationen. Diese wird somit eher unbewusst ignoriert, was von außen betrachtet häufig zu einer falschen Zuschreibung von starker Eigenbezogenheit oder egoistischem Denken führen kann.

Zudem können objektive Merkmalskriterien nicht-autistischer Menschen zunehmend auf Top-down-Prozessen wie z. B. sozialen Erwartungen begründet sein und weichen damit von der rein logischen Funktionsorientierung der Bottom-up-Prozess ab, die in jüngeren Entwicklungsjahren bei autistischen Schülerinnen und Schülern oft vordergründig ist.

Perspektivenwechsel

Frederik ist immer schnell fertig mit seinen Arbeiten. Der Plan, den er von dem Lehrer bekommen hat, hilft ihm dabei enorm. Aber fast immer, wenn er seine Sachen besonders schnelle erledigt und abgegeben hat, ist der Lehrer scheinbar nicht zufrieden. Frederik solle sich mehr Zeit lassen und ordentlicher arbeiten, sagt er immer und dann muss er manche Sätze noch einmal schreiben oder Konstruktionen in Mathe ausradieren und noch einmal „ordentlich" zeichnen. Auch, wenn er alles besonders sorgfältig gemacht hat, bekommt er noch extra Aufgaben, die er als Strafe empfindet. Warum, das versteht er nicht. Er hat doch alles erledigt, was auf dem Plan steht.

   Erklärung:

   Die Erwartung des Lehrers entsteht aus einem Kategoriendenken, das aus einem „Top-down-Prozess" gebildet ist. Merkmale, wie Ordentlichkeit, Lesbarkeit oder Exaktheit in der Ausführung ist für Frederik aber nicht die logisch-funktionelle Kategorie, die bei ihm „das Erledigen von Aufgaben" als „Bottom-up-Prozess" darstellt, in der es darum geht, zügig fertig zu werden.

2.3.2.4 Ebene des lateralen Transfers

Der eigentliche Transfer des theoretischen Wissens und auch der automatisierten Handlungen, auch „Lateraler Transfer" genannt, findet statt, wenn das Verstehen der Fakten und Handlungen, ihrer Bezüge und Wechselwirkungen untereinander in einem generalisierten Zusammenhang zu einem Wissen über einfache Kategorien und Konzepte geführt hat. Dieses befähigt die Schüler*innen zum Verknüpfen von größeren Kontexten und kann in einem Anwendungswissen auf neue, aber zunächst ähnliche Aufgabenstellungen übertragen und angewendet werden. Die Generalisierungsfähigkeit, die dafür benötigt wird, stellt im Allgemeinen eine Vereinfachung dar, bei der Gemeinsamkeiten zusammengefasst werden.

Die Fähigkeit des lateralen Transfers zeigt sich in selbstständigen Handlungsplanung und Steuerung bei

- der Planung und Umsetzungen von Prozessen der Handlungssteuerung, damit inhaltliche Ziele erkannt und durch die passende Wahl der Handlung erreicht werden können,
- der Anpassung des Verhaltens an neuen Situationen,
- eigenen Entscheidungen für das Handeln auf der Grundlage von Vorhersagen für Ereignisse oder Handlungen anderer,
- der Anwendung fachlicher Methoden des Zusammenfassens von Inhalten und des Handelns mit fächerübergreifenden Kompetenzen.

2

Diese bedeutungsvolle Anwendung der Kenntnisse und Methoden im Unterricht auf einen Lernstoff gleicher Komplexität ist besonders für das selbstständige Lernen und die eigenständige Auseinandersetzung grundlegend. Allgemeingültige Merkmale (Kriterien) von Themenfeldern, Methoden und Anwendungen müssen dafür als ähnlich erkannt werden, um sie im Unterricht an anderer Stelle wiederzuerkennen und in selbstständigen Übungsphasen durchzuführen, sie gering zu variieren und auch tlw. bereits eigenständig anzuwenden.

In Fällen von Schwierigkeiten, die autistische Schüler*innen im lateralen Transfer haben könnten, findet sich meist eine unzureichende vorhergehende Verarbeitung auf der Lernebene der Reorganisation bzw. hinderliche Faktoren in Nebenkompetenzen der Selbstorganisation.

Zudem können auch sogenannte „vorauswirkende Hemmungen" den Transfer erschweren, wenn die ursprünglich gelernte Fähigkeit nicht variiert und verändert werden kann und so der generalisierten Anwendung im Wege steht (Wikipedia 2023e). Wenn das gleiche Wissen oder die gleiche Handlung in zwei unterschiedlichen Situationen gefordert ist und nicht angewendet werden kann, weil Unsicherheit über die Zuordnung des Wissens oder der Handlung entsteht, kann auch eine sogenannte Ähnlichkeitshemmung vorliegen. Die vernetzte Anwendung über die einzelne Kategorie hinaus ggf. in der Kombination mit dem Einnehmen von Perspektiven anderer kann bereits den Versuch einer Transferleistung verhindern, da hier kein Ansatzpunkt gefunden wird. Schwierigkeiten können auch in Form einer Erinnerungshemmung auftreten, wenn neue, aktuelle Informationen vordergründiger sind und die alten Informationen damit überlagern.

Durch den geforderten Transfer, der einen komplexen und für autistische Schüler*innen meist bewusst vollzogenen Abgleich mit ihrem Wissen darstellt, könnten längere Verarbeitungswege zum Bedeutungsverständnis entstehen oder Unklarheiten, die das spontane sprachliche oder Handlungswissen und somit das Präsentieren von Wissen beeinträchtigen können. Das stellt besonders in Prüfungssituationen eine Herausforderung für sie dar und benötigt ein Bewusstsein der Lehrperson, um dieses berücksichtigen zu können. Im Bereich der Prinzipien stellt das Zugreifen noch einmal eine erhöhte Anforderung dar, da die sprachliche Grundlage nicht mehr die konkret erfassbaren Dinge und Ereignisse ist, sondern bereits abstrakte Oberbegriffe und -beschreibungen, die als Sprachkategorien vorliegen und abstrakt miteinander verglichen werden müssen, sodass der Zusammenhang oft nicht mehr über das Erfahrungswissen hergestellt werden kann, sondern ein gedankliches Konstrukt ist. Besonders hier sind Unterstützungs- und Darstellungsformen oft dringend notwendig, um das Denken zu fokussieren und zu strukturieren.

Perspektivenwechsel

Simona kommt heute mit der Aufgabe in Deutsch nicht voran. Den Text hat sie schon mehrmals gelesen, jetzt soll sie ihn zusammenfassen und die wesentlichen Merkmale in kurzen Sätzen ausführen. Doch wo soll sie nur beginnen? Was ist wirklich wichtig in dem Text? Was ist für die Leserin oder den Leser interessant? Ein vollgeschriebenes Blatt hat Simona bereits in den Papierkorb geworfen, die vielen Begriffe aus dem Text hat sie alle unterstrichen. Aber jetzt ist fast der gesamte Text unterstrichen. Das nimmt gar kein Ende …

Erklärung

Je nachdem auf welchem sprachlichen Niveau sich der Text befindet müssen einzelne Merkmale, Kategorien oder Prinzipien im Sinnzusammenhang des Textes erfasst werden. Die Zusammenfassung eines Textes erfordert das Erkennen von Bedeutungsbezügen über die Zeile und die Textabschnitte hinaus z. B. anhand von Pronomen, um das Kernthema inhaltlich zu erfassen und Kernpunkte zuzuordnen. Wenn dieses nicht intuitiv erfasst wird, muss ein methodisch systematisches Vorgehen erfolgen, welches erlernt werden musste.

2.3.2.5 Ebene des vertikalen Transfers

Der vertikale Transfer, das sogenannte Problem-Lösungs-Denken, stellt die höchste Ebene des Wahrnehmungs- und Verarbeitungsprozesses dar. Die Anwendung eines generalisierten Wissens über abstrakte Kategorien und allgemeingültige Prinzipien auf einen Lernstoff von höherer Komplexität stehen hier im Vordergrund. Viele Problem-Lösungs-Prozesse geschehen durch intuitives Handeln. Dabei bezeichnet Intuition eine Grundform weiterführenden Denkens, die schnell und ohne Zuhilfenahme bewusster Denk- und Verarbeitungsprozesses geschieht. Situationen, in denen intuitiv gehandelt wird, werden in ihrer Bedeutung, Struktur und im Sinnzusammenhang spontan anhand ihrer Merkmale erfasst, was eine breite Basis an Erfahrungswissen, den Zugriff darauf sowie Anwendungswissen im Bereich der Kategorien und Prinzipien erfordert.

Mit der Fähigkeit des vertikalen Transfers können

- Problemstellung erkannt und formuliert werden,
- mit passenden Methoden und Techniken gelöst werden,
- Vermutungen und Ideen sowie eigene Meinungen und Gedanken zu anderen Sichtweisen einbezogen, formuliert, kritisch überprüft und in Hinblick auf das Ziel angewendet werden.

Bei autistischen Schülerinnen und Schülern stellen hier im besonderen Kontexteffekte (Waldmann 2008, S. 383) bei emotionalen, sozialen, kulturellen und gesellschaftlich-moralischen Themen eine der größten Herausforderungen dar. Einflüsse, die für autistische Kinder und Jugendliche nicht offensichtlich sind, bestimmen Meinungen, Gefühle und Handlungen. Auch die eigene Sichtweise ist nicht immer das entscheidende, charakterisierende Merkmal, sondern in vielen Fällen die intendierte Funktion im jeweiligen abstrahierten Zusammenhang. Der objektive Blick oder auch der notwendige Perspektivenwechsel (ToM) wird dadurch erschwert.

2

Perspektivenwechsel ─────────────────────────

Musa versteht nicht, warum seine Klassenkameradin Mona kein Fleisch ist. Sie ist Vegetarierin. Heute diskutieren sie mit der ganzen Klasse die Gründe, die Vor- und Nachteile vegetarischer Ernährung. Mit zunehmendem Gesprächsverlauf wird Musa immer ungehaltener und sagt Mona ständig, dass sie krank werden wird. Mona sieht das anders und versucht ihm zu erklären, dass ihr die Tiere leidtun. Musa versteht es nicht, ihm schmeckt das Fleisch, das er zu Hause isst und er mag Tiere sowieso nicht so gerne. Außerdem braucht man das Fleisch um groß und stark zu werden, sagt sein Vater.

Erklärung

Die eigene Sichtweise und das Eigenbedürfnis stehen im Vordergrund des Denkens. Top-Down-Prozesses wie in diesem Fall moralische Beweggründe der anderen Person werden nicht nachvollzogen, da sie aus der eigenen Sichtweise heraus nicht logisch erscheinen.

Für die Anpassung eines Unterrichts in Bezug auf das Problem-Lösungs-Denken stellt es sich demnach als besonders wichtig heraus, dass Problemstellungen und ihre möglichen Lösungen zunächst logisch-funktionelle Wirkungsvorgänge darstellen, um überhaupt eine Kompetenz im Bereich des Problem-Lösungs-Denkens erwerben zu können. Das kann anhand von handlungsbezogenen Materialien und zusätzlich mit Darstellung von einzelnen Schritten zur Problem-Lösung gut unterstützt werden. Komplexere Problemstellungen im abstrakten Bereich benötigen dann ebenso die Darstellung der Zusammenhänge und Wirkungen untereinander und Schritte für das kognitive Angehen von Problemstellungen.

2.3.3 Die methodisch-didaktische Umsetzung des Lernebenen-Modells

Für die Praxis findet eine Zusammenführung der, in den vorigen Kapiteln aufgeführten Aspekte zu einem systematisierten, strukturierten, schulischen Lernformat statt. Das strukturierte Lernebenen-Modell bietet praxiserprobte Ansätze, anhand derer Methoden und Mittel ausgewählt werden können, um den Informationsverarbeitungsprozesses autistischer Kinder und Jugendlicher beim Lernen besser zu unterstützen. Die Zuordnung von Lerninhalten zu den einzelnen Ebenen bietet die Möglichkeit vor allem passende strukturierte Darstellungskonzepte für die Lern- und Verstehensprozesse der Schüler*innen auszuwählen und dadurch das Lernen prozessorientiert, langfristig und systematisch zu unterstützen. Der Aufbau über die Merkmalserkennung, Klassen-, und Kategorienbildung bis hin zur Prinzipienbildung kann dem logisch-strukturellem Denken autistischer Schüler*innen entgegenkommen.

Vor allem wird eine breite und konkret zu erlernende Basis zum Bilden und zum Verständnis von Kategorien und Prinzipien, Abstraktionsprozessen und Generalisierung sowie deren Anwendung geschaffen und deren komplexeren Aufbau auf unterschiedlichen Lernebenen kleinschrittig unterstützt. Damit kann das strukturierte Lernebenen-Modell eine Grundlage für die didaktische Umsetzung einer Systematisierung des Wissens- und Kompetenzerwerbs darstellen. Zu den Darstellungskonzepten siehe ▶ Abschn. 2.2.4.2

Im Unterricht kann, je nach Altersstufe, Thema und dessen Abstraktionsgrad, der Einstieg auf jeder Lernebene von den Schüler*innen gefordert sein. Im Allgemeinen haben Schüler*innen bereits eine Vielzahl an Klassen von Bedeutungen gebildet und einfaches Kategorien- und Prinzipienwissen erworben und können dieses Wissen auch anwenden bevor sie in die Schule kommen. Häufig haben aber Schüler*innen im Autismus Spektrum genau an den Schnittstellen der Ebenen, an denen die Abstraktion und Generalisierung zur nächsthöheren Verständnisebene führt, Schwierigkeiten. Die richtige Ein- oder Zuordnung vorzunehmen oder benötigte verlängerte Zeit, um die Vielzahl an Informationen zu ordnen, zuzuordnen und voneinander abzugrenzen, können nur zwei der vielen Gründe dafür sein. Auch bei der Anwendung eines theoretisch vorliegenden Wissens im Bereich einer Transferleistungen stehen autistische Schüler*innen häufig vor Hindernissen durch fehlende Möglichkeiten, das erlernte Wissen auf die gegebene Situation anzuwenden oder auf ein neues Thema zu transferieren.

❗ **Der Schwerpunkt im systematischen Lernen über das Lernebenen-Model liegt in der Zuordnung der Lerninhalte zu einzelnen Lernebenen. Konkrete Darstellungsmöglichkeiten zeigen die Zusammenhänge über den direkten visuellen und sprachlichen Bezug auf. Dadurch können die Schnittstellen der Abstraktion und Generalisierung auf die nächsten Ebenen besser bewältigt werden.**

Eine Bezugnahme auf die Lernebenen bzw. didaktischen Stufen kann Lehrpersonen insofern bei der Unterrichtsplanung unterstützen, als dass den Schülerinnen und Schülern ein gleichförmigeres Angebot in einem Themenbereich für dessen Aufbau bereitgestellt wird. So können auch vorhandene Lücken im Wissensbereich oder in der methodischen Anwendung geschlossen werden und das Entstehen weiterer Wissenslücken oder ungeeignete Verknüpfungen von Wissen vermieden werden. In der unterrichtlichen Anwendung wird mit einem Direkteinstieg auf der passenden Lernebene des Lernstoffes eingestiegen. Dafür kann es sich bei einem Einstieg auf einer Transferebene als Vorteil erweisen, die Lerninhalte auf einer Lernebene unter der eigentlich geforderten Ebene visuell aufzubereiten, um Schüler*innen „dort abzuholen, wo sie stehen" und grundlegende Informationen und Vernetzungen aufzuzeigen, da evtl. noch keine oder unzureichende vorliegen.

Bei Lernthemen der Grundstufe 1 und 2 bietet sich ein grundlegender Aufbau über Darstellungskonzepte für die Lernebene der Organisation an. Da die Themen noch nicht in komplexen Felder, sondern vermehrt über einfache Zuordnungen behandelt werden, sind grundlegende Merkmale, Begriffe und Kategorienbildung in vielen Bereichen auch lehrplanbezogene Ziele. Hier wird von den autistischen Schüler*innen ggf. Unterstützung bei der Aufnahme von relevanten Reizen und den wichtigen Informationen benötigt. In der Sekundarstufe kann es sinnvoll sein, mindestens eine Ebene unter der eigentlichen Lernebene zu beginnen, um sicherzustellen, dass eine Basis für das Verständnis vorhanden ist. Hier geht es für autistische Schüler*innen darum, an das Vorwissen mit bekannten oder bereits erarbeiteten Darstellungskonzepten und Begriffen anzuknüpfen und die komplexen Themen auch bewusst den thematisch geeigneten Kategorien zuzuordnen. Daraus können im gegenseitigen Vergleich der Fakten und Konzepte schrittweise und visuell unterstützt auch höhere Prinzipien abgeleitet werden.

Die ◘ Abb. 2.33 stellt exemplarisch die Zuordnung von Lerninhalten zu den einzelnen Lernebenen anhand des Themas „Leben in Ballungsräumen" aus dem Fach Geografie und Wirtschaftliche Bildung der 2. Klasse der Sekundarstufe 1 da. Im oberen Bereich ist das Lernfeld mit seinen Inhalten in seinen Wissensdimensionen dargestellt. Im unteren Bereich werden die konkreten Inhalte der Wissensdimension den einzelnen Lernebenen und damit einem kognitiven Prozess zugeordnet. Dafür ist es notwendig Lernziele für die einzelnen Inhalt zu formulieren.

Die ◘ Tab. 2.3 soll einen ersten Überblick über die Zuordnung von praktischen Möglichkeiten visueller Darstellung zu den einzelnen Leistungsbereichen im Unter-

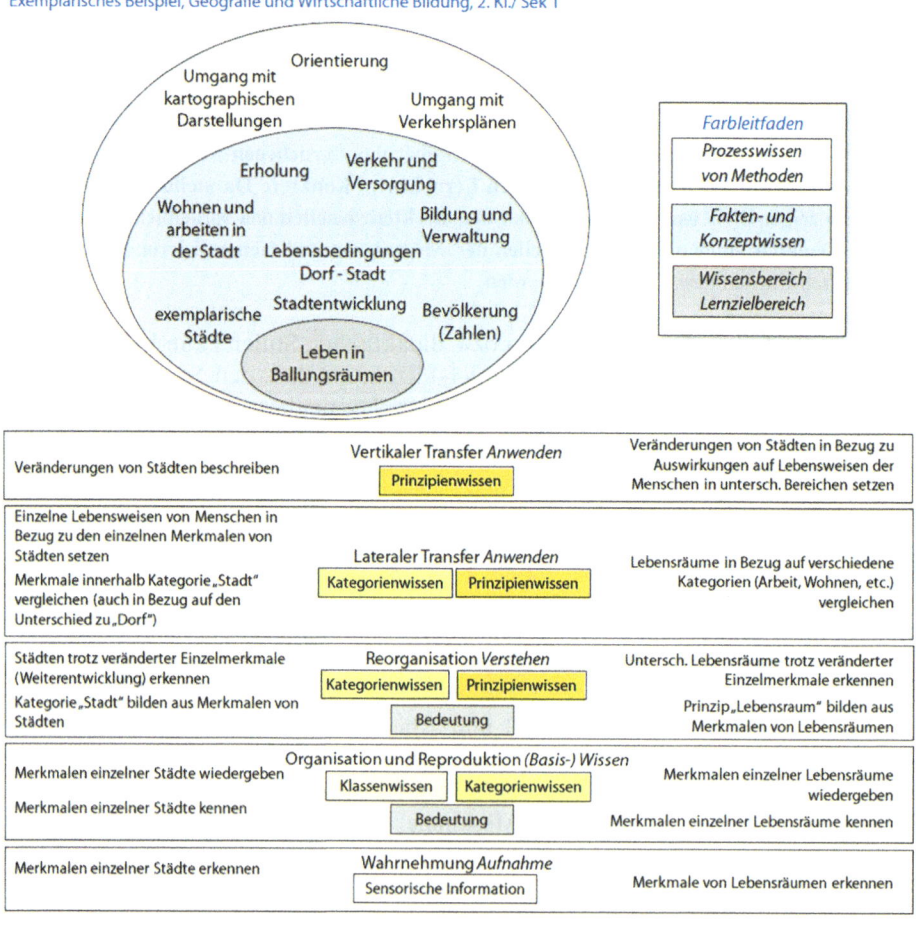

◘ **Abb. 2.33**   Zuordnung von Lerninhalten zu den Lernebenen

◫ Tab. 2.3 Lernebenen und strukturierte Darstellungskonzepte

Lern-ebene	Leistungsbereiche des Unterrichts (Mitarbeitsbereiche)	Visuelle Darstellungskonzepte
Wahrnehmung und Aufnahme	**Erarbeitung neuer Lernstoffe über** Aufnahme von Reizen; Aufnahme von Informationen;	Reizreduzierungsmaßahmen; Fokussierungsmaßnahmen z. B. Textmarkierungen und -gliederungen, Rahmen für zentrale Information; Konzeptuelle Schlüsselreize z. B. Farbleitsysteme, Richtungssysteme oder Hinweissymbole, Nummernleitsysteme für Reihenfolgen; Bildliche Darstellung;
Organisation	**Erfassen unterrichtlicher Sachverhalte** Sammeln von Fakten, Informationen und methodischen Anwendungen; Sprachverständnis der Inhalte; auch: das Erlesen von Informationen; **Verstehen von Fakten und Konzepten**	**Faktenwissen** Bild- und Wort Zuordnungen, Stichwortverzeichnis, Schlüsselwortkarten, (Fakten-)Listen, Tabellen, Diagramme, Cluster nach Oberbegriffen; Grafiken und konkrete Abbildungen, schriftliche Zusatzinformationen; Versuchsaufbauten; **Konzeptwissen** Tabellarische Themenaufschlüsselung, Themenlandkarte, Titelblöcke, Situationsbilder/-darstellungen; Zeitleisten, Treppendarstellungen, Hierarchiedarstellungen, Mind-Map®; Versuchsanleitungen, Prozessketten: Ursache-Wirkungs-Bezüge; Medien (Filme); **Prozesswissen** Ablaufdarstellungen, Sortierschablonen, Schnittmengendiagramme;
Reproduktion	**Erfassen unterrichtlicher Sachverhalte** Wiedergabe von Fakten und Informationen; Wiedergabe von Methoden; **In den Unterricht eingebundene Leistungen**	Ausfüllen von Darstellungskonzepten mit Faktenwissen; Handeln nach konkreten Darstellungskonzepten;
Reorganisation von Informationen	**Erfassen unterrichtlicher Sachverhalte** Erkennen einfacher Zusammenhänge und Relationen von Fakten und Information; Verstehen von Zusammenhängen; Bilden von Zusammenhängen zwischen neuen und vorhandenen Informationen durch Zuordnung und Erweiterung von Kategorien und Prinzipien; Verstehen der Anwendungsprozesse von Methoden;	Erweitern von bestehenden Darstellungskonzepten; Verknüpfen von neuen und bestehenden Darstellungskonzepten; Übertragen auf andere bzw. Erweiterung der Darstellungskonzepte;

(Fortsetzung)

● **Tab. 2.3** (Fortsetzung)

Lern-ebene	Leistungsbereiche des Unterrichts (Mitarbeitsbereiche)	Visuelle Darstellungskonzepte
Lateraler Transfer	**Erfasstes richtig anwenden** Sachwissen und Methodenwissen vergleichen und unterscheiden; **In den Unterricht eingebundenen Leistungen**	Schriftliches Zusammenfassen von Wissen; Darstellende Zeichnungen von Wissen; Lapbook-Gestaltung, Plakatgestaltung; Handlungswissen zeigen nach Vorlagen der strukturierten Darstellung;
Vertikaler Transfer	**Erfasstes richtig anwenden** Eigenständige Auswahl von Sach-, Konzept- und Methodenwissen für Frage- und Problemstellungen; Einbringen der eigenen Perspektive, Stellung nehmen;	**Konzeptwissen** Entscheidungstafeln, Pro-Contra-Tafeln, Skalen und Barometer; Blanko-Vorlagen von Darstellungskonzepten; Eigene Texte und Zeichnungen; **Meta-kognitives Wissen** Portfolio, Reflexionskarten, Smiley-Bewertung; Lernprozess-Charts, Lernzielbarometer, Lern-Zielscheibe; Lernzielkataloge; Handeln nach Vorlagen der strukturierten Darstellung;

richt geben. Für die praktische Umsetzung wird sie im Band 2 „Autismus und Schule – Inklusive Unterrichtsorganisation, Nachteilsausgleich und Wissenserwerb" wieder aufgegriffen und konkrete Möglichkeiten für den Einsatz lernebenenbezogener bzw. auf die didaktischen Stufen nach Roth angepasste Darstellungskonzepte beispielhaft methodisch und didaktisch aufzeigen.

Die Tabelle der „Lernebenen und strukturierten Darstellungskonzepte" steht im Materialdownload für das Kap. 2 zur Verfügung.

Literatur

Anderson, L. W., Krathwohl, D. R. (2001). A Taxonomy for Learning, Teaching, and Assessing: A Revision of Bloom's: Abridged Edition. Essex: Pearson Education Limited.

Bundesministerium für Bildung, Wissenschaft und Forschung (BMBWF) (2023a). Lehrplan der Mittelschule (Allgemeiner Teil). https://www.paedagogikpaket.at/images/Allgemeiner-Teil_MS.pdf. Zugegriffen: 06. Mai 2023.

Bundesministerium für Bildung, Wissenschaft und Forschung (BMBWF) (2023b). Pädagogik-Paket Kompetenzraster: Kernbotschaften. https://www.paedagogik-paket.at/images/Kernbotschaften-KR.pdf. Zugegriffen: 25. Juni 2023.

Bölte, S. (Hrsg.). (2015). Autismus. Spektrum, Ursachen, Diagnostik, Intervention, Perspektiven. (1. Nachdruck 2015 der 1. Auflage 2009). Bern: Hogrefe.

Häußler, A. (2015). Der TEACCH® Ansatz zur Förderung von Menschen mit Autismus. Einführung in Theorie und Praxis. (4. Auflage). Dortmund: Borgmann Media.

Hebart, M. N., Zheng, C. Y., Pereira, F., Baker, C. I. (2020). Revealing the multidimensional mental representations of natural objects underlying human similarity judgements. In: Nature Human Behaviour volume 4, pages 1173–1185. https://www.nature.com/articles/s41562-020-00951-3. Zugegriffen: 21. März 2021.

KODE® (2022). KompetenzAtlas. Herzstück der Kompetenzdiagnostik, Kompetenzentwicklung und des Kompetenzmanagements. https://www.kodekonzept.com/wissensressourcen/kode-kompetenzatlas/. Zugegriffen: 28. März 2022.

Lahmer, K. (2011). Kompetenzen in PUP – Diskussionsgrundlage. https://www.pupwien.at/userfiles/downloads/Unterricht/Archiv/Lahmer-Kompetenzen-PUP-2011.pdf. Zugegriffen: 28. März 2022.

Lebzelter, R. (2018). Pädagogik auf der Suche nach Inklusion I. Aktuelle Bestandsaufnahme von Theorie und Praxis. R&E-Source: http://journal.ph-noe.ac.at. Open Online Journal for Research and Education. Ausgabe 9, April 2018. https://journal.ph-noe.ac.at/index.php/resource/article/view/536/. Zugegriffen: 30. März 2022.

Leisen, J. (2013). Darstellungs- und Symbolisierungsformen im Bilingualen Unterricht. In: Hallet, Wolfgang und Frank G. Königs: Handbuch Bilingualer Unterricht. Content and Language Integrated Learning. (S. 152–160). Seelze: Klett-Kallmeyer.

Loevinger, J. in Binder, T. (2019). Ich-Entwicklung für effektives Beraten. (2. Auflage). Göttingen: Vandenhoeck & Ruprecht.

Maslow, A. H. (1981). Motivation und Persönlichkeit. (Originaltitel: Motivation and Personality Erstausgabe 1954, übersetzt von Paul Kruntorad). Reinbek bei Hamburg: Rowohlt.

Mesibov, G. B., Shea, V., Schopler, E., Adams, L., Merkler, E., Burgess, S., Mosconi, M., Chapman, S. M., Tanner, C., Bourgondien, M. E. (2004). The TEACCH Approach to Autism Spectrum Disorders. Berlin: Springer.

Mottron, L., Dawson, M., Soulières, I., Hubert, B., Burack, J. A. (2006). Enhanced Perceptual Functioning in Autism: An Update, and Eight Principles of Autistic Perception. In Journal of Autism and Developmental Disorders 36(1), S. 27–43. https://doi.org/10.1007/s10803-005-0040-7.

Roth, H (1962). Die realistische Wendung in der Pädagogischen Forschung. In Becker, H., Blochmann, E., Bollnow, O.E. Heimpel, E., Wagenschein, M. (Hrsg.). Neue Sammlung. Göttinger Blätter für Kultur und Erziehung. 2. Jg., Göttingen: Vandenhoeck & Ruprecht.

Seng, H. (2020). Ein autistisches Leben leben. Texte und Kurzgeschichten 2008 – 2019. (5. Auflage). Hamburg: autSocial e.V.

Stangl, W. (2023a). Abstraktionsniveau – Online Lexikon für Psychologie & Pädagogik. https://lexikon.stangl.eu/6911/abstraktionsniveau.

Stangl, W. (2023b). Generalisierung – Online Lexikon für Psychologie & Pädagogik. https://lexikon.stangl.eu/1039/generalisierung.

Tschekan, K. (2002). Guter Unterricht und der Weg dorthin. Unterrichtsentwicklung durch sich systematisch verändernde Schüler- und Lehrerrollen. Manuskript der Fachtagung der BLK-Modellversuche aus Baden-Württemberg und Hessen „Schlüsselqualifikationen in aller Munde" http://www.schul-physik.de/downloads/GuterUnterricht.pdf. Zugegriffen: 25. Juli 2021.

Universität Heidelberg (2023). Psycholoisches Institut. Objekterkennung und Klassifikation. https://www.psychologie.uni-heidelberg.de/ae/allg/lehre/wct/w/w7_form/w740_objekterkennung.htm

Waldmann, M. R. (2008). Kategorisierung und Wissenserwerb In Müsseler, J. (Hrsg.). Allgemeine Psychologie. (2. neu bearbeitete Auflage). Heidelberg: Spektrum Akademischer Verlag, S. 377–427 https://doi.org/10.25656/01:744.

Wikipedia (2023a). Ich-Entwicklung. https://de.wikipedia.org/wiki/Ich-Entwicklung.

Wikipedia (2023b). Kohlbergs Theorie der Moralentwicklung. https://de.wikipedia.org/wiki/Kohlbergs_Theorie_der_Moralentwicklung.

Wikipedia (2023c). Merkmal. https://de.wikipedia.org/wiki/Merkmal.

Wikipedia (2023d). Maslowsche Bedürfnishierarchie. https://de.wikipedia.org/wiki/Maslowsche_Bedürfnishierarchie.

Wikipedia (2023e). Gedächtnishemmung. https://de.wikipedia.org/wiki/Maslowsche_Bedürfnishierarchie.

Die Inklusive Lernorganisation

Inhaltsverzeichnis

Ergänzende Information Die elektronische Version dieses Kapitels enthält Zusatzmaterial, auf das über folgenden Link zugegriffen werden kann [https://doi.org/10.1007/978-3-662-67954-8_3].

3.1 Lernraumgestaltung und Klassenmanagement

Die Lernraumgestaltung und die Klassenorganisation stellen als inklusive Rahmenorganisation die Grundlage für die Umsetzung eines chancengleichen Unterrichts dar. Anhand der Prinzipien von Strukturierung und Visualisierung können in unterschiedlichen Dimensionen die äußeren Bedingungen des Unterrichts für neurodiverses und entwicklungsorientiertes Lernen sowie die pädagogische und sonderpädagogische Förderung bereitgestellt werden. Ebenso wird auf diesen Strukturen das Fundament für die Umsetzung eines Nachteilsausgleichs gelegt. Der Gestaltung des Klassenraums unter Berücksichtigung sozialer und lernorganisatorischer Inhalte sowie Überlegungen zu Lern- und Förderaspekten kommt somit eine große Bedeutung im Rahmen der inklusiven Lernorganisation zu. Die Organisation der Lernumgebung sowie der Abläufe und Inhalte des Lernens und Miteinanders umfasst, die in ◘ Abb. 3.1 dargestellten Dimensionen der Rhythmisierung und Ritualisierung, der räumlichen und zeitlichen Gestaltung, der Sprache und des Handelns von Personen und die des sozialen Miteinanders.

Zu Beginn einer Gruppenzusammenfindung in einer neuen Klasse steht das Kennenlernen der räumlichen Bedingungen, der zeitlichen Abläufe und der gemeinsamen Arbeitsbedingungen in Form von Ritualen, Routinen, Materialien und Arbeitsmethoden sowie die Regeln des sozialen Miteinanders. Mit zunehmendem Schulverlauf kommen Aspekte und Bereiche hinzu, bei denen es besonders für Schüler*innen im Autismus Spektrum wichtig ist, dass sie transparent und bedeutungsbezogen eingeführt werden und in den passenden Zusammenhang gestellt werden. Das kann individuell für alle räumlichen Veränderungen oder Änderungen in zeitlichen und methodischen Abläufen gelten, aber auch für neue Materialien und Mittel.

Grundsätzlich können Aspekte der Lernorganisation nie isoliert betrachtet werden, da sie sich gegenseitig bedingen oder von pädagogischen und methodischen Konzepten abhängig sind. Übergeordnete methodische Überlegungen und Entscheidungen sollten im Vorhinein mit dem gesamten Lehrpersonen-Team, welches in der Klasse unterrichtet, geplant und besprochen werden. Das dient dazu, alle relevanten Aspekte einzubeziehen und gemeinsam geeignete Lösungen für die Raum-

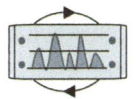
Rhythmisierung und Ritualisierung des Schulalltags

Räumliche Gestaltung und räumliche Organisation für Arbeitsprozesse

Zeitliche Gestaltung und zeitliche Organisation unterrichtlicher Abläufe

Personen und zusätzlicher personeller Einsatz

Lehrpersonensprache und Wahl der Anweisungsebene

Aufbau einer sozialen Gemeinschaft

◘ **Abb. 3.1** Transparenz, Strukturierung und Visualisierung in der inklusiven Lernorganisation

3

gestaltung, die Sitzordnung, für die vorwiegend forcierten Lehr- und Lernformen und für das Bereitstellen von Arbeitsmaterialien im Hinblick auf spezifische Lerngruppen bzw. individuelle Schüler*innen zu eruieren. Auch Aspekte, welche die Lern- und Förderplanung betreffen, können so von Beginn an mitgedacht werden, da sie sich stark auf die räumliche Planung und die unterrichtlichen Strukturen auswirken. So wird vermieden, dass es zu einem späteren Zeitpunkt zu großen Umstrukturierungen kommen muss, die nicht nur einen erheblichen Mehraufwand, sondern auch eine große Unruhe im ritualisierten Ablauf für die Schüler*innen bedeuten können.

3.2 Rituale und Rhythmisierung im Schulalltag

Für den Schulbeginn kann davon ausgegangen werden, dass die meisten der schulischen Umgebungsbedingungen in einer Klasse gerade für autistische Schüler*innen neu sind und nicht ohne weitere Maßnahmen in ihrer konkreten Bedeutung erfasst werden. Die Orientierung erfolgt auch häufig noch weniger über die Gruppe oder auch die eigene Exploration, sodass die gegebenen Bedingungen über das bewusst gemachte Handeln unter deutlichen Zentrierungs- und Fokussierungsmaßnahmen erarbeitet werden müssen.

Rituale strukturieren und gliedern den Schulalltag in verlässliche und bekannte Einheiten und Phasen. Sie gelten als „lernförderlich" (Helmke 2015, S. 183) und können durch ihre „gleichförmige Handlung" (Meyer 2006, S. 37) besonders Schülerinnen und Schülern im Autismus Spektrum ein hohes Ausmaß an Sicherheit und Orientierung geben. Diese erleben häufig viele Phasen des Unterrichts als unstrukturiert und damit zu offen für eine eigenständige Orientierung. Sie fördern zudem die Selbsttätigkeit einzelner Schüler*innen und stärken zudem das Gemeinschaftsgefühl (Tenorth und Tippelt 2007, S. 606).

Eine Rhythmisierung des Schultages sieht vor, wiederkehrende Phasen von Anspannung und Entspannung zu schaffen, in die „die fachlichen und die fächerübergreifenden Aktivitäten der Schüler je nach den konkreten Bedürfnissen des Tages und der Klasse flexibel eingefügt werden können" (Neumann and Ramseger 1991, S. 26).

Rituale und Rhythmisierung beziehen sich auf die zeitliche Struktur des Lehrens und Lernens und geben besonders bei komplexen Anforderungen einen klaren Ablauf vor. (Schultheis 2009). Diese ermöglichen damit einen hohen Grad an Selbstständigkeit besonders für mehrteilige Handlungen und Handlungsfolgen, z. B. das Bilden von sozialen Organisationsformen, wie dem Sitzkreis oder dem Anstellen in Zweierreihe, die Arbeitsorganisation mehrerer Materialien und Schritte und vor allem auch in kooperativen Formen. Sie fördern die Selbsttätigkeit einzelner Schüler*innen und stärken zudem das Gemeinschaftsgefühl. Wenn sie einmal eingeübt und etabliert sind, lösen sie mit aber auch ohne besondere Initiierung spezifische Handlungsweisen einer Lerngruppe aus. Schüler*innen benötigen dadurch ein geringeres Maß der aufzuwendenden Energie für Aufmerksamkeitsprozesse, Prozesse der exekutiven Funktionen. Durch ihre Regelmäßigkeit in der Durchführung tragen sie zu einem großen Teil zur Rhythmisierung des Schulalltags bei.

Je offener die Unterrichtsformen sind, desto wichtiger werden Rituale grundsätzlich für die Orientierung. Da viele Schüler*innen im Autismus Spektrum die Rituale nicht durch ihr „wiederholtes, immer gleichbleibendes, regelmäßiges Vorgehen durch eine festgelegte Ordnung" (Duden 2022) bewusst als solche wahrnehmen und sie intuitiv der spezifischen Situation zuordnen, können sie diese in den zugehörigen Situationen auch nicht abrufen. Häufig stellen auch die Mehrzahl der Schritte, aus denen ein Ritual besteht, eine erhöhte Herausforderung an die Planungs- und Handlungskompetenzen dar. So kann es sein, dass sie nicht selbstständig begonnen, in der richtigen Reihenfolge durchgeführt oder in den einzelnen Schritten ausgeführt werden können.

Eine Erarbeitungsphase von einzelnen Ritualen benötig häufig einen gewissen Zeitraum, der bei autistischen Schülerinnen und Schülern auch verlängert sein kann. Eine längere regelmäßige Zentrierung und ritualisierte Einbindung ggf. auch mit personaler Unterstützung auf individueller Anweisungsebene, siehe ▶ Abschn. 3.6.3 Anweisungsebenen, können den Prozess der Ritualisierung unterstützen.

> **Erarbeitung von Routinen**
> ▬ Wege im Klassenzimmer und Schulhaus, die selbstständig bewältigt werden sollen
> ▬ Morgen- und Abschlussroutinen
> ▬ Das Bilden von Reihen oder Gruppen
> ▬ Umgang mit dem Tagesplan der Klasse als Orientierungsgröße
> ▬ Das Einüben von ritualisierten Handlungen zur Arbeitsorganisation
> ▬ Lernroutinen

■ ■ Rituale

Rituale schaffen Zeit. Nach erfolgter Übernahme in eine automatisiert abrufbare Handlung stellen sie eine große Erleichterung im Schulalltag dar und beschleunigen Abläufe und spezifische organisatorische Entscheidungen. Sie können eine enorme Zeitersparnis sowohl auf Seiten der individuellen Betreuungsintensität der Lehrperson in den jeweiligen Situationen als auch auf Seiten der betreffenden Schüler*innen bieten, die für wichtige Inhalte und Interaktionen genutzt werden kann.

Rituale sollen zielgerichtet und langfristig eingesetzt werden. Eine konkrete Benennung mit einem Namen, die Zuordnung zu einer Situation und einem konkreten Zweck unterstützen die Bedeutungszuweisung und zunächst das bewusste Wahrnehmen und Erlernen der zugehörigen Handlungen. Für das Abrufen der richtigen Handlung kann es sinnvoll sein, das Ritual verbal oder durch ein verknüpftes akustisches Signal oder visuelles Symbol anzukündigen. Dadurch können Rituale auch in ihrer Struktur verstärkt wahrgenommen werden. Die ◘ Abb. 3.2 bietet eine Liste an unterschiedlichen Formen von Ritualen, die den Schulalltag strukturieren können.

■ ■ Routinen

Neben den Ritualen des Schul- und Unterrichtsalltags sind auch Routinen der Selbstorganisation und Selbstsorge wie z. B. das Händewaschen, Jause essen, Händewaschen oder das An- und Ausziehen in der Garderobe für viele autistische Schüler*innen aufgrund verschiedener beeinflussender Faktoren nicht immer selbst-

3

Rituale

- Begrüßungsrituale
- Handlungsroutinen (Morgenroutinen) zum Herrichten der Plätze, zum Jause-Essen, Anziehen und Ausziehen etc.
- Rituale zum Wochenbeginn und Wochenabschluss, z.B. Montagmorgen-Kreis, Wochenend-Plauderei, Ämtervergabe für die nächste Woche, Gute-Wochenend-Wünsche, Wochenbuch-Eintrag, Klassenrat
- Rituale zur Stundeneröffnung
- Ruhe- und Aufmerksamkeitssignale über Handzeichen, Symbolkarten, akustische Signale oder aufmerksamkeitsaktivierende Übungen
- Zentrierte und visualisierte Tagesplanung mit Symbolen bzw. Bildern
- Gesprächskreis-/Sitzkreis-/Sesselkreisrituale
- Partner*in- und Gruppenfindungsrituale
- Rituale zu vollständigen Stundenprogrammen
- Rituale zum Wechsel von Arbeitsformen während der Stunde mit visuellen oder akustischen Signalen (Musik)
- Rituale zur Arbeitsorganisation, für Arbeitsformen und Materialverwendung
- Ritualisierte Lernstrategien
- Präsentationsrituale und Rituale des Präsentationsfeedbacks
- Rückmelde- und Feedbackrituale zum Lernen und Sozialverhalten
- Signalunterstütze Weg- und Aufräumphasen mit Aufgabenzuweisung z.B. über den Ämterplan
- Pausenende-Musik zur Vorankündigung der Beendigung und zur Einleitung der Phase des Aufräumens
- Anstellrituale mit festen Ordnungen oder Reihenfolgen sowie Orten mit zusätzlichen Markierungen
- Aktivierungsspiele und Entspannungsübungen
- Aktivitäten und Veranstaltungen, z.B. Klassenkino, Präsentationen, Klassenfrühstück, Feste und Feiern

◘ Abb. 3.2   Rituale zur Strukturierung des Schulalltags

ständig initiierbar oder zur Gänze durchführbar. Stress z. B. durch sensorische Einflüsse, Hektik oder überfordernde Kommunikation kann die Fähigkeiten hinderlich beeinflussen. Ritualisierte Abläufe und deren Visualisierung in Ablaufplänen unterstützen die Selbstständigkeit in verschiedenen Situationen, wie in ◘ Abb. 3.3. Eine Initiierung von außen oder die verbale Begleitung einzelner Schritte kann an manchen Tagen notwendig sein, auch wenn die Handlung an sich bereits selbstständig durchgeführt werden kann.

Schüler*innen zeigen unterschiedliche Fähigkeiten in der Übernahme von Routinen. Es kann sinnvoll sein, langfristig verwendete Routinen über einen längeren Zeitraum mit der gesamten Klasse und später in kleinen Gruppen angeleitet oder geführt einzuüben. So wird ein stärkeres Bewusstsein für die Routine geschaffen. Schüler*innen können sich dabei gegenseitig unterstützen und eine ggf. notwendige Einzelförderung ist im allgemeinen Organisationsrahmen der Klasse wie z. B. einer Morgenroutine, wie in ◘ Abb. 3.4 oder einer Anstellroutine in ◘ Abb. 3.5 eingebettet. Die

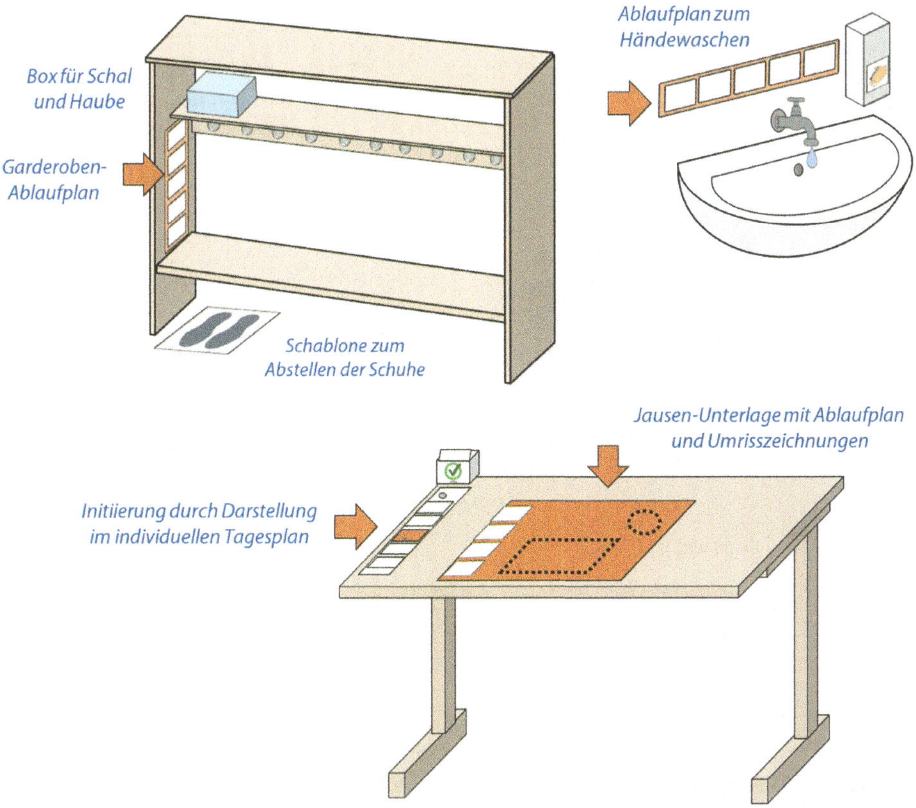

Box für Schal
und Haube

*Ablaufplan zum
Händewaschen*

Garderoben-
Ablaufplan

Schablone zum
Abstellen der Schuhe

*Jausen-Unterlage mit Ablaufplan
und Umrisszeichnungen*

Initiierung durch Darstellung
im individuellen Tagesplan

Abb. 3.3 Ablaufpläne für Handlungsroutinen der Selbstsorge

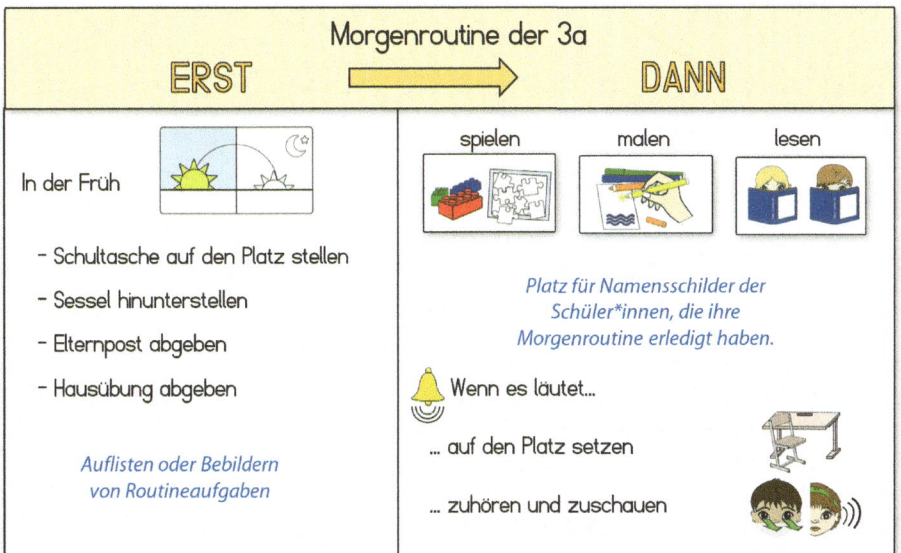

Abb. 3.4 Visualisierte Morgenroutine für die Klasse

3

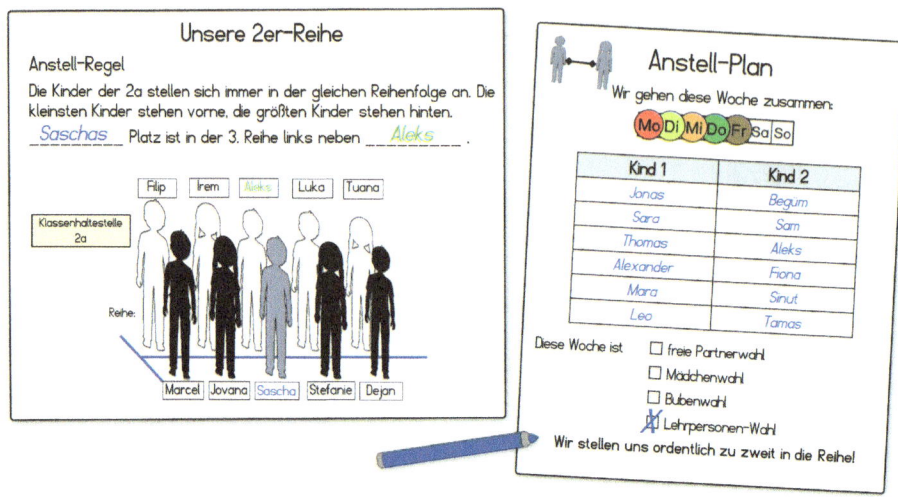

▪ **Abb. 3.5**   Visualisierung von Anstellroutinen

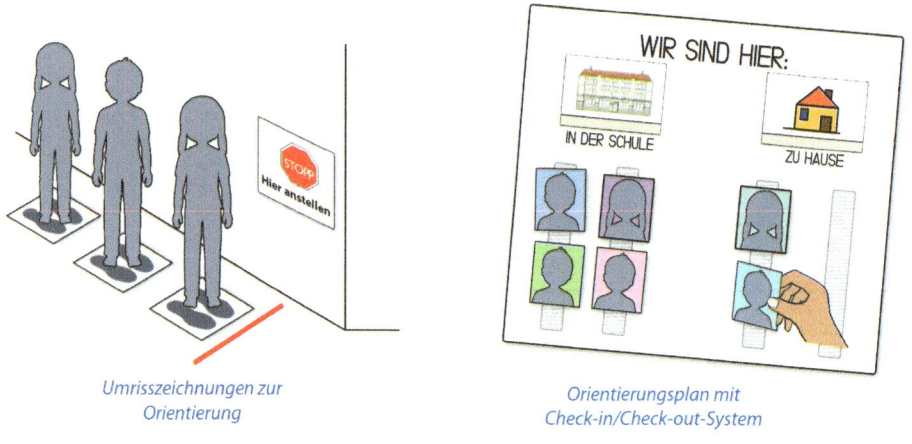

▪ **Abb. 3.6**   Räumliche Hilfen zur Orientierung

einzelnen geforderten Tätigkeiten können durch zusätzliche Strukturierung und Visualisierung von Orten in ihrer Durchführung unterstützt werden.

▪▪ Orientierung

Räumliche Orientierungshilfen wie Umrisszeichnungen oder andere Markierungen unterstützen das Einhalten von Ritualen zusätzlich z. B. wiederum beim Anstellen in einer Reihe oder beim Raumwechsel. Der Orientierungsplan in ▪ Abb. 3.6 unterstützt durch die beweglichen Personenkarten den Vorgang der Veränderung des Ortes. Sie können z. B. mit Klett- und Flauschband befestigt werden.

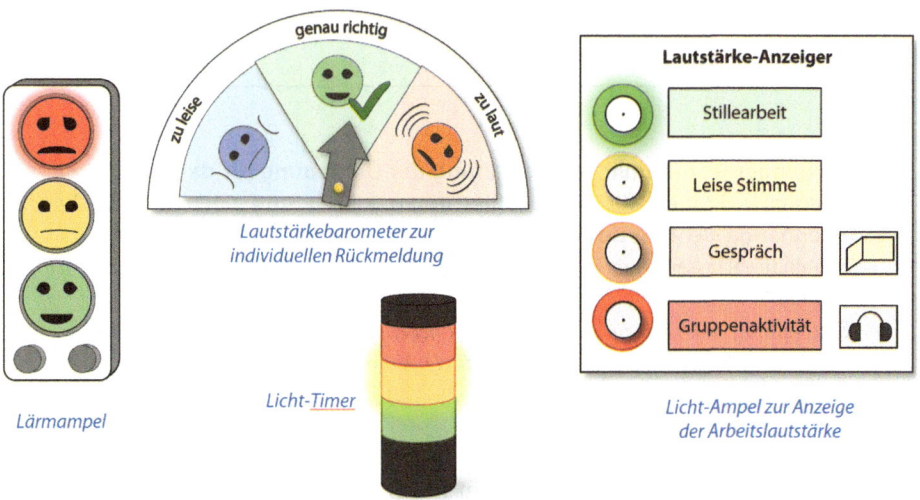

Abb. 3.7 Lehrmittel zur Regelung der Lernsituation

■■ Lernorganisation

Lehrmittel, die die Lernorganisation regulieren, können wie z. B. elektronische Lärmampeln, Lichtampeln zur Anzeige der gewünschten Lautstärke, Zeit-Timer, Tagesplan, Glocke oder Gong, Zeigehand für die Tafel, Stempel, Fidgets und Mittel zur Entspannung und Aufmerksamkeitsaktivierung, durch einen ritualisierten Gebrauch für klare Strukturen hinsichtlich der Erwartungen und Anforderungen sorgen und unterstützen den Prozess der Aktivität und Teilhabe (■ Abb. 3.7).

3.3 Räumliche Gestaltung und räumliche Organisation für Arbeitsprozesse

Die räumliche Gestaltung ist einer der Grundpfeiler aus dem TEACCH-Ansatz, dessen Grundansatz bereits erläutert wurde. Sie „bezieht sich auf Maßnahmen, welche Zusammenhänge von Gegenständen, Personen und Aktivitäten, mit den zur Verfügung stehenden Räumlichkeiten bzw. mit bestimmten Plätzen verdeutlichen (Häußler 2015, S. 53). Grundsätzlich erleichtern eine gleichbleibende räumliche Anordnung und feste Zuordnung von Bereichen zu Funktionen und Tätigkeiten die Arbeitsprozesse massiv und schaffen eine grundlegende Sicherheit für die Handlungsplanung und -steuerung. Eine gute Orientierung und Selbstorganisation können durch ritualisierte räumliche Abläufe in einer verlässlichen räumlichen Umgebung unterstützt werden und die Selbstständigkeit bei Wegen zur Materialorganisation sowie beim Her- und Wegräumen von Materialien erhöhen. Auch wenn keine besonderen Schwierigkeiten in der räumlichen Wahrnehmung oder Bewegungssteuerung vorliegen, werden so Desorientierung und Missverständlichkeiten bezüglich der erforderlichen Tätigkeit verhindert und Energie bleibt für die wesentlichen Lerninhalte erhalten.

3.3.1   Raumgestaltung zur Orientierung und Funktionalität im Klassenraum

Überlegungen zur räumlichen Gestaltung der Umgebung für das Lernen sollten folgende Fragen für die Schüler*innen klären und verschiedene Zusammenhänge sichtbar und nachvollziehbar machen:

- Schulhaus/Klassenraum: *Wofür ist welcher Platz da? Wo bin ich wann? Wo soll ich was tun?*
- Sitzplanung: *Wo ist mein Platz? Wer sitzt neben mir? Wo schaue ich hin?*
- Allgemeine Materialorganisation: *Wo finde ich welche Sachen? Wo gehören die Sachen hin?*

In einem Klassenraum sollten bereits beim Eintritt eine deutliche Struktur und Aufteilung erkennbar sein. Dabei spielen mehrere Faktoren eine Rolle, die besonders für Schüler*innen im Autismus Spektrum eine erhöhte förderliche Bedingung darstellen können. Unter Berücksichtigung von möglichen Blendungen durch das einfallende Sonnenlicht und evtl. Blendungsempfindlichkeiten von Schülerinnen bzw. Schülern ist eine gute Ausleuchtung aller notwendigen Bereiche durch wenig dekorierte Fenster und passende Deckenleuchten wichtig. Tlw. können Lichtstärken oder ungeeignete Lichtfarben durch Stoffe oder andere abdeckende Materialien verändert werden.

Für die Gestaltung der Wände eignen sich aufgrund der häufig vorliegenden Aufmerksamkeitsprobleme neutrale, nicht zu abwechslungsreiche Farben. Farbakzente durch Wandfarbe können dort eingesetzt werden, wo die Aufmerksamkeit in spezifischen Situationen mit Absicht hingelenkt werden soll oder wo Bereiche deutlich voneinander abgegrenzt werden sollen. Strukturierte Bestandteile der Wandgestaltung sind z. B. Organisationwände oder spezielle Themenwände anhand von Pinnwänden, Magnettafeln, Whiteboards oder Filztafeln. Sie können sowohl farblich als auch inhaltlich unterschiedlichen Funktionen zugeordnet werden und so eine schnelle Orientierung ermöglichen. Aufgrund der erhöhten Wahrnehmung und der besonderen Merkmalen in der Aufmerksamkeit empfiehlt es sich, offene Regale zu vermeiden, wenn sie keine für Schüler*innen zugängliche Materialien enthalten. Die Klassenraumdekoration reduziert und vor allem strukturiert organisiert zu halten, z. B. durch spezifische Ausstellungsbereiche, trägt ebenso zu einer Reizreduzierung und besseren Orientierung bei.

Bereichseinteilung in Funktions- und Themenbereiche im Klassenzimmer können von Vorteil sein und eine schnellere Orientierung im Schulalltag ermöglichen. Diese kann durch Anordnungen von Möbeln sowie eine eindeutige Funktionszuordnung bestimmter Bereiche durch z. B. Beschilderungen mit Namen, Beschreibungen der dort stattfindenden Tätigkeiten oder Abbildungen der Inhalte oder der Tätigkeit unterstützend wirken. Funktionsbereiche sind oft altersspezifisch und können von Spiel- und Ruheecken über Materialaufbewahrung und Bereiche für einzelne Fächer reichen. Hier ist für manche Schüler*innen ein zusätzliches Check-in- und -out-System von Vorteil, als Vergewisserung für das Befinden am richtigen Ort. Funktionseckenspezifische Regeln müssen bekannt gemacht und sichtbar sein. Ein aktuelles Tagesboard oder eine Wochenwand mit dem Tagesplan der Klasse und wichtigen zusätzlichen In-

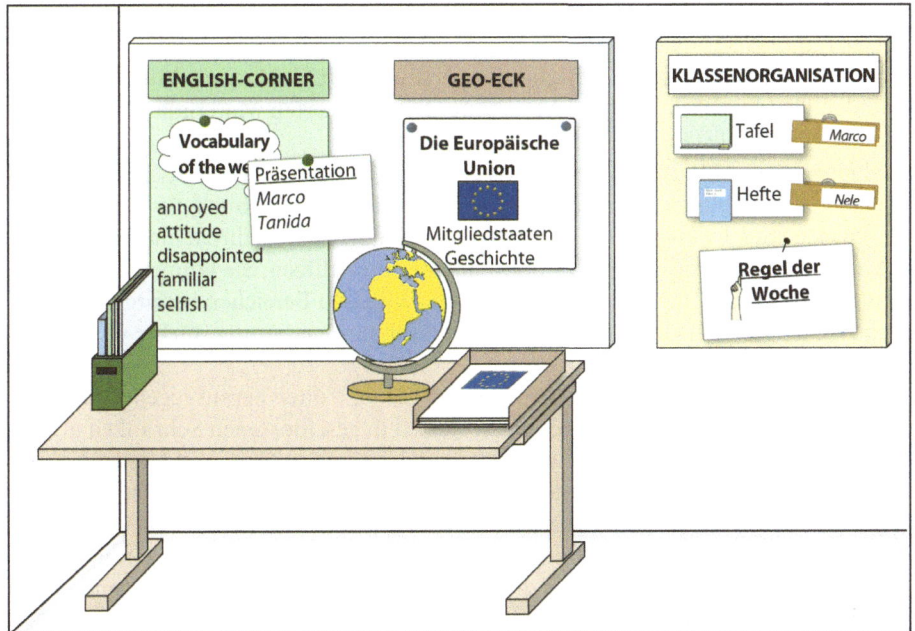

■ **Abb. 3.8** Klassenbereiche

formationen für die Schüler*innen soll im guten Blickfeld liegen und für die Lehrperson gut erreichbar sein, um z. B. an dieser Stelle Zentrierungsmaßnahmen zu setzen und zu den Informationen gestische Hinweise geben zu können. Auf einer Organisationswand können z. B. ein Ämterplan, Gruppenaufteilungen für Lernphasen und Projekte, Regeln der Woche, Mittagessens-Plan oder auch Ankündigungen von Besuchen oder bestimmten Aktivitäten hängen, sodass die Schüler*innen selbstbestimmt auf diese Informationen zugreifen können.

Weitere Themenwände können z. B. eine Informationswand mit wichtigen Informationen und Organisationslisten für die Lehrpersonen sein sowie Themenwände für die Fachbereiche mit dem gerade behandelten Lerninhalt und wichtigen Darstellungen zu Methodenabläufen und Inhalten, wie in ■ Abb. 3.8. Eine farbliche Zuordnung zu einer farbcodierten Stundenzuteilung ist von Vorteil und ermöglicht die schnellere Verknüpfung der Inhalte.

Wichtige, direkte Laufwege zu benötigten Materialien, zum Tisch der Lehrperson oder anderen wichtigen Bereichen sollen freigehalten werden. Diese können bei vorliegenden Schwierigkeiten in der Orientierung am Boden z. B. durch farbige Isolierbänder oder mit Folie überzogenen Zeichen markiert werden.

3.3.2 Verortung und räumliche Anordnung von Arbeitsmitteln und Materialien

Die Anordnung der allgemeinen oder individuellen Arbeitsmaterialien im Klassenraum hat einen großen Einfluss auf die vorbereitendende Arbeitsorganisation. Besonders in offenen Phasen und schüler*innenzentrierten Lernformen sowie bei neuen

3

Arbeitsprozessen erfordert diese Organisation vor allem komplexe Prozesse der exekutiven Funktionen. Häufig können sie deshalb gar nicht selbstständig ausgeführt werden oder benötigen sehr viel Zeit oder personelle Unterstützung. Hier liegt meist ein fehlender Überblick über die Verortung der geforderten Materialien, ihrer konkreten Art und Vollständigkeit oder auch Anzahl vor.

Ablage sowie Abhol- und Abgabestationen für Hefte und Bücher z. B. von Hausübungen, Arbeitsblättern, erledigten Arbeitsaufträgen oder auch für Materialien zum Lernen und Üben müssen für alle Schüler*innen gut sichtbar und erreichbar sein, um die selbstständige Organisation gut zu unterstützen. Sie können z. B. durch Ablageschütten, auf Regalen oder in extra geschaffenen Bereichen bereitgestellt und durch zusätzliche Markierungen, Farb- oder Nummerncodierung stärker visualisiert werden.

Materialien, die nur von der Lehrperson benutzt oder herausgegeben werden, sollten zur Vermeidung von übermäßigen Reizen in geschlossenen Schränken aufbewahrt werden. Regelmäßig verwendete Anschauungsmaterialien und Utensilien, die z. B. für das Offene Lernen verwendet werden, sollten gut zugänglich bleiben, um unnötige Unterbrechungen oder Verzögerungen aufgrund einer Suche zu vermeiden. Bei vielen geschlossenen Schränken empfiehlt sich eine Beschilderung mit Schrift und Abbildung der Inhalte, um für die Schüler*innen und auch klassenfremde Kolleg*innen einen schnellen Zugriff zu gewährleisten.

▪▪ Ablagestruktur und Aufbewahrung

Eine ritualisierte Ablage für Schüler*innen-Materialien und eine klare inhaltliche Aufteilung z. B. in Themen- oder Fächerbereiche helfen bei der schnellen Orientierung. Für die zügige und selbstständige Organisation ist es wichtig, dass verwendete Arbeitsmaterialien, Fachrequisiten und vor allem auch Arbeitsblätter beim Holen und Wegbringen bzw. Einsortieren eine klare Zuordnung haben. Dieses kann wiederum durch Abbildungen oder Beschriftungen an den Ablageorten verstärkt visualisiert oder in Form von Farb- und Nummernleitsystemen auf Arbeitsblättern transparent gemacht werden. ◘ Abb. 3.9 zeigt unterschiedliche Möglichkeiten einer strukturierten Ablage auf.

Insgesamt ist eine möglichst geringe Anzahl unterschiedlicher Arbeitsmittel von Vorteil. Das gilt auch für den Gebrauch von Heften. Zu Gunsten der besseren Orientierung und auch ganz klar als Vorteil für die inhaltliche Bearbeitung kann eine dementsprechend reduzierte Organisation auf übermäßig viele Hefte in einem Fach verzichten. Zur Organisation der Bücher und Hefte gibt es Möglichkeiten wie den Klassenhefteschrank. Kurze Wege können für die Schüler*innen von großem Vorteil sein, sodass ein individuell bereitgestelltes Fach für die Schüler*innen oder ein arbeitsplatznaher Aufbewahrungsort eine passende Organisation anstatt eines allgemeinen Aufbewahrungsortes sein kann. Ein Individuelles Schüler*innen-Fach im Klassenraum, wie in ◘ Abb. 3.10, sorgt nebenbei dafür, dass unnötige Zeit nicht für die Orientierung oder das Suchen im Bankfach verschwendet wird. Das Bankfach stellt für viele Schüler*innen eine Herausforderung dar und wirkt sich durch die schwer einzuhaltende Ordnung und die fehlende Möglichkeit eines guten Überblicks meist hinderlich auf die Selbstorganisation aus. Es kann den Arbeitsbeginn deutlich ver-

strukturierte Abgabestationen

Materialien für den häufigen Gebrauch durch Schüler*innen

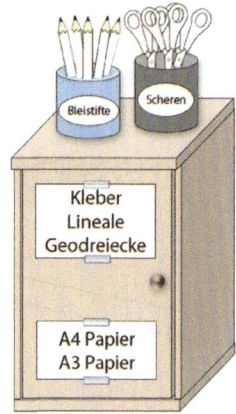

Heftschrank für alle Schüler*innen

reizreduzierte Organisation Von Materialien

🔹 **Abb. 3.9**   Ritualisierte Anordnung durch Ablage- und Abgabestation

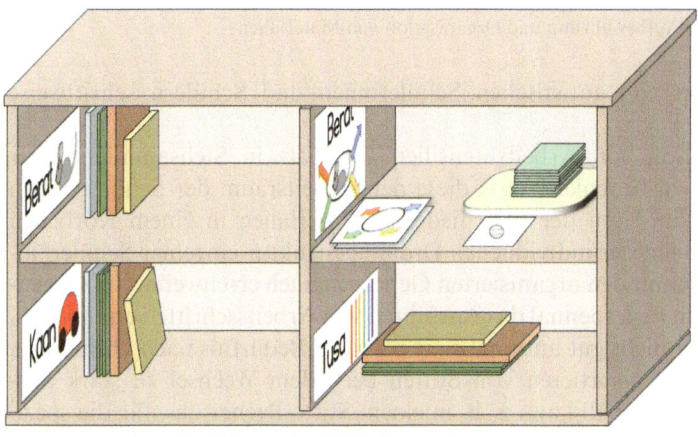

Fach für Materialien zur strukturierten Freiarbeitsorganisation mit Einschränkung des Freiheitsgrades zur Auswahl und räumlichen Organisation

eigenes Fach für einzelne Schüler*innen mit Erkennungssymbol

🔹 **Abb. 3.10**   Aufbewahrungsorganisation für Schüler*innen

zögern. Auch hier kann die Verlagerung der Aufbewahrung von Materialien z. B. in Zeitungssammler oder in persönliche Ablageflächen, -taschen oder -körbe eine Erleichterung darstellen.

Persönliche Schrankfächer können auch zur Strukturierung von Freiarbeitsorganisationen genutzt werden, indem eine Vorauswahl von Materialien in dem Fach organisiert wird. Zur Anbahnung von Freiarbeit und dem Aufbau von Freiheitsgraden kann dieser, zunächst festgelegte Ort für alle benötigten Arbeitsmaterialien,

3

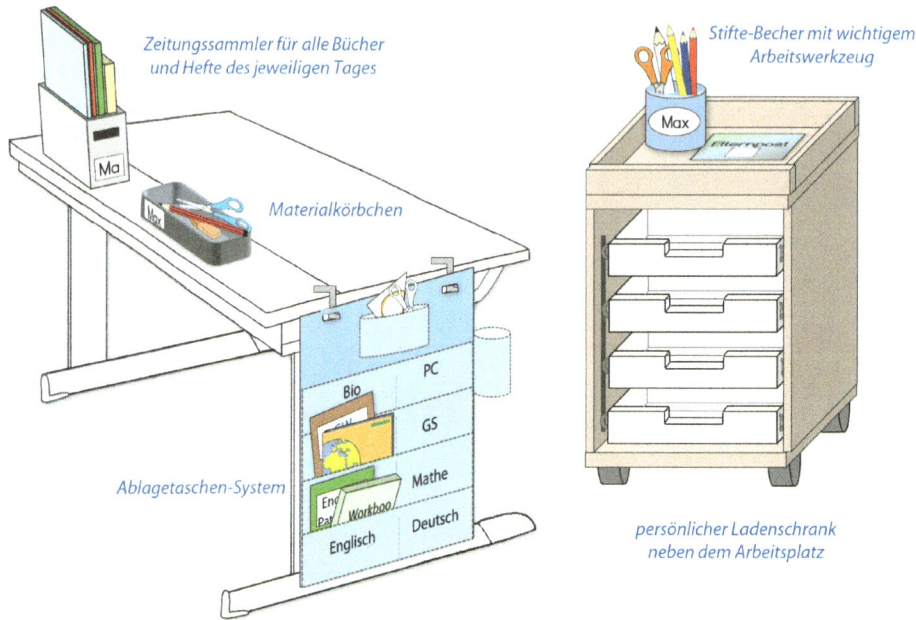

Zeitungssammler für alle Bücher
und Hefte des jeweiligen Tages

Stifte-Becher mit wichtigem
Arbeitswerkzeug

Materialkörbchen

Ablagetaschen-System

PC

Bio

GS

Mathe

Englisch

Deutsch

persönlicher Ladenschrank
neben dem Arbeitsplatz

■ **Abb. 3.11**   Individuelle Aufbewahrung und Organisation von Materialien

die Selbstorganisation von autistischen Schülerinnen und Schülern schrittweise unterstützen.

Bei der Organisation von Arbeitsutensilien am Platz in Stehsammlern oder Materialkörbchen ist zu bedenken, dass diese den Arbeitsraum der Schüler*innen verkleinern. Das Organisieren der verschiedenen Materialien in einem Körbchen kann eventuell auch nicht der individuellen Ordnungsstruktur einzelner Schüler*innen entsprechen und somit den organisierten Gebrauch auch erschweren. Im Gegenzug dazu kann auch ein Federpennal das Ausführen von Arbeitsschritten erschweren, wenn die Handhabung nicht gut automatisiert oder das Bedürfnis nach Ordnung z. B. durch regelmäßiges Einsortieren von Stiften bei jedem Wechsel zu stark ausgeprägt ist. In solch einem Fall kann z. B. in einem Stifte-Becher das, für die spezifische Aufgabe benötigte Arbeitswerkzeug, isoliert bereitgestellt werden. Die ■ Abb. 3.11 zeigt unterschiedliche Möglichkeiten der strukturierten Aufbewahrung am Sitzplatz der Schüler*innen.

Eine Organisation in Mappen- oder Sammelordnersystemen, die über äußere Merkmale wie z. B. Reiter strukturiert sind oder andere inhaltliche Strukturierungen aufweisen ist hilfreich, wenn im Unterricht regelmäßig Arbeitsblätter verwendet werden. Siehe ■ Abb. 3.12. Dieses kann zur schnelleren Orientierung mit Hilfe von Farb- oder Fachsymbolen sowohl auf den Arbeitsblättern als auch im Ablagesystem unterstützt werden. Ein ritualisierter Einbau des Wegheftens sollte gleich mit eingeübt werden.

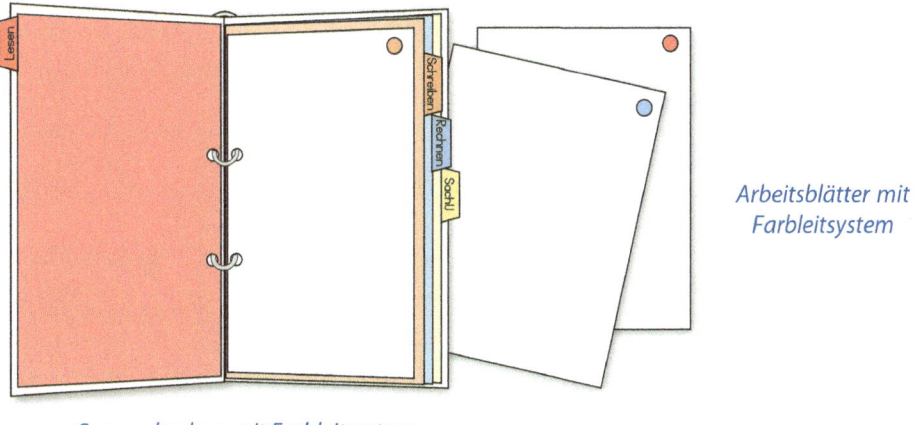

*Arbeitsblätter mit
Farbleitsystem*

Sammelordner mit Farbleitsystem

◘ **Abb. 3.12**   Sammelordner mit Leitsystem

3.3.3 Sitzplanung

Die Sitzplanung der Klasse hat einen besonderen Stellenwert. In inklusiven Überlegungen müssen viele Faktoren für den konkreten Unterricht vor allem für die
mehrheitlich angewendeten Lehr- und Lernformen mitgedacht werden und gleichzeitig individuelle Bedürfnisse einzelner Schüler*innen berücksichtigt werden. Die
grundsätzliche Tischstellung und damit Ausrichtung der Blicke zum Zuschauen und
zur direkten Kommunikation und Interaktion hängt nicht allein von Faktoren wie
Lehrpersonen- oder Tafelzentriertheit oder gegenpoligen schüler*innenzentrierten
freieren Formen ab. Sie ist zusätzlich stark abhängig von der sozialen Dynamik der
Klasse.

Zusätzliche Möglichkeiten für ruhige Gesprächs- und Rückmeldebereiche oder
Kleingrupppen- sowie Einzelarbeit sollten bei vorhandenen Raumgrößen eingeplant werden, um in benötigten Situationen keine organisatorischen Unsicherheiten und große Unruhen zu bewirken. Ggf. können weitere Lernorte regelmäßig
genutzt und zielgerichtet eingeplant und für diese Phasen hergerichtet werden, wie
z. B. Gänge oder Nebenräume unter Berücksichtigung der Aufsichtspflicht und
Raumbelegungsmöglichkeiten.

▪▪ Individueller Sitzplatz

In der individuellen Auswahl ist zunächst der Platz in der Klasse an sich mit seinen
sensorischen Bedingungen für die Wahrnehmung und Aufmerksamkeitsausrichtung
für unterschiedliche Schüler*innen relevant. Individuell kann ein Arbeitsplatz je nach
Bedürfnis an verschiedenen Orten und in unterschiedlichen Konstellationen und Aus-
richtungen in der Klasse förderlich sein. Ein Randplatz an der Wand oder am Fenster
(sensorische Einflüsse außerhalb der Klasse beachten) bietet grundsätzlich einen
guten Überblick auf die gesamte Klassensituation und sensorische Einflüsse durch
Bewegungen anderer dahinter, davor oder zumindest auf einer Seite daneben werden

3

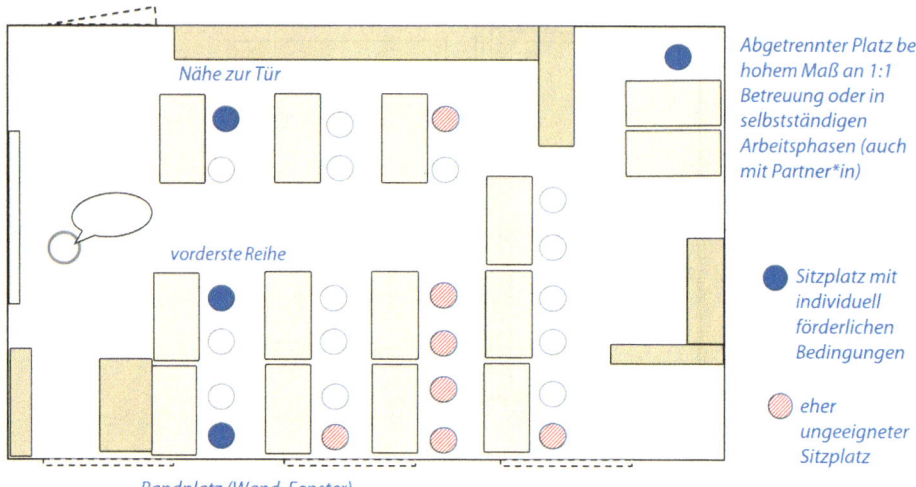

○ **Abb. 3.13**   Sitzplanung im Klassenraum

verhindert. Ein Platz in der vordersten Reihe bietet eine kurze Wahrnehmungs- und Aufmerksamkeitsdistanz, schnelle und persönliche Ansprechmöglichkeit über Sprache oder auch gestische Hinweise für die Lehrperson. Ein Platz in der Nähe der Tür, wenn Rückzug außerhalb der Klasse benötigt wird, kann ebenso überlegt werden.

Einige Schüler*innen im Autismus Spektrum fühlen sich unwohl mit der gesamten Klasse im Rücken, da viele akustische Reize die von hinten kommen, nicht eingeordnet werden können und somit die auditive Wahrnehmung ständig beeinflussen. Für diese Schüler*innen ist eher ein Randplatz zu empfehlen. Die ○ Abb. 3.13 zeigt verschiedene förderliche und hinderliche Sitzplatzpositionen, die individuell zu betrachten und auf die jeweiligen Schüler*innen anzupassen sind. Sie stellen keine obligatorischen Lösungen dar.

Die räumliche Nähe zur Lehrkraft oder die Sitzplatzwahl in Bezug auf eine intensivere Betretung auch anderer Schüler*innen(-gruppen) muss individuell überlegt werden. Die Zugänglichkeit des Platzes für intensivere Unterstützungsphasen sollte vorwiegend von vorne und von der nicht präferierten Seite der Händigkeit gewährleistet sein, um eine gute Interaktionsbasis für gestische Hinweise und Demonstrationen zu stellen. Eine Einzelplatz-Situation zu schaffen, beinhaltet sowohl förderliche Faktoren, vor allem, wenn es um Aufmerksamkeitsaspekte geht, als auch hinderliche Faktoren z. B. für die Förderung von kooperativen Arbeitsformen und sozioemotionalen Bedürfnissen des Miteinanders. Die Auswahl einer Sitznachbarin oder eines Sitznachbars sollte mit Bedacht gewählt werden und ein Wechsel von Personen und Plätzen nicht zu häufig und vor allem nicht unangekündigt durchgeführt werden. Im Sinne eines Peer-Teaching-Systems können diese Sitznachbar*in-Beziehungen gezielt vor allem über gemeinsame Arbeits- und Spielsituationen gefördert werden.

Das Herstellen einer besonderen Sitzplatzbedingung, z. B. durch das Stellen des Tisches zur Wand oder zum Fenster gerichtet, setzt voraus, dass die vorherrschende Unterrichtsform weniger lehrpersonenzentriert und nicht frontal ausgelegt ist, da ansonsten bei gleichen Lernzielen schnell Hindernisse für die Aktivität und Teilhabe entstehen können. Vor allem kann dieses in selbstbestimmten Formen des Lernens mit zentrierten Aufnahme- oder Sicherungsphasen in anderer organisatorischer Form als dem lehrpersonenzentrierten Gesamtunterricht umgesetzt werden, in denen es aufgrund der vorwiegenden Unterrichtsform keine allgemeine Sitz- und Blickausrichtung benötigt. Dann kann so ein vor allem aus Reizreduzierungsgründen geschaffener Sitzplatz das Arbeiten in besonderer Form förderlich unterstützen. Die Möglichkeit eines solchen Arbeitsortes kann aber ebenso als temporäres Zusatzangebot für selbstständige Phasen des Arbeitens geschaffen werden.

▪▪ Sitzplatzveränderungen und Raumwechsel

Ebenso wichtig wie die Wahl des Ortes des Arbeitsplatzes ist auch dessen Verlässlichkeit. Da die Wahrnehmung und Aufmerksamkeitsausrichtung meist ein erhöhtes Maß an Energie benötigen, ist eine Veränderung eine besondere Herausforderung. Die Anpassung der Ausrichtung von Wahrnehmung, Aufmerksamkeit und der Steuerung der Arbeitsorganisation an die neuen räumlichen Bedingungen geschieht ggf. nicht automatisch und zügig, sondern benötigt erneut erhöhte Energie und Zeit zur Gewöhnung. Zudem können kurzfristig geforderte Veränderungen häufig nicht zeitgerecht verarbeitet werden, sodass dadurch große Unsicherheiten entstehen können.

Besonders Sitzplatzveränderungen aber auch grundsätzlich Raumwechsel oder eine freie Wahl von Arbeits- und Lernorten benötigen daher rechtzeitige Ankündigung und Strukturierung. Tlw. müssen solche Prozesse erst gemeinsam erarbeitet, angeleitet, geübt und vor allem in ruhigen Situationen begleitet werden. Ritualisierte Einbindung, rechtzeitige Vorankündigung mit vorheriger Besprechung der neuen Bedingungen und strukturierte Einbindung in den Tagesplan können den Orts- oder Platzwechsel unterstützen. ◼ Abb. 3.14 zeigt eine Möglichkeit der visuellen und sprachlich kommunizierten Sitzplatzveränderung.

In manchen Fällen ist es förderlich, Orts- und Raumwechsel in der Anfangsphase systematisch zu begleiten, d. h. dass z. B. ein Übergangsobjekt zum neuen Ort mit-

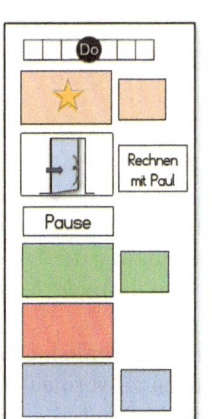

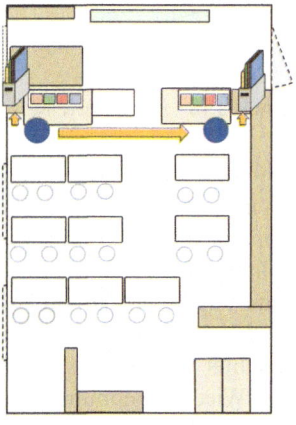

| Ankündigung im Tagesplan | Erklärung in schriftlicher Form | Visualisierte Vorplanung mit Vorausschau auf relevante Faktoren |

◼ **Abb. 3.14**   Vorankündigung räumlicher Veränderung

Tafel für Raumwechsel mit Foto-Kärtchen
mit Klett- und Flausch-Befestigung

■ **Abb. 3.15**   Raumwechsel

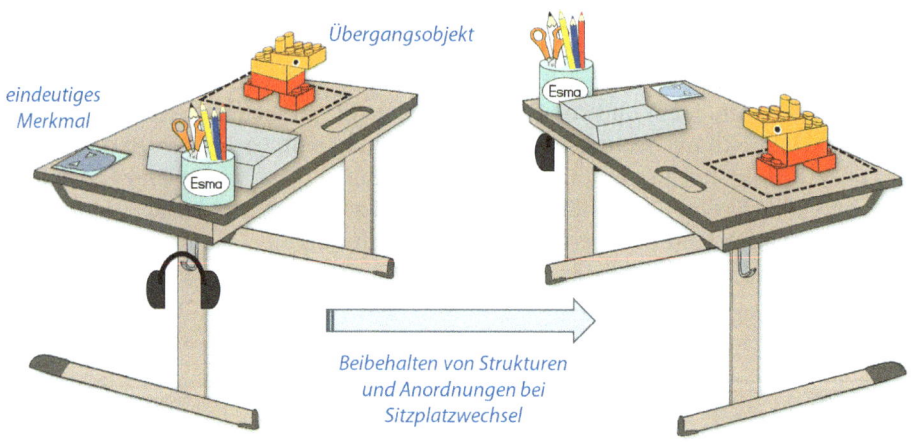

■ **Abb. 3.16**   Sitzplatzwechsel

genommen wird oder anhand des Check-in-/Check-out-Systems, wie in ■ Abb. 3.15, am neuen Ort ein identisches Symbol geklettet wird. Die Handlung des Ortswechsels kann auch in abstrakter Form z. B. auf einer Raumtafel zur Unterstützung der Umstellung im Vorhinein vollzogen werden, um den Prozess der zukünftigen Veränderung bereits kognitiv durchzugehen.

Wenn es möglich ist, sollten vor allem neue Arbeitsorte gleich oder ähnlich eingerichtet werden wie die alten Plätze, um zusätzliche Anforderungen zu vermeiden und Wiedererkennungsmerkmale aufzuweisen, wie z. B. ein Foto, ein Symbol oder auch ein Übergangobjekt, dass „mitwandert", wie in ■ Abb. 3.16. Veränderungen der organisatorischen Bedingungen bringen neue Anforderungen mit sich, die ggf. kommuniziert und eingeübt werden müssen. Das vorherige Kennenlernen von neuen

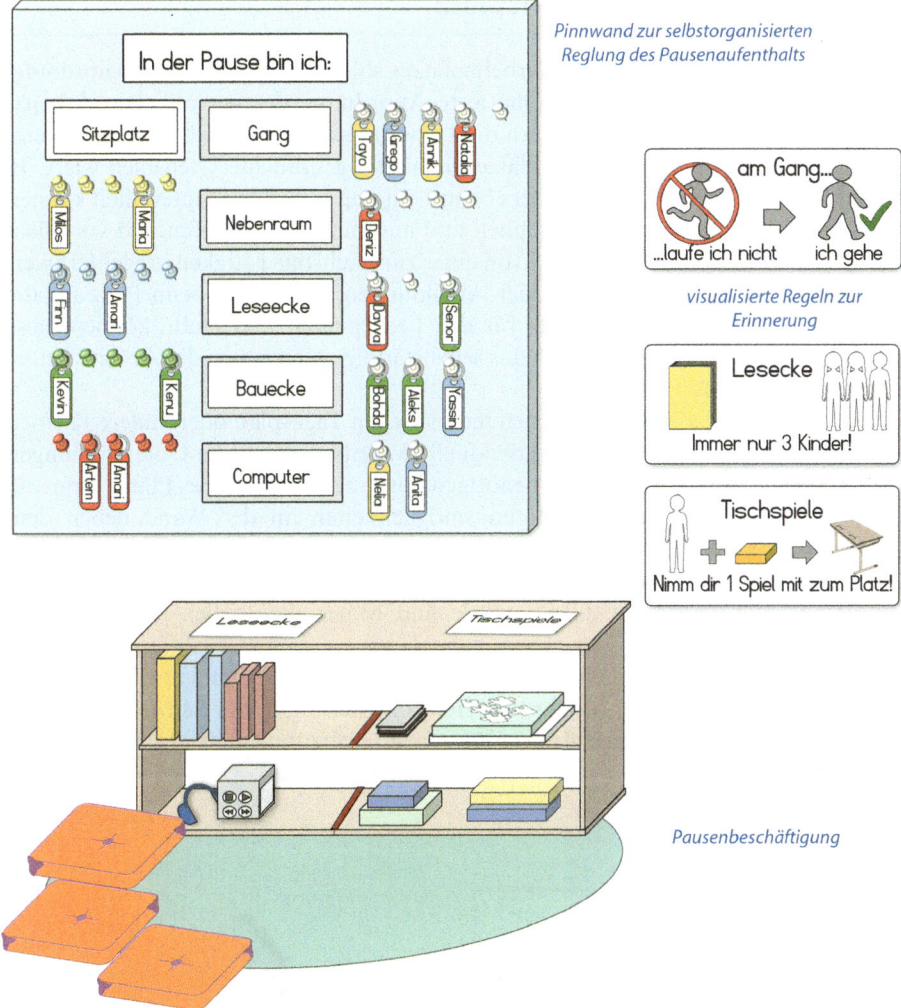

Abb. 3.17 Pausenortregelungen

Räumlichkeiten unterstützt den Prozess der schnelleren Akklimatisierung und Verarbeitung. Daher ist es förderlich, wenn bei regelmäßigen Raumwechseln in Fachräume oder auch vor dem Schuleintritt bereits ein vorbereitender Besuch stattfinden kann, um den eigentlichen Beginn im neuen Raum zu entlasten, sodass auch dort ein Lernen stattfinden kann.

Spezielle Regelungen zu Aufenthaltsorten in der Pause sollten ebenso visualisiert werden, wenn das Angebot vielseitig ist oder Schüler*innen Schwierigkeiten haben, sich für einen Ort oder eine Tätigkeit zu entscheiden. Ggf. sind hierfür, aufgrund des Rückzugsbedürfnisses auch extra Räumlichkeiten zu überlegen. Für ein strukturiertes Miteinander kann z B. eine Pauseregelungs-Tafel einen selbstgesteuerten Prozess der Schüler*innen unterstützen und Verhaltensregeln nach konkreter Klärung direkt am Ort zur Erinnerung visualisiert werden. Siehe Abb. 3.17

3.3.4　Der individuelle Arbeitsplatz

Die Einrichtung des individuellen Arbeitsplatzes solle eine strukturierte Anordnung der Materialien berücksichtigen. Eine feste Anordnung der persönlichen Arbeitsmaterialien und Utensilien erleichtern die Handlungen am Sitzplatz. Unterstützend für das Arbeiten sind ritualisierte Plätze für häufig gebrauchte Utensilien wie z. B. das Federpennal und Hefte. Besonders beim Umgang mit vielen Materialien können dadurch die richtigen Handgriffe schnell und automatisiert ablaufen und vor allem geforderte Aufmerksamkeitswechsel von einer zur nächsten Tätigkeit erleichtert werden. Visuelle Umrisszeichnungen oder Abbildungen, beginnend beim Platz für die Schultasche, über einen fixen Platz für das Federpennal und Hefte können diese Anordnungen forcieren und so auch das selbstständige Herrichten des Arbeitsplatzes begünstigen. Siehe ◘ Abb. 3.18

Sollte der bzw. die Schüler*in einen individuellen Tagesplan oder andere Formen von Strukturierungshilfen wie z. B. individuelle Arbeitssysteme oder Unterstützungen für das Sozialverhalten am Platz benötigen, sind auch dafür fixe Plätze sinnvoll. Kleine Aufstellwände oder Befestigungsmöglichkeiten an der Wand neben dem Arbeitsplatz ermöglichen diese Aufteilung.

Insgesamt soll der Arbeitsplatz möglichst reizreduziert gestaltet sein. Unnötige oder gerade nicht benötigte Gegenstände und Materialien sollen an ritualisierte Plätze weggeräumt werden oder es wird ganz darauf verzichtet. Das kann, vor allem in den ersten Schuljahren, auch den Umgang mit dem Federpennal und der Vielzahl der Hefte betreffen, welcher häufig eine Herausforderung in der Selbstorganisation darstellt. Zu Gunsten einer intensiveren Auseinandersetzung mit den Inhalten könnte

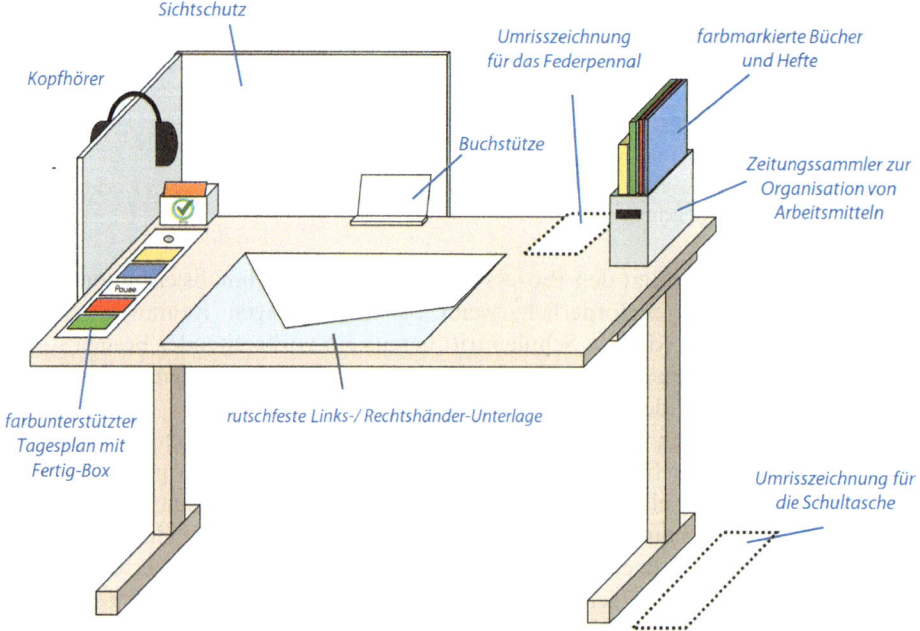

◘ **Abb. 3.18**　Strukturierter Arbeitsplatz

☐ Abb. 3.19   Lernbüro

auch zunächst darauf verzichtet und alternativ wenige aber vorbereitete Arbeitsutensilien, aufgabenspezifisch zur Verfügung gestellt werden.

Für bestimmte konzentrierte Arbeitsphasen kann ein Platz mit einem Sichtschutz
bzw. einem selbst hergestellten oder erworbenen Lernbüro, wie in ☐ Abb. 3.19, ver-
sehen werden. Dieses dient vor allem der Reizreduzierung und damit besseren Aufmerksamkeitsfokussierung während der selbstständigen Arbeitsphase. Je nach Material, z. B. Filz, kann es auch geräuschdämmend wirken. Die Lernbüros können mit
organisatorischen Hilfen für Abläufe oder das Arbeitsverhalten bestückt werde,
wobei auf eine Überladung mit Reizen und Informationen zu achten ist. An dis-
lozierten Orten arbeiten zu können, wenn die Bedingungen zur Fokussierung auf die
Aufgabe durch räumliche oder sensorische Bedingungen nicht hergestellt werden
können, kann ebenso eine Möglichkeit für das inklusive und individuelle Lernen darstellen.

▪ ▪ Sitz- und Arbeitsposition

Das Adaptieren von Sesseln durch zusätzliche Armlehnen oder Fußstützen bzw.
Fußhocker gibt zusätzliche Stabilität besonders bei anspruchsvollen Schreib-
prozessen. Auflagen wie Balancekissen oder Keilkissen können zu einer besseren
Konzentration, Aktivitätsregulierung oder Sitzhaltung für Arbeitsprozesse beitragen
und sind vor allem unter sensorischen Aspekten bei autistischen Schülerinnen und
Schülern auszuwählen.

Alternative Sitz-, Arbeits- und Lernplätze, z. B. in Form von Teppichen, Sitz-
säcken oder einer Couch, können unterschiedlichen neurodiversen Lernbedürfnissen
entsprechen. Das Angebot unterschiedliche Körperpositionen beim Arbeiten oder
Zuhören und Zuschauen einnehmen zu können kann individuell sehr förderlich sein.
Eine veränderte Arbeitsposition z. B. im Stehen oder im Knien an einem niedrigen
Tisch benötigt mitunter weniger Energie für körperstabilisierende oder bewegungs-
koordinierende Handlungen. Dafür können auch individuelle Sitzpositionen und
Sitzgelegenheiten im Sitz- oder Sesselkreis überlegt werden, die sich förderlich auf
die Teilnahme auswirken. Siehe dazu ☐ Abb. 3.20. Häufig geht mit so einem Angebot auch eine freie Platzwahl einher. Hier kann eine Vorauswahl durch die Lehrperson, wie ein oder mehrere (vor-)ausgewählte Orte mit Kennzeichnung durch ein,
dem oder der Schüler*in zugehöriges Symbol oder Foto eine bestehende Über-

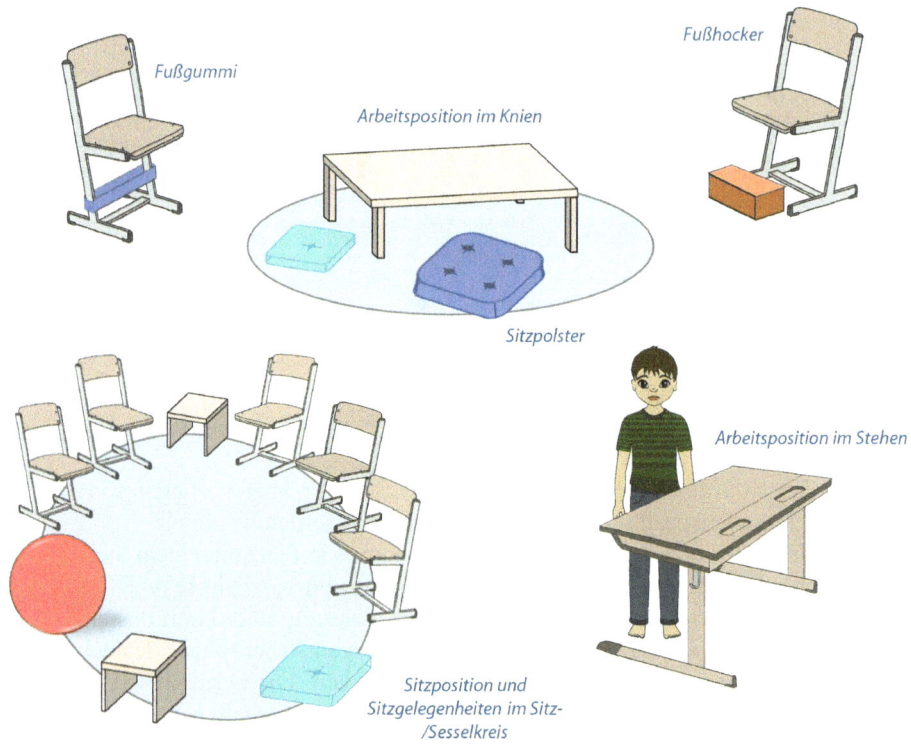

● **Abb. 3.20**   Sitz- und Arbeitsposition

forderung verhindern. Auch durch einen ritualisierten Gebrauch bestimmter alternativer Plätze können Schüler*innen im Autismus Spektrum dieses Angebot, unter Berücksichtigung einer guten Lern- und Arbeitsbedingung nutzen.

3.4   Zeitliche Gestaltung und zeitliche Organisation unterrichtlicher Abläufe

Zeitliche klare Strukturen und Abläufe sind ein wesentliches Merkmal guten Unterrichts und tragen nachgewiesen zur Erhöhung der Schüleraufmerksamkeit und zum Lernerfolg bei (Schreder und Brömer 2009, S. 28). Für die Organisation von zeitlichen Abläufen des Schulalltags, z. B. der Abfolgen der Unterrichtsstunden, des Stunden- und Pausenrhythmus und die zeitliche Gestaltung der Lerneinheiten innerhalb der Unterrichtsphasen ist die transparente Planung und Darstellung wichtig, damit diese zeitlichen Aspekte von den Schülerinnen und Schülern im Autismus Spektrum in ihrer Gesamtheit erfasst und möglichst selbstständig ausgeführt werden können.

Das Verständnis für die zeitliche Gestaltung des Unterrichtsalltags im groben Tagesablauf, die zeitliche Organisation einzelner Unterrichtseinheiten und den damit verbundenen Anforderungen an Handlungen und Tätigkeiten bauen auf einem Bewusstsein und einer Wahrnehmung von Zeit auf. Diese Wahrnehmung ist für autistische Schüler*innen häufig erschwert und durch sprachliche Abstrahierung nicht konkret greifbar, vor allem wenn der Umgang mit der Uhr und mit zeitlichen Begriffen noch nicht erlernt wurde oder noch nicht sicher beherrscht wird.

Zeit wird zunächst immer als Abfolge von Handlungen erlebt und anhand ihrer Vorgänge auch gelernt einzuschätzen. Diese Handlungen müssen bewusst wahrgenommen und vergleichend gesehen werden, um ein Zeitgefühl zu entwickeln. Das Zeiterleben ist dabei subjektiv unterschiedlich. Zeitspannen einzuschätzen und ein Gefühl für ihre Dauer zu entwickeln ist ein langer Prozess in der kindlichen Entwicklung.

Die eigene Reaktionszeit, also die Zeit von der Reizwahrnehmung über die Verarbeitung bis zur Reaktion spielt eine große Rolle bei der Ausführung von Handlungen. Bei autistischen Schülerinnen bzw. Schülern weist diese Zeit häufig Verzögerungen im Verhältnis zur normativen Erwartungshaltung auf. Daher ist die Beachtung dieser individuellen Zeit bei geforderten Handlungen und Planung von Aufgaben eine relevante Größe, damit Schüler*innen ihre Aufgaben im Sinne einer Fertigstellung erledigen können.

Die Handlungsebene hat für Kinder und Jugendlichen im Autismus Spektrum häufig eine bedeutendere Rolle als die zeitliche Einordnung und die Begrifflichkeiten. Sie sind auf die Tätigkeiten fokussiert und der Ablauf und die Zeitdauer müssen oft noch erst in Verbindung mit den konkreten Erwartungen und Aufgaben gebracht werden, um fassbar zu sein. Dadurch ist der Umgang mit Zeit häufig ein großer Unsicherheitsfaktor für autistische Schüler*innen und ihnen fehlt die Orientierung zu wissen, was auf sie zukommt und was wann von ihnen erwartet wird, um sich auf Abläufe einlassen zu können, ihnen zu folgen oder sie auch selbst zu organisieren. Die Voraussetzungen eines bedingungslosen Vertrauens in die Führung durch die Lehrperson sind nicht bei allen autistischen und nicht-autistischen Kindern und Jugendlichen gegeben, was das Einlassen auf Unterrichtsprozesse massiv erschweren kann.

> **Für die Bildung eines Zeitbewusstseins und den selbstständigen Umgang mit Zeit und Abläufen sind folgende Fragen relevant und müssen für die Schüler*innen sichtbar und nachvollziehbar gemacht werden:**
> - Orientierung in der Zeit, Zeitgefühl: *Wann findet was statt? Wann beginnt und endet es? Wie lange dauert es?*
> - Bewusstsein für zeitliche Reihenfolgen: *Was kommt jetzt? Was findet davor und danach statt?*
> - Planung und Koordination von Handlungsreihenfolgen: *Womit fange ich an? Was kommt wann? Was ist als nächstes zu tun? Wann bin ich fertig? Was kommt danach?*

3.4.1 Allgemeine Orientierung im Schulalltag

In vielen schulischen Abläufen liegen lineare Zeitauffassung vor. „Beispiele hierfür sind die festen Anfangs- und Endzeiten des Unterrichts, die Zergliederung des Unterrichts in feste Zeitschritte, das Lernen im Gleichschritt, wobei alle im gleichen Raum zur gleichen Zeit den gleichen Stoff in der gleichen Geschwindigkeit lernen" (Wissing

3

2004, S. 65). Abläufe der Schule orientieren sich oft auf ein Ziel hin, welches erreicht werden soll und ist damit von Planungs- und Handlungsprozessen bestimmt, um diese Ziele zu erreichen. Kinder und Jugendliche benötigen eine Orientierung in diesem Schulalltag und einen Gesamtüberblick über den spezifischen Schultag, sofern dieser Zeitraum kognitiv erfasst werden kann, um möglichst selbstbestimmt und eigenverantwortlich im Lernprozess handeln zu können. Dabei hilft es, wenn sie einzelne Aspekte wiedererkennen und unbekannte Faktoren oder unspezifische Phasen rechtzeitig vermittelt bekommen, deren Entwicklungsverlauf und Zweck erfassen oder auch mitbestimmen dürfen. Das setzt vor allen Dingen einen möglichst ritualisierten Schulalltag voraus, in dem viele Abläufe gleichbleiben und somit wiedererkannt und automatisiert eingeübt werden können. Dieser Aspekt könnte bereits bei der Stundenaufteilung vor Beginn des Schuljahres berücksichtigt werden, damit Rituale an strukturell wichtigen Zeitpunkten z. B. zu Wochenbeginn und am Ende der Woche bzw. bei Übergängen zu Stunden mit Orts- oder Lehrpersonenwechsel gesetzt und durchgeführt werden können. Im Bereich der Grundstufe lassen sich hier durch den Gesamtunterricht und die geringere Lehrpersonenanzahl einfacher Regelmäßigkeiten herstellen. Im Bereich der Sekundarstufe erweist es sich als sinnvoll z. B. den Wochenstart und das Ende der Woche mit einer Stunde des Klassenvorstands oder einer anderen engeren Bezugsperson zu belegen sowie Stunden oder Fachbereiche thematisch zu bündeln.

▪▪ Überblick und Übergänge ermöglichen

Der Schulalltag besteht aus vielen Übergängen, die mit Veränderungen von Personen, Abläufen und Inhalten einhergehen. Diese Übergänge zwischen zwei Phasen oder Aktivitäten, zwischen einzelnen Stunden oder dem Vor- und Nachmittagsbereich stellen häufig eine hohe Anforderung an ein schnelles Anpassungsvermögen für autistische Schüler*innen dar. Dadurch kann sowohl das Beenden der einen Handlung als auch das Einlassen und Einstellen auf die neue Handlung verzögert oder erschwert sein. Der erste Übergang in der Früh ist das Ankommen in der Schule. Hier unterstützen visuelle Morgenroutinen für das Ausziehen, auf den Platz gehen, Sessel hinunterstellen, etc. die Selbstständigkeit. Auch Übergangsobjekte, die von der einen Situation in die nächste mitgenommen werden, können durch ihre Kontinuität Übergänge erleichtern.

Ein vorbereitender visueller Überblick über die Woche mit, für die Schüler*innen wichtigen Kernelementen kann die Sicherheit und Orientierung in den schulischen Abläufen unterstützen. Die Bring- und Abholorganisation, zeitliche Aspekte, die mit einer Veränderung von Personen oder Räumlichkeiten zu tun haben oder geplante, besondere Aktivitäten können bereits am Ende der Vorwoche über einen Übersichtsplan, wie in ◘ Abb. 3.21, mit beweglichen Schildern bekannt gemacht werden.

Manchmal ist es notwendig die Zeit bis zum Stundenbeginn zu überbrücken, besonders, wenn ein freies Spielen in dieser morgendlichen Phase noch nicht gut gelingt. Gezielte Tätigkeiten wie z. B. der Kalenderdienst anhand eines Steckkalender in ◘ Abb. 3.22 oder anderer Klassendienste können den Zeitraum bis zum Stundenbeginn sinnvoll und strukturiert füllen. Gleichzeitig bieten sie die Möglichkeit sich mit den kommenden Ereignissen bereits auseinanderzusetzen.

Das Beenden einer Phase und den Beginn einer nächsten kann durch ein konkretes und ritualisiert verwendetes Signalwort oder eine Phrase, ggf. ein zusätzliches visuelles Signal oder ein auditives Medium in ihrer Wahrnehmung und handlungs-

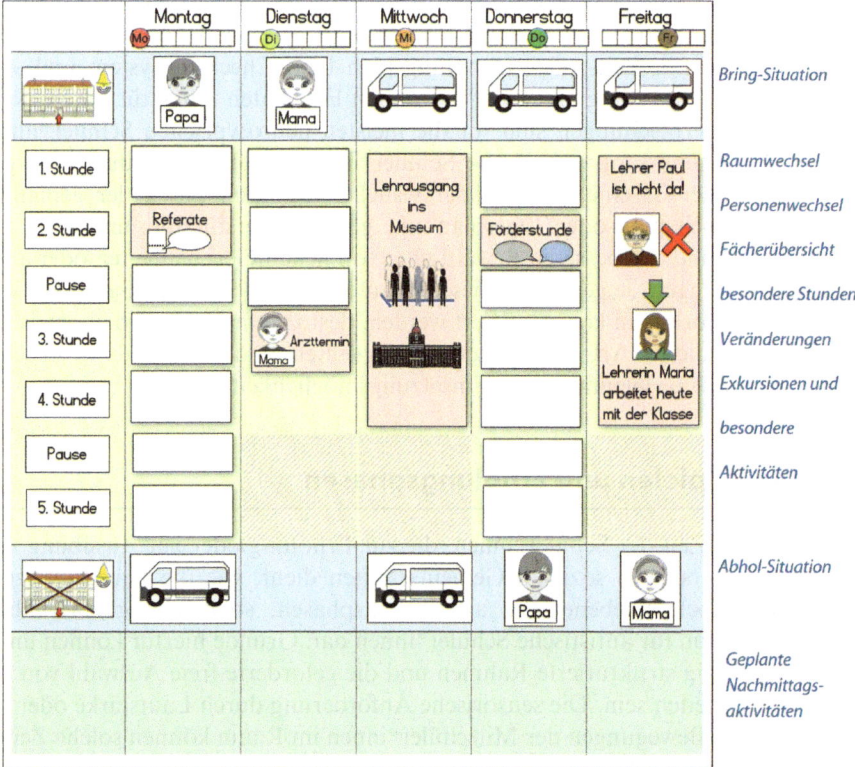

Abb. 3.21   Übersichtsplan

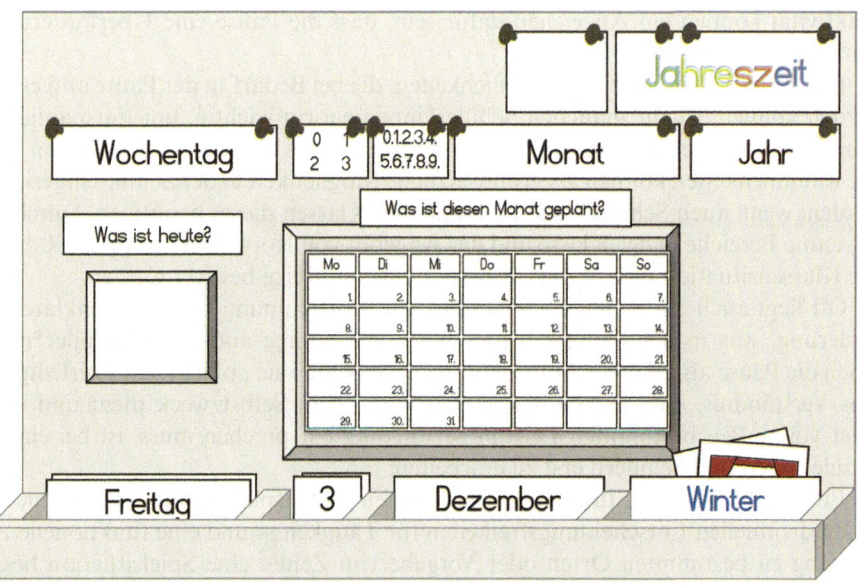

Abb. 3.22   Kalenderdienst als Routine

3

initiierenden Wirkung verstärkt werden. Solche verstärkenden Mittel können z. B. Zeitmesser oder lang anhaltende akustische Signale wie eine Klangschale oder ein Musikstück sein. Ein Zeit- oder Handlungsplan bzw. Check-in-System und vorbereitete Umgebungsbedingungen mit bekannten Elementen unterstützen die Neuorganisation. Überraschungen sind für die meisten neurotypischen Schüler*innen spannend und interessant; autistische Schüler*innen verunsichern diese dagegen häufig sehr. Daher ist eine verbale oder visuelle Vorankündigung der geplanten Aktivität im Arbeitsplan oder Tagesplan eine große Unterstützung und kann zur Stressreduktion und der besseren Bewältigung von neuen Gegebenheiten oder auch Übergängen beitragen. Je geregelter diese Abläufe sind und vor allem, je klarer Veränderungen im Vorhinein kommuniziert werden, desto einfacher sind diese meist zu bewältigen. Zu dieser Art von Unterstützungshilfen finden sich ab ▶ Abschn. 3.4.3 der Tagespläne vielepraktische Umsetzungsmöglichkeiten.

3.4.2   Freies Spielen und Erholungsphasen

Selbstbestimmte Zeit der Schüler*innen, die zur Erholung oder zur Ausübung von Interessen allein oder in sozialen Gemeinschaften dient, wie die Pause, Freizeitstunden oder übergebliebene Zeit aus Arbeitsphasen, stellt häufig eine Überforderungssituation für autistische Schüler*innen dar. Gründe hierfür können unter anderem der wenig strukturierte Rahmen und die geforderte freie Auswahl von variablen Möglichkeiten sein. Die sensorische Anforderung durch Lautstärke oder die unstrukturierten Bewegungen der Mitschüler*innen im Raum können solche Zeiten zu einem negativen Erlebnis machen und eine vorausgehende große Anspannung bewirken, die sich hinderlich auf die Leistungsfähigkeit auswirken kann. In der Pause werden autistische Schüler*innen dann oft als besonders unruhig erlebt und geraten schnell in soziale Konflikte. Auch ein hohes Rückzugsverhalten und eine große Inaktivität können ein Anzeichen dafür sein, dass die Pause eine Überforderungssituation darstellt.

Das Schaffen von Rückzugsmöglichkeiten, die bei Bedarf in der Pause aufgesucht werden können, ist für manchen Schüler*innen enorm wichtig, um Entspannungssituationen so zu erfahren, dass ggf. aufgebauter Stress abgebaut werden kann. Solche Räumlichkeiten können als grundsätzliche Möglichkeit in der Schule eingerichtet werden, wenn auch Schüler*innen aus anderen Klassen dieses benötigen. Durch abgetrennte Bereiche in der Klasse und das Angebot von Kopfhörern kann im Rahmen der Klassensituation eine Reduzierung der äußeren Reize bewirkt werden.

Oft liegt auch ein anderes Verständnis von Entspannung bzw. eine unklare Anforderung, was in der Pause erwartet wird, vor. Einige autistische Schüler*innen sehen die Pause als gestellte Anforderung und möchten sie „pflichtgemäß erledigen". Das Verständnis, dass die Pausenbeschäftigung dem Selbstzweck dient und nicht einer von außen bestimmten Leistungserwartung entsprechen muss, ist bei einigen Schülerinnen und Schülern erst zu erarbeiten.

Für die Pausengestaltung kann durch einen Ablaufplan mit festen Parametern und individuellen Entscheidungsfreiheiten für Tätigkeiten und eine funktionelle Zuordnung zu bestimmten Orten oder Vorgabe von Zeiten eine Spielsituation besser

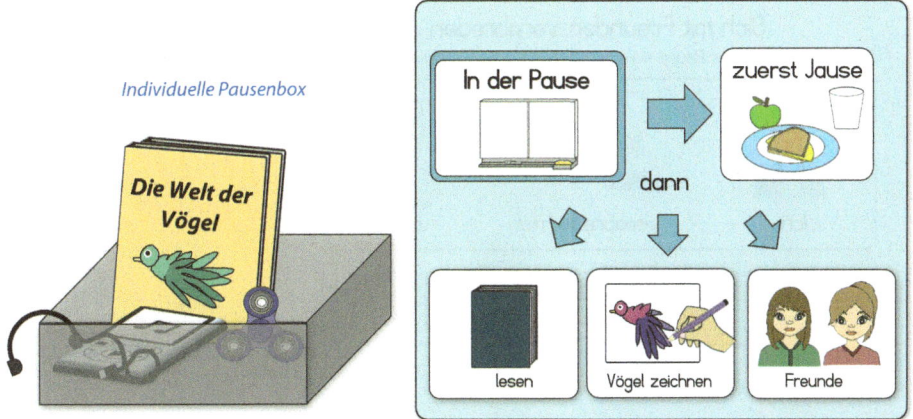

Individuelle Pausenbox

Pausenplan mit austauschbaren Pausenaktivitäten zur Auswahl

Abb. 3.23   Pausenbeschäftigung

entstehen und gelingen. Pausenpläne mit konkreten Beschäftigungsangeboten zur Auswahl bieten eine stärkere Orientierung und Entscheidungshilfe. Geeignete Angebote können auch gut durch vorherige Information und Austausch mit Erziehungsberechtigten eruiert werden und in Mitbestimmung durch die Schüler*innen in den Plan eingearbeitet oder vorausgewählt werden. Auch eine Pausenbox mit bevorzugten Beschäftigungen, z. B. Lieblingsbuch oder -comic, Hörspiel oder Musik auf einem elektronischen Gerät mit Kopfhörern, Fidgets, sensorischem Beschäftigungsmaterial oder Lieblingsspielzeuge und -figuren können, wie in ▣ Abb. 3.23, bereitgestellt werden. Oft suchen sich autistische Schüler*innen auch bevorzugte Routinen zur Entspannung wie z. B. das Aufstellen und Ordnen von Dingen. Hier ist darauf zu achten, ob sie wirklich der Entspannung dienen oder ggf. eine Übererregung bewirken.

Der „Pausenplan" steht als Blanko-Vorlage im Materialdownload für das ▶ Kap. 3 zur Verfügung.

■ ■ Pausen-Interaktion

Soziale Interaktionen stellen häufig keine Entlastungssituation für autistische Schüler*innen dar. Aber deshalb bevorzugen autistische Schüler*innen nicht ausschließlich Einzelbeschäftigungen oder den sozialen Rückzug, sondern haben ebenso den Wunsch, mit anderen in Kontakt zu treten, Freunde zu haben, miteinander zu spielen oder sich kommunikativ auszutauschen und ein Teil der Gruppe zu sein. Auch hier können visualisierte Planung, wie z. B. in ▣ Abb. 3.24, helfen soziale Kontakte gezielt stattfinden zu lassen. Das Finden von eigenen und gemeinsamen Interessen mit Mitschülerinnen und Mitschülern ist eine wichtige Maßnahme, die frühzeitig gesetzt werden muss. Zusätzlich ist die Förderung von Interaktions- und Spielfähigkeiten ein zentrales Thema. Gezielte Partnerschaften für die Pause und bewusste Zusammenführung und Transparenz von gemeinsamen Interessen unterstützen den Aufbau von

3

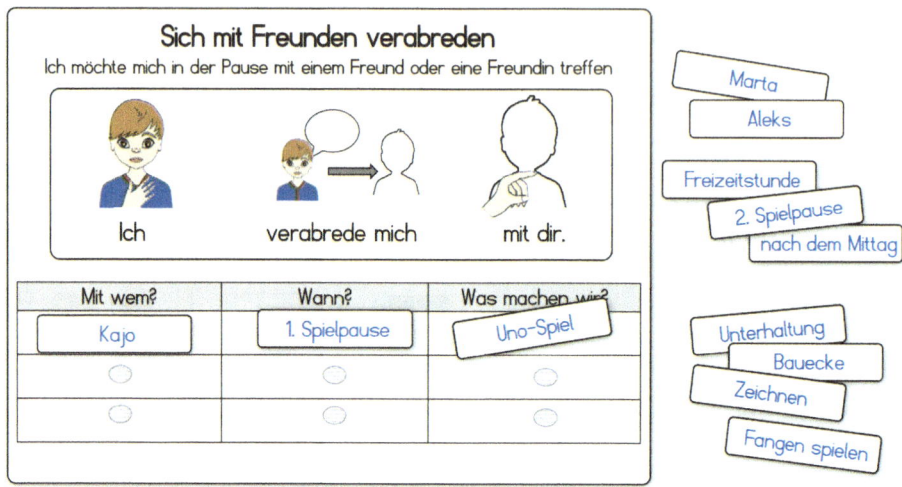

Abb. 3.24 Pausen-Interaktion

Kompetenzen im sozialen Bereich und tragen zu einer positiven Atmosphäre in der Klasse bei. Im ► Abschn. 3.7.4.1 wird das Thema Freunde finden ausführlicher behandelt.

Der „Verabredungsplan" steht als Vorlage im Materialdownload für das ► Kap. 3 zur Verfügung.

3.4.3 Der Tagesplan und Stundenfahrplan

Egal, in welcher Form und wie differenziert der Ablauf des Unterrichts geplant ist, für die meisten autistische Schüler*innen benötigt er eine klare Struktur und Transparenz über ein Darstellungsmittel als vorbereitenden Überblick über den Ablauf kommender Prozesse und die damit verbundenen Anforderungen.

Spontane verbale Informationen (zu Beginn der Schulstunde oder im Stundenverlauf besprochene) zu bevorstehenden Unterrichtsformen, -methoden und -themen führen nicht selten zu einer Überforderung für die zügige Verarbeitung und zeigt sich häufig in Rückzugsverhalten und kurz- und längerfristigen Verweigerungen im Arbeitsverhalten. Nicht verbalisierte Unterrichtsanforderungen, die sich für neurotypische Menschen situativ logisch ergeben, können nicht immer intuitiv von autistischen Schülerinnen oder Schülern erfasst werden und stellen somit ebenso eine spontan nicht vorhersehbare Situation dar, die zusätzliche Verarbeitungszeit benötigt. Aber auch vorangekündigte, scheinbar einfache und reduzierte Informationen zu Unterrichtsabläufen können aufgrund von Unbekanntheit oder durch Unsicherheiten über ihre konkrete Bedeutung für das eigene Handeln bereits eine zu hohe oder zu spontane Anforderung darstellen. Im zunehmenden Schulverlauf wird die Steigerung der Komplexität von Abläufen und Anforderungen an ineinandergreifende Kompetenzen und das Verständnis dann immer häufiger zu Hindernissen für autistische Schüler*innen, wenn nicht bereits im frühen Schulverlauf Anpassungen an den neurodiversen Denkstil der Schüler*innen vorgenommen wurden und der Umgang mit diesen Hilfen erlernt wurde.

Als besonders gute Möglichkeit, eine verlässliche transparente Quelle zu geben, haben sich in der pädagogischen Praxis visuelle Tagespläne und Stundenfahrpläne erwiesen. Sie bieten die Übersicht über die groben Kernpunkte der zukünftigen Geschehnisse und damit verbundene Anforderungen. Tagespläne bezogen auf den Ablauf der Unterrichtsfächer zeigen in ihrer Darstellung die Fachbereiche, Pausen, Mittagessens- und Freizeitstunden, etc. Stundenfahrpläne zeigen einzelne Phasen einer Schulstunde oder Einheit. Die Transparenz des Ablaufs kann sich aber nicht nur auf die Kernfaktoren im Tages- oder Stundenablauf beziehen, um ausreichend Informationen für eine Basissicherheit zu bieten, sondern ebenso auf die Ebene der Lerninhalte. Daher bietet es sich an, in Tagesplänen und Stundenfahrplänen unterschiedliche Faktoren der konkreten Stunden- und Ablaufplanung in Bezug auf die Inhalte, Abläufe und Materialien transparent und vor allem strukturell zu visualisieren. Zudem können zusätzliche Informationen zu handelnden Personen oder Lernorten dargestellt sowie auch auf die Ebene der Lerninhalte eingegangen werden. Damit hat ein vorbereitender Stunden- oder auch Tagesüberblick einen weitreichenderen Zweck zur Orientierung und Verstärkung des Sicherheitsgefühls für kommende Prozesse als die reine Darstellung des Stundenablaufs.

Teilweise besteht seitens Lehrpersonen eine skeptische Haltung gegenüber der Möglichkeit Transparenz und Strukturierung über Tagespläne herzustellen, weil sie u. a. für den eigenen Unterricht und das eigene „spontane" pädagogische Handeln als einengend empfunden wird. Auch wird die visualisierte Stunden- oder Tagesplanung als pädagogisches Mittel als konträr zu manchen pädagogischen Bildungskonzepten empfunden, wie z. B. dem offenen Lernen mit dem hohen Anteil an Selbstbestimmung oder auch dem freien Lernen in alternativen Schulformen, bei dem eigene Entscheidungsprozesse und das meta-kognitive Lernen eine große Rolle spielen. Diese Bedenken lassen sich beim näheren Befassen mit dem Thema und durch das richtige methodische Anwenden zu einem großen Teil relativieren. In Bezug auf autistische Schüler*innen erreicht man mit Tagesplänen sogar mehr Freiheiten über die Gestaltung des Unterrichtsverlaufs. Ihr Einsatz ermöglicht ein „spontaneres" Eingehen-Können auf situative Aspekte mit diesen Schülerinnen und Schülern, da durch die visuelle Form häufig eine bessere und schnellere Verarbeitung von Informationen möglich ist. Damit kann auch von autistischen Schülerinnen und Schülern die geforderte Spontanität in vielen Fällen gelebt werden.

Der darstellende Überblick über Ereignisse und Anforderungen
- berücksichtigt das Recht auf Information und die Anerkennung der Selbstbestimmung der Schüler*innen.
- erleichtert es Schülerinnen und Schülern, sich auf ein allgemeines oder neues Lernsetting einzulassen.
- sorgt als ritualisierter Einstieg proaktiv für Orientierung und bewirkt bereits eine Aktivierung der Denkprozesse auf der inhaltlichen Ebene.
- strukturiert den Ablauf als Stütze für Lehrperson und Schüler*innen, beschleunigt damit das Tempo und optimiert die Flüssigkeit des Unterrichtsverlaufs.

3

- zentriert die Aufmerksamkeit, fokussiert den Beginn und ermöglicht ein bewusstes Abschließen von Phasen.
- zeigt eine klare Abgrenzung der einzelnen Einheiten auf und bietet Halte- und Ruhepunkte und damit Gelegenheit zur besseren Orientierung und neuen Aufmerksamkeitsfokussierung.
- ermöglicht Flexibilität durch ein Nachvollziehen-Können von Veränderungen, bereitet auf Wechsel vor und vermeidet Phasen der Unruhe durch ungeregelte Wartesituationen.
- ermöglicht einen höheren Grad der Selbstständigkeit im Handlungsprozess durch Darstellung von konkreten Methodenanforderungen und von Materialorganisation
- kompensiert Schwierigkeiten bei mehrteiligen Aufgabenformen und Schwächen in der Merkfähigkeit durch visuelle Stütze und gibt dadurch Sicherheit im Handeln.
- ermöglicht die strukturierte Mit- und Selbstbestimmung durch Möglichkeiten von „offenen" Bereichen und fördert so den Aufbau eigener Planungsfähigkeit, Entscheidungskompetenzen und Selbstwirksamkeitskonzepten.

Häufig werden visualisierte Pläne für das eigene Handeln von autistischen Schülerinnen und Schülern als verbindlicher empfunden als verbale Erklärungen. Damit treffen schulische Anforderungen, die vorher ggf. abgelehnt werden, häufiger auf eine höhere Akzeptanz bei autistischen Schülerinnen und Schülern. Die von der Lehrperson unabhängige Darstellung erleichtert nach Ablenkungen oder belastenden Situationen auch die erneute Orientierung und das Wiederherstellen des Fokus.

Diese Form der Strukturierung fördert die selbstständigen Organisations- und ebenso die eigenständigen Planungsprozesse der Schüler*innen, indem sie einen Basisrahmen mit viel zusätzlicher Information bietet. Auch das freie Planen und Handeln der Schüler*innen kann in Tagesplänen und Stundenfahrplänen erhalten bleiben, da die äußeren Bedingungen lediglich so stark strukturiert werden, wie es für die Lerngruppe notwendig ist, um den individuellen Arbeitsfluss der Schüler*innen zu optimieren und selbstständiges Handeln zu ermöglichen, ohne dass bei Unklarheiten im Ablauf für die Schüler*innen jedes Mal eine personenabhängige Unterstützung eingefordert werden muss. Andere Schüler*innen, die viel Unterstützung bei der Bewältigung des Schulalltags und bei Lernanforderungen benötigen profitieren vor allem von dem Sicherheitsaspekt der ständigen Orientierung an einem verlässlichen Mittel und der Ritualisierung von Methoden, die mit der Installierung von Tagesplänen meist automatisch einhergehen insofern, dass eine höhere Selbstständigkeit in vielen Bereichen erreicht werden kann.

❗ **Visualisierte und zentriert eingesetzte Tagespläne stellen für autistische Schüler*innen eine verlässliche und transparente Grundlage für eine Vielzahl von schulischen Anforderungsfaktoren dar, die ansonsten durch die Lehrperson verbal und tlw. im persönlichen Kontakt kommuniziert und ggf. jedes Mal neu geklärt werden müsste.**

3.4.4 Die Darstellung der Inhalte und Abläufe

Tagespläne beinhalten je nach Art der Darstellung mehrere Ebenen. Dargestellt werden üblicherweise die Kernelemente, die den Tag, die Stunden oder die Phasen ausmachen. Als Orientierungshilfe kann ein Tagesplan in Form einer Stundenplanaufgliederung für viele Schüler*innen im Autismus Spektrum noch viel zu wenig konkret sein, da Oberbegriffe wie z. B. Fachbezeichnungen verwendet werden. Diese implizieren die verschiedenen veränderbaren Abläufe, Methoden und Handlungen und stellen sie nicht konkret dar. Information wie räumliche Bedingungen, Themeninhalte, Personenzugehörigkeiten oder eigene Handlungen müssen daher nicht selten für autistische Schüler*innen explizit hinzugefügt und dargestellt werden, um eine sichere Orientierungsgröße darzustellen. Zum besseren Verständnis sind die Ebenen des Tagesplans in ihrer äußeren Struktur und Tiefenstruktur in ◻ Abb. 3.25 exemplarisch aufgegliedert.

Eine Darstellung der Tiefenstruktur bzw. der inneren Abläufe soll, wenn möglich alle für die Gruppe relevanten organisatorischen Faktoren beinhalten oder andere extern organisierte Bereiche inkludiert abbilden, z. B. auch das Arbeiten anhand von Wochen-, Tages- oder anderen individuellen Lernplänen.

Ein Tagesplan oder ein Stundenfahrplan kann folgende Informationen beinhalten:

- Räumlichkeiten: *Wo?*
- Zeitabläufe und Zeitdauer: *Was? Wie lange?*
- Lehrpersonen: *Wer ist die Bezugsperson?*
- Gruppe der handelnden Schüler*innen und ihrer sozialen Organisation: *Mit wem?*
- Methoden und Techniken: *Wie ist es zu tun?*
- Arbeitsmittel: *Womit wird gearbeitet?*
- Handlungsabläufe: *In welcher Reihenfolge?*
- Inhalte und Ziele: *Was ist das Thema? Worum geht es? Was soll erreicht werden?*
- Anforderungen an das Arbeitsverhalten: *Wie soll gearbeitet werden?*
- Anforderungen an das Sozialverhalten: *Wie soll sich verhalten werden?*

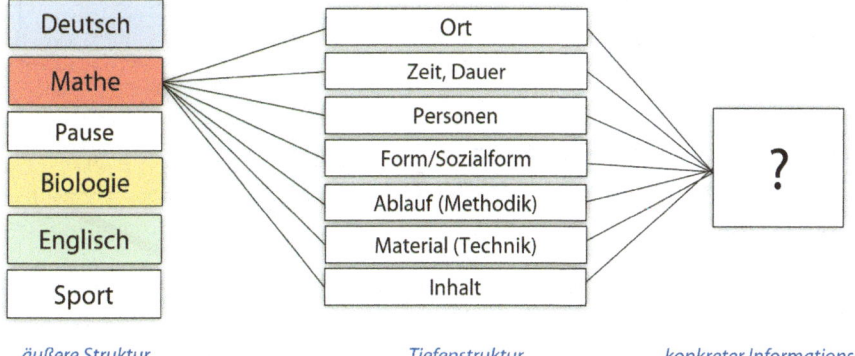

äußere Struktur   Tiefenstruktur   konkreter Informationsgehalt

◻ **Abb. 3.25** Ebenen des Tagesplans

3

■ ■ **Abläufe darstellen**

Die Darstellung der Abläufe im zeitlichen Verlauf erfolgt üblicherweise von oben nach unten und für die inhaltlichen Parameter (Tiefenstruktur) von links nach rechts. Eine geregelte Routine in der Darstellung ist wichtig, um über einen kurzen Blick den nächsten Ablaufpunkt erfassen zu können, ohne sich neuorientieren zu müssen. Hier können zusätzliche Aspekte wie Farbzuordnungen, Nummernleitsysteme, eine gute räumliche Anordnung und visuell ersichtliche Abgrenzungen eine schnellere Erfassung unterstützen. Umgelegt auf einen Klassentagesplan könnte dies, wie in ◘ Abb. 3.26 geschehen.

Dabei muss die Startebene nicht zwingend die Fachbezeichnung sein, wenn es sich um einen grundlegenden Gesamtunterricht oder eine offene Form handelt. Auch die Lerninhalte selbst können als Ausgangspunkt für die Darstellung der Phasierung in der oberen Ebene stehen, wie dieses in ◘ Abb. 3.27 der Fall ist. Es erweist sich als besonders förderlich, wenn bekannte Methodenbausteine über ritualisierte Darstellungen verwendet und aneinandergesetzt werden. Je bekannter diese Formen bei

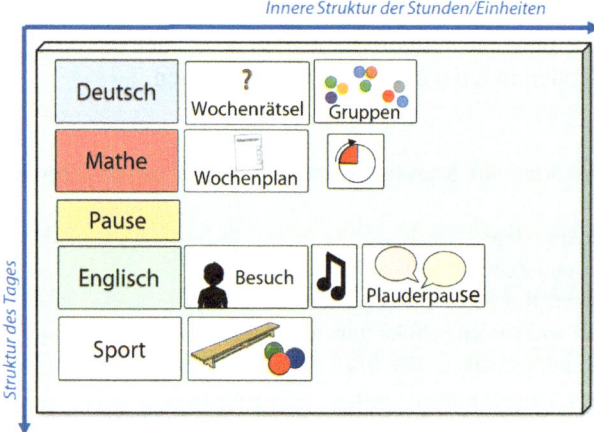

◘ **Abb. 3.26**   Unterrichtseinheiten und ihre innere Struktur

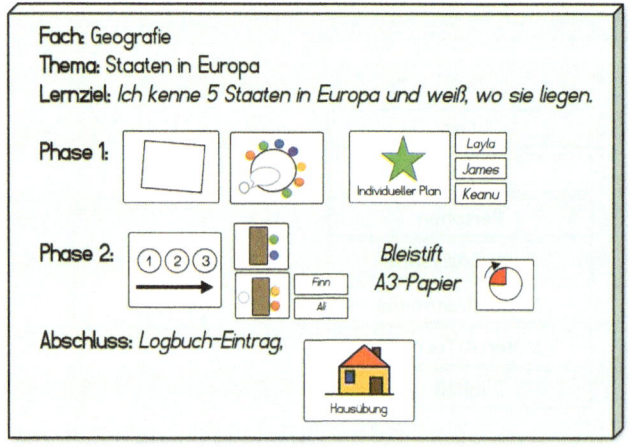

Visualisierter Stundenfahrplan

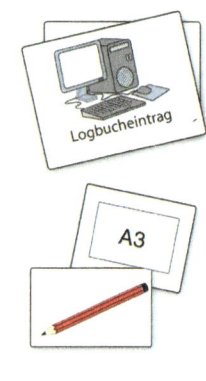

Planungskarten

◘ **Abb. 3.27**   Visualisierte Verlaufsplanung von Methoden

den Schülerinnen und Schülern sind, desto klarer ist auch die Umsetzung der verwendeten Symbole für die geforderte Handlung und desto weniger konkret müssen sie dargestellt oder durch die Lehrperson extra erklärt werden. Das hat einen hohen Einfluss auf die Selbstständigkeit aller Schüler*innen.

Eine einfache Verlaufsplanung mit dem Fokus auf den Methoden kann z. B. auch auf schriftlicher Ebene erfolgen. Über einen Stundenfahrplan für einzelne Stunden oder Themenbereiche wird er an der Tafel, einem Plakat, auf einem Whiteboard oder am Smartboard vorbereitet. Ebenso kann der Verlauf zu Beginn der Stunde mit den Schülerinnen und Schülern gemeinsam erstellt werden. Das bietet sich besonders für ältere Schüler*innen der Grundstufe 2 oder der Sekundarstufe aufgrund des meist häufigeren Lehrpersonen- und Fachwechsels und der besseren Lesefähigkeiten an. Für die bevorzugten Unterrichtsformen, Methoden und verwendeten Mittel können passende Planungs-Karten mit Symbolen und Bildern und schriftlichen Ergänzungen bzw. Textkarten bereits vorangelegt und in einem Register eingeordnet werden, um einen schnellen Zugriff für die Lehrpersonen zu gewährleisten. Im späteren Gebrauch kann deren Ordnung und Anwendung auch im Rahmen von Schüler*innenämtern übernommen werden. Diese Möglichkeit der Verantwortungsübertragung z. B. durch Tätigkeiten, wie das Aufhängen oder Abnehmen der Kärtchen oder das Vortragen des Ablaufs erweitert die individuellen Kompetenzen und erhöht häufig auch die Motivation der Schüler*innengruppe sich auf Anforderungen einzulassen. Wichtig ist es dabei zu bedenken, dass die präsentierten Informationen über den Verlauf die gesamte Zeit zur Verfügung stehen oder schnell wieder aufgerufen werden können. Eine Verlaufsplanung enthält, wie in Abb. 3.28 gezeigt, die wichtigen Phasen einer Stunde oder Einheit sowie inhaltliche Informationen zu den Phasen, die im Sinne eines sprachsensiblen Unterrichts so konkret wie möglich formuliert werden sollten.

Unterrichtsstunde	
Themenbereich	Informationen zur Wissensdimension
Lern-/Kompetenzziel	Was sollen die SuS am Ende der Einheit wissen/können? *Ich kann 2-stellig schriftlich multiplizieren.* *Wie multipliziere ich schriftlich 2-stellig?* *Ich lerne einen Trick zum Multiplizieren.*
Beginn/Aufwärmen	Spiel, Bewegungsübung, Quiz, etc.,
Einstieg	Themenüberblick, (Re-) Aktivierung
Erarbeitung, Übung	Inhalt, Arbeits- und Sozialform, Methode, Arbeitsmittel, Ort, Dauer, inkl. inhaltliche Differenzierung (Tipps, Hinweise, Lösungsansätze)
Unterrichtssicherung	Reflexion, Zusammenführen der Ergebnisse, Resümee
Abschluss	Ausblick auf nächste Stunde/Einheit, Hausübungen, etc. Verabschiedung

Abb. 3.28 Inhalte und Darstellung eines visualisierten Stundenfahrplans (Sek 1)

3

3.4.5 Die Darstellung von Zeit und Zeiträumen

Die Angabe der Dauer einzelner Lern- und Übungsphasen und deren konkrete Zuordnung zu Anforderung in den Einheiten können dabei ein wesentlicher Unterstützungsfaktor für die Planungsfähigkeit von Schülerinnen und Schülern im Autismus Spektrum sein und wirken Stresssituationen vor. Die Dauer kann im Klassenverband oder individuell z. B. mit Sanduhren oder Timern gut visualisiert werden.

Besonders der Umgang mit zeitlich abstrakten Begrifflichkeiten fällt vielen autistischen Schülerinnen und Schülern schwer, da Begriffe wie z. B. „gleich", „später" und „dann" häufig noch nicht in einem konkreten Zusammenhang zur Tätigkeit erfasst und abgeschätzt werden können, vor allem, wenn die Tätigkeiten nicht bekannt sind und routiniert angewendet werden können. Zudem können diese Begrifflichkeiten ein situativ unterschiedliches Ausmaß ausdrücken und sind damit wenig eindeutig und verlässlich. Daher stellen der Umgang und die Verwendung von möglichst konkreten Zeitbegriffen in der Unterrichtsplanung und -durchführung mit Hilfe von visuellen Darstellungsmöglichkeiten eine wichtige Orientierungsgröße dar.

Für die Unterstützung des Einschätzens von Zeitspannen und Richtlinien für die Dauer der Handlung gibt es unterschiedliche Möglichkeiten, die Tätigkeiten „kurz" oder „lang" an konkreten Mitteln zu visualisieren. In Verbindung mit einem Zeit- oder Handlungsplan unterstützen sie die Orientierung und tragen maßgeblich zur Erhöhung der Arbeitsbereitschaft bei. Über Mittel wie digitale oder analoge Sanduhren, Wecker, Time Timer®, Timer-Apps und angepasste weitere darstellende Mittel, wie in ◘ Abb. 3.29, lassen sie sich in verschiedenen Situationen sowohl individu-

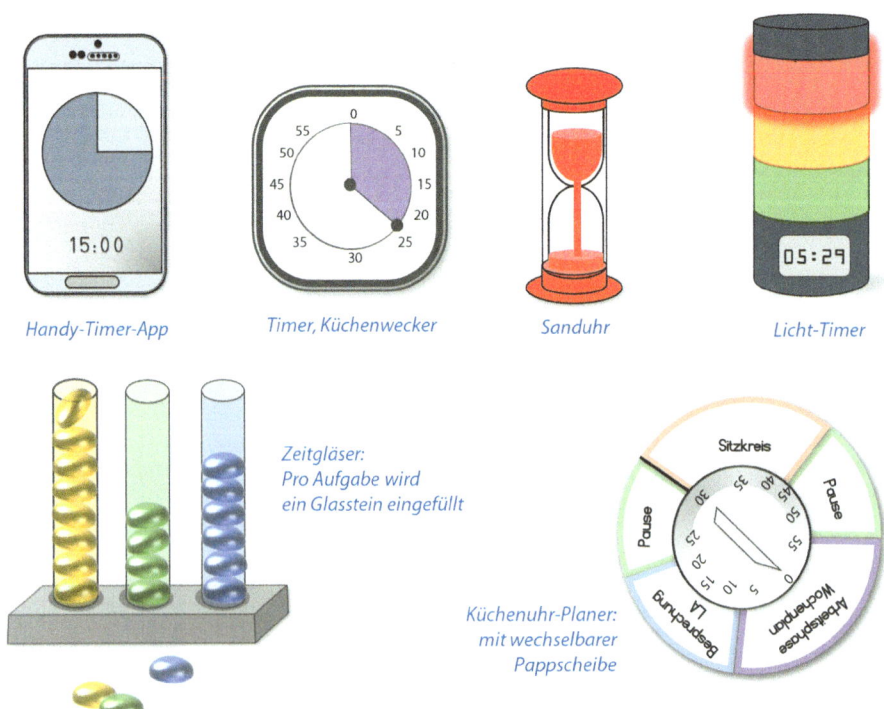

Handy-Timer-App   Timer, Küchenwecker   Sanduhr   Licht-Timer

Zeitgläser:
Pro Aufgabe wird
ein Glasstein eingefüllt

Küchenuhr-Planer:
mit wechselbarer
Pappscheibe

◘ Abb. 3.29   Mittel zur Visualisierung von Zeit und Zeitdauer

ell für einzelne Schüler*innen als auch für die gesamte Klasse einsetzen: Für gemeinsame Arbeits- oder Pausenzeiten, Stationenbetrieb nach Zeit, Rede- und Sprechzeiten im Sitzkreis oder in individuellen Situationen.

▪▪ Zeitvorstellung

Das Verständnis für abstrakte zeitliche Begriffe wie „gestern", „heute" und „morgen" kann anhand von visueller Unterstützung der Ereignisse, die noch in der Zukunft liegen oder bereits in der Vergangenheit erlebt wurden konkret visualisiert, benannt und gestützt werden. Diese Rückmeldung von Informationen über einzelne Erlebnisse, Geschehnisse des Tages oder der Woche unterstützen auch die Wahrnehmung der Selbstwirksamkeit, ermöglichen einen Austausch zwischen Familie und Schule und geben Anlässe zur gemeinsamen Kommunikation. Sie könnte, wie in ◘ Abb. 3.30, als Tagesreflexion oder Wochenreflexion stattfinden. Damit wird auch die Zusammenarbeit zwischen Eltern und Lehrpersonen an den gemeinsamen Zielen gefördert und können so das Bewusstsein des Kindes über dieses Zusammenwirken von Schule und häuslicher Umgebung unterstützen. Materialien wie Plauderbücher oder Reflexionsvorlagen können hier als Überträger der Informationen eingesetzt werden.

Das Zeitverständnis wird auch benötigt, um z. B. Aufgaben, die nicht mehr erledigt werden konnten, nachvollziehbar auf einen in der Zukunft liegenden Zeitpunkt zu verschieben. In ◘ Abb. 3.31 wird der Vorgang dargestellt, welcher zur besseren Nachvollziehbarkeit gemeinsam mit den Schüler*innen handelnd vollzogen wird. Dazu werden, auf der Grundlage eines Tages-, Wochen- oder Ablaufplans die stell-

◘ **Abb. 3.30**   Visualisierte Tagesreflexion

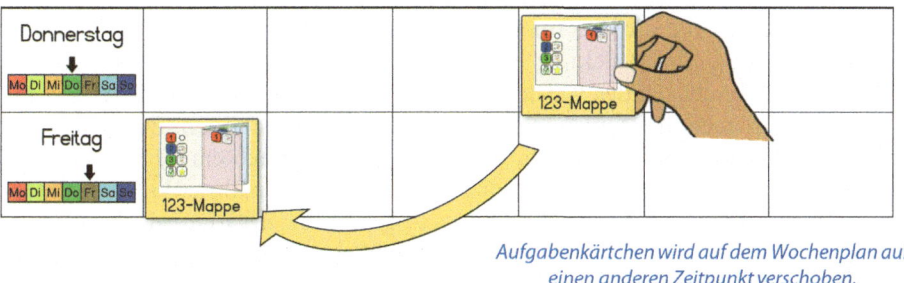

Aufgabenkärtchen wird auf dem Wochenplan auf einen anderen Zeitpunkt verschoben.

◘ **Abb. 3.31**   Aufgabenverschieben

3

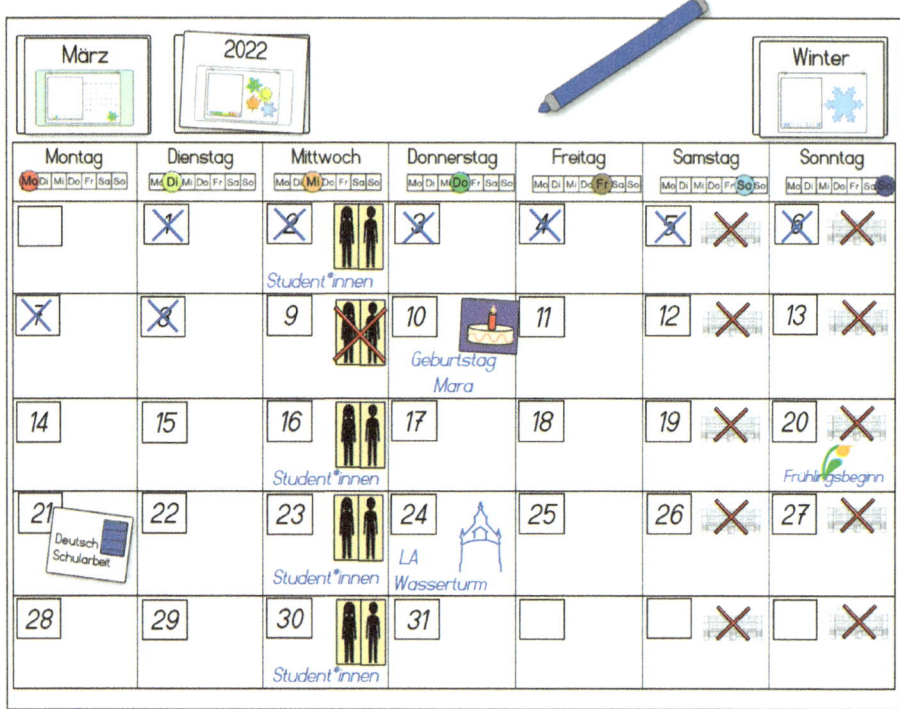

▣ **Abb. 3.32**   Monatsübersicht

vertretenden Kärtchen oder schriftlichen Informationen auf den neuen Zeitpunkt verschoben oder dort eingetragen.

Eine Monatsübersicht für die Klasse kann einen Ausblick auf geplante kommende Ereignisse geben und so gerade für autistische Schüler*innen Unsicherheiten zu verbal angekündigten Ereignissen zum Teil gut kompensieren. Siehe ▣ Abb. 3.32. Häufig bleiben autistische Schüler*innen gedanklich in den kurzen Vorinformationen zu Veranstaltungen oder Ereignissen verhaftet, da die einzelnen Aspekte z. B. zu wenig konkret erfasst werden können oder eine zu geringe Vorstellung zum geplanten Ereignis vorliegt. Daher bleiben viele Fragestellungen offen. In Form von Kalenderdarstellungen werden wichtige Ereignisse eingetragen und in den Tages- oder Wochenübersichten wieder aufgegriffen und ggf. durch Lehrausgangsbücher oder ähnliches ergänzt. Schüler*innen soll diese Übersicht jederzeit zur Verfügung stehen, sodass sie eigenständig auf die Information zugreifen können, wenn sie diese zur Klärung benötigen. Eine Anleitung zum Gebrauch muss dafür erarbeitet werden.

Mit einem Abreißkalender, wie dem Gestern-heute-morgen-Plan in ▣ Abb. 3.33, kann an den übergeordneten zeitlichen Begriffen gearbeitet werden. Dafür wird jeweils am Morgen des Schultages das Vergehen der Zeit durch ein Verschieben der einzelnen Kalenderblätter visualisiert und handelnd durchgeführt. Wichtige Tagesinformationen können im Vorhinein direkt auf die Kalenderblätter geklebt werden, sodass sie bereits in der Früh als Information zur Verfügung stehen und Anlass für ein vorbereitendes Gespräch bieten.

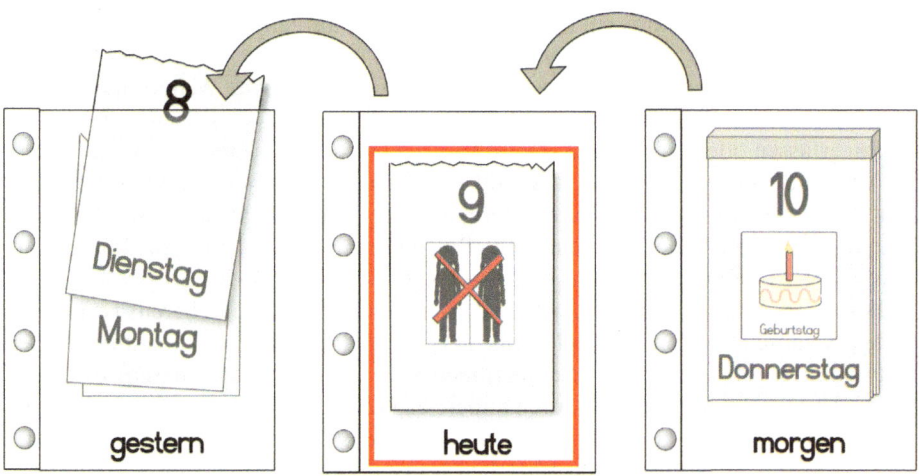

● **Abb. 3.33** Gestern-heute-morgen-Plan

3.4.6 Anwendung von Tagesplänen und Stundenfahrplänen

Der wesentlichste Punkt bei der Verwendung von Tagesplänen oder Stundenfahrplänen ist die ritualisierte Einbindung in den Unterrichtsablauf. Die regelmäßige Zentrierung durch die Lehrperson signalisiert den klaren Beginn und das Ende einer Stunde, Phase, Arbeitseinheit oder Tätigkeit und dient zusätzlich einer Aufmerksamkeitsfokussierung. Das wiederholte konkrete Verbalisieren der einzelnen Abbildungen und das demonstrative Hinweisen auf jeden neuen Punkt am Tagesplan ist als zentrales Element im Tagesverlauf zu sehen und soll konsequent erfolgen, um kleinschrittige Orientierung zu geben und um ein Bewusstsein für Planungsprozesse bei den Schülerinnen und Schülern aufzubauen. Dafür bieten sich auch Sammelphasen der Klasse oder einzelner Gruppen nach Freiarbeitsphasen an, in denen die Schüler*innen ihren bisherigen Arbeitsprozess kurz verbal oder mit visuellen Hilfsmitteln reflektieren und ihr Vorhaben für die nächste Phase gemeinsam mit der Lehrperson planen können.

❶ **Das Verwenden eines Tagesplans stellt ein Unterrichtsprinzip dar und bedarf, besonders für autistische Schüler*innen eine regelmäßige Zentrierung.**

Für einen zentrierten, ritualisierten Gebrauch sollten sich die Pläne im Blickfeld der Schüler*innen befinden bzw. mit wenig Körperdrehung fokussiert werden können. Am Beginn des Schultages wird ein Tagesplan in Form eines Morgenrituals z. B. in Verbindung mit einer Datums- oder Wetter-Chart gemeinsam einmal durchbesprochen, um Klarheit zu schaffen und eventuelle Besonderheiten des Tages zu klären. Für einen Stundenfahrplan dient dazu der Beginn der Stunde oder eines Themas. Die Leitung der Besprechung können, nach einer Einarbeitungszeit, auch einzelne Schüler*innen übernehmen. Nahezu die gesamte Organisation von Tagesplänen kann in höheren Schulstufen auch in die Hände der Schüler*innen gelegt werden, die sich um die Vorbereitung der Struktur oder das Wegnehmen und Ein-

3

sortieren der Karten kümmern. Hier können auch die autistischen Schüler*innen gut einbezogen werden.

Für Schüler*innen im Autismus Spektrum kann ein bloßes Weiterschieben von Signalpfeilen oder Benennen der nächsten Phase oft noch zu wenig sein, um den Ablauf zu erfassen oder sich auf das nächste Kärtchen zu fokussieren. Unterstützt wird das Verständnis für den zeitlichen Ablauf und die noch kommenden Anforderungen z. B. durch ein Entfernen der bereits vergangenen Phase. Zusätzlich zum Entfernen kann der Signalpfeil oder auch ein Licht-Button den Fokus auf die neue Phase visuell verstärken, sofern es nicht aus sensorischen Gründen hinderlich ist.

Besonders bei Änderungen in ritualisierten oder geplanten und bereits kommunizierten Abläufen stellt ein Tagesplan eine hervorragende Basis zur Unterstützung der Verarbeitung von autistischen Schülerinnen und Schülern dar. Phasen, die nicht stattfinden, übersprungen oder durch andere ersetzt werden, können durch die visualisierte und konkret kommunizierte Handlung des Austauschens, Wegstreichens oder Wegnehmens der einzelnen Kärtchen transparent nachvollzogen werden. Eine zusätzliche verbale Begründung der Veränderung unterstützt diese Transparenz für alle Schüler*innen. Zum Beispiel, „Wir lassen … aus" oder „Das können wir heute nicht machen, weil …, stattdessen machen wir …" oder „Ihr habt heute …, anstatt …, weil …" bzw. „In dieser Stunde gibt es eine Änderung am Plan, weil …". Auch Unterbrechungen und Störungen im Stundenablauf durch z. B. unangekündigten Besuch im Klassenraum, wichtige Einträge ins Mitteilungsheft, soziale Konfliktsituationen oder ein nicht geplanter Verlauf können bewusst verbal und visualisiert kommuniziert werden. Zum Beispiel, „Wir unterbrechen hier, weil …" und ein ritualisiertes Störungssymbol. Noch unklare Stundeninhalte bzw. innere Organisationsformen können durch ein Blanko-Kärtchen oder ein Kärtchen mit einem Fragezeichen visualisiert und zu einem späteren Zeitpunkt, an dem Gewissheit herrscht, nachvollziehbar für die Schüler*innen ausgetauscht werden. Auch hier ist eine begleitende verbale Kommunikation bereits in der morgendlichen Besprechung wichtig, z. B. „Hier lasse ich offen, was wir machen" oder „Wie wir weiter machen, weiß ich noch nicht, das hängt von … ab". Zum Zeitpunkt der Entscheidung heißt es dann z. B. „Ich habe mich entschieden für …" oder „Wir entscheiden uns jetzt für …, weil …". Die ◘ Abb. 3.34 zeigt die visuellen und handlungsbezogene Umsetzungsmöglichkeiten für diese Aktionen.

Tagespläne oder Stundenfahrplan gelten grundsätzlich für die gesamte Lerngruppe und können diese sowohl in gemeinsamen als auch in getrennten Phasen abbilden. Zum Beispiel, über die Darstellung äußerer Differenzierungsmaßnahmen. Ggf. sind Teile des Plans auch transportabel oder erhalten organisatorische Verweise, um bei Raumwechseln als Orientierungsgröße und Organisationsgrundlage weiterhin zur Verfügung stehen zu können. Zusätzliche, individuell relevante Informationen oder auch Differenzierungen in den Lernanforderungen einzelner Schüler*innen lassen sich in den „Gesamtfahrplan" durch visuelle Hinweise auf den individuellen Plan einzelner Schüler*innen einbetten. Die Möglichkeiten dieser Differenzierungsformen sind in ◘ Abb. 3.35 aufgezeigt.

Ein Ablaufpunkt wird ausgelassen

Geschichten-Box
Hausübungen
Garten

*Der Pfeil wird zum übernächsten Ablaufpunkt gezogen.
Der ausgelassene Ablaufpunkt wird durchgestrichen.*

Der Ablauf/die Reihenfolge verändert sich

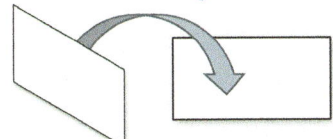

*Inhalte werden weggelöscht oder Kärtchen
weggeben und neue angeschrieben/erstellt.
Austauschen des entsprechenden Kärtchens*

Tagesordnungspunkt soll später entschieden werden

*Fragezeichenkärtchen anstatt eines
Tagesordnungspunktes aufhängen*

Unterbrechungen und Unterrichtsstörungen

Ablaufpunkt + Besuchersymbol

*Ein Symbol z.B. Störungsblitz (in Signalfarbe)
wird neben oder über den Ablaufpunkt gehängt*

Nicht geplanter Verlauf

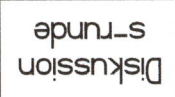

*Das Kärtchen wird schief oder über Kopf gehängt.
Alternativ kann unterwellt werden.*

Verlauf soll offenbleiben

*Blanko-Kärtchen an entsprechender Stelle im Ablauf
platzieren. Für außerordentliche Ereignisse können
Informationen kurzfristig skizziert werden.*

Abb. 3.34 Veränderungen, Unklarheiten und Unterbrechungen im Stundenablauf

Eine zunehmend stärkere Einbeziehung aller Schüler*innen in Überlegungen und Gestaltung zu Abläufen, Zeiteinteilungen für bestimmte Einheiten und Zusammenstellung der benötigten Mittel kann durch eine gezielte Übergabe von zunächst kleineren Entscheidungsprozessen mit eingeschränkten Freiheitsgraden die Kompetenzen schrittweise erweitern. Für diese Entscheidungsprozesse stehen ebenso bildliche Darstellungen, wie in Abb. 3.36, zur Verfügung. Diese Entscheidungsprozesse können in individuellen Plänen auch schrittweise eingebaut und mit den Schüler*innen gemeinsam aufgebaut werden.

3

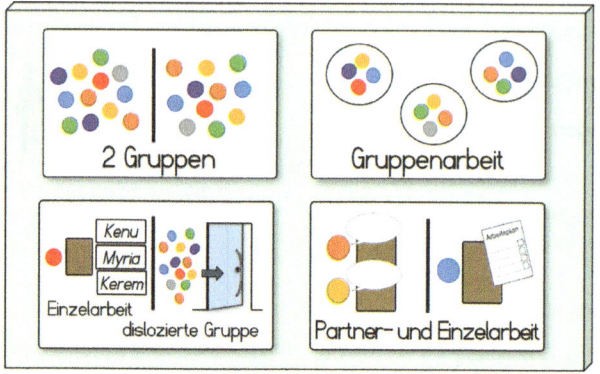

Die Namen der betreffenden Schüler*innen, sowie die Tätigkeit werden extra dazugeschrieben/-gehängt.

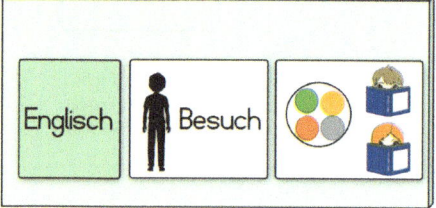

Neben den Gesamtablauf kann ein Kleingruppenschild (Leseförderung, …) aufgehängt werden.

■ **Abb. 3.35**   Visualisierung von sozialer Organisation

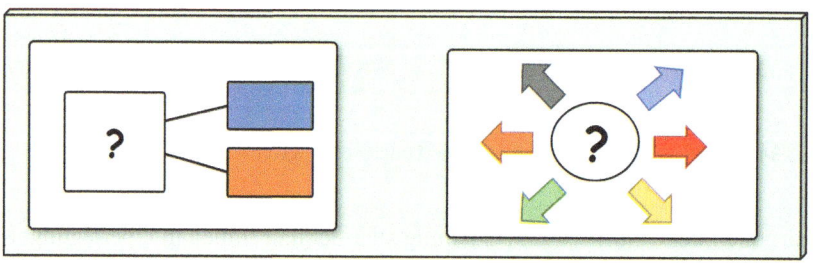

gebundene Arbeit mit zwei Wahlmöglichkeiten   *offene Arbeit an selbstgewählte Themen*

■ **Abb. 3.36**   Visualisierte Entscheidungsprozesse für Schüler*innen

3.4.7   Der individualisierte Aufbau von Tages- und Ablaufplänen

Tagespläne und Stundenfahrpläne stellen nur dann sinnvolle Instrumente für Schüler*innen dar, wenn diese über die Kompetenzen verfügen sie zu „lesen". Sie allein stellen noch keine Sicherheit dar, sondern wirken nur förderlich, wenn sie hinsichtlich ihrer Bedeutung für das Handeln der Lehrperson und das eigene Handeln verstanden, akzeptiert und als Hilfsinstrumente für das eigene Lernen zunehmend auch selbstständig umgesetzt werden können. Diese Erarbeitung ist langfristig zu betrachten und muss schrittweise erlernt und geübt werden. Dadurch kann es zu einem Hilfsmittel für den gesamten Schulverlauf werden. Für das „Lesen" der Pläne sind unterschiedliche Kompetenzen seitens der Schüler*innen gefordert.

Schüler*innen-Kompetenzen für den Umgang mit einem Tages- oder Ablaufplan
- Bild-, Symbol oder Schrifterkennung und -verständnis
- Mentale Repräsentationen (Begriffsvorstellungen)
- Zeit- und Ablaufverständnis
- Reihenfolgen erkennen
- Reihenfolgen mit Handlung folgen
- Wahrnehmung der Ansprache über eine Gruppe
- Bedeutungsübertragung auf das eigene Handeln
- Selbstwirksamkeitskonzept
- Akzeptanz/erkennbarer Nutzen

Um den Erarbeitungsprozess zu unterstützen, werden Schüler*innen je nach ihren Fähigkeiten in den Prozess der Planung miteinbezogen. Dazu können Kompetenz- oder Lernziel-Checklisten, wie in ◨ Abb. 3.37, eingesetzt werden.

Methodische Überlegungen zur Darstellung von Plänen sollten sich am Verständnis der Schüler*innen für die Darstellung und den Abstraktionsgrad orientieren. Der Einsatz von bildlichen Darstellungen kann z. B. über Fotos, Abbildungen oder sehr konkrete Zeichnungen erfolgen. Diese können die realen Unterrichtsmittel, Personen und Räumlichkeiten darstellen. Eine abstraktere Repräsentation kann über die Darstellung verwendeter Piktogramme, Symbole oder auch Schrift abgebildet werden. Hier stehen die Darstellungen nicht in einem konkreten Zusammenhang mit dem Inhalt, sondern werden repräsentativ für den Inhalt verwendet wie z. B. die schrift-sprachliche Stundenbenennung Deutsch oder Mathematik. Auch Abbildungen von Zahlen und Formen für das Rechnen, Bäume und Tiere für den Sachunterricht oder Wasserfarben und Pinsel für den Zeichenunterricht sind abstrakte Repräsentationen eines Inhalts. Diese Bedeutungsklärung der verwendeten Symbole zeigt sich bei autistischen Kindern manchmal erschwert, wenn Abbildungen, Symbole oder Schrift in Form eines sprachlichen Oberbegriffs verwendet werden. Inhalte und Darstellungsform müssen daher von den Schüler*innen in ihrer Bedeutung verknüpft sein, bevor sie zielbringend eingesetzt werden können. Siehe dazu auch den ▶ Abschn. 2.2.3 Visualisierung als methodisch-didaktisches Konzept.

⊕ Bei Überlegungen zur passenden Darstellung für das Verständnis spielt besonders das gewählte Abstraktionsniveau der Darstellung (Bilder, Piktogramme, Symbole, Zeichen und Schrift) und der sprachliche Abstraktionsgrad dessen, was die Darstellung repräsentieren soll, eine große Rolle für einen gelingenden Einsatz bei autistischen Schülerinnen und Schülern.

Nicht nur der Abstraktionsgrad der bildlichen und sprachlichen Aspekte kann ein Hindernis besonders für autistische Schüler*innen darstellen. Auch andere Bereiche der Wahrnehmung und Selbstwahrnehmung bedingen die Umsetzung.

3

Umgang mit dem (individuellen) Tagesplan

☐ Ich weiß, wo der TP hängt/liegt.

☐ Ich verstehe, wobei der TP mir hilft.

☐ Ich kenne die einzelnen Bilder/Symbole auf dem TP.

☐ Ich sehe auf dem TP welche Aufgaben und Tätigkeiten auf mich zu kommen.

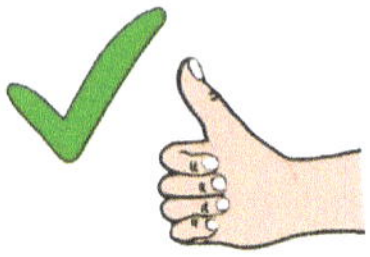

Schüler*in: Kompetenz-Checkliste

Umgang mit dem Tagesplan

☐ Schüler*in weiß, wo sich der TP befindet.

☐ Schüler*in versteht die Bedeutung und den Zweck des TP.

☐ Schüler*in kennt die einzelnen Bilder/Symbole auf dem TP.

   Ebene der Darstellung: _____

☐ Schüler*in versteht die Reihenfolge der Abläufe

☐ Schüler*in überträgt die Abbildungen in eigene Handlungen.

Zusätzlich bei individuellen Plänen:

☐ Schüler*in initiiert die Handhabung des TP selbstständig.

☐ Schüler*in kann die Reihenfolge der Abläufe einhalten

☐ Schüler*in initiiert die richtige Handlung am richtigen Ort.

☐ Schüler*in initiiert beendet die Handlung und das entsprechende Symbol am TP.

☐ Schüler*in arbeitet anhand des TP seine Aufgaben ab.

Lehrperson: Kompetenz-Checkliste

■ **Abb. 3.37**   Ziele für den Umgang mit Tagesplänen

Mögliche hinderlich beeinflussende Aspekte bei der Umsetzung von Tagesplänen

— Wahrnehmung und Aufmerksamkeitsausrichtung auf einen räumlich entfernten Aspekt

— Angesprochenheit durch eine allgemeine Form für eine Gesamtgruppe

— Wahrnehmung der Aufforderungsintention eines Tagesplans oder Stundenfahrplans bzw. fehlende Bedeutungsübertragung auf das eigene Handeln

— Selbstwirksamkeitskonzept

— Wahrnehmung und Entwicklung des Zeitverständnisses und des Verständnisses von Abläufen

— Individuelle Motivation, die stark zusammenhängt mit der Erkenntnis und Akzeptanz für den eigenen Nutzen

— Freiheitsgrade und Anforderungen an die Selbstständigkeit in den Arbeitsprozessen

■ ■ Anpassung von Tagesplänen

Die entwicklungsgerechte Anpassung von Tagesplanen und Stundenabläufen für einzelne Schüler*innen kann nicht immer im Rahmen des Klassenbedürfnisses anhand der bereits verwendeten Tagesstruktur geschehen. Mit dem Klassentagesplan kombinierte, individuelle Pläne können notwendig werden, wenn die Bedürfnisse einzelner Schüler*innen deutlich darüber hinaus gehen. Die benötigte, erhöhte Transparenz oder Konkretisierung kann individuell wichtige Informationen zu Arbeitsplätzen, Personen, Sachinhalten oder anderen organisatorischen Faktoren enthalten. Auch Veränderungen in Bezug auf die Inhalte oder der individuelle Rhythmus der Arbeits- und Pausenzeiten muss ggf. individuell über eigene Pläne kommuniziert werden.

Ein individueller Ablaufplan kann im Sinne eines Nachteilsausgleichs gesehen werden. Er orientiert sich am zeitlichen Vorgehen der gesamten Klasse. Das Ziel kann sein, diesen erst konkret zu erarbeiten und dann einzelne Inhalte sukzessive zur gemeinsamen Klassenform zu verallgemeinern (Generalisierung). Das verwendete Darstellungsformat, kann im Gegensatz zum Klassenplan ein ganz konkretes, über Fotos sein. Diese, auf einem niedrigen Abstraktionsniveau liegende Darstellung im individuellen Plan sollte dabei unabhängig vom Inhaltsniveau betrachtet werden. Es dient der besseren Aufnahme und Verarbeitung von Anforderungen für die Handlungsplanung und -steuerung von Arbeitsprozessen, welche häufig merkmalsspezifisch nicht so stark ausgebildet sind. Diese Diskrepanz wurde bereits im ▶ Abschn. 2.2.3 Visualisierung erläutert. Zur Umsetzung von individuellen Plänen können auch elektronische Hilfen wie z. B. Apps auf dem Tablet oder Handy herangezogen werden, die mittlerweile vielseitige Möglichkeiten für die individuelle Organisation auf interaktiver Ebene bieten. Zwei verschiedene Varianten der Umsetzung von individuellen Plänen als Ergänzung sind in ▣ Abb. 3.38 dargestellt.

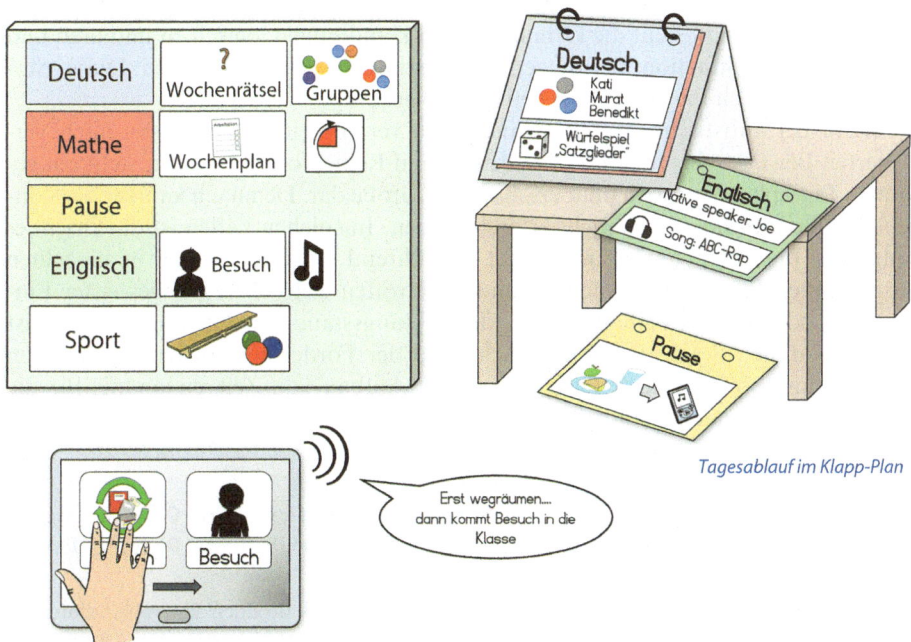

Tagesablauf im Klapp-Plan

Tagesablauf mit elektronischen Mitteln

▣ **Abb. 3.38** Individueller Plan als Ergänzung zum Tagesplan

❗ Die Form der individuell notwendigen Pläne ist nicht in direktem Zusammenhang mit dem Niveau der Lerninhalte für die autistischen Schüler*innen zu sehen, da sie ein Hilfsinstrument für die äußere Organisation darstellen, welches die Vorbereitung auf Anforderungen sowie die Handlungsplanung und Steuerung unterstützt.

3

▪ ▪ Zeitbewusstsein

Das Zeitbewusstsein oder Zeitgefühl entsteht durch die Wahrnehmung des eigenen Handelns und den damit entstehenden und verknüpften Denkprozessen. „Gegenwärtiges Handeln wird von zukunftsorientierten Sichtweisen geprägt (Wissing 2004, S. 32). Diese Sichtweise auf die Zukunft ist wichtig, um Arbeitsprozesse und Abläufe zu verstehen und ebenso um sie planen und danach handeln zu können. Damit Handlungen und Handlungsabläufe über Pläne für die Schüler*innen organisiert werden können, muss demnach ein Zeit- und Ablaufverständnis vorliegen. Bei jungen Kindern steht „[d]as Zeiterleben … in engem Zusammenhang mit dem Raum- und Gegenstanderleben, existiert nur als Aktionsschema. … Begriffe wie „vorher" und „nachher" haben räumliche Bedeutung" (Wissing 2004, S. 40). Nach Piages Stufen der Entwicklung (1955) ist die Zeit in der Entwicklungsstufe I für jede Handlungskoordination spezifisch. Im zweiten Stadium der Entwicklung können nach Piaget bereits mentale Vorstellungen dazu genutzt werden, sich Handlungen und Ereignisse vorzustellen und somit in die Zukunft zu denken. Nach Piaget sind sie „losgelöst von wahrgenommenen Bewegungen" (1955). In diesem Stadium entwickeln Kinder auch die Fähigkeit, Bilder und Symbole zu verwenden, um ihre Umwelt zu verstehen und zu kommunizieren. Im Stadium III beginnt das kognitive Verständnis von Zeit. „Sich von der Gegenwart losmachen: nicht nur die Zukunft auf Grund der in der Vergangenheit unbewusst aufgestellten Regelmäßigkeiten vorausnehmen, sondern eine Reihe von Zuständen aufrollen, von denen keiner dem anderen gleicht …" (Piaget 1955, S. 365). stellt die Grundlage dar, Handlungen logisch zu initiieren und operativ je nach Situation einzusetzen, um spezifische Ziele zu erreichen. Dieses Stadium beginnt nach Piaget erst mit dem 8. Lebensjahr.

Wenn bei autistischen Schüler*innen eine verlängerte Phase dieses, noch verringerten Bewusstseins für zeitliche Größen und Reihenfolgen vorliegt, stellt ein gesamter Tagesplan eine noch unüberschaubare Größe dar. Demnach kann er als Konzept zur Orientierung noch nicht erfasst werden. In solchen Fällen ist die Orientierung am Tagesplan der Klasse nicht zielführend oder kann nur in einzelnen ausgewählten Phasen in Übereinstimmung getroffen werden. Ein angepasster Einsatz von individuellen Plänen an den Entwicklungsstand der Zeitwahrnehmung ist hier im Rahmen des Nachteilsausgleichs und der Förderung notwendig. Aus den Entwicklungsschritten nach Piaget, muss ein Aufbau von Zeitverständnis für die Schüler*innen handelnd stattfinden.

Für die schrittweise Erarbeitung einer Zeitvorstellung kann eine Orientierung an den folgenden Schritten für zeitliche Aspekte eine Hilfe für die Planung darstellen:

1. Wahrnehmen und verstehen von Gleichzeitigkeit und Beenden einer Handlung („Jetzt-Fertig")

2. Wahrnehmen und verstehen der zeitlichen Folge von Handlungen für die Voraus-planung („Erst-Dann")
3. Wahrnehmen und verstehen der zeitlichen Folge von Handlungen („Erst-Dann-Danach")
4. Ausbau zu Handlungsfolgen mehrerer aufeinanderfolgender Einzelaktivitäten

▪▪ Aufbau von Plänen

Um das Bewusstsein für Handlungen besser wahrzunehmen und in Folge mit einem Zeitbegriff zu verknüpfen wird im folgenden methodischen Aufbau eine Verknüpfung mit einer visuellen Darstellung angeleitet. Ein Verständnis der verwendeten Darstellung in dieser Verknüpfung mit der Handlung ist grundlegend für die vorausschauende und zukunftsorientierte Planung, wie es in vielen Aufgaben, besonders für Freiarbeit und offene Formen benötigt wird. Bilder, Fotos oder Piktogramme müssen in ihrer Form der Darstellung daher passend zum individuellen Abstraktionsniveau der Schülerin bzw. des Schülers gewählt werden. Die verschiedenen Abstraktionsniveaus der Darstellung werden im ▶ Abschn. 2.2.3 Visualisierung erläutert. Für diese Verknüpfung ist ebenso das Verständnis und die Zuordnung eines sprachlichen Zeitbegriffs wichtig. Dieser kann die unabhängige gedankliche Vorstellung der Handlung unterstützen und so ein Planen in die Zukunft auch nur mit einer verbalen Unterstützung möglich machen.

Für das Kind oder die bzw. den Jugendlichen ist es bei der Darstellung von Handlungen zunächst nicht maßgeblich relevant, dass hinter jeder Handlung eine konkrete oder dieselbe Zeitspanne steht, sondern dass zunächst das eigene Handeln in der Gegenwart und dann die Handlungsschritte aufeinanderfolgend als bewusste eigene Handlung wahrgenommen werden. „Die Zeit des Stadiums I ist … nur die Reihenfolge und die Zeiteinschachtelung einer einzigen linearen Geschehnisreihe, unabhängig von ihrer Geschwindigkeit und ihren Überschneidungen mit anderen Reihen" (Piaget 1955, S. 362). Die Erarbeitung von Zeit- und Handlungsplänen beginnt auf einem jeweils anderen Niveau, welches für die Schüler*innen individuell eruiert werden muss.

Methoden-Tipp

Erarbeitung von Zeit- und Handlungsplänen
- Gleichzeitigkeit durch Spiegeln der Handlungen der Schülerin bzw. des Schülers durch Aktivität, Sprache und Darstellung
- Die Handlung mit Bildern verknüpfen
- Einführen von einfachen Plandarstellungen als Rahmenstruktur für die Abläufe
- Aktivitäten mit Darstellungen begleiten
- Beenden der Aktivität mit Entfernen der Darstellung
- Von der gegenwärtigen Aktivität in die Vorausplanung von Handlungen durch bildliche und sprachliche Ankündigung
- Mehrmaliges Wiederholen
- Neue Handlungen und Begriffe aufbauen durch Demonstration, gestisches oder körperliches Begleiten

3

— Neue Handlungen und Gegenstände sprachlich benennen in Verbindung mit neuen Abbildungen

— Ausbau zu Tagesplänen durch Verknüpfung abstrakter Begriffe und Symbole mit bekannten Handlungsfolgen und Methoden

— Aufbau eines selbstständigen Umgangs mit Plänen (Richtung, Ablauf, Durchführung)

▪▪ Jetzt-Plan

In einem ersten Schritt ist es notwendig zunächst schrittweise ein Bewusstsein der gegenwärtigen Handlung aufzubauen. Das ist grundlegend für den weiteren Aufbau. Die ◙ Abb. 3.39 zeigt eine Möglichkeit des Zugangs und der methodischen Umsetzung. Bei dieser Herangehensweise wird die gegenwärtige Handlung, meist eine selbstbestimmte Aktivität des Kindes, gespiegelt und dazu mit einer visuellen Darstellung und mit dem sprachlichen Begriff *Jetzt* und der Bezeichnung des Gegen-

Handeln in der Gegenwart wahrnehmen und sprachliche Bedeutung geben	**Bedeutungsverknüpfung der Handlung mit einer Darstellungsebene**
1. Die gegenwärtige Handlung des Kindes als Ausgangspunkt für die Erarbeitung nehmen.	1. Auswahl der geeigneten Abstraktionsebene der Darstellung von Aktivität/Gegenstand der Beschäftigung.
2. Der gegenwärtigen Handlung Bedeutung geben durch Verknüpfen mit den Begriffen „jetzt" und der Benennung der Aktivität/des Gegenstands. „Jetzt <u>Aktivität</u> du." „Jetzt hast du ein/e *Gegenstand*."	2. Verknüpfen der Aktivität/des Gegenstands mit der Visualisierung, begleitetes Zeigen oder Hinlegen mit bewusster Wahrnehmung durch das Kind.
3. Dem Beenden der Handlung Bedeutung geben durch Verknüpfen des Begriffs „fertig": „Jetzt bist du fertig."	3. Verknüpfen der Beendigung der Handlung mit dem Entfernen der Darstellung oder durch ein „Fertig-Symbol".
Eine Aktivität/Handlung mit Sprache begleiten	*Eine Aktivität/Handlung mit einer Darstellung begleiten*

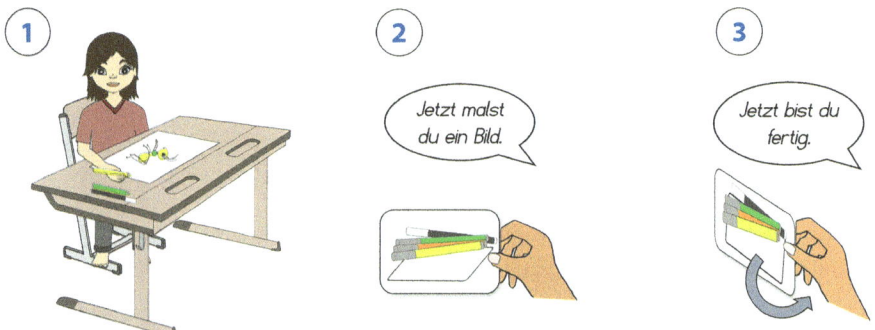

◙ **Abb. 3.39**   Aufbau von individuellen Plänen 1: Wahrnehmung von gegenwärtigen Handlungen

standes oder der Aktivität verbunden. Wenn die Aktivität beendet wird, wird der *Fertig-Begriff* mit dem Wegräumen der verwendeten Gegenstände verknüpft. In dieser ersten Phase ist eine sehr konkrete Darstellung z. B. über Fotos meist förderlich.

Das bewusste Vorausplanen in die Zukunft im Sinne einer *Jetzt-(Gleich)-Aktivität,* wie in ◘ Abb. 3.40, stellt den zweiten Schritt dar. Dafür werden vorzugsweise

Zukünftiger Handlung sprachliche Bedeutung geben	**Vorausplanung einer Aktivität mit einer Darstellung**
1. -	1. Aktivität strukturiert vorbereiten.
2. Sprachliche Ankündigung von bekannten Aktivitäten/Gegenständen.	2. Visualisieren (Bild) der bekannten Aktivität/Gegenstands auf der individuellen Darstellungsebene.
3. Einleiten der Aktivität durch verbale Unterstützung der Aufmerksamkeitsausrichtung, ggf. durch Hinführung zu Ort und Gegenstand der Handlung	3. Ggf. Gegenstand der Aktivität ins Sichtfeld oder zum Aufenthaltsort des Kindes bringen.
4. Durchführen (lassen) der Aktivität/Handlung	4. Mit dem Bild den Ort der Aktivität markieren. Bild während der Aktivität sichtbar lassen.
5. Ankündigen der Beendigung der Aktivität mit „Fertig-Begriff".	5. Beendigung der Aktivität mit dem Entfernen der Darstellung und dem Wegräumen von Material.
Eine Aktivität/Handlung mit Sprache vorankündigen	Eine Aktivität/Handlung mit einer Darstellung vorankündigen

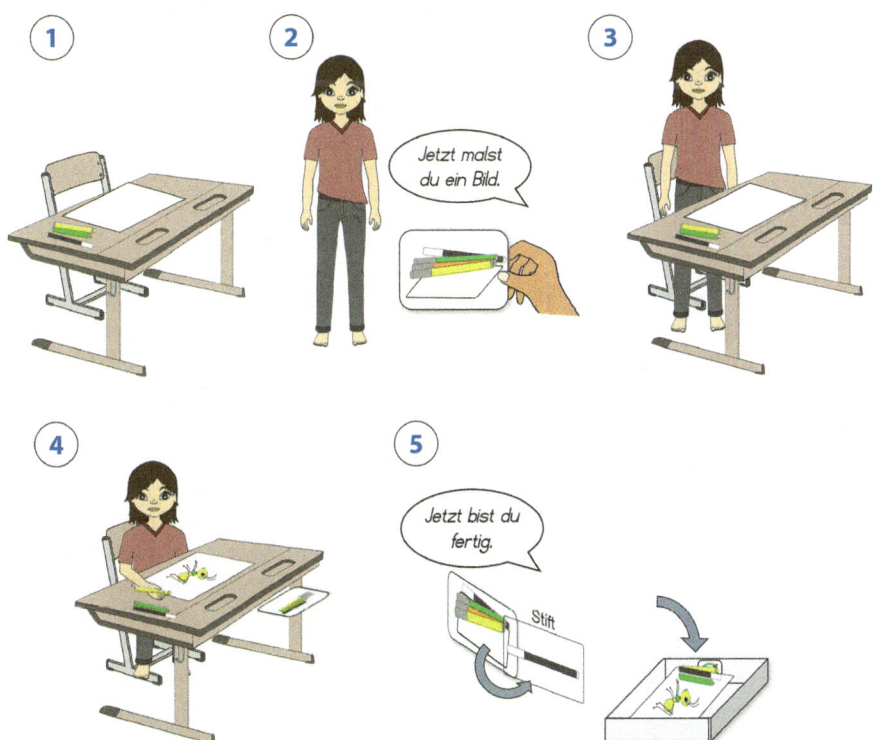

◘ **Abb. 3.40**   Aufbau von individuellen Plänen 2: Von der Gegenwart in die Vorausplanung der Handlungen

Tätigkeiten ausgewählt, die im Interesse der Schülerin bzw. des Schülers liegen und die bereits im vorigen Schritt gefestigt wurden. An dieser Stelle kann auch eine neue oder grundlegende Verortung der Gegenstände geplant werden und eine Hinführung der Schüler*innen zu anderen Orten miteingeführt werden, sollte die Aktivität zuvor an einem ungünstigen Ort ausgeführt worden sein. Das bereits vorliegende Verständnis der Anforderung über das gefestigte Bild und den sprachlichen Begriff unterstützt die gedankliche Vorstellung für das zukünftige Handeln und kann somit Bedingungen, die sprachlich nicht verstanden werden kompensieren.

Konkrete Handlungspläne der Praxis sollten zunächst nur die *Jetzt-Zeit* anzeigen und können nach dem Einführen von einzelnen Kärtchen, die die Handlung symbolisieren z. B. mit Plänen zum Umklappen dargestellt werden. Diese einfachen *Jetzt-Pläne* organisieren mehrere *Jetzt-Tätigkeiten* hintereinander, ohne dass die Handlungsfolge von den Schüler*innen bereits erfasst werden muss. Wie in ◘ Abb. 3.45 im oberen Bild dargestellt, können sie bereits vorbereitend mit strukturierter Materialorganisation z. B. Tablett-, Mappen- oder Kistenaufgaben in einem Regalsystem oder in 123-Kisten organisiert werden. Diese Systeme und ihre Einsatzmöglichkeiten sind im Band 2 „Autismus und Schule – Inklusive Unterrichtsorganisation, Nachteilsausgleich und Wissenserwerb" Abschn. 1.5.3 Hochstrukturierte Formen der Arbeitsplanung und -organisation näher dargestellt.

Ein basaler Zugang über ein Farbleitsystem kann ein fehlendes Verständnis für Abbildungen kompensieren und über einen Farb-Plan, wie im zweiten oberen Bild der ◘ Abb. 3.45, organisiert werden. Hier wird vom Kind die Kompetenz gefordert die Jetzt-Farben des Farbleitsystems in eine Handlung umzusetzen und auf die angeordneten und farbbezeichneten Gegenstände im Regal o. ä. zu übertragen. Diese Handlungen müssen ggf. schrittweise verbal, gestisch, demonstrativ oder auch körperlich begleitet und geübt werden. Der Einsatz der einzelnen Anweisungsebenen ist ▶ Abschn. 3.6.3 ausführlicher erläutert. Eine Organisation im direkten Sichtfeld der Schüler*innen kann hier auch eine fehlenden Übertragungsfähigkeit zum Teil kompensieren.

▪▪ Erst-Dann-Plan

Das Ausführen von zwei und später mehr Einzelhandlungen in einer *Erst-Dann-Folge*, wie die ◘ Abb. 3.41 zeigt, stellt den dritten Schritt in der Erarbeitung dar. Dieses erfolgt über eine bereits erarbeitete und gefestigte Vorstellung über zukünftige Handlungen z. B. durch bekannte Gegenstände, sprachliche Begriffe, feste Symbole und Handlungsrituale. Dafür müssen zunächst mindestens zwei Aktivitäten und ihre zugehörigen Darstellungen gesichert sein. Hochstrukturierte Aufgabensysteme wie 123-Mappen© und -Kisten oder kleine Regalsysteme sowie Routinen können helfen, die Vorstellung von Abfolgen dieser Aktivitäten besser zu entwickeln und weiter auszubauen. Ein hoher Grad an Gleichförmigkeit sowohl im Ablauf als auch in der verwendeten Sprache hilft der Wiedererkennung anhand der eindeutigen Merkmale. Das entlastet zudem die Sprachverarbeitung und lässt Kapazitäten für das Hinwenden und Durchführen der Aktivität frei.

Visualisierte Pläne mit *Erst-Dann-Folgen,* wie sie in den mittleren Abbildungen der ◘ Abb. 3.45 zu sehen sind, können die Schüler*innen auch bei besonders herausfordernden Aufgaben dabei unterstützen diese besser zu bewältigen. Auch wenn bereits ein Verständnis für Handlungsfolgen vorliegt, stellt die Überschaubarkeit in

Handlungen als zeitliche Folge im Ablauf wahrnehmen und sprachliche Bedeutung geben

1. Sprachliche Ankündigung der ersten und der darauffolgenden Handlung: „Erst *Aktivität 1*, dann *Aktivität 2*."
2. Einleiten der ersten Aktivität. Durchführung.
3. (Ankündigen der) Beendigung der ersten Aktivität: „*Erste Aktivität* ist fertig."
4. Einleiten der zweiten Aktivität mit sprachlicher Begleitung: „Dann kommt *zweite Aktivität*."
5. (Ankündigen der) Beendigung der zweiten Aktivität mit: „Aktivität ist fertig." Materialien der Aktivität wegräumen.

Eine Handlungsfolge mit Sprache vorankündigen und klären.

Vorausplanung mehrerer Aktivitäten mit einem erstem Ablaufplan

1. Zwei Aktivitäten strukturiert vorbereiten
2. Visualisieren von bekannten Aktivitäten/ Gegenständen auf dem „Erst-Dann-Plan". Gestisches Begleiten der sprachlichen Begriffe am Plan „erst" und „dann".
3. (Ankündigen der) Beendigung der ersten Aktivität mit dem Entfernen der Darstellung. und Wegräumen des Materials.
4. Visualisieren am Plan und gestisches Begleiten bei der Einleitung der zweiten Aktivität.
5. (Ankündigen der) Beendigung der zweiten Aktivität mit dem Entfernen der Darstellung.

Eine Handlungsfolge mit einer ersten Ablaufdarstellung visualisieren

Abb. 3.41 Aufbau von individuellen Plänen 3: Vorausplanung mit Erst-Dann Handlungsfolgen

kurzen Folgen häufig einen förderlichen Faktor für das Einlassen auf Anforderungen dar. Die Anzahl und das Beenden sind konkreter und schneller ablesbar.

Erst nach dem Aufbau eines *Erst-Dann-Verständnisses* können Vorausplanungen mehrerer aufeinanderfolgender Handlungen als vierter Schritt in ■ Abb. 3.42 in einem *Erst-Dann-Danach-Ablauf* stattfinden. Die ggf. bereits eingesetzten hochstrukturierten Systeme der Aufgabenorganisation stellen dabei gute Möglichkeiten dar auch über die Phase der mehrteiligen Aufgabendurchführung eine selbstständige

---

Handlungsabläufe als zeitliche Folge mehrerer, aufeinander folgender Einzelhandlungen wahrnehmen und sprachliche Bedeutung geben

1. Ausbau von einfacher Handlungsfolge zu Handlungsfolgen mehrerer aufeinanderfolgender Einzelaktivitäten
2. Zunehmende Einführung abstrakter Oberbegriffe für Handlungen und Organisationsformen.

Mehrteiligen Aktivitäten/Handlungen mit Sprache vorankündigen und klären.

Vorausplanung mehrerer Aktivitäten mit einem Ablaufplan visualisieren

1. Vorausschau auf zukünftige Handlung ausbauen mit „Erst-Dann-Danach"-Visualisierung
2. Zunehmende Einführung allgemeinerer Darstellungen für Handlungen und Organisationsformen.

Mehrteiligen Aktivitäten/Handlungen mit einem Ablaufplan visualisieren

---

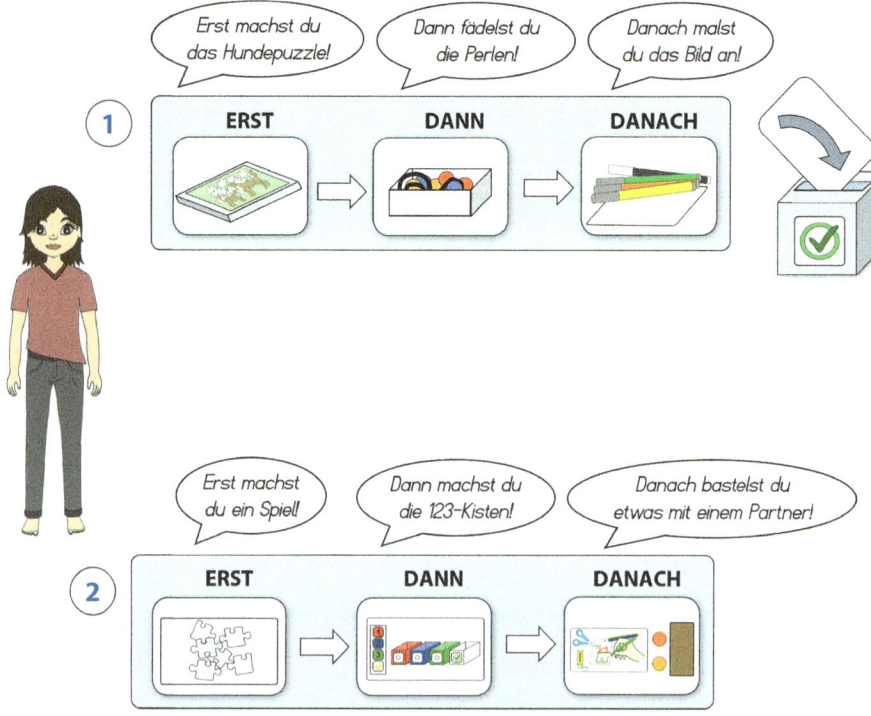

■ **Abb. 3.42**   Aufbau von individuellen Plänen 4: Handlungsfolgen mehrerer Einzelhandlungen

Arbeits- und Organisationsprozesse zu ermöglichen. Im unteren Bereich der ◘ Abb. 3.45 werden zwei verschiedene Formen dieser *Erst-Dann-Danach-Pläne* für die Umsetzung veranschaulicht.

▪▪ Tagesplan

Ablaufdarstellungen für Tagespläne oder andere Abläufe wie Ausflüge und Veranstaltungen können auf der geschaffenen Grundlage zunehmend schrittweise eingeführt, aufgebaut und erweitert werden. Dafür ist es sinnvoll gleichförmige Abläufe mehrerer einzelner Handlungen aneinanderzufügen, sodass sich immer längere Phasen ergeben, in denen die Schüler*innen bereits eine Orientierung haben und eine möglichst hohe Selbstständigkeit zeigen können. Hier ist das Beibehalten von bekannten Organisationsstrukturen wichtig für den Erhalt der Selbstständigkeit. Individuelle Aufgaben können sich zunehmend am Klassenrhythmus orientieren. Das Koordinieren der individuellen Phasen mit dem Tagesverlauf der Klasse, kann mit einer Kompetenzerweiterung der Schüler*innen zunehmend besser aufeinander abgestimmt werden. Eine mögliche Form der Annäherung an den Klassentagesplan wird in ◘ Abb. 3.43 veranschaulicht. Inklusive Aktivitäten können über das nun bessere Verständnis von Anforderungen über gleichbleibende methodische Formate immer weiter aufgebaut werden, sofern sie vorher nur erschwert möglich waren. Das fordert Überlegungen, für eine inklusive Grundkonzeption, die solche Prozesse bereits berücksichtigt und ohne Schwierigkeiten integrieren kann.

Individuell benötigen Schüler*innen unterschiedlich lange, um das Bewusstsein für und die Organisation von mehreren Handlungen bzw. Anforderungen zu erlangen. Ggf. wird eine individualisierte Bereitstellung von Ablaufdarstellungen trotz einer Annäherung an ein Klassensystem weiterhin notwendig sein. Die visuelle und sprachlich eindeutige Unterstützung durch den Aufbau von Plänen kann diesen Prozess begleiten und damit eine vorhersehbarere und besser verarbeitbare Umgebungsbedingung schaffen.

▪▪ Wochenplan

Um das Verständnis für und den Umgang mit Wochenplänen aufzubauen, können bekannte Formen und Arbeitsorganisationen eines Tages- oder Aufgabenplans in Wochenvorlagen übertragen werden. Wie in ◘ Abb. 3.44 gezeigt, kann das mit den Schüler*innen gemeinsam und vor allem visuell für sie nachvollziehbar gemacht werden. Dafür werden die Abbildungen wie gewohnt am individuellen Tagesplan vorbereitet und über einen spezifisch benötigten Zeitraum jeden Morgen ritualisiert auf den Wochenplan durch die Schüler*innen handelnd neu zugeordnet. Dafür werden die Abbildungen auf den neuen Plan übertragen. Eine Anleitung der Lehrperson durch Demonstration, Gestik oder über verbale Anleitung unterstützt die selbstständige Durchführung dieser Handlung. Eine reduzierte Darstellung einer Woche z. B. als Tabelle mit einer Fokussierung auf den jeweils stattfindenden Tag, ist ein langsamer und reizreduzierter Einstieg. Zunehmend können die Tage aufgebaut werden, bis eine Übersicht über die gesamte Woche erfasst wurde. Die Verwendung eines Wochenplans ist vor allem dann sinnvoll, wenn ritualisierte Unterrichtsformen, wie z. B. Freiarbeitsphasen an mehreren Tagen in der Woche stattfinden und Arbeiten, die an einem Tag begonnen wurden an einem anderen weitergeführt werden sollen. Auch für den Aufbau zu einem selbstbestimmteren Planen von Aufgaben bietet sich ein Wochenplan an (◘ Abb. 3.45).

3

<table>
<tr><td>

Handlungsabläufe in einer Tagesstruktur wahrnehmen und sprachlich verstehen

1. Aufbau eines Tagesstruktur mit bekannten Handlungen und Organisationsformen als individuelle Aktivitäten.

2. Zunehmende Einführung inklusiver Aktivitäten, die sich am allgemeinen Klassentageplan orientieren.

Tagesabläufe mit Aktivitäten/Handlungen durch Sprache vorankündigen und klären

</td><td>

Planung und Übersicht über Tagesaktivitäten mit einem Tagesplan

1. Vorausschau auf den Tagesverlauf und die geplanten Handlungen und Situationen.

2. Zunehmende Einführung differenzierter Darstellungen für Handlungen und Organisationsformen.

3. Organisatorische Parameter anhand des Tagesplans visuell nachvollziehen

Den Tagesverlauf mit einem Tagesplan visualisieren und organisieren

</td></tr>
</table>

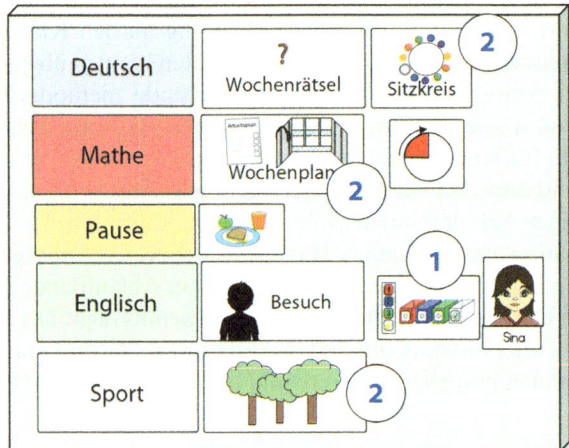

Klassentagesplan

individueller Schüler*innen-Tagesplan

◨ **Abb. 3.43** Aufbau von individuellen Plänen 5: Tagespläne

■■ **Verortung von individuellen Plänen**

Die gute und zügige Zugänglichkeit zu den individuellen Plänen kann relevant für das Gelingen sein damit z. B. Störungen und Ablenkungen auf dem Weg vom und zum Plan den Ablauf nicht unterbrechen. Dabei ist zu berücksichtigen, ob die Pläne

Schulische Abläufe in einer Wochenstruktur wahrnehmen und sprachlich verstehen

1. Aufbau einer Wochenstruktur mit bekannten Organisationsformen
2. Einführung von sprachlichen Begriffe, wie „morgen", „übermorgen" und den Wochentagen
3. Zunehmende Integrierung von allgemeinen klassenspezifischen Formen und Methoden

Unterschiedliche Tagesabläufe im Wochenrhythmus mit Aktivitäten/Handlungen durch Sprache vorankündigen und klären

Planung und Übersicht über Aktivitäten mit einem Wochenplan

1. Vorausschau auf die Wochenverlauf und die geplanten Handlungen und Situationen.
2. Unterschied von allgemeinen und individualisierten Formen bewusst machen.
3. Organisatorische Parameter anhand des Wochenplan visuell nachvollziehen und organisieren.

Den Wochenverlauf mit einem Wochenplan visualisieren und organisieren

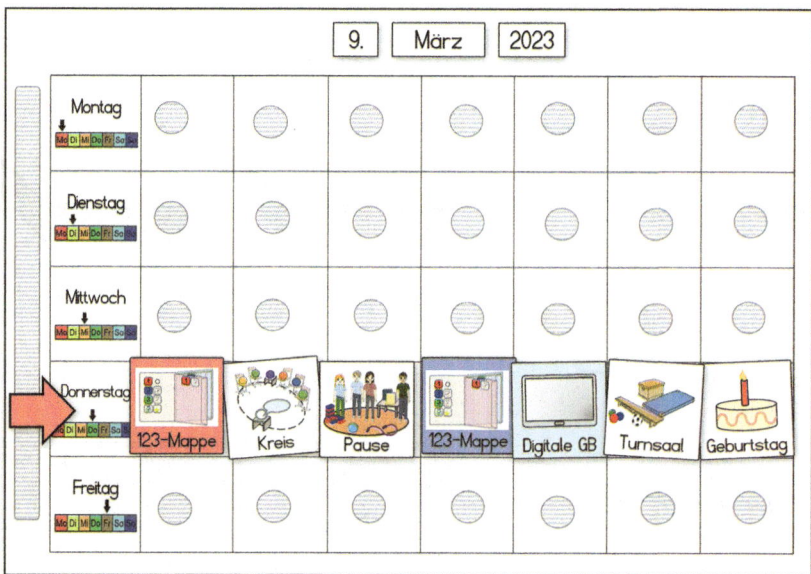

🔲 **Abb. 3.44** Aufbau von individuellen Plänen 6: Wochenpläne

durch die Schüler*innen selbst oder primär von der Lehrperson gehandhabt werden. Die Verortung der Pläne kann sich auch nach der zu Grunde liegenden allgemeinen Unterrichtsform richten. Individuelle Pläne können direkt auf dem Tisch des Sitzplatzes, neben dem Sitzplatz an Regalen oder in weiterer Entfernung oder als transportable Pläne z. B. in Form von Klemmboards oder Schlüsselringkarten organisiert werden, wie 🔲 Abb. 3.46 veranschaulicht.

3

Jetzt-Fertig-Pläne

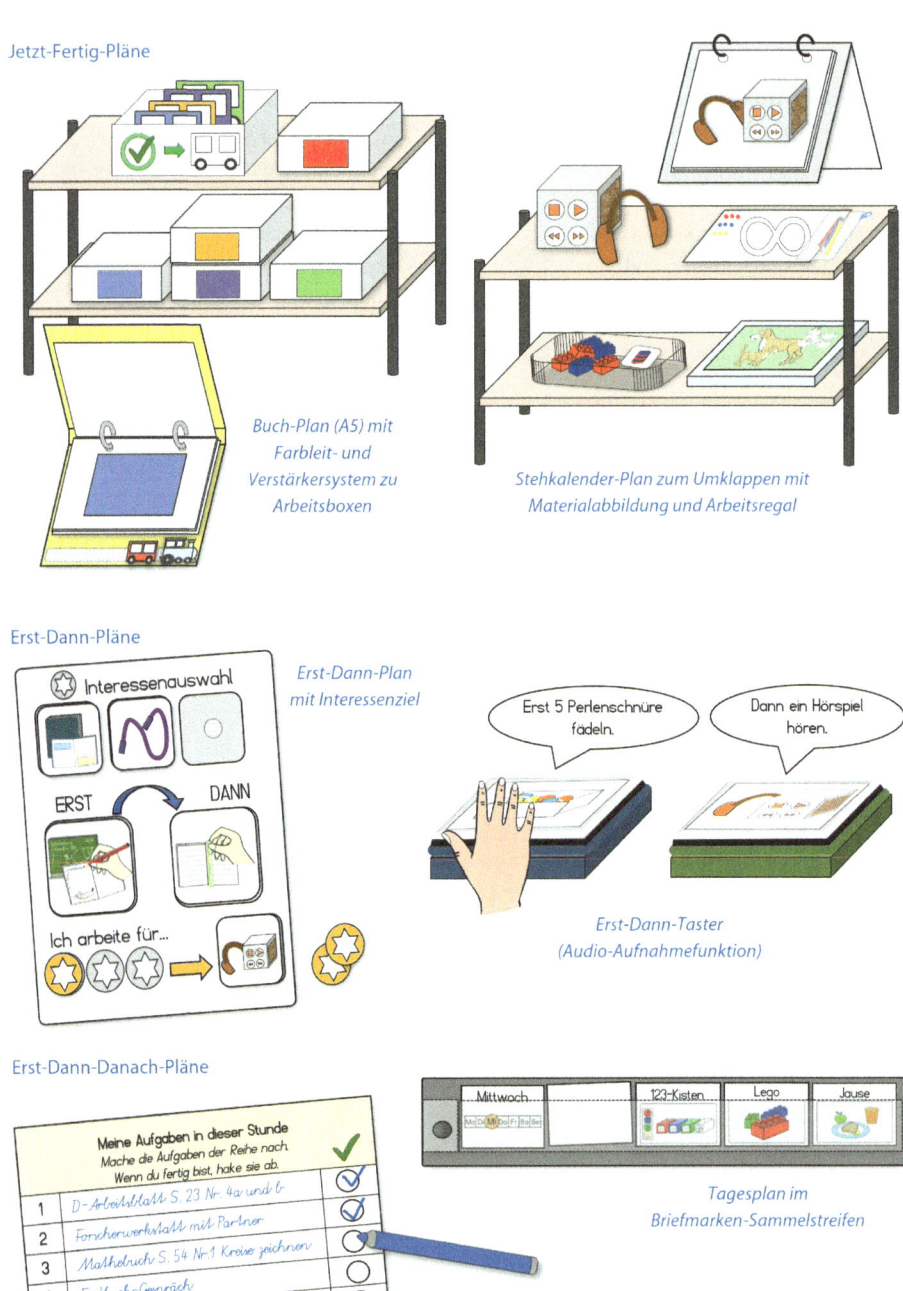

Buch-Plan (A5) mit
Farbleit- und
Verstärkersystem zu
Arbeitsboxen

Stehkalender-Plan zum Umklappen mit
Materialabbildung und Arbeitsregal

Erst-Dann-Pläne

Interessenauswahl

ERST   DANN

Ich arbeite für...

Erst-Dann-Plan
mit Interessenziel

Erst 5 Perlenschnüre
fädeln.

Dann ein Hörspiel
hören.

Erst-Dann-Taster
(Audio-Aufnahmefunktion)

Erst-Dann-Danach-Pläne

Meine Aufgaben in dieser Stunde   ✓
Mache die Aufgaben der Reihe nach.
Wenn du fertig bist, hake sie ab.

1	D-Arbeitsblatt S. 23 Nr. 4a und b	✓
2	Forscherwerkstatt mit Partner	✓
3	Mathebuch S. 54 Nr.1 Kreise zeichnen	○
4	Feedback-Gespräch	○
5	-	○

Mittwoch   123-Kisten   Lego   Jause

Tagesplan im
Briefmarken-Sammelstreifen

Aufgabenplan auf
Schriftebene

◾ **Abb. 3.45** Methodische Umsetzungsmöglichkeiten von individuellen Plänen

Abb. 3.46 Verortung von individuellen Tages- und Aufgabenplänen

3

3.4.8 Die vielseitige Verwendung von visuellen Plänen

Visuelle Pläne decken nicht ausschließlich den Faktor Zeit und seine inneren Strukturen und Elemente ab, sondern können und sollen auch andere Dimensionen konkretisieren. Mit ihrer Hilfe können Zusammenhänge zwischen verschiedenen organisatorischen und auch sozialen und emotionalen Faktoren sichtbar und verständlich gemacht werden. Durch sie können Erwartungen an das Verhalten und geltende Regeln transparent, vorbereitend und auch begleitend kommuniziert werden. Auswirkungen des eigenen Handelns auf andere Personen und grundsätzliche Ursache-Wirkungsbezüge oder Zweck-Mittel-Verbindungen werden durch die visuelle Darstellung transparenter gemacht.

Für einige autistische Schüler*innen ergibt sich die Akzeptanz vor allem für unbekannte soziale Situationen oder schwierigere Anforderungen häufig erst nach einem transparent gemachten Ablauf mit seinen Anforderungen und dem Nutzen bzw. der Klärung der Ziele für sie selbst oder die Gemeinschaft. Die Pläne stützen dabei die Fähigkeit sich an neue und unbekannte Situationen schneller anpassen oder sich mit einer größeren Sicherheit darauf einlassen zu können. Das Erkennen und Verstehen dieser immer komplexeren Zusammenhänge birgt auch die Möglichkeit in sich, die eigene Rolle besser wahrnehmen zu können. Damit kann eine Basis gelegt werden, andere Perspektiven einzunehmen und soziale Vorgänge besser nachvollziehen zu können. Die vielzähligen visuellen Darstellungen, um Abläufe, Handlungen und deren Gründe und Zwecke zu veranschaulichen, tragen damit zum Aufbau eines Arbeits- und Lernverhaltens bei. Damit stellt der Aufbau von Tagesplänen auch in anderen, eventuell erst später benötigten sozialen Kontexten einen Mehrwert für alle Beteiligten dar und ein frühes Herantragen an autistische Schüler*innen baut späterem Kompetenzerwerb vor.

> **Bereiche, die durch Ablaufpläne veranschaulicht werden können:**
> - Organisationen des (Schul-)Alltags
> - Leistungs- und Arbeitsverhalten
> - Kooperation mit anderen
> - Kommunikation (verbal/nonverbal)
> - Soziale Interaktion
> - Emotionale Kompetenz
> - Soziales Regelverhalten
> - Problemwahrnehmungs- und Problemlösungsverhalten
> - Perspektivübernahme und Reflexionsvermögen

❶ **Als Basisinstrument für die Lehrpersonen ist die visualisierte Ablaufankündigung und -planung ein nicht zu unterschätzendes methodisches Instrument zur gelingenden Unterrichtsgestaltung und für den Kompetenzerwerb autistischer Schüler*innen.**

Die Schüler*innen sollten je nach individuellen Möglichkeiten an deren Entstehung beteiligt werden und deren Einsatzzweck verstehen. Beim Aufbau der Kompetenz mit diesen Verständnis- und Organisationshilfen umzugehen, wird ebenso die Auseinandersetzung mit den eigenen Fähigkeiten gefördert, was eine Einschätzung der

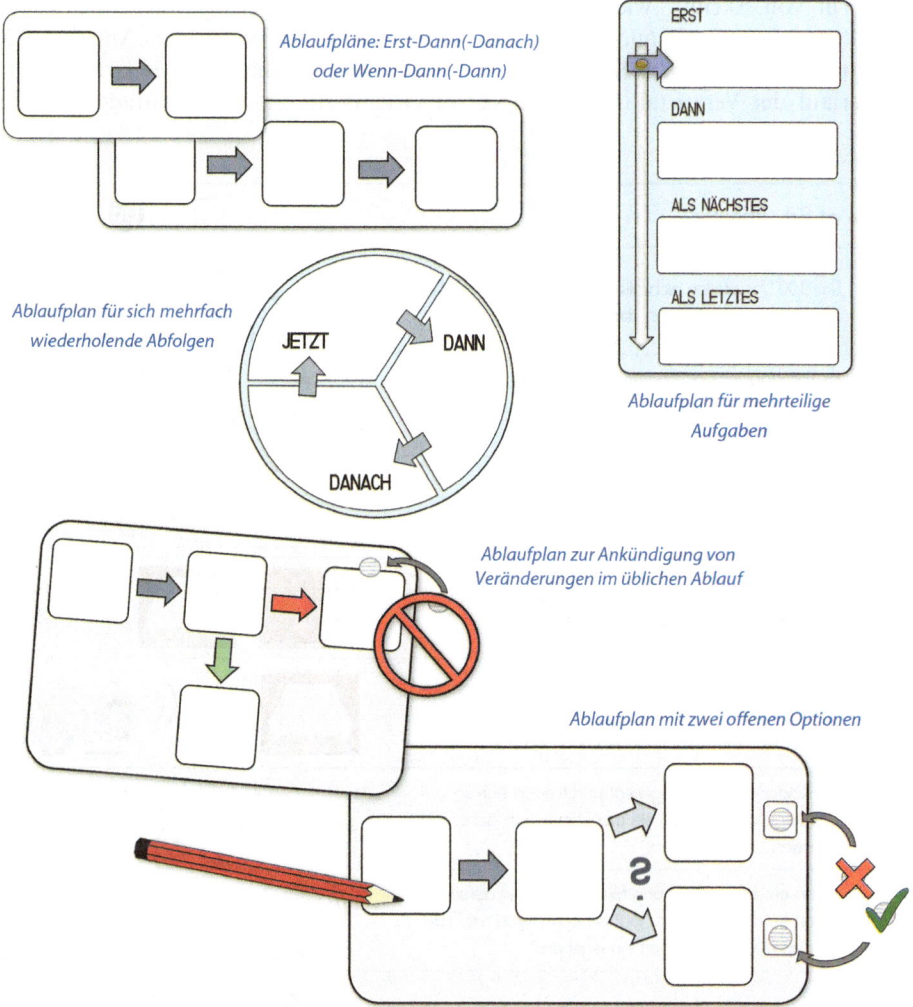

◼ **Abb. 3.47**   Blanko-Vorlagen für Abläufe

eigenen Leistungsfähigkeit in Bezug auf die Erwartungen verbessern kann und damit ein Reflexionsvermögen begünstigt. Visuelle Hilfen können durch schnell erstellte Strichzeichnungen oder kurze Texte auf vorhandenen Blanko-Vorlagen, wie in ◼ Abb. 3.47, entstehen. So können auch spontane Veränderungen oder komplexere Situationen anschaulich und nachvollziehbarer gemacht werden. Auch gedankliche Prozesse und Gefühlszustände können dadurch aufgegriffen und erläutert werden. Durch den bereits bekannten Einsatz solcher visuellen Mittel können sie die autistischen Schüler*innen situativ an den Stellen im Tagesverlauf unterstützen, an denen dieses notwendig wird, um daran teilzuhaben und aktiv sein zu können.

Die „Blanko-Vorlagen für Abläufe" stehen als Materialdownload für das ▶ Kap. 3 zur Verfügung.

In Form von Skripts, wie in ◨ Abb. 3.48, für eine außerordentliche Schulver-
anstaltung können z. B. auch mehrteilige Abläufe mit einem vermehrten Anteil sozialer Situationen im Vorhinein kennengelernt, durchbesprochen und geklärt werden.
Im Verlauf der Veranstaltung stehen sie zur Orientierung und als Leitfaden für die

3

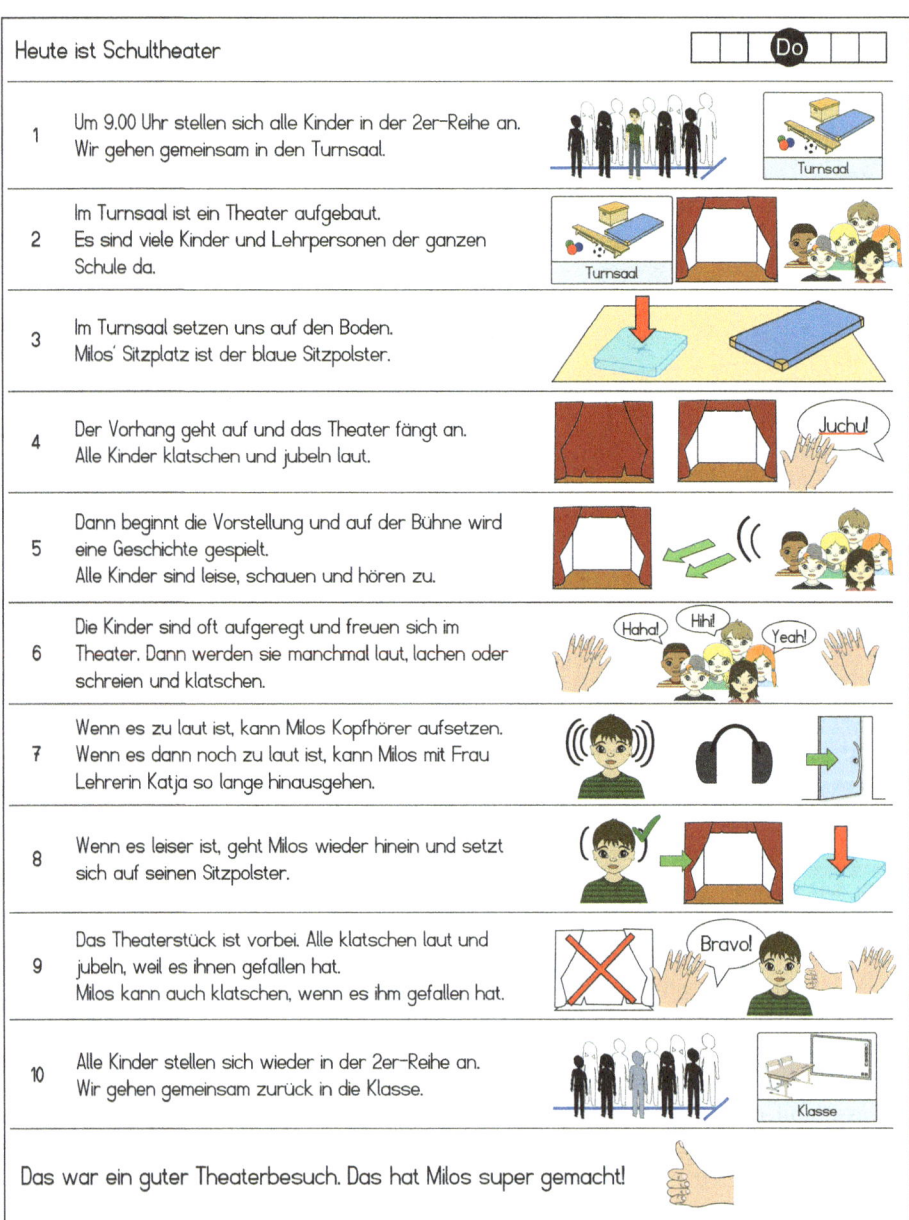

◨ **Abb. 3.48**   Ablauf-Skript für besondere Situationen

Schüler*innen zur Verfügung. So kann Überforderungssituation durch zu viele unbekannte oder nicht erwartete Faktoren entgegengewirkt werden. Kleine Flip-Fotoalben oder Visitenkartenheftchen können als Organisationsformat zur Vorbereitung von Veranstaltungen und Lehrausgängen auch im Vorhinein mit nach Hause gegeben und dort besprochen werden und ggf. von den Eltern oder anderen Bezugspersonen mit Informationen ergänzt werden.

3.5 Personen und zusätzlicher personeller Einsatz

In manchen Klassen sind eine Mehrzahl an Personen im Unterrichtsalltag zugegen. Das betrifft oft nur spezifische Stunden und kann sich auch situativ spontan ergeben. Das Klären dieser Bezugspersonen, deren Anwesenheiten, der Beziehung und damit auch verbundenen Erwartungshaltungen kann gerade zu Beginn der Schulzeit, bei Veränderungen von Personen und an den Transitionen einen relevanten Aspekt für autistische Schüler*innen darstellen. Ein Überblick über die Personen, die sich regelmäßig während des Unterrichts im Klassenraum aufhalten, kann bei einigen Schülerinnen und Schülern im Autismus Spektrum besonders wichtig sein, da deren Funktion nicht nur allein durch deren Anwesenheit und Tätigkeit immer richtig eingeordnet werden kann. Nicht geklärte Anwesenheit oder Abwesenheit von Personen und Auswirkungen die ein Handeln der einzelnen Personen auf die betreffenden Schüler*innen hat, stellen oft Unsicherheiten für die autistischen Schüler*innen dar, die sich symptomatisch zeigen können. Das führt z. B. zu lang anhaltenden, gedanklichen Beschäftigungen, die sich hinderlich auf ihre Leistungsfähigkeit auswirken und ebenso die Unterrichtsdynamik beeinflussen können. Dabei stellen nicht nur die Lehrpersonen einen relevanten Aspekt dar, sondern manchmal auch die anderen Mitschüler*innen.

Überlegungen zur Strukturierung von Personeneinsatz und transparente Darstellung

- Personen: *Wer ist da und nicht da?*
- Zuständigkeit: *Wer ist für wen (mich) zuständig? Auf wen soll ich mich fokussieren? Wann ist wer für mich zuständig?*
- Anforderung: *Welche Anforderung stellt diese Person an mich oder welche Aufgaben übernimmt sie?*

▪▪ Personelle Organisation

Eine eindeutige Zuordnung von Lehrpersonen zu einzelnen Stunden oder Unterrichtsfächern kann in einem Übersichtplan visualisiert werden. Hier ist es möglich, auch kurzfristige Veränderungen der Personen im Tagesablauf durch ein Durchstreichen oder Ersetzen, je nach Planvorlage, wie in ◘ Abb. 3.49, rechtzeitig anzukündigen und kommunizieren zu können. Im Klassentagesplan können z. B. durch ein Extrafeld Veränderungen oder fremde Personen auch für die gesamte Klasse vorbereitend angekündigt werden.

3

Das ist Herr Jonas.
Er ist der Teamlehrer von Frau Rot. Er ist viele
Stunden in deiner Klasse. Nur am Dienstag ist er
nicht da. Er ist, wie Frau Rot für die ganze Klasse verantwortlich.
Er spricht, singt, arbeitet und spielt mit euch. Er gibt dir auch
Aufgaben und Anweisungen. Das ist mit Frau Rot abgesprochen.
Wenn du eine Frage hast, kannst du auch Herrn Jonas fragen.
Du musst nicht auf Frau Rot warten. Am Plan kannst du sehen,
in welchen Stunden er da ist.

Ich bin _Andrea_,
deine Assistenz.
Ich arbeite heute
mit dir.

◻ **Abb. 3.49**   Übersicht über Bezugspersonen

3.5.1 Koordination personeller Einsätze

Situationen, in denen viele Personen im Raum sind, können aufgrund der erhöhten
sensorisch ablenkenden Einflüsse, die dadurch entstehen, sehr fordernd für die autistischen Schüler*innen sein. Deshalb ist ein Bewusstsein für möglichst wenig und vor
allem ruhige Bewegung im Klassenraum durch die verschiedenen Lehrpersonen oder
auch für das Vermeiden von schnellen Wechseln in den Zuständigkeiten notwendig.

Im Rahmen des Team-Teachings oder integrativer Einsätze weiterer Personen im
Klassenraum ist es wichtig im Vorhinein die Zuständigkeiten zu klären. In der kolle-
gialen Absprache sollen gerade bei Schülerinnen oder Schülern, die bei Personen-
wechsel Irritationen zeigen, die Aufgabenbereiche in Bezug auf die betreffenden
Schüler*innen gut geklärt und kommuniziert sein. Beispielsweise allgemeine Anforderungen im Rahmen des inhaltlichen Unterrichts, die Übernahme von kurzfristigen Hilfestellungen, Begleitung in Arbeits- und Ruhephasen oder auch die
Übernahme und Begleitung von Krisensituationen.

❗ Eine transparente Darstellung und Kommunikation gegenüber allen Schülerinnen und Schülern unterstützt nicht nur die Akzeptanz für Anforderungen durch andere Personen, sondern erhält auch die Handlungsfähigkeit in anfordernden Situationen auf allen Seiten.

Mit zusätzlichen personellen Ressourcen von mindestens zwei Personen lassen sich auch räumliche Differenzierungen oder Einzel- bzw. Kleingruppensettings besser organisieren, die in einer allgemeinen Planung des pädagogischen Konzepts bereits von Anfang an mitgedacht werden können. Dazu können verschiedene Formen des Team-Teachings herangezogen werden, deren Organisation in der Literatur bereits mehrfach methodisch und visuell aufbereitet wurde, sodass sie für eine transparente Kommunikation an die Schüler*innen zur Verfügung stehen.

Gerade im Rahmen von persönlicher Assistenz oder individueller Schulbegleiter*innen für Schüler*innen im Autismus Spektrum stehen sich tlw. konträre Aspekte deren Einsatz betreffend gegenüber, mit denen bewusst umgegangen werden muss und die eine hohe Koordinationskompetenz der zuständigen Lehrpersonen fordert. Einerseits können zusätzliche Personen eine förderliche Unterstützung darstellen z. B. für die Aufmerksamkeit und die Handlungsorganisation oder auch Hilfestellung für Sozialkontakte bieten. Auch individuelle Unterrichtssituationen, die z. B. abseits der Klasse im direkten 1:1 Kontakt notwendig sind, können durch Schulbegleiter*innen umgesetzt werden. Andererseits könnten dadurch aber auch Prozesse der Selbstwirksamkeit verhindert werden. Schlussfolgerungen der Review-Autoren Sharma und Salend, die Resultate von 61 Studien zum Einsatz von Assistenzpersonen in inklusiven Unterrichtssettings aus elf Ländern im Zeitraum von 2005–2015 untersucht haben, besagen, dass die Anwesenheit von Schulbegleitern dazu führen könnte, dass Kinder und Jugendliche mit Beeinträchtigungen weniger mit ihren Lehrern interagieren. Das wird daher hergeleitet, dass diese möglicherweise weniger Verantwortung für die Bildung spezifischer Schüler übernehmen, wenn eine weitere Person sich um sie kümmert. Außerdem könnte es zu geringerer Interaktion mit ihren Klassenkameraden führen. Dies wiederum kann Stigmatisierung, Isolation und eine erhöhte Abhängigkeit von Erwachsenen bei jungen Menschen mit Beeinträchtigungen fördern (2016, S. 128). Schwierig ist es, wenn Zielformulierungen der zusätzlichen eingesetzten Personen nicht regelmäßig entwicklungsfördernd analysiert, angepasst und vor allem mit dem Kind oder dem bzw. der Jugendlichen gemeinsam geklärt werden.

Die Selbstständigkeit und das Wahrnehmen von Selbstwirksamkeit sollten immer im Vordergrund stehen. Dafür muss eine Unterstützung oder Übernahme von Aufgaben oder Teilbereichen durch andere Personen klar formuliert und geklärt sein. Eine vorliegende Übergeneralisierung im Denken des Kindes kann in Situationen der Übernahme von Handlungen und starker Anleitung zu einer Abgabe von Aufgaben oder einem reduzierteren Einsatz durch das Kind führen.

3

3.6 Einsatz von Sprache und Wahl der Anweisungsebenen

Der Einsatz der Sprache sowie die Form und Vielfalt verbaler und nonverbaler Anweisungen im Unterrichtsalltag sind grundlegende Mittel, um mit Schüler*innen in Interaktion zu gehen, Anforderungen und Wissen zu vermitteln, Anweisung zu geben und Unterstützung zukommen zu lassen. An die In- und Output-Leistungen der Schüler*innen werden in diesen Situationen hohe Anforderungen in Form von Aufmerksamkeitslenkung, Einsatz von Blickkontakt und Steuerung der Fokussierung sowie dem Erkennen relevanter und zeitlich stimmiger Inputs mit Entschlüsselung der relevanten Informationen gestellt. Das inhaltliche Ordnen und Kategorisieren dieser verbalen und nonverbalen Informationen kann den Fokus auf wesentliche Inhalte für Schüler*innen im Autismus Spektrum erschweren oder sogar unmöglich machen. Die parallel ablaufenden Prozesse haben dann Einfluss auf das zeitlich entsprechende Reagieren auf Anweisungen.

Zusätzlich zu einem bewussten Gebrauch von klarer Sprache im Unterricht und dem Wissen der damit einhergehenden förderlichen und hinderlichen Bedingungen, ist vor allem das Anbieten von visualisierter Sprache und Kommunikation und geeigneten Alternativen wichtig. Diese ermöglichen den Schülerinnen bzw. Schülern das Erarbeiten oder Zeigen von erlangten Kompetenzen.

> **Klare, sichtbare und nachvollziehbare sprachliche Mittel und Anweisungen im Unterricht**
> – Verständnis von Inhalt:
>   *Worüber wird gerade gesprochen? Um welchen Inhalt geht es? Welche Information ist wichtig für mich? Was bedeutet die Information?*
> – Verständnis von Anweisungen:
>   *Was soll ich wann tun? Wie soll ich es tun? Was benötige ich alles?*
> – Agieren und reagieren in Kommunikationssituationen:
>   *Wann bin ich an der Reihe? Worüber soll/kann ich sprechen? In welcher Form kann ich (worüber) sprechen?*

3.6.1 Verwendung verbaler Sprache

Der Einsatz ihrer Unterrichtssprache sollte der Lehrperson in Bezug auf die Verwendung von Hochsprache oder Dialekt, eines konkreten oder abstrakten Sprachstils, des benutzten Wortschatzes und Satzbaus bewusst sein. Das Verständnis von sprachlichen Erklärungen kann bei Schüler*innen im Autismus Spektrum von vielen unterschiedlichen Faktoren abhängig sein. Trotz eines guten Wortschatzes und einer guten Kommunikationsfähigkeit können Schwierigkeiten in der Verarbeitung von verbalen Informationen auftreten, die das weitere Handeln beeinträchtigen können. Individuell unterschiedlich haben autistische Schüler*innen Schwierigkeiten hinsichtlich des verwendeten Wortschatzes, des schnellen und konkreten Bedeutungsverständnisses von neuen Wörtern, des abstrakten Verständnisses von Inhalten oder

Weniger verständlich:	Gut verständlich:
„bald"	„um 9.00"
„nicht so oft"	„dreimal"
„warte ein bisschen"	„gleich nach der Pause"
„gleich"	„in 5 Minuten"
„noch ein paar Sätze"	„noch 5 Sätze"

◘ **Abb. 3.50** Konkrete Sprache

des Bezugs auf die Inhalte bei längeren Erklärungen. Das kann einen hohen Einfluss besonders auf die Aufnahme von Informationen und auf das Verständnis von Anforderungen haben.

Bei vielen autistischen Schüler*innen liegt vor allem ein zunächst sehr konkretes Sprachverständnis vor. Die Verwendung von Ungenauigkeiten, indirekten Aufforderungen durch Fragestellungen oder Ironie im Sprachgebrauch, wie in ◘ Abb. 3.50, führt dabei häufig zu Verunsicherung und Unverständnis. Verallgemeinerungen können nur erschwert auf die spezifische Situation übertragen werden. Das kann Missverständnisse für die Handlungsausführung bewirken. Eine klare, langsame und direkte Sprache kann sie Informationsaufnahme und auch die Handlungsausführung förderlich unterstützen.

Komplexe Satzstellungen und Erklärungen, in denen die Bezüge der Inhalte durch ständigen Rückbezug innerhalb der Sätze oder auf vorherige Informationen getroffen werden müssen, benötigen meist erheblich mehr Kapazität und Verarbeitungszeit für die Informationsaufnahme verbaler Informationen. Dadurch kann dem Informationsfluss oft nicht genügend gefolgt werden. Daher sind eine langsame Sprache und der Einbau von kurzen Sprechpausen zur Verarbeitung der neuen Informationen förderlich. Bei notwendigen Unterbrechungen im inhaltsbezogenen Reden der Lehrperson durch nicht themenbezogene Inhalte wie z. B. soziale Regulationen, Einschübe von Gedanken oder Störungen durch Außenstehende, muss sichergestellt sein, dass der Wechsel der Inhalte durch die autistischen Schüler*innen mitbekommen wurde. Ein Verzicht wirkt sich in jedem Falle günstig aus. Neben- oder Zusatzinformationen, die der Ausgestaltung des Inhalts dienen, können gerade bei einer ersten Auseinandersetzung mit einem neuen Thema die Bedeutungszuweisung erschweren und sollten daher bewusst und gezielt als Zusatzinformation zu einem späteren Zeitpunkt eingesetzt werden.

Eine Verwendung verbaler Phrasen kann die Verarbeitung entlasten und Kapazitäten für die Informationsaufnahme neuer und komplexerer Informationen schaffen. Dieses kann durch z. B. bei einem neu zu erwerbenden Fachwortschatz oder der Verknüpfung mehrerer methodischer und thematischer Inhalte ritualisiert verbal eingesetzt werden und somit auch die Aufmerksamkeit auf den relevanten Abschnitt lenken. Eine Trennung der verbalen Information von den demonstrierenden Handlungen, z. B. bei der schrittweisen Erarbeitung neuer Rechenverfahren, kann zu einer guten Verarbeitung und einem Verständnis beitragen.

Das Visualisieren wesentlicher Inhalte von Themenbereichen in unterschiedlichsten Gesprächssituationen und während Erarbeitungsphasen z. B. durch Bullet Points an der Tafel, Bildkarten oder Grafiken ist oftmals hilfreich für eine bessere Aufnahme und ein Verständnis von Wissensinhalten. Es unterstützt den Fokus oder

3

den Wiedereinstieg in ein Thema. Verknüpfungen und Anknüpfungspunkte können so grundsätzlich oder auch nach einem geforderten Aufmerksamkeitsverlust wieder rascher gefunden und hergestellt werden. Abbildungen unterstützen zusätzlich meistens die Merkfähigkeit und bieten eine Grundlage zur eigenständigen Orientierung und Informationsbeschaffung über den visuellen Aufnahmekanal, nachdem die verbale Information bereits gegeben wurde. Besonders bei mehrschrittigen Arbeitsaufträgen unterstützen sie den selbstständigen Arbeitsprozess. Hierzu finden sich im ▶ Band 2 „Autismus und Schule – Inklusive Unterrichtsorganisation, Nachteilsausgleich und Wissenserwerb" vielzählige Beispiele.

3.6.2 Verwendung nonverbaler Signale der Mimik und Gestik

Nonverbale Signale, wie Mimik und Gestik, können, trotz der häufigen Erschwernis, diese Signale rechtzeitig wahrzunehmen und richtig deuten zu können, in manchen Situationen für autistische Schüler*inne hilfreich sein. Dabei ist sicherzustellen, dass die verwendeten Signale in ihrer Bedeutung einer Information zugeordnet sind. Ritualisiert im Schulalltag erlernte Gesten für bestimmte Handlungen oder Einsatz von Gebärden bieten sich hier förderlich an und können das zeitliche Reagieren positiv unterstützen.

Beim Einsatz von Mimik und Gesten zur Unterstützung der Information muss die Aufmerksamkeitsausrichtung und wenn nötig auch eine längere Fokussierung auf diese erfolgen. Häufig geschieht diese Ausrichtung bei autistischen Schülerinnen bzw. Schülern zu spät, sodass wichtige Informationen nicht mitbekommen werden. Ein vorheriges Aufmerksam-Machen und die Steuerung der Fokussierung auf relevante Gesten können die Schüler*innen unterstützen, die Information gut aufzunehmen. Besonders bei der Demonstration von Handlungen oder räumlichen Anweisungen, die häufig über Gestik gegeben werden, kann eine Reduzierung der Bewegungsgeschwindigkeit beim Ausführen der Gesten eine parallele Informationsaufnahme gemeinsam mit den verbal-sprachlichen Informationen begünstigen.

3.6.3 Die Anweisungsebenen

Der Einsatz von Anweisungen für geforderte Handlungen kann auf unterschiedlichen Ebenen stattfinden, welche verbal, gestisch, demonstrativ oder körperlich führend sein können. Gezielte kindspezifische Überlegung in der Methodenwahl der Anweisungsebene sind mitunter im Vorfeld anzustellen, damit die (zusätzliche) Anwendung der geeigneten Anweisungsebenen durch die Lehrperson einen direkten förderlichen Einfluss auf den Lernprozess des Kindes haben kann. Die unterschiedlichen Anweisungsebenen sind nicht hierarchisch zu sehen und stellen im Sinne des Nachteilsausgleichs besonders bei der Erarbeitung keine Erleichterung einer Anforderung dar, sondern sichern die Informationsaufnahme und das Erlernen neuer Methoden auf neurodiverser Ebene. Sie werden evidenzbasiert in verschiedenen Therapieformen bei autistischen Kindern und Jugendlichen bereits lange erfolgreich angewendet. Bei der Leistungsüberprüfung sind sie, abhängig von dem zu prüfenden Inhalt, ggf. anzupassen oder gesondert zu bewerten. In ◨ Abb. 3.51 werden sie in differenzierter Form näher erläutert.

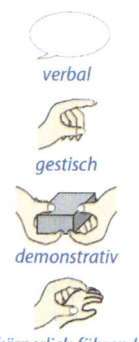

- Verbale Anweisungen können indirekt oder direkt, konkret oder abstrakt und in persönlicher Ansprache oder allgemein gerichtet sein.

verbal

- Gestische Anweisungen können Hinweise mit den Händen zur Fokussierung, zusätzliche beschreibende Sachinformationen zur Gestalt, Richtung oder zum funktionellen Gebrauch sowie Handlungsanweisungen zur Koordination oder Reihenfolge beinhalten.

gestisch

- Demonstrierende Anweisungen stellen vor allem im Handlungsbereich die konkrete Handhabung, Koordination und den Ablauf von Tätigkeiten zur Imitation dar.

demonstrativ

- Körperlich aktivierende oder körperlich führende Anweisungen geben Impulse zur Bewegungssteuerung oder unterstützen den Bewegungsablauf durch Führung z.B. der Hand beim Schreiben oder beim Einüben von neuen koordinativen Bewegungsprozessen.

körperlich führend

🔲 **Abb. 3.51** Anweisungsebenen

Es gibt eine Vielzahl an Einsatzmöglichkeiten und Kombinationen von Formen der Anweisung, die individuell für Schüler*innen förderlich oder hinderlich sein können. Sie können isoliert oder in Kombination miteinander und nacheinander verwendet werden. Dabei kann ein gleichzeitiger Einsatz von verbal und gestischen oder verbal und körperlich führenden Anweisungen durch die Multimodalität die Aufnahme von Informationen für autistische Schüler*innen erschweren. Eine isolierte, schrittweise Anwendung kann im Gegenzug dazu zur Entlastung beitragen und so das Zeigen von Kompetenzen positiv unterstützen oder sogar erst ermöglichen.

Für verbale Anweisungen müssen Aspekte wie Sprachverständnis und Verarbeitungszeit verbaler Informationen berücksichtigt werden. Dafür muss mitunter mehr Zeit eingeplant werden. Gestische Ausdrucksformen benötigen neben der visuell fokussierten Aufmerksamkeitsausrichtung, die ggf. eingefordert werden muss, manchmal bereits eine Vorstellung der nächsten Information, da sie auf etwas Zukünftiges hinweisen. Diese zukünftige Vorstellung kann im Kontext eventuell nicht von den autistischen Schüler*innen erschlossen werden. Demonstrierende Anweisungen werden zum Vormachen von Handlungsabläufen genutzt, sodass sich diese gemerkt und zu einem späteren Zeitpunkt imitiert werden müssen. Hier kann Video-Modeling oder Peer-Teaching eine gute Möglichkeit darstellen auch zu einem späteren Zeitpunkt auf die Demonstrationen zurückgreifen zu können.

3.6.4　Anwendung von Sprache in der Kommunikation

Gespräche finden in vielzähligen Situationen des Schulalltags statt. Speziell in sozialen Situationen, welche vermehrt sprachliche Kompetenzen der Anwendung von pragmatischen Funktionen fordern, benötigen autistische Schüler*innen häufiger Unterstützung, um in Gespräche einsteigen und sie themenbezogen (weiter-)führen und aufrechterhalten zu können. Im schulischen Alltag finden diese Situationen sowohl im Unterricht als auch in der Pause statt und tragen maßgeblich zur Informationsgewinnung und ebenso zur sozialen Integration bei.

Viele Gespräche in Unterrichtssettings können vorbereitet werden, indem Regeln für Gespräche und Informationen zum Thema und damit verbundene Anforderungen der Gesprächssituation im Vorhinein gegeben oder geklärt werden. Visuelle Mittel, wie z. B. in 🔲 Abb. 3.52, können Hilfen zur konkreten, situationsbezogenen Kom-

3

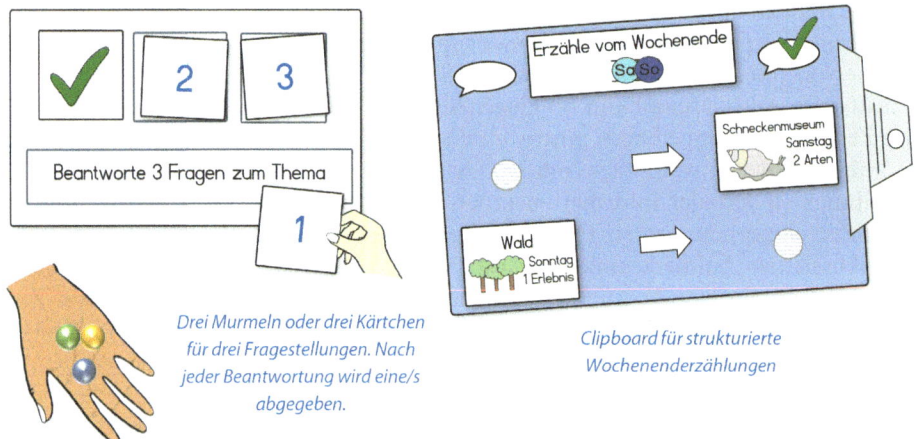

Wann kann ich worüber sprechen?			
über: Situation	Thema 1	Thema 2	Thema 3
Sitzkreis	Über das Thema des Sitzkreises.	Fragen stellen zum Thema des Sitzkreises.	Über Lieblingsthemen. Über das Verhalten anderer Kinder.
Klassenrat	Über eigene Wünsche, Vorschläge, Beschwerden.	Über das Verhalten anderer Kinder.	Über Lieblingsthemen.
Einzelarbeit	Bei Fragen zum Lernen mit dem Sitznachbarn oder der Lehrperson.	-	Über Lieblingsthemen Über das Verhalten anderer Kinder.
Pause	Mit allen anderen Kindern der Klasse über Lieblingsthemen.	Mit der Lehrperson über Fragen zum Lernen zur Organisation oder Lieblingsthemen.	-

Drei Murmeln oder drei Kärtchen für drei Fragestellungen. Nach jeder Beantwortung wird eine/s abgegeben.

Clipboard für strukturierte Wochenenderzählungen

🔲 **Abb. 3.52** Kommunikative Erwartungen und Anforderungen

munikation über mögliche Inhalte, die Anzahl oder Länge der Gesprächsbeiträge oder zum Vorstrukturieren von Erlebniserzählungen abbilden. Die klare Darstellung von Erwartungen, eine Zuteilung von sprachlichen Aufgaben und ritualisierte Anforderungen an sprachlichen Kompetenzen können z. B. in Sitzkreissituationen oder bei Gruppenarbeiten eine bessere Bewältigung und eine verbesserte Interaktion mit anderen ermöglichen.

■■ **Gesprächsregeln**

Das Einhalten wichtiger Gesprächsregeln stellt eine Grundlage für ein interaktives und soziales Miteinander dar, indem Informationen gut aufgenommen und weitergegeben werden können. Manchen Schülerinnen und Schülern fällt die Wahrnehmung der Bedürfnisse anderer und die Hemmung des eigenen Bedürfnisses nach Mitteilung

schwer. Dadurch können zeitlich und situativ unpassende Äußerungen auftreten. Über verschiedene Möglichkeiten von Visualisierungen, wie in ◘ Abb. 3.53, können grundsätzliche Regeln in Gesprächssituationen zunächst erarbeitet und ggf. alternative Verhaltensweisen gefunden werden. Eine höhere Kompetenz in der Akzeptanz die eigenen Bedürfnisse zurückzustellen, kann unter Zuhilfenahme von visuellen Vorankündigungen wie z B. die Reihung des Drankommens schrittweise gesteigert werden. Hier stellten die Transparenz und die Verlässlichkeit der visuellen Hilfe den förderlichen Aspekt dar. Diese Regeln benötigen häufig eine verlängerte und stete Übungszeit mit Anleitung. Situationsbezogen können sie am Platz bereitgestellt werden, um daran zu erinnern und ggf. über gestisches Hinweisen einen direkten Bezug während des Unterrichts darauf nehmen zu können.

Die Vorlagen für den „Gesprächsraster", die „Gesprächsbeiträge" und die „Alternative soziale Kommunikation" stehen als Materialdownload für das ▶ Kap. 3 zur Verfügung.

Manchmal kann es auch sinnvoll sein zu überlegen, ob die Teilnahme an vorwiegend sprachlich orientierten Unterrichtsphasen eine Notwendigkeit darstellt oder ein höherer Lernerfolg gegeben ist, wenn sich der oder die Schüler*in in der Einzelsituation mit der Thematik auseinandersetzt. Dadurch kann der Fokus auf den wesentlichen Inhalt gelenkt und gehalten werden. Nebenkompetenzen müssen nicht einfließen und die benötigte Energie kann in der Arbeitsphase gebündelt und themenzentriert genutzt werden, was den Lernerfolg positiv unterstützen kann.

3.7 Aufbau einer sozialen Gemeinschaft

Um eine soziale Gemeinschaft zu werden, in der die Vielfalt der Gruppe und Individualität jeder einzelnen Schülerin und jeden einzelnen Schülers respektiert, wertgeschätzt und vor allem auch in die Gemeinschaft eingebracht werden kann, benötigt es besonders in der Anfangsphase einer Gruppenbildung eine schwerpunktmäßige bewusste Auseinandersetzung und Förderung im Sinne eines gemeinsamen Lehrpersonen-Eltern-Schüler*in-Interaktionsprozesses. Das Entwickeln einer sozialen Gemeinschaft stellt viele intransparente Anforderungen an Schüler*innen im Autismus Spektrum, die mit einem intuitiven Erfassen vieler neuer Situationen und kommunikativer und sozial-interaktiver Anforderungen verbunden sind und daher auch einen spezifischen Förderschwerpunkt darstellen.

> **Im sozialen Kontakt mit anderen und beim Handeln in der Gruppe müssen unterschiedliche Fragen transparent und nachvollziehbar gemacht werden, um ein Verständnis und eine Akzeptanz zu bewirken und den Schülerinnen und Schülern im Autismus Spektrum die gezielte und gewollte Mitwirkung und Mitarbeit zu ermöglichen:**
> — Kennenlernen der anderen: *Wer gehört zur Gruppe? Was macht diese Personen aus? Wer interessiert sich wofür? Was erwartet welche Person von mir?*
> — Wissen und Akzeptanz von Regeln: *Welche Regeln gibt es? Zu welchem Zweck sind die Regeln da? Wann gelten welche Regeln? Welche Regeln gelten für wen? Welche Ausnahmen gibt es? Wie kann ich die Regeln einhalten?*
> — Entwickeln der Gemeinschaft: *Wer hat welche Aufgabe in der Gemeinschaft? Was kann ich tun, um ein Teil der Gemeinschaft zu sein? Wie kann ich mit den anderen gut zusammenarbeiten? Wie gelingt die gemeinsame Interaktion?*

3.7.1 Sensibilisierung und Perspektivenwechsel

Eine gute Klassengemeinschaft kann entstehen, wenn jede und jeder die jeweils anderen mit ihren Stärken und Schwächen wertfrei kennen lernen kann. Dazu ist es wichtig, dass es jedem Kind ermöglicht wird, mit seinen, ihm derzeit zur Verfügung stehenden Möglichkeiten, einen Teil zur Gemeinschaft beizutragen. Das gegenseitige Wissen über die Möglichkeiten und auch über die Bedürfnisse der anderen schafft eine bessere Möglichkeit im gegenseitigen Kontakt auf die anderen einzugehen. Dadurch werden Anforderungen und Erwartungen an andere besser angepasst und führen zu mehr positiven Erlebnissen miteinander. Dieser Prozess bezieht alle handelnden Personen im engen Umfeld der Klasse und im Weiteren der unmittelbaren Schulgemeinschaft über eine lange Phase des Schulbeginns und an den Transitionen mit ein.

Eine Möglichkeit einen gegenseitigen Kennenlernprozess förderlich zu unterstützen stellt z. B. ein Vorstellbrief des Kindes oder auch einer im Namen des Kindes durch die Eltern verfasst dar. Dieser Brief kann in Form eines bebilderten Textes mit wichtigen „Profilschnappschüssen", eines Bilderbuches mit Stichwörtern oder auch in multimedialer Form wichtige Informationen zu Familie, Interessen, Vorlieben und Abneigungen sowie Stärken und Schwächen der Kinder vermitteln. Für die Lehr- und Betreuungspersonen, die mit dem Kind im pädagogischen Feld zu tun haben, sind spezifische Informationen zu autistischen Schülerinnen und Schülern oder mit anderen besonderen Bedürfnissen bereits vor Schulbeginn wichtig. Auch die Lehrpersonen können daher über einen solchen Vorstellbrief wichtige Informationen erhalten, die dem Beziehungsaufbau und der besseren Anpassung von äußeren Strukturen und Inhalten gerade zu Beginn dienen können.

Um im Schulalltag gut auf die spezifischen Merkmale eingehen und darauf Rücksicht nehmen zu können und diese Basisbedingungen und notwendige Veränderungen an alle beteiligten Lehrpersonen transparent und zügig zu kommunizieren, hat sich ein Steckbrief für Kinder mit besonderen Bedürfnissen als eine Art Handlungsleitfaden bewährt, der für alle Lehrpersonen im Team aktualisiert aufliegt und einsehbar ist. Beide Möglichkeiten sind exemplarisch in ◘ Abb. 3.54 aufgezeigt.

Der „Steckbrief" als Handlungsleitfaden steht als Materialdownload für das ▶ Kap. 3 zur Verfügung.

▪▪ Elternarbeit

Auf der Ebene der Elternarbeit kann z. B. eine kurze angekündigte und strukturiert geplante Vorstellrunde zum eigenen Kind am ersten Elternabend für alle Eltern Berührungsängste abbauen und Vorurteilen entgegenwirken. Ein gezieltes Einbinden aller Erziehungsberechtigten in den Schulalltag, z. B. bei Lehrausgängen, an Stationen-Tagen, beim Klassenfrühstück, bei Projekten oder auch ein von der Schule eingerichtetes regelmäßiges Elterncafé, schafft den Raum, in dem offen über die soziale Entwicklung der Lerngruppe oder einzelner Schüler*innen gesprochen werden kann und damit eine höhere Akzeptanz und Bereitschaft zur Zusammenarbeit in herausfordernden Situationen.

Regelmäßig können neue Informationen, die von den Schülerinnen und Schülern eigenständig oder mit Unterstützung der Erziehungsberechtigten ausgewählt wurden, in den Gruppenprozess einfließen, z. B. durch ein Klassenmaskottchen, welches die Schüler*innen zu Hause „besucht" und dessen Erlebnisse in einem Foto-Tagebuch festgehalten und den anderen Schüler*innen und den Lehrpersonen vorgestellt werden. Bei älteren Schülerinnen und Schülern können methodisch aufbereite Medien, wie z. B. eine Foto-Story, ein Videodreh oder multimediale Formate wie You Tube®, Facebook®, Instagram-Stories®, Snapchat® oder Tik Tok®, neben der kritischen Auseinandersetzung zur gegenseitigen Akzeptanz und zum gegenseitigen Verstehen beitragen.

▪▪ Proaktive Aufklärung und Sensibilisierung

Eine proaktive Aufklärung zum Thema Autismus oder das Aufgreifen des Themas zu konkreten Zeitpunkten kann in Absprache mit den Erziehungsberechtigten der betreffenden Schüler*innen im Rahmen von geleiteten Aufklärungs- und

3

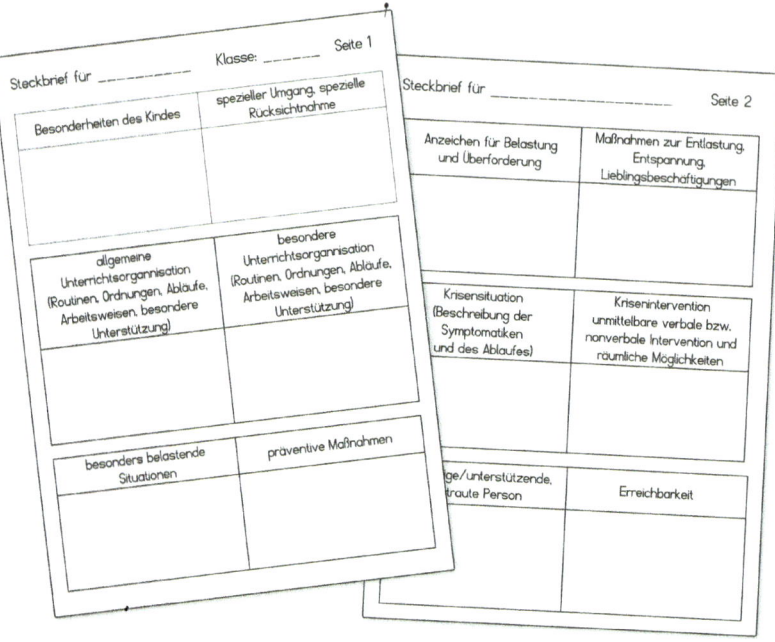

◾ **Abb. 3.54**   Steckbrief

Sensibilisierungseinheiten stattfinden. Das Einbeziehen, je nach Alter und Wunsch der Schülerin bzw. des Schülers im Autismus Spektrum, in die Überlegungen zur Planung und die konkrete Durchführung muss in diesem Prozess mitbedacht werden. Es gibt bereits Vorlagen in der Literatur, die für schulische Zwecke entwickelt wurden.

Ebenso stehen eine Vielzahl an altersadäquaten Büchern und Filmen zum Thema Autismus zur Verfügung, die je nach individueller Besonderheit einen Baustein zur Sensibilisierung und vor allem konkreten Auseinandersetzung darstellen können. Je nach Wahl der Vorlage wird insbesondere der Perspektivenwechsel angeleitet, der bei bereits vorhandenen Missverständnissen oder in schwierigen Situationen zum gegenseitigen Verständnis und zur Klärung und Lösungsfindung durch die Schüler*innen beitragen kann.

Um Perspektivenwechsel regelmäßig förderlich anzuleiten, stellt ein wertschätzender Umgang der Lehrpersonen mit den unterschiedlichen Entwicklungsständen, Stärken und Schwächen und damit einhergehenden unterschiedlichen Bedürfnissen der Schüler*innen eine wichtige Basis dar. Zeiten, z. B. durch einen regelmäßig stattfindenden Klassenrat, in denen die Auseinandersetzung der unterschiedlichen Erwartungen und Sichtweisen auch auf Schüler*innenebene strukturiert und nach nachvollziehbaren Regeln stattfinden kann, können ein methodisch wichtiger Pfeiler sein, durch die der wertschätzende und respektvolle Umgang mit der Vielfalt und der Unterschiedlichkeit angeleitet und die Gemeinschaft gefördert wird. Auch hier stehen bereits gut visualisierte und strukturierte Vorlagen für den pädagogischen Einsatz zur Verfügung.

3.7.2 Regeln, Freiräume und Alternativen

Schüler*innen im Autismus Spektrum haben erfahrungsgemäß ein gutes Regelverständnis, wenn es um logische Abfolgen und klare Zuordnungen zu „richtig" und „falsch" geht. Vielen autistischen Schülerinnen und Schülern sind die meisten Regeln des sozialen Miteinanders zumindest in der sprachlichen Bedeutung bekannt und häufig auch in der Art und Weise von Einzelhandlungen, welche die Grenzen zur Einhaltung überschreiten. Mit zunehmender Komplexität der Regeln des sozialen Miteinanders ist ihnen aber nicht immer klar, welche konkreten Handlungen wann und in welcher Form notwendig sind, um diese Regeln einzuhalten. Regeln beziehen sich nicht ausschließlich auf ihre Benennung, sondern vor allem auf Handlungen, die für ihre Einhaltung notwendig oder zu unterlassen sind. Die Kenntnis und die Benennung allein gibt bei abstrakten Begriffen wie z. B. „Mitmachen", „Freundlich sein" oder „Arbeitslautstärke" wenig Hinweise für konkrete Handlungen. Dadurch bewirken solche Aufforderungen auch meist keine spontanen und vor allem keine langfristigen Verhaltensänderungen. Viele Regelhandlungen erfordern situative Anpassungen des Verhaltens, welches an, für autistische Schüler*innen oft unmerklichen Merkmalen festgemacht wird. Zudem sind Regeln situativ unterschiedlich ausgelegt und können von Person zu Person in ihrer konkreten Auslegung variieren.

Das Erreichen mancher sozialer-gemeinschaftlicher Ziele und damit der verbundenen Einhaltung von gewissen Regeln ist für einige autistische Schüler*innen in der geforderten Phase entwicklungsbedingt, situationsbedingt oder impulsbezogen noch nicht möglich, sodass Alternativen gefunden werden müssen, die dem Entwicklungsstand des Kindes oder der bzw. des Jugendlichen entsprechen und ebenso gemeinschaftlich zuträglich sind. Oft sind individuelle Regeln zur Annäherung an gemeinsame Vereinbarungen nötig.

3

▪▪ Klassenregeln

Für das Lernen in der Gemeinschaft müssen verlässliche Vereinbarungen gelten, die den Umgang in den unterschiedlichen Situationen miteinander regeln. Dafür sind nicht nur das Aufstellen dieser Regeln des Zusammenlebens und -arbeitens wichtig, sondern vor allem der transparente und nachvollziehbare Umgang damit. Der Ausgleich zwischen einer Einbindung einer Schülerin oder eines Schülers in eine Regel und Ausnahmen davon gilt sowohl für die Lernsituation als auch für soziale Situationen des Miteinanders z. B. in der Pause. Individuelle Ausnahmen dürfen und müssen vorhanden sein, wenn sie entwicklungsbedingt begründet sind. Ausnahmen müssen genauso einer Planung und Zielsetzung für eine Weiterentwicklung des sozialem Regelverständnis des Kindes unterliegen. Eine Anpassung der eigenen „Erwartungsnorm" für Regelverhalten an die Entwicklungsvoraussetzungen der konkreten Schüler*innen-Gruppe und einzelner Schüler*innen sowie ein eindeutiges und selbstsicheres Agieren der Lehrperson stellen einen ersten wichtigen Schritt in Bezug auf den Umgang mit Regeln im Klasseverband dar.

Regeln sollten in gemeinsamer Akzeptanz der gesamten Klassengemeinschaft erarbeitet und aufgestellt werden. Dafür genügt es für autistische Schüler*innen häufig nicht, die „Standardregeln" gemeinsam zu sammeln, aufzusagen oder grafisch zu gestalten. Sie bedürfen oft einer konkreten Ausformulierung, mit konkreten Situationen des Unterrichtsalltags. Ihr gemeinsamer oder auch persönlicher Nutzen muss zudem geklärt werden. Positive Formulierungen, die angeben, welches Verhalten erwartet wird, sind für die Handlungsumsetzung zielführender als negative Formulierungen und Verbote. Für autistische Schüler*innen ist das Zugreifen auf Handlungsalternativen erschwert, sodass immer wieder dieselben Regelverstöße vorkommen, ohne dass eine Veränderung des Verhaltens eintritt. Adäquate Verhaltensweisen können von ihnen häufig nicht intuitiv getroffen werden. Für eine konkret formulierte Basis können auch individuelle Ziele durch einzelne Kinder und Jugendliche eigenständig und individuell formuliert werden. So kann jedes Kind der Klassengemeinschaft an unterschiedlichen Regelschwerpunkten für die Klassengemeinschaft arbeiten. Visualisierte Regeln können regelmäßig und immer wieder anlassbezogen gemeinschaftlich oder individuell herangezogen und besprochen werden. Ein steter Zugriff ermöglicht das schnelle und nonverbale In-Erinnerung-Rufen, kurz bevor die Regelhandlung relevant wird. Erforderliches Regelverhalten in neuen Situationen kann zur besseren Klärung z. B. an einer Gemeinschaftswand der Klasse, siehe ▪ Abb. 3.55, immer wieder neu geklärt und zu den allgemeinen Regeln hinzugefügt werden.

Maßnahmen zur Transparenz von vereinbarten Regeln für eine akzeptierte Handlungsgrundlage

- ▬ Betreffende Regeln und deren Bedeutung konkret benennen (Kenntnis)
- ▬ Den Zweck dieser Regeln klären (Verständnis)
- ▬ Das Ziel eines regelkonformen Verhaltens kennen (Akzeptanz)
- ▬ Den gemeinsamen und persönlichen Nutzen aufzeigen (Respektanz und Mehrwert)
- ▬ Den schrittweisen Weg zur Erreichung dieses Regelziels aufzeigen (Transparente Handlungsmaßnahmen)
- ▬ Persönliche oder anderes motivierende Unterstützung bei der situativen Durchführung geben

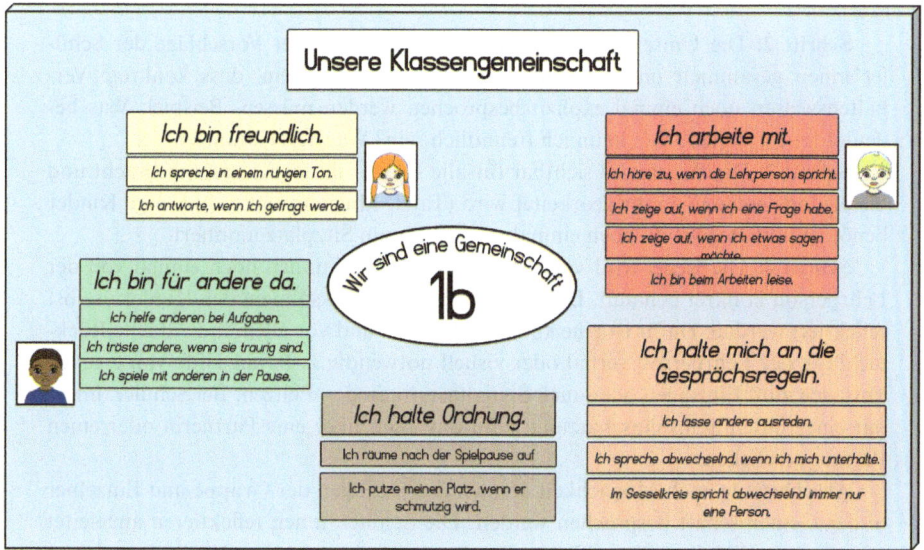

Unsere Klassengemeinschaft

Ich bin freundlich.
Ich spreche in einem ruhigen Ton.
Ich antworte, wenn ich gefragt werde.

Ich arbeite mit.
Ich höre zu, wenn die Lehrperson spricht.
Ich zeige auf, wenn ich eine Frage habe.
Ich zeige auf, wenn ich etwas sagen möchte.
Ich bin beim Arbeiten leise.

Wir sind eine Gemeinschaft
1b

Ich bin für andere da.
Ich helfe anderen bei Aufgaben.
Ich tröste andere, wenn sie traurig sind.
Ich spiele mit anderen in der Pause.

Ich halte mich an die Gesprächsregeln.
Ich lasse andere ausreden.
Ich spreche abwechselnd, wenn ich mich unterhalte.
Im Sesselkreis spricht abwechselnd immer nur eine Person.

Ich halte Ordnung.
Ich räume nach der Spielpause auf.
Ich putze meinen Platz, wenn er schmutzig wird.

☐ **Abb. 3.55** Gemeinschaftsregeln

■■ **Regel der Woche**

Eine regelmäßige Auseinandersetzung, Anpassung oder Erweiterung auf neue Situationen oder auch eine Schwerpunktsetzung einzelner Regeln als „Regel der Woche" für die gesamte Klasse unterstützt das Bewusstsein für die Relevanz bei allen Schülerinnen und Schülern. Durch diese methodische Form der Regelerarbeitung kann jede Schülerin und jeder Schüler individuell und zielgerichtet deren Einhaltung trainieren und schrittweise kleine gesteckte Ziele erreichen.

Methoden-Tipp

Regel der Woche
Beschreibung und Ziel: Die als verbindlich geltenden Regeln für ein soziales Miteinander werden zur „Regel der Woche" weiterentwickelt. Das Ziel ist während der Woche ein stärkeres Bewusstsein und eigenständiges Bemühen der Schüler*innen in Bezug auf einen Schwerpunkt zu bewirken. Das pro-aktive und geleitete regelmäßige Auseinandersetzen mit den sozialen oder organisatorischen Anforderungen im Schulalltag soll positiv konnotiert sein. Andere Regeln müssen dafür im Verlauf der Woche in den Hintergrund rücken. Ein zunehmend realistisches Einschätzen und Reflektieren der eigenen sozialen Fähigkeiten und eine eigenmotivierte Steigerung soll langfristig erreicht werden. Vorbereitende Maßnahmen: Regeln des sozialen Miteinanders werden positiv formuliert mit den Kindern erarbeitet und visualisiert (Plakate, Buch, …) und begleiten in visualisierter und konkret beschriebener Form den Prozess. Die Schüler*innen haben ein eigenes Regelbuch, dass individuell benannt und gestaltet werden kann.
   Schritt 1: Zu Wochenende z. B. im Klassenrat oder zu Wochenbeginn im Morgenkreis wird sich gemeinsam auf die „Regel der Woche" geeinigt. (Ggf. aus einer vorgegebenen Auswahl.)

3

Schritt 2: Die Umsetzung der Regel wird erläutert oder Vorschläge der Schüler*innen gesammelt und visualisiert. Es kann wichtig sein, dass konkrete Verhaltensweisen noch einmal explizit besprochen werden müssen. Beispiel: Was bedeutet leise arbeiten? Wie kann ich freundlich sein? Was heißt abwarten? ...

Schritt 3: Die Regel wird sichtbar für alle Kinder in der Klasse angebracht und bleibt dort, solange an ihr gearbeitet wird (Tafel, Magnetwand, ...). Einige Kinder benötigen die Regel evtl. noch einmal extra an ihrem Sitzplatz montiert.

Schritt 4: Die Regel wird vor regelrelevanten Situationen noch einmal von der Lehrperson konkret benannt. Die Einhaltung der Regel soll von den Kindern selbst reflektiert werden. Dafür ist eine konkrete positive und vor allem individuelle Rückmeldung der Lehrperson verbal oder visuell notwendig z. B. mit Hilfe von eigenen Vorlagen zum Eintragen oder auch Signaltastern an den Plätzen. Bei Schüler*innen mit einer guten Selbsteinschätzung kann das auch über eine Partnerin oder einen Partner geschehen.

Abschluss: Je nach Möglichkeit können das Gelingen der Gruppe und Einzelner in der Gemeinschaft besprochen werden. Die Schüler*innen reflektieren angeleitet oder frei mit Hilfe ihrer Regelbücher. Der Prozess soll pro-aktiv und positiv gerichtet sein, daher ist auf ein Zurechtweisen zu verzichten und stattdessen die Ziele gemeinsam mit den Schülerinnen bzw. Schülern individuell anzupassen. Dabei können auch in der Gruppe Möglichkeiten gesammelt werden, die bei der Umsetzung nächstes Mal weiterhelfen können. Die Regelbücher sollen aufbewahrt werden, um eine Vergleichsmöglichkeit und einen Blick auf ihre Entwicklung zu ermöglichen.

Erweiterung: Schüler*innen können auch aus individuell wichtigen Regeln auswählen und sie zum Schwerpunkt der Woche machen. Das ist insofern förderlich, als dass vergleichende Regelanforderungen wegfallen, die die Kompetenzen einzelner Schüler*innen ggf. übersteigen (Abb. 3.56).

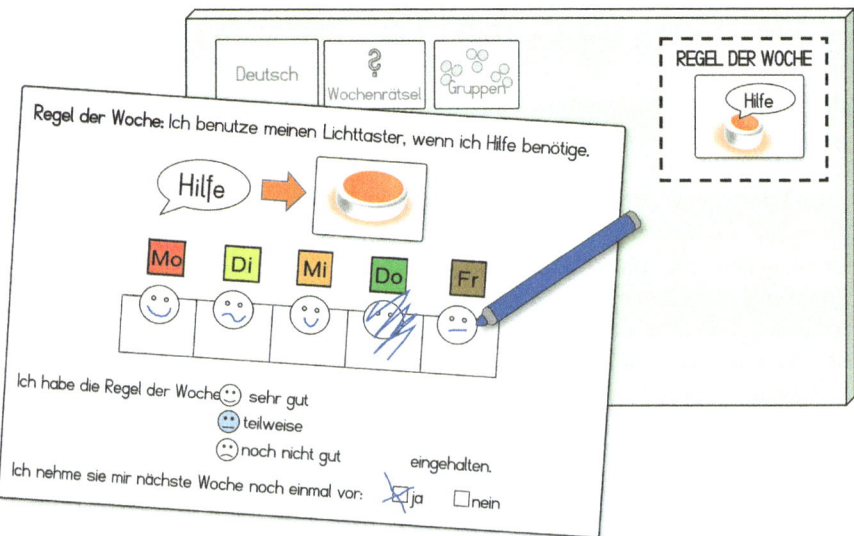

Abb. 3.56   Regel der Woche

■■ **Regelkompetenz**

Das Erlernen von Regeln, von der Kenntnis angefangen bis hin zur Durchführung in der Situation benötigt teilweise einen schrittweisen Aufbau und eine Begleitung bis zur selbstständigen Einhaltung von Regeln. Da die Regeln einen Teil des Arbeitsverhaltens ausmachen, benötigen sie ebenso eine Aufmerksamkeitszuwendung durch die Schüler*innen und stellen damit eine Zusatzanforderung neben der eigentlichen Leistungsanforderung dar. Das Regelverständnis im Sinne einer Handlungsfähigkeit, sich nach den äußeren Erwartungen richten zu können beinhaltet mehrere zusammenwirkende Aspekte. Um ein Regelverhalten aufzubauen, ist ein individuelles Hinschauen notwendig, in welchem der einzelnen Aspekte des Regelverständnisses, Schüler*innen Unterstützung benötigen, um diese zu verstehen, zu erlernen und einzuhalten. In ◘ Abb. 3.57 ist das ein möglicher Verlauf für ein Verstehen von Regeln

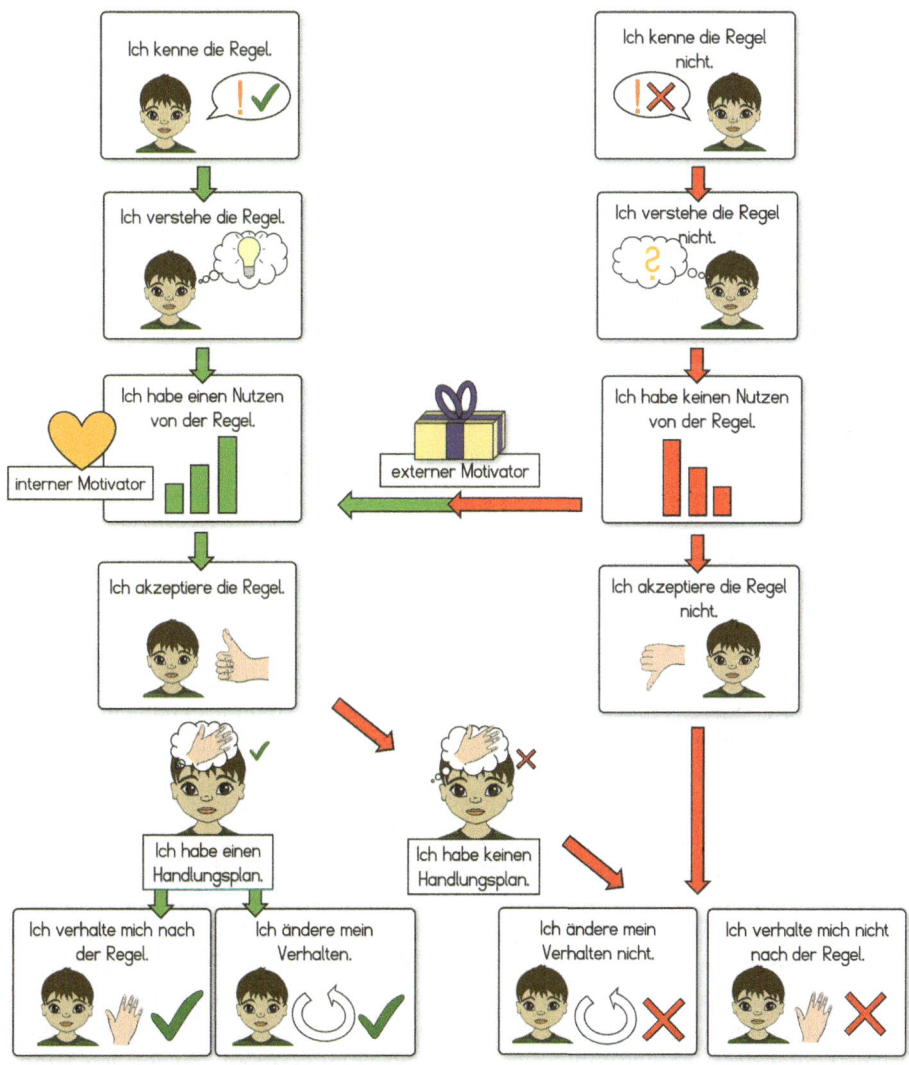

◘ **Abb. 3.57** Regelverständnis aufbauen

3

Verhaltensanleitung

Regelklärung

Anleitung zur Verhaltensänderung
mit Alternativverhalten

◘ **Abb. 3.58**   Regelkenntnis

dargestellt, der helfen soll, Hindernisse bei der Einhaltung oder dem Erlernen zu erkennen und methodisch an richtiger Stelle anzusetzen.

Seitens der Lehrperson ist eine Überprüfung der Kenntnis, des Verstehens und des
Handlungswissens ein erster Ansatz, um hier pädagogisch wirksam zu werden. So
kann es vorkommen, dass Schüler*innen die Regeln im Sinne des Wortlautes zwar
kennen, sie aber in ihrer Ausführung und in weiterer Folge auch in ihrem Zweck nicht
verstanden haben oder sich spontan nicht anpassen können. Gegebenenfalls muss zunächst eine konkrete Klärung der äußeren Umstände, in denen die Regel gilt und nicht
gilt, erfolgen, da diese für autistische Schüler*innen oft widersprüchlich erscheinen.
Das visuelle Aufzeigen der konkret erwünschten oder einer geeigneten Handlung,
unter Hinzuziehen einer visuellen Darstellung, wie in ◘ Abb. 3.58, gibt den Schülerinnen und Schülern eine notwendige Orientierung, wenn intuitiv keine passenden Hand-
lungswahl erfolgen kann. Das vermeidet vor allem häufige Situationen des Zurecht-
weisens und Regulierens und schafft Sicherheit für selbstbestimmtes Handeln.

Für eine Orientierung an Regeln stellt der Nutzen der Regeln einen wichtigen
Faktor dar. Dieser Nutzen orientiert sich im Schulalltag meist am Ordnungsrahmen
für das gemeinsame soziale Miteinander und an einer gemeinsamen Arbeitshaltung.
Eine Schwierigkeit für autistische Schüler*innen kann hierbei der erforderliche
Perspektivenwechsel oder ein verringertes Zugehörigkeitsgefühl zur Gruppe sein.
Daher entspricht der schulische Nutzen Individuell nicht immer den Vorstellungen
autistischer oder anderer Schüler*innen und Eigenbedürfnisse sind in bestimmten
Entwicklungsphasen vordergründiger. Der Zweck für die Gesamtgruppe und das so-
ziale Miteinander kann nicht immer mündlich nachvollzogen oder erfasst werden
und benötigt daher ggf. einen angeleiteten Perspektivenwechsel, der z. B. über eine
Visualisierung der Regelwirkung, wie in ◘ Abb. 3.59, verdeutlicht werden kann.
Hier können auch die unterschiedlichen Auswirkungen des Handelns im Sinne eines

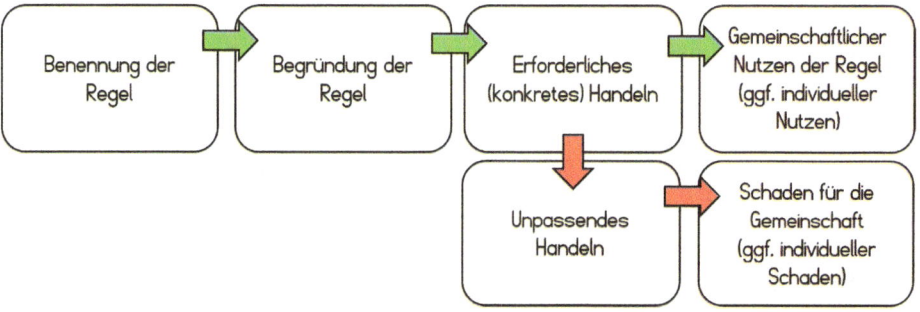

◻ **Abb. 3.59**   Regelnutzen

Nutzens oder Schadens für die Gemeinschaft oder individuelle Ziele nachvollziehbar
schriftlich, zeichnerisch oder mit Bildern dargestellt werden.

■■ **Ziele setzen**

Ziele zur Regeleinhaltung sind am erfolgreichsten, wenn sie so gesteckt sind, dass sie
für die autistischen Schüler*innen in jedem Fall erreichbar sind. Der Schülerin bzw.
dem Schüler sollte es im besten Fall selbst ein Anliegen sein, ein Verhaltensziel zu erreichen. Diese intrinsische Motivation stellt dabei einen Förderfaktor dar, der verloren geht, wenn zu viele Misserfolgserlebnisse stattfinden. Aufgrund einer ggf. vorliegenden Übergeneralisierung und eines verminderten Selbstwirksamkeitskonzepts
kann bereits ein Scheitern die Motivation für weitere Versuche hinderlich beeinflussen. Der Selbstzweck des Lernens, die Weiterentwicklung der Kompetenzen oder
soziale und emotionale Ziele sollten für die Schüler*innen immer im Mittelpunkt stehen, im Einverständnis mit den Schülerinnen und Schülern getroffen werden oder
deren Blick darauf erarbeitet werden.

Das Stecken von kleinen erreichbaren (Teil-)Zielen, die zum Erfolg führen fordert
in der Arbeit mit autistischen Kindern und Jugendlichen oft kleinere Schritte als üblich und auch mehr Verstärkung für die gezeigten positiven Ansätze. Häufig ist das
gänzliche Unterlassen von Verhaltensweisen ein zu großer Schritt für sie, sodass
kleinstschrittig vorgegangen werden muss, um keine Frustration entstehen zu lassen.
Visuelle Hilfen können eine Sicherheit über das richtige Handeln unterstützen und
stellen eine verlässliche Regelquelle und Anleitung, wie z. B. in ◻ Abb. 3.60, dar.

Das Umsetzen von kognitiv erarbeiteten Handlungsmöglichkeiten oder Alternativen zu negativen Verhaltenshandlungen ist in der konkreten emotionalen Situation
durch vielzählige Faktoren häufig erschwert. Fehlende Merkmalserkennung der Situation, bereits langfristig automatisierte Reaktionen und emotional impulsive Handlungen verhindern die Umsetzung der neuen Strategie, obwohl bereits die theoretische
Grundlage vorhanden ist. Hier benötigen autistische Schüler*innen besondere Begleitung, viel Einfühlungsvermögen und Motivation. Vor allem aber begünstigt eine
konkrete Rückmeldung für richtige Handlungen und adäquates Verhalten den Lernprozess. Die Mitbestimmung des Prozesses und der eigene Wunsch sich zu verändern,
weil der Zweck aus einer inneren Motivation heraus einen Nutzen ergibt, ist der förder-
lichste Faktor bei der Verhaltensarbeit. Ein Regelheft, welches, wie in ◻ Abb. 3.61,
eine strukturierte Planung, Umsetzung und Reflexion der Ziele begleitet, kann die
Schüler*innen unterstützen, an den Zielen systematisch und kleinschrittig zu arbeiten.

3

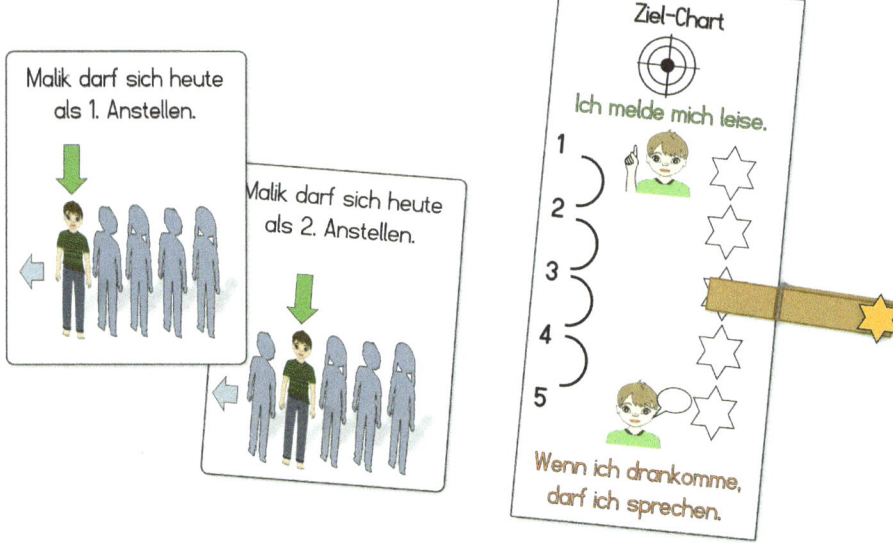

◘ **Abb. 3.60**   Anbahnung von Zielen

◘ **Abb. 3.61**   Regelerarbeitung mit Regelheft

Der wertschätzende Umgang und die Anerkennung des Bemühens der Schüler*innen und vor allem eine Rückmeldung zu einzelnen gelingenden Teilschritten gibt autistischen Schülerinnen und Schülern zusätzliche konkrete Bestätigung, um weiterhin das Einhalten und die damit verbundene Akzeptanz von Regeln zu erlernen, zu üben und zu festigen. Eine proaktive Herangehensweise ist dabei förderlicher als die Bearbeitung bereits bestehender Problemfelder, die bereits häufig mit negativen Erlebnissen verknüpft sind. Das bedeutet, dass es bei autistischen Schülerinnen und Schülern umso wichtiger ist, im Unterricht gezeigtes reguläres und richtiges Verhalten positiv zu bestärken, um dieses Verhalten bewusst zu festigen und damit das positive Selbstwertgefühl konkret zu unterstützen.

Teilweise sind in der Erarbeitung von sozialem Regelverhalten auch paradoxe Methoden hilfreich, z. B., wenn es notwendig ist Verhaltensweisen schrittweise zu reduzieren. Dafür hat es sich als hilfreich erwiesen, die abzubauenden Verhaltensweisen im Prozessverlauf weiter zuzulassen und zunächst ihre Intensität zu verringern. Diese schrittweise Zielannäherung kann besonders bei schwer zu unterlassenden Handlungen herangezogen werden, bei denen ein völliges Unterlassen für die autistischen Schüler*innen einen zu großen Schritt darstellt. Dabei stellt die Annäherung an das große Ziel selbst bereits bei jedem einzigen Mal ein erfolgtes Zielverhalten im Sinne eines Erfolgs dar und sollte entsprechend wertgeschätzt werden. Unterstützte visuelle Zielklärung und Annäherung sowie verbale Ankündigung der neuen Verhaltensanforderungen z. B. „Morgen wirst als Zweiter in der Reihe stehen und nicht als Erster", siehe die visuellen Hilfen dazu in ■ Abb. 3.60, kann das Gelingen für die Schüler*innen unterstützen.

Da Regelübertritte den meisten Schülerinnen und Schülern im Autismus Spektrum im hochfunktionalen Bereich bewusst und ebenso unangenehm sind, ist einerseits eine Überprüfung der Erwartungshaltung der Lehrperson hinsichtlich des Verhaltensziels sinnvoll, um eine erhöhte Anforderung auszuschließen und damit nicht ein Frustrationserlebnis zu forcieren. Regelübertritte in der Übungsphase sollten nicht negativ und offen vor der Klasse bewertet werden. Sie sollten vielmehr zur Kenntnis genommen, sachlich rückgemeldet und zu einem geeigneten Zeitpunkt gemeinsam anhand visualisierter und ritualisiert erarbeiteter geeigneter Mittel zur Unterstützung der Einhaltung erneut oder er- und bearbeitet werden. Handlungsziele zum Erreichen von Regelverhalten sollten anhand der verwendeten Mittel in einzelne, konkret erfassbare und umsetzbare Schritte aufgeteilt und Erwartungen konkret und auf spezifische Situationen bezogen formuliert werden. Diese konkrete und visualisierte Handlungsanleitung und das Schaffen expliziter Trainingsmöglichkeiten sind für eine bewusste Auseinandersetzung mit Veränderungen die eigene Handlungsweise betreffend unumgänglich.

■ ■ Feedback und Reflexion

Visuell unterstütze Feedback- oder Reflexionsmittel, die sowohl die Eigenwahrnehmung als auch die Fremdwahrnehmung für das eigene Handeln einbeziehen, können den gemeinsamen Prozess in der Regel- und Verhaltensarbeit unterstützen. Sie dienen als Grundlage für das konkrete Analysieren und Besprechen von Gelingens- und Misslingensfaktoren und das Weiterentwickeln von Handlungsstrategien. Sie können z. B. mit Bewertungsskalen, wie in ■ Abb. 3.62 dargestellt, eingesetzt werden.

3

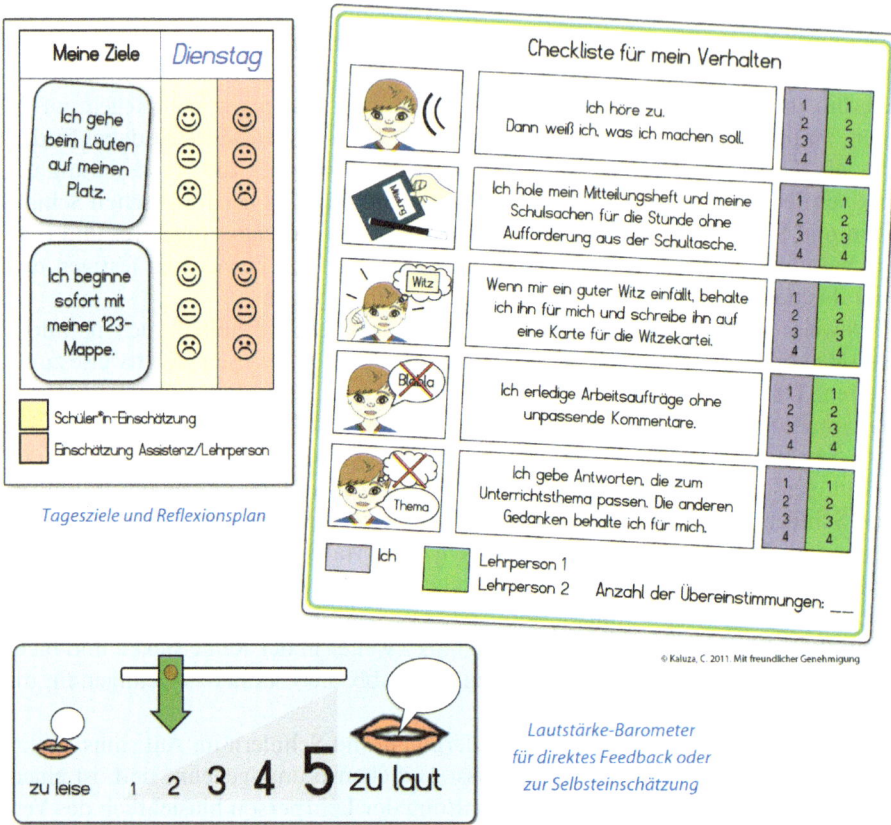

© Kaluza, C. 2011. Mit freundlicher Genehmigung

■ **Abb. 3.62**   Feedback- und Reflexionsmittel

Der „Plan für Tagesziele" steht als Materialdownload für das ▶ Kap. 3 zur Verfügung.

■ ■ Verstärkersysteme

Zu den einzelnen Arbeits- oder Verhaltenszielen können aber für mittelfristige Planungen auch externe Motivatoren, die als Verstärker dienen wie z. B. Tokensysteme schüler*innenandäquat herangezogen werden. Sie sollten individuell ausgewählt und eingesetzt werden, um durch diesen zusätzlichen Anreiz die Motivation zu erhöhen und damit nicht erwünschte Handlungsimpulse besser regulieren zu können. Ob diese tatsächlich eine Notwendigkeit darstellen, muss individuell und situativ geklärt werden und ist auch in Hinblick auf die Dringlichkeit der Regeleinhaltung zu sehen. Sie sollten primär nur zur Überbrückung von noch unzureichenden Fähigkeiten in der sozialen Kognition und im Sozialverhalten dienen und nicht als langfristige Lösung eingesetzt werden, um keine Abhängigkeit von materiellen Verstärkern entstehen zu lassen.

❶ Ein reines Arbeiten oder Verhalten für eine materielle Belohnung stellt kein erstrebenswertes pädagogisches Zielverhalten dar. Eine zu deutliche und lang anhaltende

Abhängigkeit von materiellen Verstärkern soll in jedem Fall vermieden werden. Die Handlungen sollen vermehrt aufbauend sozial verstärkt und sozial motiviert sein.

Bei der Auswahl von Verstärkersystemen ist auf einen passenden zeitlichen Abstand der motivierenden „Belohnung" nach erfolgtem Zielverhalten zu achten. Ein Einsatz von Verstärkern sollte vor allem zu Beginn unmittelbar, d. h. direkt auf das gezeigte Verhalten erfolgen und erst mit den erweiterten Fähigkeiten in zeitlich größere Abstände gesetzt bzw. an mehrteilige Anforderungen geknüpft werden, wenn diese auch dazu ausreichen, das Ziel zu erreichen. In ■ Abb. 3.63 sind die genannten drei Möglichkeiten zur Verdeutlichung visualisiert. Eine kleinere Zielsetzung mit einem hohen Grad an Selbstständigkeit ist aus der Erfahrung betrachtet, einer größeren Zielsetzung, welche nur mit personeller Unterstützung erreichbar ist, vorzuziehen. Nichtsdestotrotz ist personelle Unterstützung auf unterschiedlicher Anweisungsebene ein wichtiger Faktor, um motivierenden Erfolge zu garantieren und sollte in jedem Fall gewährleistet werden.

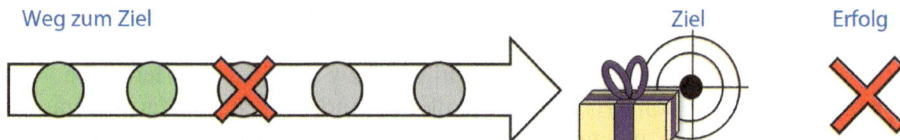

Der Weg besteht aus mehreren Einzelanforderungen, die nicht unmittelbar verstärkt werden. Nur durch das Erreichen aller Teilziele ist der gesetzte Motivator erreichbar. Die Wahrscheinlichkeit ist hoch, ein Teilziel nicht zu erreichen. Damit ist der Erfolg verhindert. Am Ziel muss weitergearbeitet werden.

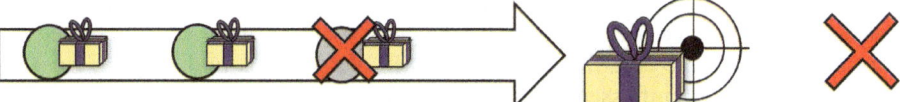

Der Weg besteht aus wenigen Einzelanforderungen, die unmittelbar verstärkt werden. Nur durch das Erreichen aller Teilziele ist der gesetzte Motivator erreichbar. Die Wahrscheinlichkeit ist leicht erhöht, ein Teilziel davon nicht zu erreichen. Damit ist der Erfolg evtl. verhindert. Am Ziel muss weitergearbeitet werden.

Der Weg besteht aus einer einzigen angepassten Einzelanforderung, die unmittelbar zur Erreichung des Ziels führt. Die Wahrscheinlichkeit ist hoch, dieses zu erreichen. Damit ist der Erfolg gegeben. Ein neues Ziel bzw. ein weiterer Schritt kann gesetzt werden.

 Ziel    *Verstärker/Motivator*

■ **Abb. 3.63**   Ziele mit Verstärkern setzen

3

3.7.3 Emotionale Kompetenzen und soziale Kognition

Im Bereich der emotionalen Kompetenzen liegt bei vielen Kindern und Jugendlichen ein langjähriger begleitender Förderschwerpunkt vor. Ebenso wie die Entwicklung der sozialen Kognition zeigen sich hier sehr inhomogene Entwicklungs- und Wissensstände, die sich auf die unterschiedlichsten Bereiche des Schulalltags auswirken. Der Emotionsausdruck sowie die Regulation von Emotionen autistischer Kinder und Jugendlicher werden von Außenstehenden häufig in einer großen Diskrepanz zur Situation wahrgenommen und können auch in ihrer Intensität nicht immer nachvollzogen werden.

Gefühlsausdruck und Intensität von Gefühlen Für die autistischen Schüler*innen kann die Wahrnehmung und die Interpretation der eigenen sowie auch fremder Gefühle erschwert sein, wenn die Auslöser der Emotionen für sie nicht eindeutig zuordbar sind. Vor allem in komplexen Situationen kann das der Fall sein. Häufig wird geschildert, dass die Gefühle in ihrer Eigen- und Fremdwahrnehmung gleich intensiv oder sogar verstärkt vorhanden sind, sie aber noch nicht so ausdifferenziert wahrgenommen werden, wie neurotypische Menschen dies tun. Das kann bedeuten, dass der eigene Emotionsausdruck auch noch wenig differenziert sowohl auf die Art, den Zeitpunkt als auch in der Intensität beeinflusst bzw. gesteuert werden kann. Verringerte verbale und nonverbale Kommunikationsmöglichkeiten aufgrund emotionaler Erregung können zudem eine Handlungsunfähigkeit begünstigen, sodass von Lehrpersonen und Mitschülerinnen und Mitschülern eine erhöhte Sensibilität und Kenntnis gefordert werden, um adäquat darauf eingehen zu können.

Das regelmäßige situative Benennen, Besprechen und Rückmelden der Emotionen sowie das Aufzeigen differenzierter Möglichkeiten des Ausdrucks, wie durch Materialien in ◘ Abb. 3.64, unterstützen die Selbstwahrnehmung und damit die Eigenkompetenz im Umgang mit den eigenen Gefühlen. Eine gemeinsame Zuordnung verschiedener Situationen des Alltags, in denen sowohl positive als auch negativ empfundenen Gefühle eine Rolle spielen schafft Verständnis und Zugang zur Gefühlswelt und den beeinflussenden Kontextfaktoren. Zum förderlichen Aufbau von emotionalen Kompetenzen können visuelle Mittel in Form von Gefühle-Wörterbüchern oder Gefühle-Sammelalben mit Fotos den Prozess langjährig begleiten. Farbzuordnungen können die Arbeit mit Gefühlen unterstützen.

Häufig geht es für autistische Schüler*innen in diesem Entwicklungsbereich um eine (neue) Skalierung und Einordnung der eigenen Emotionen und das Erweitern von Emotionen und Denkskalen in eine feinere Untergliederung. Das Zuordnen zu Emotionsstufen kann die Intensität von Gefühlsausdrücken in spezifischen Situationen aufzeigen und ggf. nach oben oder unten nivellieren. Individuell können die Schüler*innen engere oder breitere Skalierungen erfassen und visuelle Mittel, wie in ◘ Abb. 3.65, zum besseren Verständnis nutzen.

Emotionsverständnis und Regulation In einem weiteren Schritt kann das Eruieren von Auslösern für die eigenen Gefühle erfolgen. Durch das Zuordnen von Auslösern zu konkreten Situationen oder Gegebenheiten wird ein Verständnis für die eigene Gefühlswelt und die Beeinflussung durch Umweltanforderungen in Bezug auf das eigene Können oder Schwierigkeiten in spezifischen Bereichen gefördert. Visuelle Materia-

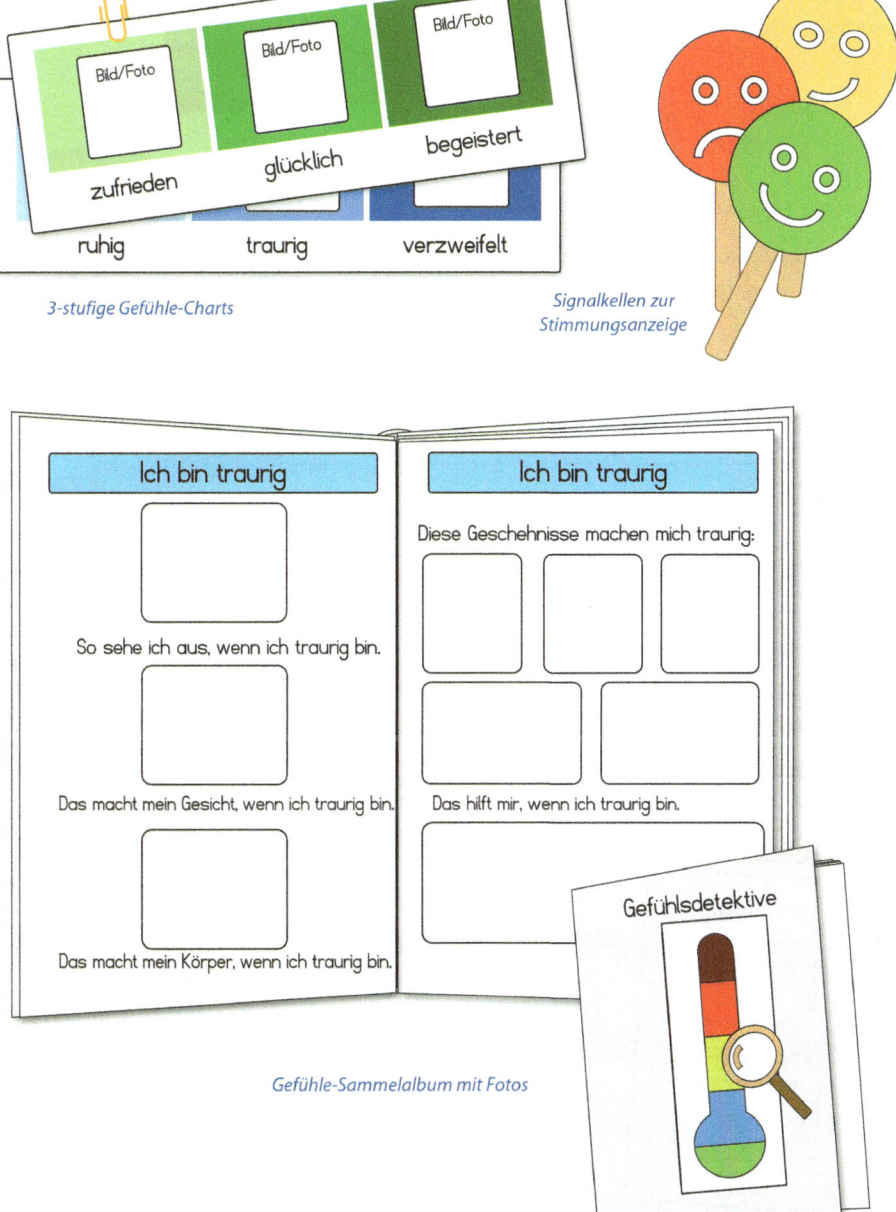

3-stufige Gefühle-Charts

Signalkellen zur Stimmungsanzeige

Gefühle-Sammelalbum mit Fotos

◻ Abb. 3.64 Emotionale Kompetenzen Aufbauen 1 – Gefühlsausdruck

lien, die, wie in ◻ Abb. 3.66, Gefühle zuordnen und skalieren, helfen eine Vorstellung von der eigenen differenzierten Gefühlswelt und möglichen Reaktionen aufzubauen. Sie dienen gleichzeitig als Pläne für den Aufbau von Handlungsstrategien.

3

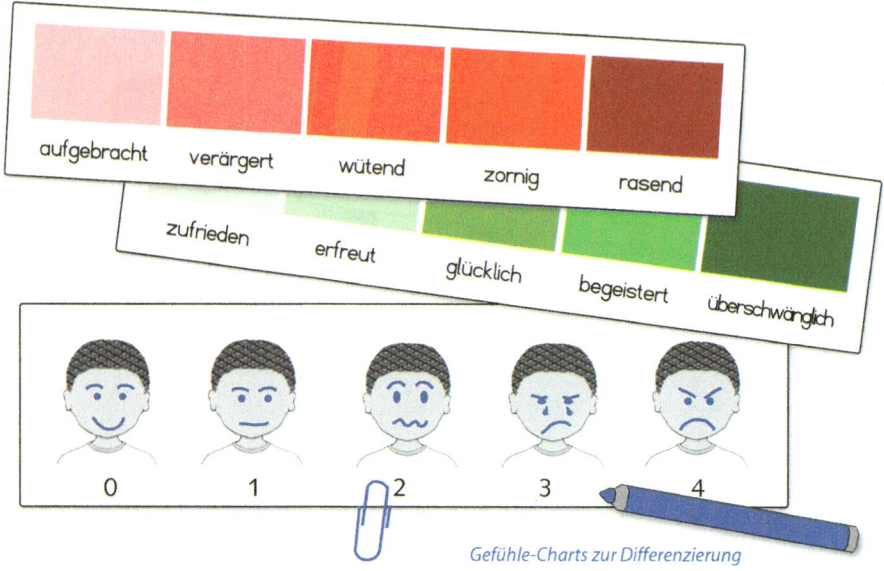

Gefühle-Charts zur Differenzierung

Gefühle-Barometer zur
Kommunikation oder zur
Rückmeldung von Gefühlen

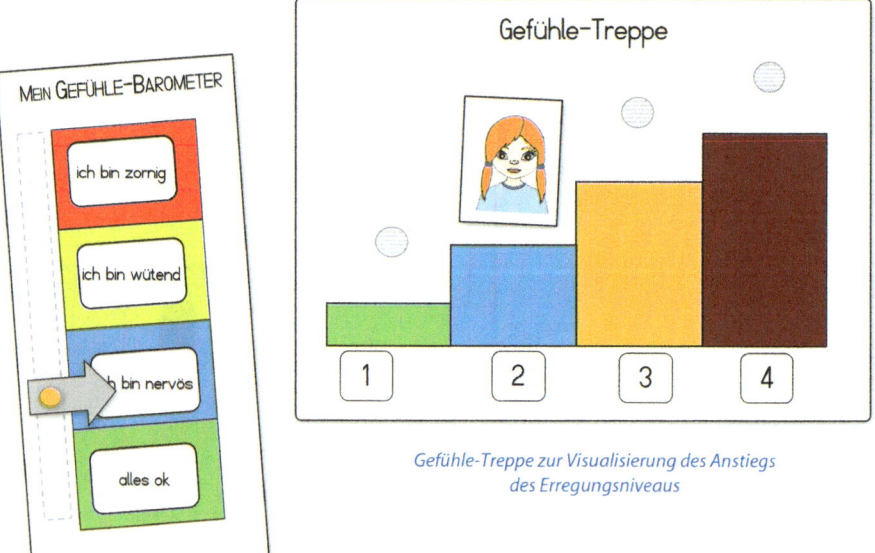

Gefühle-Treppe zur Visualisierung des Anstiegs
des Erregungsniveaus

◼ **Abb. 3.65**   Emotionale Kompetenzen aufbauen 2 – Intensität von Gefühlen

Spezifische Abfrage von Situation und Gefühlen zur Auslöser-Suche

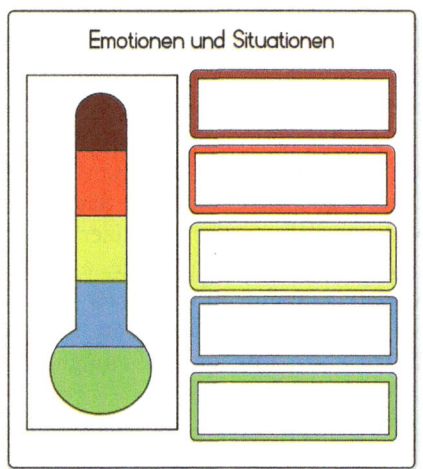

Zuordnung von konkreten Situationen zu individuellen Gefühlsstufen

Wie groß ist mein Problem?

Stufe	Situation	Die Situation ist …	Ich … Ich bin …
4	Notfall Gefahr Tragödie	nicht kontrollierbar beängstigend gefährlich	kreische laut schreie laufe weg
3	andere reden über mich einen Fehler machen jemand schlägt mich	beunruhigend beängstigend	weine erschrocken sein schlage manchmal
2	Gruppenarbeit Ärger bekommen für mein Verhalten	nervig stressig ungerecht	nervös irritiert, unsicher zurückziehen
1	nicht Erster sein nicht drankommen abwarten müssen	lästig hinderlich unangenehm	enttäuscht jammere laut gehe weg
0	kein echtes Problem!	annehmbar in Ordnung ideal	ruhig ausgeglichen fröhlich

Die Stärke meiner Reaktion sollte zur Größe des Problems passen!

Gemeinsame Skalieren von Gefühlsausdrücken (situative Angemessenheit)

⬛ **Abb. 3.66**   Emotionale Kompetenzen aufbauen 3 – Emotionsverständnis

3

Das Auseinandersetzen der autistischen Schüler*innen mit den eigenen Emotionen, deren Verarbeitung und dem eigenen Verhalten sowie das gemeinsame Finden von Handlungsmöglichkeiten als Alternative zum bisherigen Handeln kann durch visuelles Aufzeigen der Kontextfaktoren und daraus entstehenden Möglichkeiten in ritualisierten Anwendungsformaten für ein langfristiges Lernen und Auseinandersetzen erarbeitet und im gesamten Schulverlauf mitgeführt und erweitert werden. Die Themen Stressauslöser, Skalierung von Problemen, selbstwirksame Strategien begleiten viel autistische Schüler*innen über lange Phasen der Schulzeit. Der Aufbau einer Bearbeitungsgrundlage, auf die in schwierigen Situationen zurückgegriffen werden kann und anhand derer eine weitere Entwicklung systematisch und strukturiert unterstützt werden kann, ist z. B. über den Einsatz von Materialien, wie in ◘ Abb. 3.67, 3.68 und 3.69, möglich.

Die „Gefühle-Chart", die „Gefühle-Treppe", das „Gefühle-Barometer", die „Situationsabfrage", die „Emotionsanalyse und die „Problem-Skala", das „Problem-Stress-Barometer", die „Situationsanalyse", das „Stress-Fass", der „Stress-Filter", die „Sammlung von Handlungsalternativen" und die „Fehler-Handlungs-Skala" stehen in Form der „Emotionen und Gefühle-Sammlung" als Materialdownload für das ► Kap. 3 zur Verfügung. Ebenso die Vorlage des „Alternativplans".

■ ■ Reflexion und Problemlösung

Bei vielen Kindern- und Jugendlichen liegt eine noch geringe Stufe der Selbstreflexion vor, sodass die Problemlösung besonders im sozialen Kontext für sie und alle Beteiligten erschwert ist. Abgesehen davon, dass es vielen Autistinnen und Autisten schwerfällt, eine Fehlhandlung für sich selbst zu akzeptieren und sie darunter selbst leiden können, fällt es ihnen schwer die Situationen aus einer anderen Perspektive zu betrachten. Somit ist eine spontane gemeinsame Reflexion aller Beteiligten oft nicht möglich. Das Vorliegen einer noch geringen Stufe an Einsichtsfähigkeit von autistischen Schülerinnen und Schülern kann den Einsatz zusätzlicher Mittel für den Verstehensprozess notwendig machen, um das eigene Verhalten wahrnehmen und reflektieren zu können und in emotionale und soziale Bezüge auf die notwendige Anpassung von Verhaltensweisen in bestimmten Situationen des Miteinanders zu erklären. Erst in weiterer Folge können Akzeptanz und Mitarbeit der autistischen Schülerinnen und Schülern an den Zielen zur Verbesserung der Situation für alle Beteiligten hergestellt werden. Meist ist bei besonders herausfordernden Situationen, die inadäquates, störendes oder selbst- und fremdgefährdendes Verhalten aufweisen, eine starke Anpassung des methodischen Vorgehens seitens der Lehrperson in Absprache und Koordination aller Beteiligten notwendig.

Das Erstellen von und Arbeiten mit Alternativplänen bzw. Roadmaps, wie in ◘ Abb. 3.70, kann die Ursache-Wirkungs-Prozesse des eigenen Verhaltens, die darauffolgende Reaktionen anderer oder daraus folgende Konsequenzen visuell aufzeigen und unterstützt damit komplexe nicht sichtbare Abläufe und menschliche

Wie schwierig ist mein Problem für mich: *Abwarten*

für mich　　　　　für andere

Wie kann es mir beim *Abwarten* besser gehen?

Problem-, Stress-Barometer zur
Einordnung von „Problemgraden"

Emotionen und Reaktionen analysieren

Ich war heute verwirrt!

Warum? Was ist passiert?

Wie habe ich mich verhalten?

Wie habe ich mich gefühlt?

Ha Ha Ha

Was füllt dein Stress-Fass?

Veränderungen von Routinen

nicht wissen, was erwartet wird

sensorische Schwierigkeiten

Regelunverständnis

Angst vor Fehlern

Schwierigkeiten in der Kommunikation

kein Verstehen von Zeit-/Abläufen

wortwörtliches Verstehen von Situationen

Unsicherheit,

Was füllt dein Stress-Fass?

Stressanalyse – Auslöser-Suche

◼ **Abb. 3.67**　Emotionale Kompetenzen aufbauen 4 – Stressanalyse

3

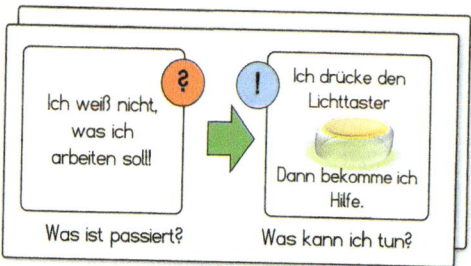

■ **Abb. 3.68**   Emotionale Kompetenzen aufbauen 5 – Handlungsalternativen und Emotionsregulation

Reaktionen, die sozial oder emotional begründet sein können. Damit visualisieren sie den notwendigen Perspektivenwechsel, um sich aktiv an den Lösungsprozessen zu beteiligen. In Folge können dann gemeinsam konkrete Lösungswege erarbeitet, aufgezeigt und umgesetzt werden. Es ist förderlich auch andere Schüler*innen der Klasse in diese Prozesse einzubeziehen und ihnen diese Form der Reflexion anzubieten, da im Sinne des Miteinanders auch der Perspektivenwechsel und Verhaltensanpassungen von der anderen Seite gefordert sind.

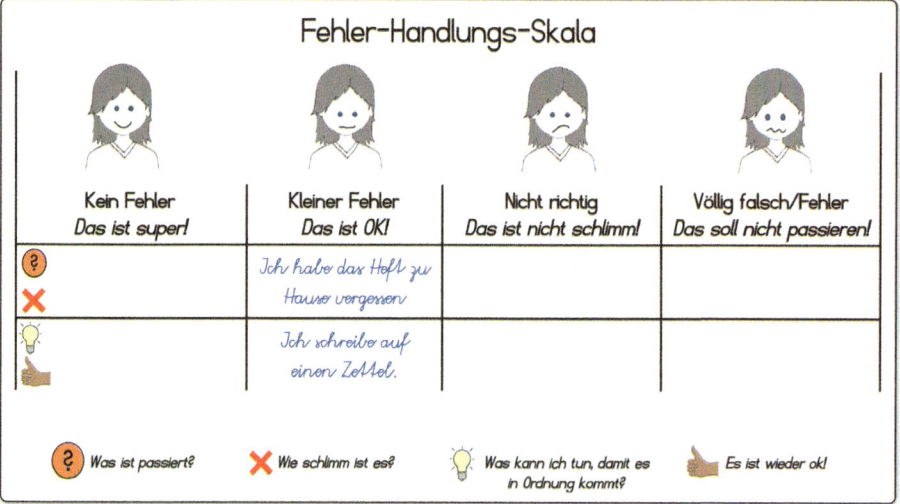

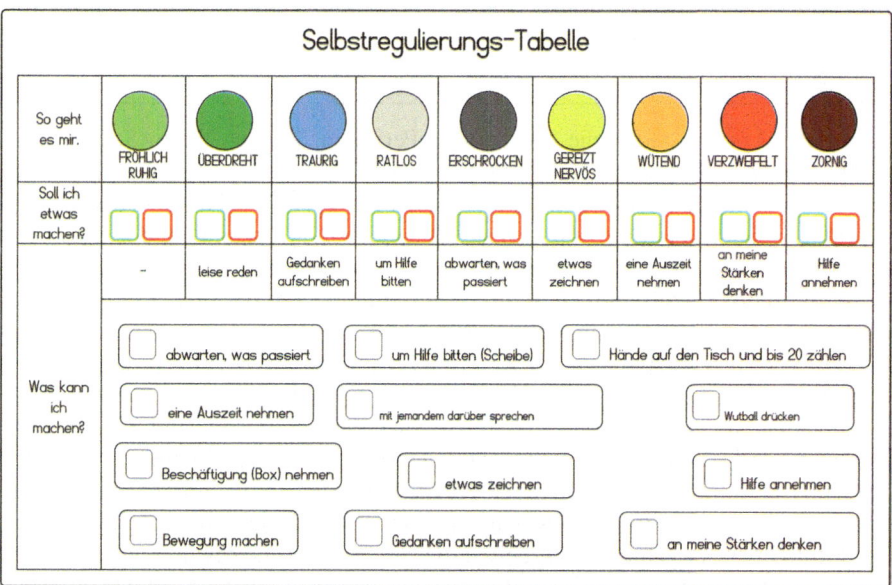

Abb. 3.69 Emotionale Kompetenzen aufbauen 6 – Handlungsalternativen und Selbstregulation

3

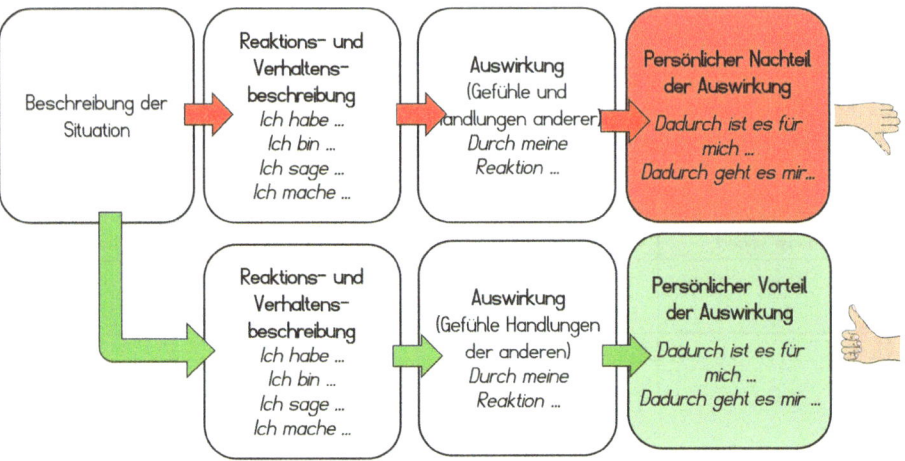

Ursache-Wirkungs-Kette mit Alternativhandlung

🔲 **Abb. 3.70**   Alternativpläne, Roadmaps

3.7.4   Soziales Lernen

Im Sozialen Lernen haben die handelnden Personen, je nach ihrem Status in der Gruppe eine Vorbildwirkung für die anderen Mitglieder der Gruppe. Gerade autistische Kinder benötigen häufig konkrete Vorbilder für das soziale Handeln und viele geschützte Übungssituationen, in denen sie erfolgreich handeln und ein positives Feedback erhalten. Für die Anleitung in solchen, meist für die autistischen Schüler*innen höchst anfordernden Situationen, stellt die Beziehungsebene der Lehrpersonen zu den Schülerinnen bzw. Schülern eine wichtige Basis für das Erlernen sozialer Fähigkeiten dar. Die erhöhte Transparenz und Konkretisierung der Erwartungen, konkrete Erklärungen zu dem eigenen sozialen Handeln sowie eine (abschließende) positive Rückmeldung über die Handlungen der autistischen Schüler*innen sind von erhöhter Wichtigkeit und können nur in einem vertrauensvollen Rahmen gelingen.

Soziale Handlungen können über verschiedene Faktoren initiiert und forciert werden. Willkommensrituale fürs Klassenzimmer, persönliche Rückmeldungen zur Motivation über gut gelungene Arbeiten durch z. B. Post-its, bewusst angeregte und goutierte Hilfsbereitschaft und vor allem ein gegenseitiges Interesse an den einzelnen Schüler*innen und ihren Gedanken und Wünschen über die Unterrichtsinhalte hinaus können einen Grundstein für ein gutes soziales Miteinander legen. Für diese interaktiven Prozesse benötigen Schüler*innen im Autismus Spektrum meist deutliche Handlungsunterstützung z. B. in Form von Ablaufdarstellungen und persönlicher Begleitung, um erste Schritte zu machen.

▪ ▪ Soziale Abläufe

Viele Bereiche des sozialen Lernens müssen kleinschrittiger und in einer langsam zunehmend generalisierenden Bedeutung erarbeitet werden. Besonders Regeln des sozialen Miteinanders sind häufig zu Beginn nicht eindeutig genug in ihrer Bedeutung für das eigene Handeln autistischer Schüler*innen. Sozial Stories© und Comic Strip Conversation© nach Carol Gray (2001, 1994) oder Social Scripts unterstützen vor

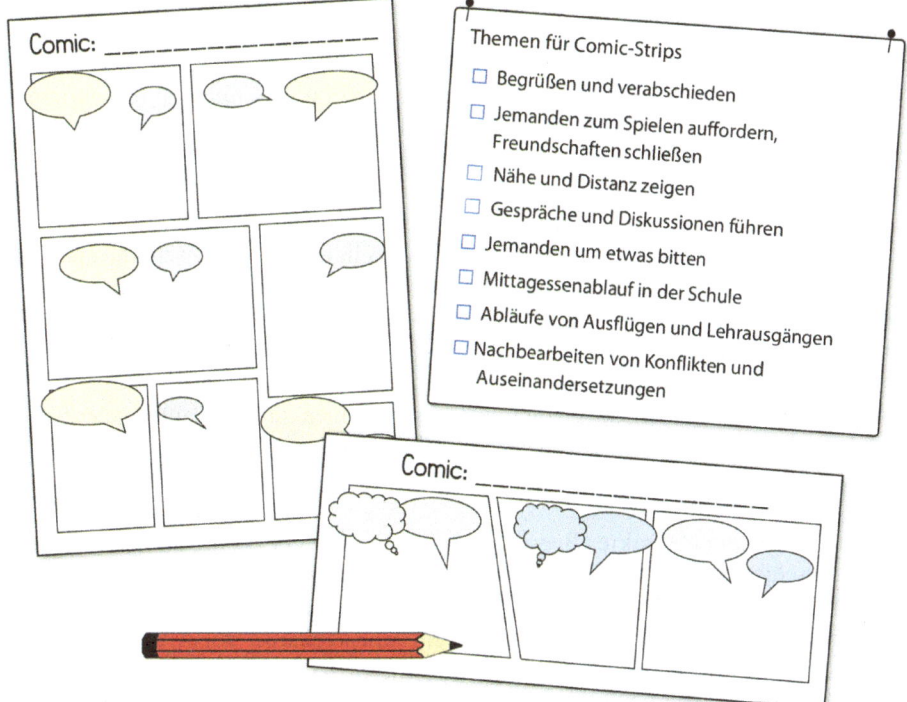

Themen für Comic-Strips

☐ Begrüßen und verabschieden

☐ Jemanden zum Spielen auffordern, Freundschaften schließen

☐ Nähe und Distanz zeigen

☐ Gespräche und Diskussionen führen

☐ Jemanden um etwas bitten

☐ Mittagessenablauf in der Schule

☐ Abläufe von Ausflügen und Lehrausgängen

☐ Nachbearbeiten von Konflikten und Auseinandersetzungen

◘ **Abb. 3.71** Vorlage für Comic-Strips

allem das Verständnis für komplexe Abläufe, die aufgrund von sozialen Konventionen und als Ursache-Wirkung sozio-emotionaler Prozesse stattfinden. Blanko-Vorlagen für Comic-Strips, wie in ◘ Abb. 3.71, können griffbereit in der Klasse vorliegen, um spontan Ereignisse und Situationen skizzieren zu können. Viele autistische Schüler*innen zeichnen diese selbst gerne, was für die Lehrperson einen guten Einblick in deren Perspektive bietet. Aufgrund solcher Ressourcen liegen hier gute Ansatzpunkte für eine Weiterentwicklung im sozialen Feld.

Die Blanko-Vorlage für „Comic-Strips" steht als Materialdownload für das ▶ Kap. 3 zur Verfügung.

■■ Klassengemeinschaft

Um im Klassenverband eine gute und stabile Gemeinschaft zu bilden und auch kooperative Lernformen mit Schülerinnen und Schülern im Autismus Spektrum zu erarbeiten, sind angeleitete Situationen des Miteinanders durch die Lehrpersonen notwendig. Dafür können individuelle Beiträge zur Gemeinschaft ein erster Schritt sein. Um einen Einzelbeitrag zur Gruppe zu leisten, eignet sich z. B. die Übernahme von Klassendiensten bzw. Schüler*innendiensten mit konkreten verbindlichen Möglichkeiten. Diese können vor allem auch außerhalb der üblichen Ordnungsdienste die Interessen der einzelnen Schüler*innen einbeziehen, sodass ein Beitrag mit einem höheren Anteil an Eigenmotivation als positiv wahrgenommen wird.

3

Das Schaffen von Freiräumen, reduzierter Teilnahme an Gruppenprozessen und auch Auszeiten von sozialen Situationen durch eine individuelle Lern- oder Pausenregelung kann grundsätzlich oder phasenweise ebenso notwendig sein. Hier ist vor allem auch der Wunsch der betreffenden Schülerinnen und Schüler zu respektieren, nicht immer an allen sozialen Situationen teilhaben zu möchten, wenn sie eine Überforderung darstellen und einen Ausschluss von Gemeinschaftsaktivitäten im Sinne einer individuell passenden Maßnahme zu sehen und nicht als Gegenargument zur Leistungsfähigkeit oder gar zur Inklusion zu betrachten.

Für ein Zugehörigkeitsgefühl und das Entwickeln eines Gemeinschaftsverständnisses sind vor allem positive Erfahrungen in der Groß- und Kleingruppe aber auch in der Zweierkonstellationen wichtig. Diese Situationen ergeben sich meisten nicht von selbst für autistische Kinder und Jugendliche. Gerade die offenen Situationen mit mehreren Personen, die soziale Interaktionen begünstigen würden wie z. B. die Pause, Gruppenerarbeiten oder Nachmittagssituationen sind für autistische Schüler*innen oft unübersichtlich und benötigen daher zusätzliche Strukturierung.

3.7.4.1 Freunde finden

Freundschaft ist ein abstrakter Begriff, der viele Facetten beinhalten kann und individuell verschieden wahrgenommen wird. Das Finden und Eingehen von Freundschaften steht im Mittelunkt eines sozialen Miteinanders. Der Wunsch nach Freundschaften liegt bei vielen autistischen Schüler*innen genauso vor, wie bei anderen Kindern. Mit zunehmendem Alter steigt auch die Bedeutung dieses Faktors für das psychische Wohlbefinden. Häufig ist es wichtig das Thema Freundschaft kognitiv zunächst zu erschließen und die Bedeutung von Freundschaft zu klären. Das kann für jüngere Kinder vor allem über das Überlegen und Anbahnen gemeinsamer Spielhandlungen mit Materialien geschehen. Die ◻ Abb. 3.72 zeigt eine mögliche Vorlage für eine kognitive Herangehensweise durch Schnittmengenkreise (in Anlehnung an Shaul 2020, S. 24).

In der Pause können mit einer gezielten Partnerwahl, das Einverständnis der betreffenden Schüler*innen vorausgesetzt, verschiedene soziale Situationen schrittweise geübt werden. Bereitgestellte Abläufe, Aufzeigen der konkreten Erwartung und Begleitung und Anleitung unterstützen die Situation. Bei jüngeren Schülerinnen bzw. Schülern kann das Lernen des sozialen Umgangs miteinander gut über gemeinsame Spielinteressen stattfinden. Die Spielentwicklung benötigt häufig noch Unterstützung auf einer niedrigeren Entwicklungsstufe, sodass hier vermehrt persönliche Anleitung zur Verfügung gestellt werden muss, damit Interaktionsprozesse gelingen. Anhand von interessantem Material, geregelten Spielen wie Würfel- oder Kartenspielen, konkretisierten Spielideen und Ablaufskripte für „So-tun-als-ob-Spiel" können gemeinsame Spielphasen unterstützt werden. Der Aufbau von kommunikativen Kompetenzen im Bereich der Kontaktaufnahme, Gesprächsführung und das Anleiten von Spielsituationen stellt eine wichtige begleitende Maßnahme dar.

Im Teenageralter verändern sich Freundschaften und bauen oft nicht mehr auf einer gemeinsamen Spielhandlung mit Objekten oder einfachen Interaktionen auf. Soziale und emotionale Inhalte und Themen spielen vermehrt eine Rolle. Autistische Kinder sind aufgrund dieser Veränderung oft verwirrt und verzweifelt, da sie nicht nachvollziehen können, was sich verändert hat. Gewohnte Spielsituationen entstehen

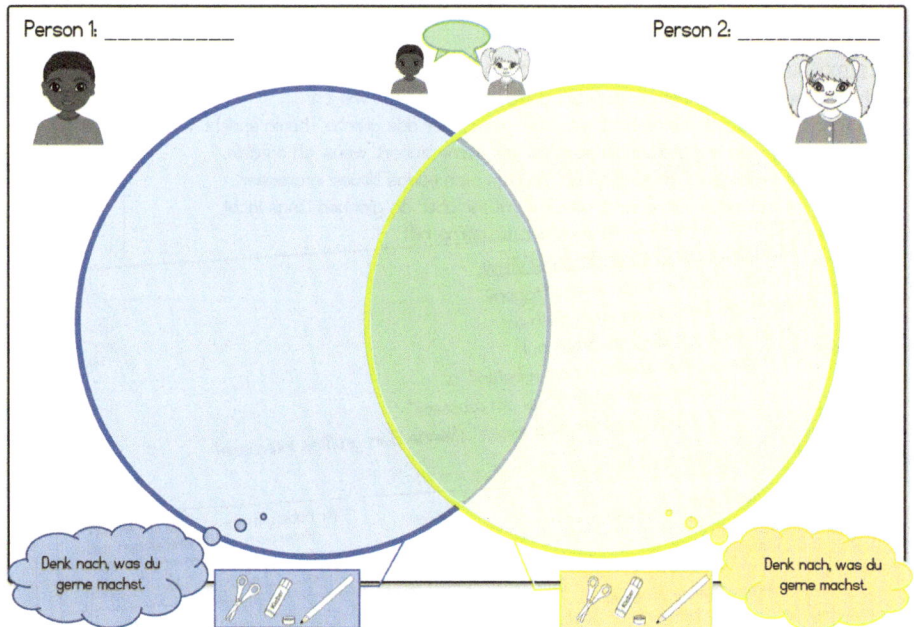

Freundschaftliche Interessen vergleichen, Quelle: in Anlehnung an Shaul, 2020, S. 24

▪ **Abb. 3.72** Freunde finden 1

aufgrund der, sich verändernden Interessen der anderen, nicht mehr, wie vorher und einige Spielgefährten wenden sich, aus ihnen unerklärlichen Gründen ab. Für beginnende Jugendliche sind Interessensthemen für einen kommunikativen Austausch aber auch gemeinsame Hobbies eine Möglichkeit hier wieder Ansatzpunkte zu finden. Auch dafür kann eine vorherige kognitive Auseinandersetzung auf einer höheren Ebene zum Thema Freundschaft z. B. über einen Analyse- und Interview-Bogen, wie in ▪ Abb. 3.73, eine Basis darstellen. Strategien, die das Bilden von Freundschaften unterstützen, müssen eventuell auch zunächst wieder erarbeitet werden.

Bei älteren Schülerinnen und Schülern ist es entwicklungsbedingt oft schwierig als Lehrperson die Lebenswelten einzelner Teenager oder Jugendlicher zu verbinden, gemeinsame Interessen zu schaffen oder aufzeigen und ein gemeinsames freizeitbezogenes Beschäftigen anzuleiten. Hierbei kann vor allem ein gut etabliertes und strukturiertes kooperatives Lernen in den Unterrichtsphasen dazu beitragen, soziale Prozesse zu initiieren, die sich in der Pausensituation ggf. nicht (mehr) durch Planung von außen herstellen lassen. Gemeinsam geplante Projekte und Aktivitäten unter Einbeziehung der persönlichen Interessen und Vorlieben, die über den Rahmen der Schule hinausgehen, können über eine konkrete Aufgabenverteilung gemeinsame Aktivitäten anbahnen. Besonders in der Pubertät sind Zugehörigkeit, Freundschaft und Ab- bzw. Ausgrenzung häufig belastende Themen für Schüler*innen im Autismus Spektrum. Das Zurückgreifen auf langfristig erarbeitete konkrete Konzepte, die durch die Gruppe der Peers mitgetragen werden, erleichtert die Bearbeitung aktuel-

3

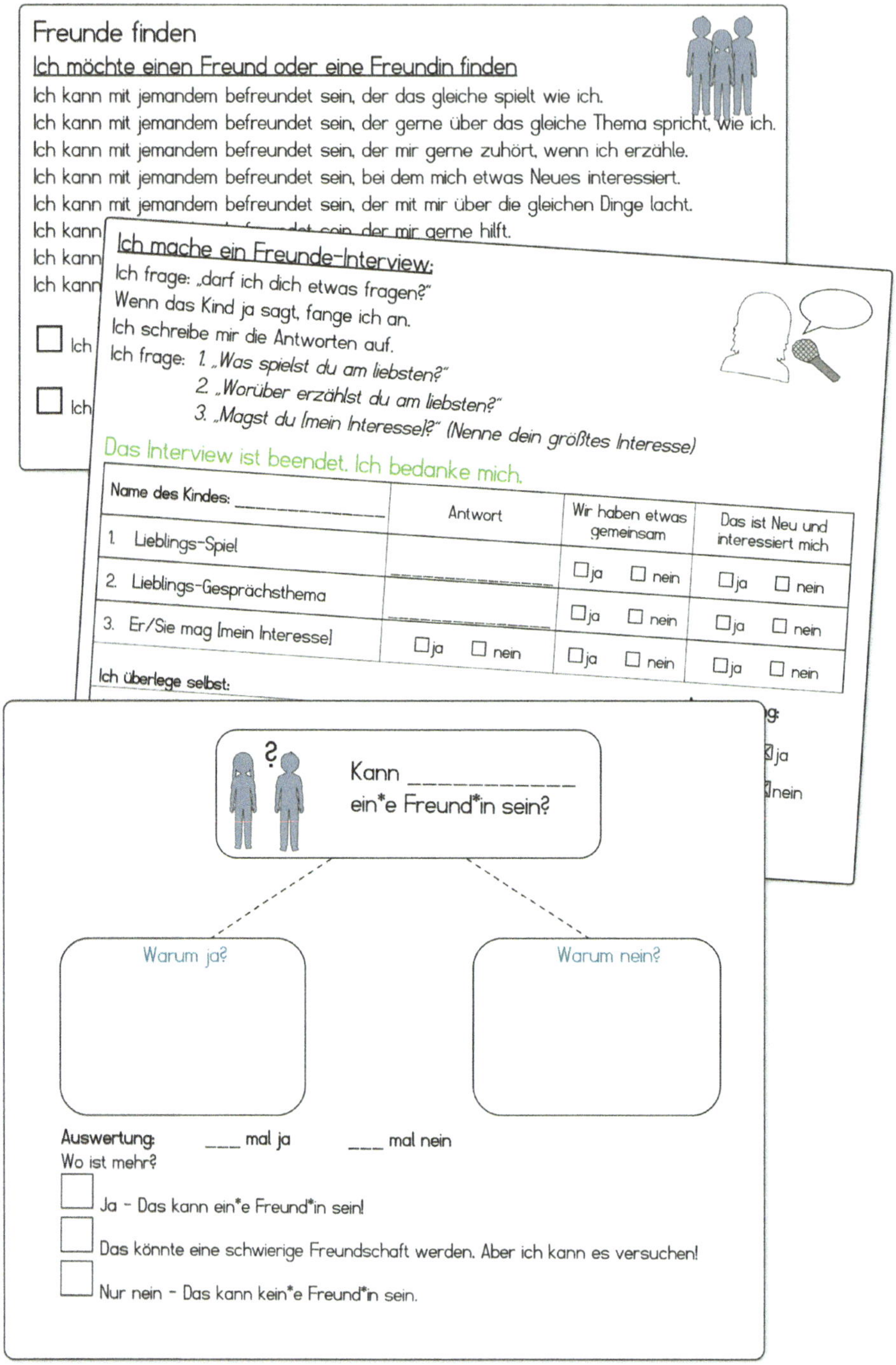

Freunde finden
Ich möchte einen Freund oder eine Freundin finden
Ich kann mit jemandem befreundet sein, der das gleiche spielt wie ich.
Ich kann mit jemandem befreundet sein, der gerne über das gleiche Thema spricht, wie ich.
Ich kann mit jemandem befreundet sein, der mir gerne zuhört, wenn ich erzähle.
Ich kann mit jemandem befreundet sein, bei dem mich etwas Neues interessiert.
Ich kann mit jemandem befreundet sein, der mit mir über die gleichen Dinge lacht.
Ich kann ... der mir gerne hilft.
Ich kann
Ich kann

☐ Ich
☐ Ich

Ich mache ein Freunde-Interview:
Ich frage: „darf ich dich etwas fragen?"
Wenn das Kind ja sagt, fange ich an.
Ich schreibe mir die Antworten auf.
Ich frage: 1. „Was spielst du am liebsten?"
2. „Worüber erzählst du am liebsten?"
3. „Magst du [mein Interesse]?" (Nenne dein größtes Interesse)
Das Interview ist beendet. Ich bedanke mich.

Name des Kindes: _____	Antwort	Wir haben etwas gemeinsam	Das ist Neu und interessiert mich
1. Lieblings-Spiel		☐ ja ☐ nein	☐ ja ☐ nein
2. Lieblings-Gesprächsthema		☐ ja ☐ nein	☐ ja ☐ nein
3. Er/Sie mag [mein Interesse]	☐ ja ☐ nein	☐ ja ☐ nein	☐ ja ☐ nein

Ich überlege selbst:

☒ ja
☒ nein

Kann _____ ein*e Freund*in sein?

Warum ja?

Warum nein?

Auswertung: ____ mal ja   ____ mal nein
Wo ist mehr?
☐ Ja – Das kann ein*e Freund*in sein!
☐ Das könnte eine schwierige Freundschaft werden. Aber ich kann es versuchen!
☐ Nur nein – Das kann kein*e Freund*in sein.

◻ **Abb. 3.73** Freunde finden 2

ler Probleme und Konflikte für alle Beteiligten. Zusätzlich können in besonderen Situationen erneut Sensibilisierungsstunden zu konkreten Problemstellung stattfinden, um einen erneuten Perspektivenwechsel anzuleiten und Konfliktlösungen mit den Schülerinnen und Schülern gemeinsam zu erarbeiten.

Die Vorlagen zum „Freunde finden" stehen als Materialdownload für das ▶ Kap. 3 zur Verfügung.

3.7.4.2 Soziale Konflikte

Autistischen Kindern und Jugendlichen fällt es schwer bei sozialen Konflikten ein angemessenes Maß an Verantwortung oder auch die Schuld daran zu sehen und anzunehmen. Ein kritisches Beurteilen der Handlungen ist in der Reflexion oft nicht möglich. Um in Konfliktsituationen das Maß der Verantwortlichkeit für Handlungen, die negative Konsequenzen für sich oder andere nach sich ziehen besser erfassen zu können, unterstützen z. B. Gerechtigkeitsskalen oder -waagen den Prozess der Reflexion. In Anlehnung an Tony Attwood (2012) werden mit der visualisierten Darstellung in ◘ Abb. 3.74 problematische Aspekte skaliert und bekommen eine Wertigkeit zugemessen, die vorher z. B. im Klassenrat festgelegt wurde. Auf der Waage werden sie gegenübergestellt. Durch das abwechselnde Auflegen und die unterschiedliche „Schwere" der einzelnen Handlungen wird ein Blick auf den Ablauf der Situation ermöglicht, der zu einem besseren Verständnis für die Eskalation und Schuldfrage sowie die daraus resultierenden Konsequenzen für die Beteiligten führen soll.

Für die Reflexion des eigenen Verhaltes in Bezug auf die Emotionen und Handlungen sowie die der Konfliktpartner*innen wird meist ein angeleiteter Prozess in ge-

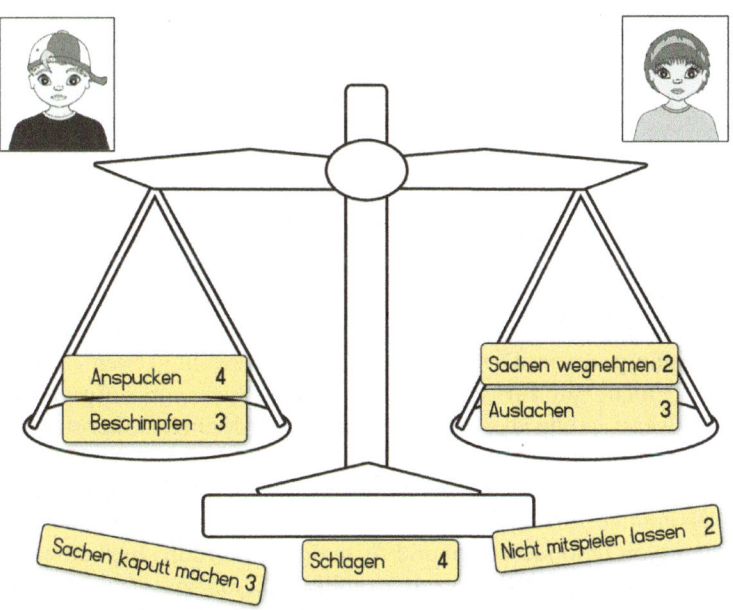

◘ **Abb. 3.74**   Gerechtigkeitswaage

3

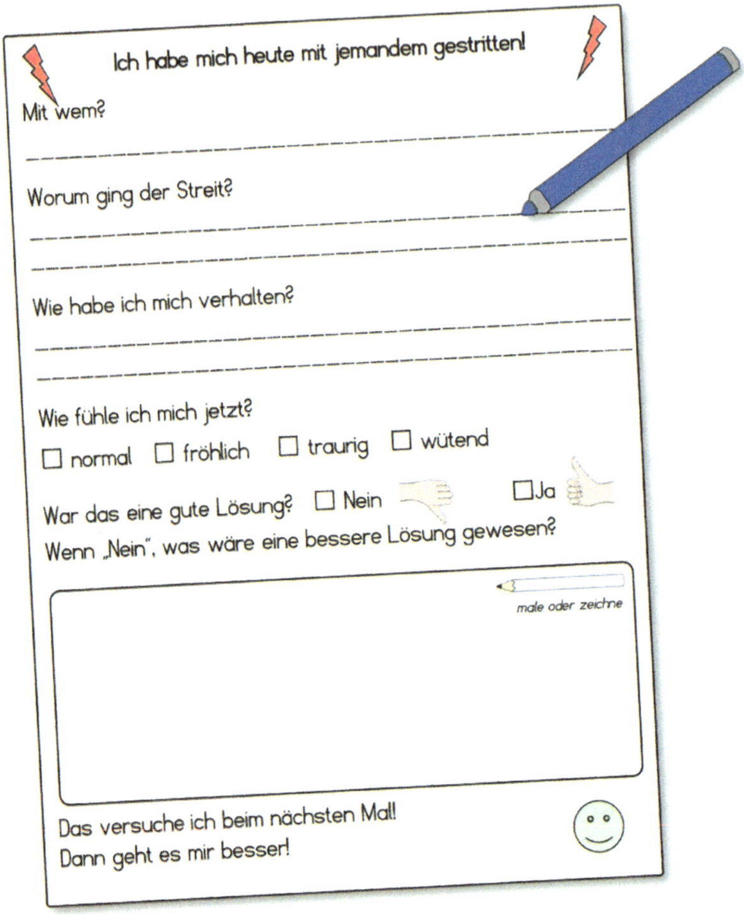

Abb. 3.75 Reflexion des eigenen Verhaltens

planten Einzelsituationen notwendig. Reflexions-Tagebücher, wie in ▣ Abb. 3.75, die die Schüler*innen durch die Reflexion leiten können auch Situationen emotional auffangen und gleichzeigt der Ausgangpunkt für die Erarbeitung von Handlungs- alternativen und Lösungen darstellen.

Einzelne Schüler*innen mit und ohne Autismus müssen bei sozialen Prozessen mehr gestützt werden oder benötigen mehr „Ausnahmen", um in sozialen Situatio- nen handlungsfähig zu sein. Die Akzeptanz von „Ungerechtigkeiten" ist für einzelne Schüler*innen, nicht nur für solche im Autismus Spektrum aufgrund der kate- gorialen Denkweise, häufig aber eine große Herausforderung. Daher stellt in solchen Situationen die Konsequenz und Verlässlichkeit der Lehrperson bei der Durch- setzung dieser „ungleichen" Maßnahmen einen wichtigen und nachhaltigen Orientierungsrahmen für deren Akzeptanz durch die anderen Schüler*innen dar. Die Akzeptanz von Besonderheiten und Ausnahmen für individuell unterschiedliche Maßnahmen und Umgangsweisen mit Konfliktsituation muss zum Grundkonzept der sozialen Gemeinschaft gehören. Wenn Regeln und Alternativen quasi als Konzept „Jeder bekommt, was er zu einem spezifischen Zeitpunkt braucht" gelten und allen Schüler*innen und ggf. auch Eltern so kommuniziert werden, kann die Sorge, ungerecht behandelt zu werden, durch die transparente Kommunikation entkräftet und zum Vorteil für jede Schülerin und jeden Schüler genutzt werden.

Zu passenden Zeitpunkten und in einem wertschätzenden Rahmen sollen daher konkrete individuelle soziale Lernziele und Wege im Hinblick auf das gemeinschaftliche Ziel mit der Klasse angesprochen werden und nicht als „verstecktes" pädagogisches Ziel unterschwellig mitlaufen. Ein visualisiertes Aufzeigen von Ausnahmen für einzelne Schüler*innen und seinen Zweck in Hinblick auf ein Gesamtziel für die Klassengemeinschaft kann den Prozess des Verstehens unter den Schüler*innen unterstützen. In angeleiteten, strukturierten Phasen werden dabei alle Schüler*innen aktiv auf dem entsprechenden Niveau in den Problem-Lösungs-Prozess eingebunden und angeleitet auch eigenständig Regeln zu überprüfen und individuelle Lösungen zu finden. Diese Mitarbeit an den sozialen Prozessen führt nicht nur zu einer höheren Akzeptanz, sondern fördert das „Wir-Gefühl" der Schüler*innen.

■■ Herausfordernde Situationen

In sozialen Situationen begünstigt das jeweils andere Herangehen und Betrachten von Situationen durch neurodiverse und neurotypische Sichtweisen Missverständnisse, die für beide Parteien oft nicht nachvollziehbar sind. Bei Regeln, deren Ziel einen gemeinschaftlichen Zweck haben, stellt der gemeinschaftliche Nutzen nicht immer eine intrinsische Motivation für die autistischen Schüler*innen dar, sodass es tlw. vermehrt zu Regelübertritten kommen kann. In solchen Fällen stellt der wertschätzende und entwicklungsbegleitende Umgang der Lehrperson mit diesen „nicht-konformen" Verhaltensweisen eine große Vorbildwirkung für die Schüler*innen der Klasse dar. Die Reaktion auf nicht erfüllte Erwartungen und Anforderung überträgt sich häufig auf die anderen Schüler*innen und kann ein Klassenklima der Akzeptanz und Wertschätzung fördern.

Von der Peer-Group ist in allen besonders herausfordernden Situationen mit Schülerinnen und Schülern immer eine besondere Rücksichtnahme nötig. Schüler*innen im Autismus Spektrum benötigen diese Rücksichtnahme individuell tlw. vermehrt. Ihre Akzeptanz in der Klassengemeinschaft ist aber vor allem abhängig von der vorangegangenen Sensibilisierung und der grundsätzlichen Bearbeitung von sozialen Themen und des Umgangs mit Regelverhalten. Die Bedürfnisse der Peer-Group dürfen dabei genauso wenig außer Acht gelassen werden wie die der betroffenen Kinder und Jugendlichen, sodass für alle Schüler*innen stets eine offene Atmosphäre bestehen sollte, in der sie Unzufriedenheit, Unsicherheiten oder Ängste in Bezug auf schwierige Situationen äußern und klären können und in der sie an ihrer Weiterentwicklung in wertschätzender Atmosphäre arbeiten können. Ein Klassenrat kann so eine Möglichkeit darstellen Gruppenprozesse, Auswirkungen des Verhaltens einzelner und geeignete Lösungsmöglichkeiten zu besprechen. Regelmäßige kurze Einzelsequenzen mit Schüler*innen, die an spezifischen Feldern im sozialen oder emotionalen Bereich arbeiten schaffen eine Vertrauensbasis, in denen gemeinsam die nächsten Schritte bearbeitet und vorangegangene Erfolge und Misserfolge reflektiert werden können.

3

Konflikte können mit zunehmendem Alter komplexer und immer schwieriger in ihrem Ursache-Wirkungs-Geschehen erfasst werden. Eine frühzeitige Grundlage für die Auseinandersetzung mit Konfliktsituationen aufzubauen, ist daher ein wichtiges Förderziel in der Arbeit mit autistischen Schülerinnen und Schülern. Organisationsformen wie z. B. der Klassenrat, der (Sorgen-)Briefkasten und der ritualisierte Einsatz visueller Hilfen für die soziale Kognition können dafür eine Grundlage schaffen.

Bei besonders angespannten Situationen des Klassenklimas hat sich ein Klassen-Soziogramm als Grundlage für gezielte soziale Intervention als hilfreich erwiesen. Auch um geeignete Peer-Partner zu eruieren, kann ein aktuelles Soziogramm der Klasse hilfreich sein. Den Schülerinnen und Schülern können die Ergebnisse des Soziogramms so auch visuell als Problem-Lösungs-Grundlage präsentiert werden, um ein stärkeres Bewusstsein für die soziale Situation in der Klasse zu entwickeln. Die Erläuterung zur Durchführung und die altersangepassten Fragebögen sind aus den ◘ Abb. 3.76 und 3.77 zu entnehmen.

Klassensoziogramm – Ablauf

Ziel Die Schüler*innen-Fragebögen sollen für die Lehrkraft zu einer Erkenntnis über den aktuellen Stand der sozialen Beziehungen in der Klasse führen. So können Rollen und Verhaltensweisen von Schüler*innen in der Klasse besser verstanden und gesteuert werden und soziale Maßnahmen gezielter gesetzt werden.

Beschreibung Der Fragebogen wird je nach Schulstufe und Voraussetzungen der Kinder (Lese- und Schreibfähigkeit) möglichst eigenständig ausgefüllt. Jede*r Schüler*in beantwortet die Fragen für sich. Wichtig ist, dass die Schüler*innen wissen, dass die aufgeschriebenen Inhalte nicht an andere Kinder weitergegeben oder Inhalte veröffentlicht werden.

Grafische Auswertung Die Schüler*innen werden als Kreise mit Buschstaben dargestellt (alphabetisch oder nummerisch nach einer extra Liste geordnet). Die angegebenen Beziehungen untereinander werden mit Pfeilen gekennzeichnet.

Zur Interpretation Schüler*innen, die in der Gruppe hoch angesehen sind oder Gruppenführer*innen sind daran erkennbar, dass viele grüne Pfeile auf sie gerichtet sind – auf Außenseiter sind nur wenige oder viele rote Pfeile gerichtet. Über diese Art der Darstellungen können, je nach Gruppengröße Paar- und Gruppenbeziehungen, Ablehnungen und unterschiedliche Formen von Außenseitern aufgezeigt werden.

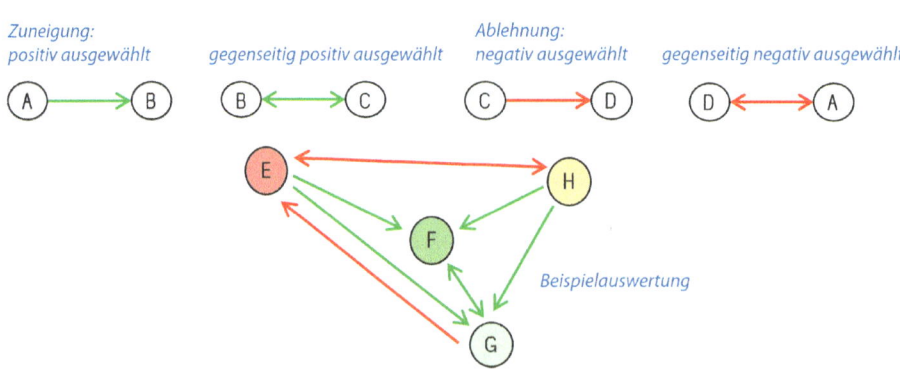

◘ **Abb. 3.76**   Klassen-Soziogramm für die Grundstufe I, II und Sekundarstufe I

Wohlfühl-Fragebogen   GS 1

1. Kreuze an, was für dich stimmt.

   ☐ Ich gehe gerne in meine Klasse.

   ☐ Ich gehe manchmal gerne und manchmal nicht so gerne in meine Klasse.

   ☐ Ich gehe nicht so gerne in meine Klasse.

2. Neben wem möchtest du gerne sitzen? _____

   Neben wem möchtest du auf keinen Fall sitzen? _____

3. Ihr könnt in der Pause gemeinsam spielen.

   Mit welchen 2 Kindern würdest du zusammenspielen.

   _____

   Mit welchen 2 Kindern möchtest du nicht spielen?

Wohlfühl-Fragebogen   GS 2, Sek 1

1. Kreuze an, was für dich stimmt. ☐ Ich fühle mich wohl in der Klasse.

   ☐ Ich gehe mit gemischten Gefühlen in meine Klasse.

   ☐ Ich fühle mich nicht wohl in meiner Klasse.

2. Trage in die leeren Linien ein:

   Deine Klasse besteht aus insgesamt ____ Schülerinnen und Schülern.

   Welche Platznummer von 1 bis __ würdest du dir in deiner Klassengemeinschaft geben?

   Platznummer: _____

3. Neben welchen Schülerinnen oder Schülern würdest du gerne in der Schule sitzen?

   2 Namen: _____   _____

   Neben welchen Schülerinnen oder Schülern möchtest du auf keinen Fall sitzen?

   Bis zu 2 Namen: _____   _____

4. Du sollst Dir für eine Gruppenarbeit (ein Referat) zwei Mitschülerinnen oder Mitschüler auswählen?

   Mit wem möchtest du in der Arbeitsgruppe sein?

   _____   _____

   Mit wem möchtest du nicht in einer Arbeitsgruppe sein?

   _____   _____

5. Wen würdest du zu deinem Geburtstagsfest einladen?

   _____   _____

   Wen willst du auf deinem Geburtstagsfest nicht sehen?

   _____   _____

6. Brauchst du deiner Meinung nach einen besonderen Sitzplatz?   ☐ ja ☐ nein

7. Dein größter Wunsch für die Klassengemeinschaft:

   _____

8. Deine größte Sorge/Angst zur Klassengemeinschaft:

   _____

◼ **Abb. 3.77**   Klassen-Soziogramm – Fragebögen

3

Die Vorlagen der „Gerechtigkeitswaage" und der „Streit-Reflexion" sowie die Fragebögen für das „Klassen-Soziogramm" und die Kurzanleitung stehen als Materialdownload für das ► Kap. 3 zur Verfügung.

Literatur

Attwood, T. (2012). Ein Leben mit dem Asperger-Syndrom: Von Kindheit bis Erwachsensein – alles was weiterhilft. Stuttgart: Trias.

DUDEN (2022). Wörterbuch. Ritual. Bedeutung. https://www.duden.de/rechtschreibung/Ritual. Zugegriffen: 28. März 2022.

Gray, C. (1994). Comic Strip Conversations: Illustrated interactions that teach conversation skills to students with autism and related disorders. Arlington: Future Horizons Inc.

Gray, C. (2001). My Social Stories Book. London: Jessica Kingsley Publishers Ltd.

Häußler, A. (2015). Der TEACCH® Ansatz zur Förderung von Menschen mit Autismus. Einführung in Theorie und Praxis. (4. Auflage). Dortmund: Borgmann Media.

Helmke, A. (2015). Unterrichtsqualität und Lehrerprofessionalität. Diagnose, Evaluation und Verbesserung des Unterrichts. Seelze: Klett Kallmeyer.

Meyer, H (2006). Was ist guter Unterricht? Berlin: Cornelsen.

Neumann, U. & Ramseger, J. (1991). Ganztägige Erziehung in der Schule. Eine Problemskizze. (3. Auflage). https://doi.org/10.25656/01:1408.

Piaget, J. (1955). Die Bildung des Zeitbegriffs beim Kinde. Zürich: Rascher Verlag.

Schreder, G., Brömer, B. & Hessisches Kultusministerium Institut für Qualitätsentwicklung (Hrsg.) (2009). Lehren und Lernen.

Schultheis, K. (2009). Rhythmisierung und Ritualisierung im Schulalltag. In Hof, C., Ladenthin, V., Fuhr, T., Plöger, W., Wittenbruch, W., Hellekamps, S., Kaiser, A, Gonon, P. (Hrsg.). Handbuch der Erziehungswissenschaft. Band II: Schule. Erwachsenenbildung, Weiterbildung. (S. 561–568). Paderborn: Ferdinand Schöningh. https://doi.org/10.30965/9783657764969_055.

Sharma, U. & Salend, S. J. (2016). Teaching Assistants in Inclusive Classrooms: A Systematic Analysis of the International Research. In Australian Journal of Teacher Education 41/8. S.117–134. https://doi.org/10.14221/ajte.2016v41n8.7

Shaul, J. (2020). Your Interests, My Interests: A Visual Guide to Playing and Hanging Out for Children on the Autism Spectrum. London: Jessica Kingsley Publishers.

Tenoth, H. & Tippelt, R. (Hrsg.) (2007). Lexikon Pädagogik. Weinheim, Basel: Beltz.

Wissing, S. (2004). Das Zeitbewusstsein des Kindes. Eine empirisch-qualitative Studie zur Entwicklung einer Typologie der Zeit bei Kindern im Grundschulalter. (Dissertation Schulpädagogik). Pädagogischen Hochschule Heidelberg. http://archiv.ub.uni-heidelberg.de/volltextserver/5437/1/komplett.pdf. Zugegriffen: 23. Januar 2022.

GPSR Compliance

The European Union's (EU) General Product Safety Regulation (GPSR) is a set of rules that requires consumer products to be safe and our obligations to ensure this.

If you have any concerns about our products, you can contact us on ProductSafety@springernature.com

In case Publisher is established outside the EU, the EU authorized representative is:

Springer Nature Customer Service Center GmbH
Europaplatz 3
69115 Heidelberg, Germany

The manufacturer's authorised representative in the EU is Springer

Nature Customer Service Centre GmbH, Europaplatz 3, 69115 Heidelberg,

Germany. If you have any concerns regarding our products, please

contact ProductSafety@springernature.com

Printed and bound by CPI Group (UK) Ltd, Croydon, CR0 4YY

24/04/2026

02096352-0008